高速列车运维心理学

主　编　郭志戎　翟秀军
副主编　张广磊　孙晨哲　钟大成
　　　　李倩倩　房梦媛

北京理工大学出版社
BEIJING INSTITUTE OF TECHNOLOGY PRESS

内 容 简 介

本书以思想性、科学性、先进性、启发性、适用性为原则，适用于全日制高职高专铁路机车专业的三年制学生。全书的框架体系从机车专业学生就业岗位的实际出发，以适应在不同层次的铁路（地铁）系统从事司机工作为培养目标，体现机车专业教学中的工学结合导向，保证教学内容的"必需、够用"。

本书力求体现突出专业特点。机车专业学生的从业范围为各大铁路局、地铁公司及铁路机车生产企业等多种层次，因此，本书在框架体系上将"三基"内容（行车安全心理学的基本理论、基本知识和基本技能）作为编写重点，以达到使读者掌握行车安全心理基本内容和技巧的目的。

本书共分为九章，涉及铁路（地铁）司机行车心理安全的方方面面，包括：心理过程、个性心理、安全生理、不安全行为、心理健康、心理测验、安全伦理和事故创伤的心理干预等。

版权专有　侵权必究

图书在版编目（CIP）数据

高速列车运维心理学 / 郭志戎，翟秀军主编. --北京：北京理工大学出版社，2022.3
ISBN 978-7-5763-1102-0

Ⅰ.①高… Ⅱ.①郭… ②翟… Ⅲ.①铁路运输-行车安全-安全心理学-高等职业教育-教材 Ⅳ.①U298.1-05

中国版本图书馆 CIP 数据核字（2022）第 037475 号

出版发行 / 北京理工大学出版社有限责任公司
社　　址 / 北京市海淀区中关村南大街 5 号
邮　　编 / 100081
电　　话 /（010）68914775（总编室）
　　　　　（010）82562903（教材售后服务热线）
　　　　　（010）68944723（其他图书服务热线）
网　　址 / http://www.bitpress.com.cn
经　　销 / 全国各地新华书店
印　　刷 / 三河市天利华印刷装订有限公司
开　　本 / 787 毫米×1092 毫米　1/16
印　　张 / 19.25　　　　　　　　　　　　　　　　　责任编辑 / 江　立
字　　数 / 430 千字　　　　　　　　　　　　　　　　文案编辑 / 江　立
版　　次 / 2022 年 3 月第 1 版　2022 年 3 月第 1 次印刷　责任校对 / 周瑞红
定　　价 / 59.80 元　　　　　　　　　　　　　　　　责任印制 / 施胜娟

图书出现印装质量问题，请拨打售后服务热线，本社负责调换

参 编 人 员

主　编：

郭志戎　副教授　应用心理硕士　郑州铁路职业技术学院学生处　处长

翟秀军　副教授　应用心理硕士　郑州铁路职业技术学院心理健康中心　主任

副主编：

张广磊　副教授　应用心理硕士　郑州铁路职业技术学院心理健康中心　教师

孙晨哲　讲　师　应用心理硕士　郑州铁路职业技术学院心理健康中心　教师

钟大成　讲　师　计算机学士　郑州铁路职业技术学院学生处　学生教育科　科长

李倩倩　讲　师　应用心理硕士　郑州铁路职业技术学院心理健康中心　教师

房梦媛　助　教　应用心理硕士　郑州铁路职业技术学院心理健康中心　教师

前 言

　　法国电力公司在 2000 年提出的安全分析最终研究报告中指出，在 70%～80%的事故中人的因素起着决定性的作用。分析某铁路局 2000—2009 年十年间所发生的事故和严重违章违纪案件，全都是人为因素引起的。可见绝大多数事故的发生均与人的不安全行为有关，然而，由于受生理和心理状态的影响，人的行为状态和技能的发挥会有较大的起伏，仅靠严格的作业过程管理、严格的干部绩效考核、严格的事故责任追究制度，即便所有人员均达到培训要求，也不能有效解决行车安全问题，事故和严重违章违纪案件的当事人并不是不知道严格的规章制度，铁路人身伤亡的受害者也不是不知道人身安全的规定，可见这里面涉及铁路日常管理中很重要但往往被忽视的一个问题——铁路行车安全心理。

　　本书以思想性、科学性、先进性、启发性、适用性为原则，适用于全日制高职高专铁路机车专业的三年制学生。全书的框架体系从机车专业学生就业岗位的实际出发，以适应在不同层次的铁路（地铁）系统从事司机工作为培养目标，体现机车专业教学中的工学结合导向，保证教学内容的"必需、够用"。

　　本书力求体现以下几个特点：一是突出专业特点。机车专业学生的从业范围为各大铁路局、地铁公司及铁路机车生产企业等多种层次，在铁路（地铁）运输不断增强的现代，人们对铁路司机安全驾驶的认识亦逐渐加深，并开始积极关注。因此，本书在框架体系上将"三基"内容（行车安全心理学的基本理论、基本知识和基本技能）作为编写重点。二是基于工作过程。本书力求"必需""够用""精练"，按先易后难、循序渐进的原则，逐步提升执业岗位能力。全书基于工作过程将教学内容分为陈述性知识与过程性知识两大类，即涉及事实、概念以及理解、原理方面的知识归为"陈述性知识"，涉及经验以及策略、实践方面的知识归为"过程性知识"。陈述性知识教学中可以通过传统的授课方式进行讲授，过程性知识在教学中主要通过情景案例、实训操作等行动导向的教学方法进行讲授。三是体现工学结合。为体现职业技术教育的特色，突出"任务驱动"教学改革的新理念，将行动导向教学贯穿其中，本书通过情景案例讨论、模拟演练、铁路（地铁）企业调研等实现"做中学、学中做"，引导学生学习。

全书共分九章，邀请郑州铁路职业技术学院资深教师担任编委。郭志戎、翟秀军、张广磊、孙晨哲、钟大成、李倩倩、房梦媛编写，全书由张广磊进行统稿。在此对各位编者表示真诚的谢意！

由于时间仓促、经验不足，本书难免有缺点和不足，欢迎各位读者提出宝贵意见和建议。

张广磊

目　录

第一章　绪论……………………………………………………………………1
第一节　心理学与心理现象……………………………………………1
第二节　心理的实质……………………………………………………4
第三节　行车安全和安全心理…………………………………………7

第二章　心理过程和行车安全………………………………………………15
第一节　认知过程………………………………………………………15
第二节　情绪与情感过程………………………………………………44
第三节　意志过程………………………………………………………58

第三章　人格与行车安全……………………………………………………64
第一节　人格及相关概念………………………………………………64
第二节　人格理论………………………………………………………78
第三节　人格障碍………………………………………………………96
第四节　能力、态度与行车安全………………………………………100
第五节　压力与行车安全………………………………………………103
第六节　挫折与行车安全………………………………………………109
第七节　应付方式和行车安全…………………………………………114

第四章　安全生理与行车安全………………………………………………126
第一节　概述……………………………………………………………126
第二节　安全生理………………………………………………………129
第三节　人的作业疲劳与安全…………………………………………141

第五章　生产过程中人的不安全行为………………………………………159
第一节　人的行为概述…………………………………………………159
第二节　人的行为失误…………………………………………………167
第三节　人的可靠性研究简介…………………………………………183

第六章　心理健康与行车安全心理 ··· 191

第一节　心理健康 ·· 191
第二节　心理健康的自我维护 ··· 205
第三节　心理健康与行车安全心理教育 ··· 213

第七章　心理测验 ··· 223

第一节　心理测验概述 ·· 223
第二节　铁路行车适应性测试 ··· 226
第三节　行车人员心理状态的相关测试 ··· 236

第八章　安全心理与安全伦理 ··· 260

第一节　安全伦理概述 ·· 260
第二节　安全伦理缺失问题、原因及对策 ·· 267
第三节　工作满意感与安全伦理 ·· 276

第九章　事故创伤的心理干预 ··· 281

第一节　灾害创伤后应激障碍 ··· 281
第二节　建立和完善我国灾后心理干预机制 ·· 284
第三节　突发事件的危机干预 ··· 287
第四节　创伤后应激障碍的危机干预 ··· 293

参考文献 ··· 299

第一章

绪 论

学习目标

掌握：心理现象、心理过程、心理状态、心理特征、个性心理的概念、心理的实质、安全心理学、行车安全心理学等。

熟悉：个体心理的分类、意识的特点、心理学的研究内容。

了解：生活中常见的心理现象、行车安全心理的研究方法。

第一节 心理学与心理现象

一、心理现象

心理现象简称心理，是最常见、最普遍的精神现象，它反映着人的各种活动，也调节、指导着人的活动，同时也在人的活动中表现出来。如我们能看到事物形状、听到声音、尝到味道；能想起以前的一些事情、能设想未来，在这个过程中，我们会有一些体验，如高兴、满意、悲伤、忧愁、内疚等。这些发生在人身上的种种复杂的精神现象，即心理学称为的"心理现象"。心理现象多种多样、丰富多彩，也错综复杂，因此，不仅人有各种心理现象，如感觉、知觉、记忆、情绪、思维、气质、性格、做梦等；社会也有许多心理现象，如从众、流行、偏见、风俗习惯等。

（一）个体心理

心理是非常复杂的，从不同角度可以对心理现象进行了不同的分析。从动态到稳态的角度可以分为心理过程、心理状态和心理特征。

1. 心理过程、心理状态和心理特征

心理过程指心理操作、加工的过程，包括认识过程、情绪过程和意志过程。它们经常处于动态变化的过程中。认识过程又叫认知。它是人们获取和运用知识的过程，是对客观事物由表及里、由浅入深、从现象到本质的反映。这一过程包括感觉、知觉、记忆、思维、想象等。感觉和知觉是人们认知活动的起始。通过感觉我们可以获取事物个别的属性，如形状、颜色、气味、硬度等。知觉则是反映客观事物整体属性，如一朵花、一个人、一座房子等。感知过的经验、信息存储于大脑中，在需要时可以提取出来，这叫作记忆。有时人们在头脑中能构想出从未感知过的新形象，这就叫作想象。感知觉对客观世界的认识是很有限的，人们还能通过已有的知识经验去获取间接知识、认识客观事物的本质和规律，这就是思维。感觉、知觉、记忆、想象、思维等心理活动是一个连续的过程，我们在对认识过程进行研究时要注意它们之间的联系。人们在认知客观事物过程中，还会表现出某种态度，产生某种感受或体验，如高兴或不高兴、满意或不满意、欢欣或忧虑，还有我们常说的喜、怒、哀、乐、憎恨和恐惧等。这些在认知基础上产生的态度体验就是情绪过程。人们在认识和改造客观世界的过程中，会遇到这样或那样的困难和障碍。因此在一定的认识基础上，人们有目标和有计划地，在一定动机的激励下，克服困难，排除障碍，努力实现目标。这一心理过程就是意志过程。认知、情绪、意志是心理过程的三个不同侧面。它们既有各自的特点，又相互联系、相互影响、相互制约，一方面认识过程是情绪过程与意志过程的基础，另一方面，情绪过程和意志过程也会反过来影响人的认知活动，并且情绪与意志也会相互影响。因此，我们在对心理过程进行研究的时候，要用联系的观点来看待这三方面。

人们的心理活动在一段时间里会出现一种相对持续、稳定的状态，我们称之为心理状态。如人们在观察事物的过程中出现的投入状态，在思维过程中的刻板状态，在科学探索和文学创作中出现的灵感状态，在情绪体验中出现的心境状态和激情状态。心理状态只是在一段时间内的相对稳定，并不是持久的稳定。

心理特征是指人们在心理活动时常常表现出来的稳定特征。如有的人观察敏锐、细致，而有的人则比较马虎、不注重细节；有的人记得快也忘得快，而有的人则记得慢但记忆深刻；有的人思维活跃，而有的人则思维呆板；有的人做事优柔寡断，而有的人则坚定果断。在一个人知、情、意的心事活动中经常表现出来的稳定特征就是这个人的心理特征或个性心理特征。

2. 个性心理

从人心理的整体性、稳定性、差异性角度，可以把心理看成是个性。个性心理是指一个人在心理活动过程中，经常表现出来的那些比较稳定的心理倾向和心理特点。它包括个性倾向性和自我。

个性倾向性是指个人所具有的心理倾向，它决定着人对客观世界的态度以及对认识活动对象的选择和趋向。个性倾向性是个性结构中最具活力的一个因素，是人们从事各种活动的基本动力，它包括需要、动机、兴趣、理想、价值观等。个性倾向性是在实践中逐渐形成和发展起来的，当其发展成一种稳定的心理特征时，就构成了个性心理特征。

自我也叫作自我意识，是一个人对自己的知觉，包括自我认识、自我体验和自我控制，

如自我观察、自我评价、自爱、自卑、自尊、责任感、自立、自信、自强等。

3. 意识和无意识

以上我们所说的个体的心理活动大多是能被人所觉察到的，但也有个体不能觉察到的心理活动，因此，从心理能否被知觉到的角度，可以把人的心理分为意识和无意识。

意识就是指能为人所觉知到的心理现象。意识是心理反映的高级形式，是人区别于动物的特有的心理现象。例如，我们能意识到自己的行为目标，并对行为进行控制；我们能把自己与他人区别开来，进行自我觉知；我们能觉知到现在正在学习，能觉知物体的颜色、气道、声音、形状等。人的意识具有以下三个基本特点：

（1）概括性。人的意识是对一类事物共同的本质属性及其内在规律的反映。概括性是人的意识的重要特点，是动物所不具有的，所以动物也不可能有意识。

（2）自觉性。个体能自觉地意识到自我的存在、客观世界的存在以及自己同客观世界的各种复杂的关系。

（3）能动性。个体意识的能动性主要体现在对现实的有意识的反映，能够认识事物的本质和规律，保持和监督活动的进行。

除了能被自己所觉察到的意识，人还有无意识活动。例如，我们都有做梦的经历，梦境常常是能被人意识到的，而梦为什么会产生，是如何进行的，却是无法意识到的。人们常常有各种自动化的活动或条件反射性的动作，但这些活动和动作的结构与过程通常我们是意识不到的。无意识和意识一样，都是人的大脑所不可缺少的心理反映形式，对人类的各项活动的意义也是不可低估的。个体的无意识，也称潜意识，是不能为人所觉察到的个体心理活动的总和。

（二）群体心理

在上述内容中，我们把人看成是独立的个体，只考虑了个体心理的内部过程及特点。但是，个体是社会中的一员，必然与其他成员建立各种联系，形成各种关系，组成各种大大小小的群体。在群体内，个体之间也存在着相互作用，表现出与群体生活相联系的心理活动与心理特点。群体心理是群体生活中的心理现象。常见的群体心理现象有风俗习惯、社会规范、时尚、舆论、谣言等。

二、心理学

心理学是研究行为和心理现象发生、发展和活动规律的一门科学。它既研究动物的心理，也研究人的心理，而以人的心理现象为主要研究对象。它最初是包含于哲学之中的，1879年，德国生理学家、心理学家冯特创建了第一个心理学实验室标志着心理学作为一门独立的科学从哲学中分离出来。随着社会的发展，心理学得到广泛应用，心理学作为一门科学也得到快速发展。目前已经发展成为有丰富学科分支的学科体系，如有普通心理学、实验心理学、管理心理学、生理心理学、变态心理学、社会心理学、教育心理学、人格心理学、心理咨询与治疗、军事心理学、犯罪心理学、医学心理学、商业心理学、人际关系心理学、心理统计学等。这些分支学科的发展，使心理学在生产和实践中得到更广泛的应用。

第二节 心理的实质

 案例引导

　　1920年9月19日，在印度加尔各答西面约1 000千米的丛林中，发现两个狼哺育的女孩。年长的估计八岁，年幼的一岁半。大概都是在生后半年被狼叼去的。人们把这两人救出后，放在孤儿院里养育，分别取名为卡玛拉与阿玛拉。她们的言语、动作姿势、情绪反应等方面都能看出很明显的狼的生活痕迹。

　　她们不会说话，发音独特，不是人的声音。她们不会直立行走，只能依靠两手、两脚或两手、两膝爬行。她们惧怕人，对于狗、猫似乎特别有亲近感，其次是小孩。白天她们一动也不动，一到夜间，到处乱窜，像狼那样嗥叫，人的行为和习惯几乎没有，而具有不完全的狼的习性。

　　辛格牧师夫妇为使两个狼孩能转变为人，做出了各种各样的尝试，但效果非常不理想。阿玛拉到第二个月，可以发出"波、波"的音，诉说饥饿和口渴了，到第十一个月，就死去了。

　　卡玛拉在两年后，才会发两个单词（"波、波"和叫牧师夫人"妈"）。四年后掌握了6个单词，第七年学会45个单词。她动作姿势的变化也很缓慢。一年四个月时，只会使用两膝步行。一年七个月后，可以靠支撑两脚站起来。不用支撑的站立，是在两年七个月后；到两脚步行，竟用了五年的时间，但快跑时又会用四肢。经过五年，她能照料孤儿院幼小儿童了。她会为跑腿受到赞扬而高兴，为自己想做的事情（例如解纽扣儿）做不好而哭泣。这些行为表明，卡玛拉正在改变狼孩的习性，显示出获得了人的感情和进步的样子。大女孩卡玛拉一直活到十七岁。但她直到死时还没真正学会说话，智力只相当于三四岁的孩子。在大脑结构上，这个狼孩和同龄人没多大差别。一个十岁儿童的大脑在重量和容量上已达成人的95%，脑细胞间的神经纤维发育也接近完成。只是因为狼孩长期脱离人类社会，大脑的功能得不到开发，智力也就低下。从狼孩的故事可以看出，一个人的智力高低，并不完全取决于大脑的生理状态，而更多地受到后天成长环境的影响。

（资料来源：http://hn.rednet.cn/c/2005/09/27/125825.htm）

　　心理现象虽然是在人的各种活动中发生发展的，是每个人都非常熟悉的现象。但是，它究竟是怎样产生的，是否有专门的器官产生，它同物质现象有怎样的关系，也就是说，心理的实质是什么，这是一个需要解决的问题。

一、脑是心理的器官

唯物主义观点认为心理的产生有赖于物质的存在,物质是第一性的,心理是第二性的,心理是某种器官的一种机能。

经研究发现,人在睡眠和醉酒时,测其心脏活动并无异常,但精神状态却大不相同。生理心理学的许多研究也证明,当脑的某部位受损伤时,相应器官的活动受阻。比如,大脑皮层的额叶受损,人的活动便失去了方向性,任何偶然的诱发性情况都会引起其不正确的行为;大脑皮层的顶叶受损,人的活动便失去了均衡性,甚至不能停止已经开始的活动,直到精疲力竭为止;大脑皮层的枕叶受损,人的视觉便会发生障碍甚至失明;等等。又如,"无脑儿",没有正常的脑髓,也就没有正常人的心理活动。

列宁说:"心理的东西,如意识等是物质(物理的东西)的最高产物,是叫作人脑的这样一块特别复杂的物质的机能。"因此,心理与脑的活动是直接相关的,产生心理的器官是脑。

二、心理是脑的机能

大脑是产生心理的主要器官,那么脑是怎样产生心理的呢?研究表明,人的心理就其产生方式而言是反射。当刺激产生时,通过感受器接受刺激,感受器接受刺激后,发放神经冲动由传入神经系统将信息传入中枢神经系统,再由中枢神经系统传入大脑皮层,引起大脑皮层有关区域神经元的兴奋,大脑皮层经分析器对传入信息进行分析、综合加工后,再由传出神经系统将信息传导给效应器,从而产生各种反应,这就是反射。

大脑皮层中不同区域在人的心理活动中有不同的作用,当某部位受损伤时,相应器官的活动受阻。大脑复杂的结构和特殊的机能决定了大脑在人的心理活动,尤其是高级的心理活动中起着至关重要的作用。脑功能分区如图1-1所示。

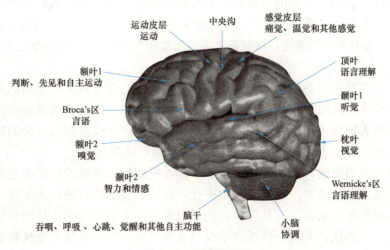

图1-1 脑功能分区

三、心理是客观现实的主观反映

脑是心理的器官，心理是脑的机能，但脑本身是不会产生心理的，脑的机能只是为心理的产生提供了可能性和物质前提；脑只有在与客观现实的相互作用下，才能产生心理。

（一）客观现实是心理的源泉

脑具有反映的机能，但必须有一定内容才能实现其反映机能，这些内容就是客观现实。通过大脑的机能，把客观存在转化为主观的心理。人脑好比是个"加工厂"，客观现实就是"原材料"，没有"原材料"，大脑这个"加工厂"就不能生产出任何产品。没有客观事物的作用，就不能实现脑的反映机能。只有在客观现实的作用下，人脑的反映机能才能由可能性变为现实性。人的各种心理活动都能在现实中找到源泉，即使是各种虚构的形象，也能在生活中找到其原形，这是客观现实在大脑中的反应。对人而言，一旦离开了社会生活条件，尽管其有着正常的人脑，也不可能产生正常人的心理。客观现实制约着人心理发展的方向、速度和可能达到的水平。因此，人的心理所反映的是客观现实，客观现实是人的心理的源泉。对人来说，客观现实包括自然环境和社会环境。自然环境所包括的日月山川、飞禽走兽等是人的心理的源泉；但社会生活条件所包括的城市、乡村、工厂、学校、家庭、风俗习惯、文化传统、人际关系等是人的心理的最重要的、起决定性作用的源泉和内容。

（二）心理是客观现实的主观的、能动的反映

人的心理是由客观现实引起的，在脑中形成的近似于客体的映像，是在脑的物质过程中实现的。因此，人的心理按其内容和源泉及其发生方式来说，是客观的。由于每个人在生理遗传、发展成熟度、知识经验、生活经历、世界观、需要、态度、个性特征以及当时的心理状态等方面存在差异，就必然使人的心理活动带上鲜明的个人色彩，表现出对客观事物反映的主观性。因而，不同的人对同一个事物的反映不同，同一人在不同时期和条件下的反映也不同。如同一次课程的内容，不同的学生理解各有不同。同一学生，在不同时候阅读同一篇文章，也有不同的感受，这就是"温故而知新"。因此，人的心理是对客观现实的主观反映。

人的心理是客观现实的主观反映，这并不是指人的心理是对客观现实的主观臆测或任意附加，而是指人是反映的主体，客观现实是反映的客体，人对客观现实的反映总是带有作为主体的具体人的特点。正是由于人对当前事物的每一个反映都有过去的知识经验、个性特征参与而起作用，才保证了人对客观现实的反映不断深入。

人对客观现实的反映，并不是像照镜子一样，机械的、刻板的；更不是对客观现实的简单复制，而是实践活动中，对客观现实进行积极的、能动的反映；人不仅可以反映客观现实的表面现象和外部联系，而且可以反映客观现实的本质和规律，从而有目的、有计划地改造客观现实。因此，人的心理活动不仅具有客观性，而且具有主观性和能动性，是对客观现实的主观的、能动的反映。

第三节 行车安全和安全心理

一、安全

安全是指不受威胁，没有危险、危害、损失。人类的整体与生存环境资源的和谐相处，互相不伤害，不存在危险、危害的隐患，是免除了不可接受的损害风险的状态。安全是在人类生产过程中，将系统的运行状态对人类的生命保障、财产、环境可能产生的损害控制在人类能接受水平以下的状态。

在古代汉语中，并没有"安全"一词，但"安"字却在许多场合下表达着现代汉语中"安全"的意义，表达了人们通常理解的"安全"这一概念。例如，"是故君子安而不忘危，存而不忘亡，治而不忘乱，是以身安而国家，可保也。"《周易·系辞下》这里的"安"与"危"是相对的，并且如同"危"表达了现代汉语的"危险"一样，"安"所表达的就是"安全"的概念。"无危则安，无缺则全"。即安全意味着没有危险且尽善尽美。这与人们传统的安全观念是相吻合的。

"安全"作为现代汉语的一个基本语词，在各种现代汉语辞书中有着基本相同的解释。《现代汉语词典》对"安"字的第四个释义是："平安；安全（跟'危险'相对）"，并举出"公安""治安""转危为安"作为例词。对"安全"的解释是："没有危险；不受威胁；不出事故"。《辞海》对"安"字的第一个释义就是"安全"，并在与国家安全相关的含义上举了《国策·齐策六》的一句话作为例证："今国已定，而社稷已安矣。"

当汉语的"安全"一词用来译指英文时，可以与其对应的主要有 safety 和 security 两个单词，虽然这两个单词的含义及用法有所不同，但都可在不同意义上与中文"安全"相对应。在这里，与国家安全联系的"安全"一词，是 security。按照英文词典解释，security 也有多种含义，其中经常被研究国家安全的专家学者提到的含义有两方面，一方面是指安全的状态，即免于危险，没有恐惧；另一方面是指对安全的维护，指安全措施和安全机构。该定义具有如下含义：

（1）这里所讨论的安全是指生产领域中的安全问题，既不涉及军事或社会意义的安全与保全，也不涉及与疾病有关的安全。

（2）安全不是瞬间的结果，而是对于某种过程状态的描述。

（3）安全是相对的，绝对安全是不存在的。

（4）构成安全问题的矛盾双方是安全与危险，而非安全与事故。因此，衡量一个生产系统是否安全，不应仅仅依靠事故指标。

（5）不同的时代，不同的生产领域，可接受的损失水平是不同的，因而衡量系统是否安全的标准也是不同的。

二、安全的普遍性与铁路行车安全的特殊性

（一）安全的普遍性

（1）系统性。铁路行车安全涉及技术系统的各个方面，包括人员、设备、环境等因素，而这些因素又涉及经济、政治、科技、教育和管理等许多方面。特别对于铁路行车这样的开放系统，安全既受到系统内部因素的制约，也受到系统外部环境的干扰。而安全的恶化状态，即事故不仅可能会造成系统内部的损害，而且可能会造成系统外部环境的损害。因此，研究和解决安全问题应从系统的观点出发，运用系统工程的方法，进行综合治理。

（2）相对性。凡是人类从事的生产活动，都有安全问题，所不同的只是发生事故的可能性有大有小，危害程度有轻有重而已。安全是相对的，不安全是绝对的，系统发生事故的可能性始终存在着。但是，事故是可以预防的，可以利用安全系统工程的原理和技术，预先发现、鉴别、判明各种隐患，并采取安全对策，从而防患于未然。

（3）依附性。安全是依附于生产而存在的，它不可能脱离具体的生产过程而独立存在，只要存在生产活动，就会出现安全问题。另外，安全是生产的前提和保障，安全工作做得不好，生产便无法顺利进行。因此，生产过程中需要经常持久地抓好安全工作。

（4）间接效益性。要保证生产安全必须在人员、设备、环境和管理方面有相应适时的安全投入，但安全投入所产生的经济和社会效益却是间接的，难以定量计算。因此，安全投入往往被忽视，只有发生了事故造成了损失之后才会意识到安全投入的必要性和重要性。事实上，安全的效益能改善环境质量和加强生产管理等方面所创造的积极的经济和社会效益。

（5）长期性。人们对安全的认识在时间上往往是滞后的，不可能预先完全认识到系统存在和面临的各种危险，而且，即使认识到了，有时也会由于受到当时技术条件的限制而无法予以控制。随着科学技术的进步和社会的发展，旧的安全问题解决了，新的安全问题又会不断产生。所以，安全工作是一个长期的过程，必须坚持不懈，始终如一地努力才行。

（6）艰巨性。高技术总是伴随着高风险，随着现代科学技术的发展，各种技术系统的复杂化程度增加了。以现代铁路行车系统为例，无论从规模、速度、设备和管理上都发生了极大的飞跃，一旦发生事故，其影响之大、伤亡之多、损失之重、补救之难，都是传统行车方式不可比的。此外，事故是一种小概率的随机偶发事件，仅仅利用已有的事故资料不足以及时、深入地对系统的危险性进行分析，而现代社会的文明进步又不容许通过事故重演来深化对安全的认识。因此，认识事故机理，不断揭示系统安全的各种隐患确实是一项艰巨的任务。

（二）铁路行车安全的特殊性

由普遍性与特殊性的关系可知，普遍性寓于特殊性之中，特殊性离不开普遍性。由此铁路行车安全除具有上述安全的普遍性外，还有其特殊性。

（1）铁路行车安全的动态性。机车、车辆在固定轨道上的定向运动，是铁路行车最显著的特点，一系列铁路行车安全问题，例如轮轨作用、弓网作用、列车速度控制和进路控

制等都是围绕机车、车辆或列车在轨道上的定向运动而展开的。

（2）铁路行车安全失控的严重性。处于高速运动状态的列车，一旦发生设备异常或人的操作失误，可供纠正和避免事故的时间很短，可供选择的应急方式也很有限。加之，铁路线路、机车车辆等硬件设备的成本很高，列车对旅客和货物的承载量很大，事故不仅会造成巨大的财产损失、人员伤亡和环境破坏，而且由于行车中断将波及路网，打乱行车秩序，影响社会生产和行车的全局。更重要的是，铁路对其行车对象——旅客和货物没有所有权和支配权，而只提供必要的运输服务，因此，一旦发生事故，其损失就会涉及广泛的社会因素，会极大地损害铁路的形象甚至政府的威信，其社会影响的严重性难以估量。

（3）铁路行车安全问题的反复性。铁路运输生产具有连续性、周期性和季节性的特点，伴随着生产的各种事故和不安全状况常常都是重复发生的，我国铁路年复一年的春运、暑运、防洪、防寒、防暑等安全问题反复存在。由于受铁路总体技术和管理水平的制约，各种事故和不安全状况的产生也具有一定的"惯性"和反复性，如"两冒错排"（冒进进站和出站信号，错排列车进路）、断轨、断轴等惯性事故，成为经常困扰行车安全的主要问题。

（4）铁路行车安全对管理的依赖性极强。铁路犹如一台大联动机，是一个复杂的人一机动态系统，其行车生产过程是由车、机、工、电、辆等多工种联合的多环节（如货物行车的承运、保管、装卸、运送、途中作业、交付等）作业过程，涉及设备数量庞大、种类繁多，设备布局的网络状态和作业岗位独立分散的特点，使各工种和各环节的协同配合都离不开严格有效的管理。因此，铁路行车安全在很大程度上取决于管理的效能。

（5）铁路行车安全的复杂性。铁路行车安全受外部环境的影响很大，难以预测和控制，铁路行车生产是在一个开放的环境中进行的，其过程有较大的空间位移和较长的时间延续。自然环境，如雨、雾、风、雪等各种自然灾害，对铁路行车安全均有不利影响。社会环境，如社会治安、社会风气及社会政治经济状况等，均与铁路行车安全状况密切相关，而且难以预测和控制。因此，铁路行车环境安全的综合治理涉及面广、难度大。

铁路安全技术的发展，包括设备安全性能改进、人员安全素质提高、环境安全质量改善和安全管理水平提高，都是以上述对安全的普遍性和铁路行车安全的特殊性的认识为基础的。

三、行车安全

安全是铁路运输的生命线，是运输生产永恒的主题，铁路运输安全不仅影响着企业本身的生产效率和经济效益，也对社会政治和经济造成重大影响。铁路运输安全是运输生产系统运行秩序正常，旅客生命财产平安无险，货物和运输设备完好无损的综合表现，也是在运输生产全过程中为达到上述目的而进行的全部生产活动协调运作的结果。铁路运输生产的根本任务就是旅客和货物安全及时地运送到目的地，而铁路运输生产的作用、性质和特点，决定了铁路运输必须把安全教育摆在各项工作的首要位置。

安全工作的目的：一是预知危险；二是消除危险。避免损失，防止灾害。安全工作的方针："安全第一，预防为主。""安全第一"：就是指企业在进行生产的过程中，把安全工作始终放到首中之首，重中之重，作为头等重要的工作，列入各工作的"第一"位置上。"预防为主"：就是为消除潜在的危险因素而采取提前预防的手段，也就是说把事故消除在萌芽之中，把潜在危险转化为安全，防止事故发生，而不是事后处理事故。

"安全第一"和"预防为主"的关系如下：

（一）区别

（1）范围不同。"安全第一"是针对安全与其他运输生产工作的关系而言的。"预防为主"是对安全管理工作内部结构而言的。

（2）内容不同。"安全第一"是站在宏观角度上，对安全在运输生产中的地位、作用所作的表述。"预防为主"是站在微观角度上，对做好安全生产的方法、手段的规定。

（3）程度不同。"安全第一"是运输生产中安全处于一切工作的首位。"预防为主"是指在安全工作上要以预防为主要方法、手段，但并不排除其他方法、手段的作用。

（二）联系

主要表现在作用与目的相同，都是为了引向安全管理的方向，共同作用于安全管理工作。"安全第一"是"预防为主"的必要前提，离开这个前提，就谈不上预防为主。"预防为主"又是"安全第一"的重要保证，离开了这个保证，就无法实现"安全第一"。

铁路行车系统是一个在时间、空间上分布很广的、开放的动态系统，铁路行车安全影响因素错综复杂，涉及面很广。从系统论的观点出发，与行车安全有关的因素可以划分为四类：人、机器、环境和管理。

在各类因素中，人对于铁路行车安全方面无疑是主导因素。铁路行车安全与许多活动有关，所有各项活动都依赖于人的高效、安全和可靠的行为。在铁路行车工作的每个环节、每项作业中，都是由人来参与并处于主导地位的，人操纵、控制、监督各项设备，完成各项作业，与环境进行信息交流，与其他作业协调一致。正是由于人在行车工作中的重要地位，使得人的因素在行车安全中起着关键的作用，这也是我们要研究人的行车安全心理的原因之所在。

安全是法律赋予铁路行车的义务和责任。《中华人民共和国铁路法》（以下简称《铁路法》）是保障铁路行车的法律手段。为了保证铁车的安全畅通，避免事故的发生，《铁路法》规定了一系列法律条文和措施。其中，有关条文明确指出："铁路行车企业应当保证旅客和货物行车的安全，做到列车正点到达。""铁路行车企业必须加强对铁路的管理和保护，定期检查、维修铁路行车设施，保证铁路行车设施完好，保障旅客和货物行车安全。"这就从法律意义上规定了保障客货行车安全是铁路应尽的职责和义务。

牢固树立"安全第一"的思想是正确处理安全与效率、效益关系的根本保证。效率是指单间内所完成的工作量，效益主要包含社会效益和经济效益。行车生产的目的是不断满足经济发展和人民生活提高的需求，安全不稳或效率低下都不能实现"人民铁路为人民"的宗旨，应力求达到安全与效率的辩证统一。

四、安全心理学

安全就是免除了不可接受的损害风险的状态，即通过持续的危险识别和风险管理过程，将人员伤害或财产损失的风险降低至并保持在可接受的水平或其以下。

安全心理学是研究人在劳动过程中伴随生产工具、机器设备、工作环境、作业人员之间关系而产生的安全需要、安全意识及其反应行动等心理活动的一门科学，研究劳动中意外事故发生的心理规律并为防止事故发生提供科学依据的工业心理学领域。

其主要研究内容有：

（1）意外事故的人的因素的分析，如疲劳、情绪波动、注意力分散、判断错误、人事关系等对事故发生的影响。

（2）工伤事故肇事者的特性研究，如智力、年龄、性别、工作经验、情绪状态、个性、身体条件等与事故发生率的关系的研究。

（3）防止意外事故的心理学对策，如从业人员的选拔（职业适宜性检查），机器的设计要符合工程心理学要求，开展安全教育和安全宣传，以及培养安全观念和安全意识等。

五、行车安全心理学概念及其研究对象

行车安全心理学是运用心理学的原理与方法研究行车相关人员的心理活动及其规律，进而采取有效的措施使其以健康的心理状态投入行车工作中，以实现安全运输生产的一门应用性学科。它是由心理学衍生出来的，是安全生产管理与心理学的结合。其任务是：减少运输生产中伤亡事故的发生；研究行车人员在工作中的心理活动规律及状态、个性心理、行为特征与安全的关系；分析和发现易导致行车人员不安全行为发生的各种主观和客观的因素；从心理学的角度提出有效的安全教育措施、组织措施和技术措施，预防事故的发生。

安全心理学要研究安全问题，而影响安全的因素有很多，既有人本身的问题，也有技术的、社会的、环境的因素。安全心理学并不企图研究所有影响人的安全的因素，而只是从心理学的特定角度研究人的安全问题。安全心理学也要涉及其他因素，但着眼点是讨论分析其他各因素如何影响人的心理，进而影响人的安全。

行车安全心理学的研究对象是列车（地铁或城轨）驾驶员在驾驶过程中的感知、经验、决策、驾驶行为风格等心理活动的规律及其影响因素，针对人、车、路、环境之间的交互作用制定预防和干预交通事故的方案，培养驾驶员有效、安全的驾驶行为。行车安全心理学的研究任务包括：描述和解释驾驶员的心理活动规律、提高驾驶效率、预防和控制事故的发生。

具体而言，行车安全心理学的研究对象主要包括以下几个方面：

（1）研究行车设备、设施如何适合人的生理、心理特点，使设备、设施便于操作，能减少体力消耗，从而达到安全、舒适、高效的目的。

（2）研究工作环境如何适合人的心理特点。如研究改进劳动组织，合理分工协作，合理的工作制度（包括适宜的轮班工作制），丰富工作内容，减少单调乏味的劳动，制定最合适的工时定额，合适的工作空间，合适的工作场所的布置和色彩配置，播放背景音乐，建立良好的群体心理氛围等。

（3）研究人如何适应设备和工作的要求，包括通过人员选拔和训练，使工作人员能与设备的要求相适应；研究人的作业能力及其限度，避免对人提出能力所不及的要求。

（4）研究人在劳动过程中如何相互适应，诸如研究与安全生产有关的人的动机、需要、激励、士气、参与、意见沟通、正式群体与非正式群体、领导心理与行为、建立高效的生产群体等。

（5）研究如何用心理学的原理和方法分析行车事故的原因和规律，诸如研究人的行为，与行为有关的事故模式，人在劳动过程中的心理状态，与行车事故有关的各种主观和客观的因素（如人机界面、工作环境、社会环境、管理水平、个人因素），特别是个人因素（如智力、健康和身体条件、疲劳、工作经验；年龄、个人性格特征、情绪）以及行车事故的规律等。

（6）研究如何实施有效的行车安全教育，如根据心理学的规律研究切实可行、不流于形式的行车安全教育方法，培养工人的安全习惯等。

总之，在研究这些问题时，首先，要研究人的心理过程的特点以及这些特点对劳动者个人的作用。其次，还必须考虑个性心理以及某些个人生活因素。

必须指出的是，虽然安全心理学在探讨事故原因和防止工伤事故中具有重要作用，但在安全科学领域中，它只属于"软件"范畴，不能越俎代庖，取代劳动安全"硬件"方面的工作，尤其是安全措施方面的工作（如防火、防爆的技术措施、设备的安全装置等）。做好安全工作，如果不从落实组织措施、加强企业管理、改善设备情况、改进工作流程、改善作业环境条件、加强职工培训方面去考虑，空谈安全心理学是没有意义的。

六、行车安全心理学的研究方法

行车安全心理学作为心理学和安全学的交叉学科，其研究方法从属于现代心理学和现代安全学，但又有其自身学科的特殊性。常用的研究方法如下：

（一）观察法

观察法是在自然条件下，实验者通过自己的感官或录音录像等辅助手段，有目的、有计划地观察被试者的表情、动作、语言、行为等，来研究人的心理活动规律的方法。

1. 观察法的一般要求

（1）养成观察习惯，形成观察的灵敏性；集中精力勤奋、全面、多角度进行；观察与思考相结合。

（2）制定好观察提纲。观察提纲因只供观察者使用，应力求简便，只需列出观察内容、起止时间、观察地点和观察对象即可。为使用方便还可以制成观察表或卡片。

（3）按计划（提纲）实行观察，做好详细记录，最后整理、分析、概括观察结果，得出结论。

2. 观察法的主要优点

（1）它能通过观察直接获得资料，不需要其他中间环节。因此，观察的资料比较真实。

（2）在自然状态下的观察，能获得生动的资料。

（3）观察具有及时性的优点，它能捕捉到正在发生的现象。

（4）观察能搜集到一些无法言表的材料。

3. 观察法的主要缺点

（1）受时间的限制，某些事件的发生是有一定时间限制的，过了这段时间就不会再发生。

（2）受观察对象限制。如研究青少年犯罪问题，有些秘密团伙一般不会让别人观察的。

（3）受观察者本身限制。一方面，人的感官都有生理限制，超出这个限度就很难直接观察。另一方面，观察结果也会受到主观意识的影响。

（4）观察者只能观察外表现象和某些物质结构，不能直接观察到事物的本质和人们的思想意识。

（5）观察法不适于大面积调查。

（二）调查法

调查法是指通过书面或口头回答问题的方式，了解被试者的心理活动的方法。

调查法的主要特点是，以问题的方式要求被试者针对问题进行陈述的方法。根据研究的需要，可以向被试者本人做调查，也可以向熟悉被试者的人做调查。调查法可以分为书面调查和口头调查两种。调查法能够同时收集到大量的资料，使用方便，效率高。

1. 访谈法

访谈法是研究人员通过与被试者直接交谈，来探索被试者的心理状态的研究方法。访谈调查时，研究者与被试者面对面的交流，针对性强，灵活真实可靠，便于深入了解人或事件的多种因素，但访谈法比较花费人力和时间，调查范围比较窄。访谈可以是个别访谈，与被试者逐个谈话，也可以是集体访谈，即以座谈会的形式展开访谈。还可以是非正式或正式访谈。非正式访谈不必详细设计访谈问题，自由交谈，根据实际情况展开，而正式访谈有预先的较完善的计划，可按部就班地进行。

2. 问卷调查法

范围大一些的调查，常采用问卷的方式进行。问卷即是书面提问的方式。问卷调查通过收集资料，然后做定量和定性的研究分析，归纳出调查结论。采用问卷调查方法时，最主要的当然是根据需要确定调查的主题，然后围绕它，设立各种明确的问题，做全面摸底了解。

（三）实验法

实验法是指有目的地控制一定的条件或创设一定的情境，以引起被试者的某些心理活动进行研究的一种方法。

1. 实验室实验法

实验室实验法是指在实验室内利用一定的设施，控制一定的条件，并借助专门的实验仪器进行研究的一种方法。探索自变量和因变量之间关系的一种方法。

实验室实验法，便于严格控制各种因素，并通过专门仪器进行测试和记录实验数据，一般具有较高的信度。通常多用于研究心理过程和某些心理活动的生理机制等方面的问题。但对研究个性心理和其他较复杂的心理现象，这种方法仍有一定的局限性。

2. 自然实验法

这是在日常生活等自然条件下，有目的、有计划地创设和控制一定的条件来进行研究的一种方法。

自然实验法比较接近人的生活实际，易于实施，又兼有实验法和观察法的优点，所以这种方法被广泛用于研究康复心理的大量课题。

 能力检测

1. 什么是心理过程、心理状态和心理特征？
2. 心理的实质是什么？
3. 什么是心理学？
4. 什么是安全？
5. 简述"安全第一"和"预防为主"的关系。
6. 铁路行车安全的特殊性是什么？

第二章

心理过程和行车安全

掌握：各种心理现象的概念，知觉的基本特征。
熟悉：记忆的过程与方法，解决问题的思维过程，情绪的分类及对健康的影响。
了解：意志的品质，动机冲突的类型。

生命过程中的高级运动形式是心理活动，心理过程是人的心理现象发生发展的过程，包括认识过程、情绪情感过程和意志过程，它们之间是相互联系、相互渗透、相互制约的。当人们对客观事物产生认知的同时，已经对该事物产生了态度体验并引发了相应的意志行为，与此同时人们的情感和意志也将使认识活动得到进一步深化。

人们在认识和改造客观世界的心理活动中，每个人的心理活动表现出了不同特点，构成了心理活动的差异，即形成个性。个性中与先天因素有关且相对稳定的心理特征，称为个性特征，主要表现在能力、气质和性格等方面；个性中与后天社会环境条件及实践活动有关且随环境而变化的心理倾向性，称为个性倾向性，主要表现在需要、动机、兴趣、信念和世界观等方面。现在许多心理学家将自我意识也作为个性结构中的组成部分，自我意识是指个体对自己作为客体存在的各方面的意识，由自我认识、自我体验和自我调控组成。

第一节 认知过程

认识过程也可称为"认知过程"，是接纳感觉输入并将之转换为较抽象代码的过程。人的认知过程是一个非常复杂的过程，指人认识客观事物的过程，即是对信息进行加工处理的过程，是人由表及里，由现象到本质地反映客观事物特征与内在联系的心理活动。另外，注意虽然不是独立的心理过程，但它是人的感觉、知觉、记忆、思维和想象等认知要素组成的，是伴随在心理活动中的心理特征，故本节中一并加以阐述。

一、感觉

（一）感觉的概念

感觉是客观刺激作用于感觉器官所产生的对事物个别属性的反映。

人对客观事物的认识是从感觉开始的，它是最简单的认识形式。例如当菠萝作用于我们的感觉器官时，我们通过视觉可以反映它的颜色；通过味觉可以反映它的酸甜味；通过嗅觉可以反映它的清香气味，同时，通过触觉可以反映它的粗糙的凸起。人类是通过对客观事物的各种感觉认识到事物的各种属性。

感觉不仅反映客观事物的个别属性，而且反映我们身体各部分的运动和状态。例如，我们可以感觉到双手在举起，感觉到身体的倾斜，以及感觉到肠胃的剧烈收缩，等等。

感受器是脑的工具，脑是借助于感受器来反映外部世界的。感觉的产生是由刺激作用，经换能过程，产生神经冲动，沿传入神经传到大脑皮层的相应区域而形成的。因此感觉是感受器、传入神经、大脑皮层相应区域共同活动的结果，其中任何一个部分受损都会影响感觉的产生。

感觉虽然是一种极简单的心理过程，可是它在我们的生活实践中具有重要的意义。有了感觉，我们就可以分辨外界各种事物的属性，因此才能分辨颜色、声音、软硬、粗细、重量、温度、味道、气味等；有了感觉，我们才能了解自身各部分的位置、运动、姿势、饥饿、心跳；有了感觉，我们才能进行其他复杂的认识过程。失去感觉，就不能分辨客观事物的属性和自身状态。因此，我们说，感觉是各种复杂的心理过程（如知觉、记忆、思维）的基础，就这个意义来说，感觉是人关于世界的一切知识的源泉。如果一个人丧失了感觉，就不能产生认识，更不能产生情感和意志。如果感觉被剥夺，人的心理就会出现异常。如著名的"感觉剥夺实验"（图2-1）。

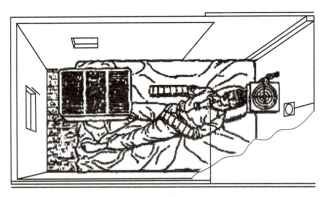

图2-1 感觉剥夺实验

知识链接

感觉剥夺实验

1954年，加拿大麦克吉尔大学的心理学家首先进行了"感觉剥夺"实验：实验中给被试者戴上半透明的护目镜，使其难以产生视觉；用空气调节器发出的单调声音限制其听觉；手臂戴上纸筒套袖和手套，腿脚用夹板固定，限制其触觉。被试者单独待在实验室里，几小时后开始感到恐慌，进而产生幻觉……在实验室连续待了三四天后，被试者会产生许多病理心理现象：出现幻觉、注意力涣散、思维迟钝、紧张、焦虑、恐惧等，实验后需数日方能恢复正常。

（二）感觉的种类

我们可以把感觉分成两大类。

1. 外部感觉

这类感觉的感受器位于身体表面，或接近身体表面的地方，可感受外界环境的变化，反映外界客观事物的属性。有视觉、听觉、嗅觉、味觉和肤觉五种。

视觉，人类可以看得到 0.77～0.39 微米的波长的电磁波。

听觉，人类能听到物体振动所发出的 20～20 000 赫兹的声波。可以分辨出声音的音调（高低）、音强（大小）和音色（波形的特点），通过音色我们可以分辨出哪些是火车的声音，哪些是汽车的声音，能够分辨出熟人的说话声，甚至走路声。还可以确定声源的位置、距离和移动。

嗅觉是挥发性物质的分子作用于嗅觉器官的结果。通过嗅觉我们也可以分辨物体。

味觉是溶于水的物质作用于味觉器官（舌）产生的。一般认为，基本味觉包括甜、酸、咸、苦等四种。

肤觉也称触觉，是具有机械的和温度的特性物体作用于肤觉器官，引起的感觉。分为痛、温、冷、触（压）四种基本感觉。

2. 内部感觉

其感受器位于身体内部，可感受内环境变化，反映机体活动和内脏器官的状态。这类感觉的感受器位于各有关组织的深处（如肌肉）或内部器官的表面（如胃壁、呼吸道），包括运动觉、平衡觉和机体觉。

运动觉反映我们四肢的位置、运动以及肌肉收缩的程度，运动觉的感受器是肌肉、筋腱和关节表面上的感觉神经末梢。

平衡觉反映头部的位置和身体平衡状态的感觉。平衡觉的感受器位于内耳的半规管和前庭。

机体觉反映机体内部状态和各种器官的状态。它的感受器多半位于内部器官，分布在食道、胃肠、肺、血管以及其他器官。

（三）感受性与感觉阈限

感受性就是感受器官对刺激的敏感程度。感受性的高低用感觉阈限的大小来衡量。感觉阈限就是刚刚能引起感觉的最小刺激量。感受性的高低与感觉阈限的大小呈反比关系。能够分辨同时或先后出现的刺激物之间的最小差异量的感觉能力，叫差别感受性。刚刚能引起差别感觉的最小刺激量叫差别感觉阈限。差别感觉阈限的大小同差别感受性的高低同样成反比关系。

（四）感受性变化的规律

1. 感觉的适应

感受性可由刺激物的持续作用而发生改变的现象叫适应现象。适应可使感受性提高或减弱，如将手放在热水中，初感很热，但不久热的感觉减弱，这就是皮肤对温度的适应，是温觉感受器的感受性减低了。大部分感觉都有适应现象，但适应程度和速度有很大差别，嗅觉的适应速度较快，正如古人所言：入芝兰之室，久而不闻其香；入鲍鱼之肆，久而不闻其臭。听觉的适应不太明显，而痛觉则很难适应。

2. 感觉对比

感觉对比指同一感受器接受不同刺激而使感受性发生变化的现象。这是同一感受器中不同刺激效应的相互作用的表现。感觉对比分同时对比和继时对比。两个刺激同时作用于同一感受器，同时产生的感觉之间的对比叫同时对比。例如两个同样的灰色的小方块，一个放在黑色的背景上看起来灰色显得亮些，另一个放在白色背景上则显得暗些。若两个刺激先后作用于同一个感受器，两种感觉先后发生的对比叫继时对比。如在喝苦药水之后再喝白开水也会觉得有甜味。

3. 感觉的相互作用

在一定条件下，各种不同的感觉都可能发生相互作用，从而使感受性发生变化。如强烈声音刺激可使牙痛更厉害，而咬紧牙关、紧握双拳会使疼痛减轻一些，食物的温度、颜色会影响对食物的味觉，等等。一般来讲，弱的刺激能提高其他感受器的感受性，而强刺激则产生降低的效果。

4. 感觉的联觉

感觉的联觉可作为感觉相互作用的一种特殊表现形式，是指一种感觉兼有另一种感觉的心理现象。其中以视听联觉最常见。如红色使人产生温暖的感觉，令人兴奋。浅绿色使人感到凉爽，令人轻松平静。

5. 感受性的发展与补偿

人的各种感受性都是在生活实践中发展起来的，由于每个人的生活实践不同，人的各种感觉的感受性发展各异，通过专业的训练，可使某些人的某种感觉的感受性明显高于一般人。如调音师具有高度精确的听觉，评酒师的味觉高度敏感。丧失某种感觉的人，由于生活的需要，会在生活实践中发展其他感觉来补偿，如盲人的听觉、触觉高度灵敏。可见，人的感受性通过训练是可以充分发展的。

由于感受性的变化具有以上规律，在我们的实际工作中，应该根据这些规律来安排工作学习和生活环境，以提高工作效率和生活质量。

二、知觉

（一）知觉的概念

知觉是人脑对当前直接作用于感觉器官的客观事物的整体属性的反映。感觉和知觉都是当前事物在人脑中的反映，其差别在于感觉是对外界事物的个别属性的反应，而知觉是在头脑中产生的由各种感觉整合而成的具体事物的映象，如房屋、车子、树木等。在实际生活中，当我们一经感觉到某个事物的个别属性时，马上就知觉到该对象的整体。所以我们有时把感觉和知觉统称为"感知觉"。

感觉和知觉不同而又不可分割。感觉是知觉的基础，感觉越清晰、越丰富，知觉就越完整、越正确。但知觉并不是感觉的简单总和，知觉在很大程度上受人的主观态度和过去经验的影响。人的态度、需要等使知觉具有一定的倾向性，直接影响知觉过程。知识经验的积累，可以使人借助以往的知识经验把当前模糊刺激物认知为现实中的确定事物。如果所感知的事物同过去的知识经验没有联系，就不能立刻把它确认为一定的对象。

（二）知觉的种类

知觉可以根据参与知觉的起主要作用的分析器的不同分成视知觉、听知觉、嗅知觉、味知觉、触知觉等。也可以依据知觉对象存在的形式分为空间知觉、时间知觉、运动知觉等。空间知觉反映事物的空间特性（形状、大小、深度、方位等），时间知觉反映事物的延续性和顺序性，运动知觉反映事物在空间的移动速度。

（三）知觉的特征

1. 整体性

知觉的对象总是由许多部分或许多属性组成的。在感知对象时，人们总是把它作为具有一定结构的整体来反映。例如，我们去认识一个人时，不是分别去看他的眼睛、鼻子、耳朵、手、脚，而是把他作为一个整体形象来知觉。在护理病人时，同样要兼顾躯体疾病和精神状态，做好整体护理。

2. 选择性

人周围的事物是多种多样的，但人们总是有选择性地把某一事物作为知觉的对象，而把对象周围的事物作为知觉的背景。一般知觉的对象较清楚、突出，而知觉背景较模糊、暗淡，但它们之间是可以相互转换的，知觉对象改变了，知觉的结果也就不一样了。图2-2所示的双关图就说明了这一问题。

3. 理解性

人们知觉事物时总是用以往的知识经验去解释它、理解它，并用词把它标志出来。人们知识经验越丰富，对事物的知觉就越深刻、越精确、越迅速。例如医生对病人的观察要比一般人全面和深刻。

图 2-2 双关图

4. 恒常性

当知觉的条件在一定范围内改变时，知觉的映像仍然保持不变，这就是知觉的恒常性。例如，我们分别在 5 米和 10 米远看一个人时，虽然他在我们视网膜上映像的大小改变了，但我们仍感知他是同一个人。知觉的恒常性主要是过去经验的作用，一个有丰富经验的老护士，对病人以及疾病的知觉比无经验的年轻护士深刻得多。因此，对知觉对象的知识经验越丰富，就越有助于保护知觉的恒常性。

（四）错觉

人的知觉并不总是正确地反映客观事物，有时候也会产生各种各样的歪曲或错误。这种对客观事物不正确的知觉就是错觉。错觉是在特定条件下产生的，常带有固定的倾向，只要条件具备，它就必然产生。图形错觉如图 2-3 所示。

 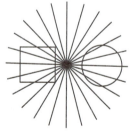 

图 2-3 图形错觉

三、感知能力影响行车安全

在铁路这个庞然大物面前，感知觉具有其独特的地位。信号的识别、轴温的掌握、气味的分辨、旅客表情的判断等许多方面，都要依靠我们的感知觉。可以说，铁路职工没有正常的感知觉，就没有铁路运输的安全。在运输生产过程中，有些事故是由于人的感知觉发生错误而造成的。比如调车员在光线不好的条件下执行调车作业，发生事故的概率就很大。引起错觉的原因很复杂，既有心理因素，也有生理因素，错觉现象也很多，其中，以视觉错误对行车安全的影响较大，错觉会引起错误的判断，导致行动上的失误，给行车安全带来隐患。例如，误认信号、误听或误传命令等，为避免这种视觉错误，在接发列车、调车作业中我们必须强调有关作业人员间的"复诵""互控""双确认"等制度。

知觉具有选择性，面对纷繁多样的客观事物，人的感官能根据需要选择其中的特征明显的刺激进行反映。因此，在站段重要作业室设置控制台设备时，要注意设备与房间背景的协调和差别，力求简洁；揭示牌要鲜艳醒目，颜色模糊时必须及时处理；占线板要有足够的易确认的合适的尺寸，占线板上字迹工整清晰，对书写潦草问题必须整顿；安全提醒标语必须设置在职工必经之地，宣传用语力求引起职工共鸣。实践证明，人的感知觉能在实践活动中得到提高和发展，长期使用某种感觉器官或进行有目的的训练，都可以促进相应器官感知觉的发展。铁路行车工种强调熟练操作，只有加强基本功训练，做到"一口清""一手精"，才能确保行车安全。感觉器官的功能对人的机体状况也具有很大的依赖性，如果人体机能发生了变故，必然影响感觉器官正常工作，身体疲劳如此，生病不适应也会如此，一个重感冒患者，泪眼模糊，会影响视觉，可见，健康的体魄是铁路职工搞好安全运输生产的重要本钱，有病应该及时治疗，带病工作固然精神可嘉，可从安全心理学的角度看，从保证铁路安全生产的目标出发，我们不应该提倡。所谓感知能力，即驾驶员通过感知器官对外部客观事物的要素及特性在头脑中所做出的反映，是人的感知觉系统对事物做出的综合判断。对一个驾驶员而言，感知能力的强弱与其感觉灵敏度、驾车经历、行车经验等因素有关，对行车安全是十分重要的，是安全行车的认识基础。大量的统计资料表明，因驾驶员的感知错误造成的交通事故大约占 40%。其中有以下六种感知能力对安全行车有着非常重要的影响。

（一）对车体的感知能力

对车体的感知能力是指驾驶员坐在驾驶室里对所驾车辆的长度、宽度、高度、离地间隙以及车的轮廓在头脑中的具体反映的能力。

对车体的感知包括车辆处在静止和运动两种状态的感知。通常人对车处于静止状态时的感知要比处于运动状态时的感知准确一些。在行车中，具备了对车体的感知，尤其是对车辆处于运动状态时的感知，就能准确估计汽车在每一运动状态时所处的空间位置，正确选择安全通过的空间，以免行车中出现车体或货物与外界障碍物相刮碰，从而达到安全行车的目的。

（二）对车速的感知能力

对车速的感知能力是指驾驶员能否正确判断所驾车辆和周围其他车辆的行驶速度的能力。对车速的感知能力，因驾驶员的心理素质、驾车经验等不同而异，而且同一驾驶员随着车速的改变，其感知能力也会发生相应的变化。低速行驶时，驾驶员的视野较宽，对所观察到道路两侧的目标看得比较清楚，对目标的动向和距自己所驾车的距离以及所驾车的车速估计比较准确；高速行驶时，驾驶员注视远方，速度越快注视点越远，视野就越窄，此外高速行车还会使驾驶员的动视力下降。所以，驾驶员会因高速驾驶对道路两侧的目标观察不清，对车速判断不准，易因处理不当造成事故，特别是在一般道路行驶时更为突出。

（三）对车距的感知能力

对车距的感知能力，是指驾驶员在车辆运行中能够准确地预测到所驾车与其他车辆及行人之间保持安全间距的能力。驾驶员对安全车距的感知主要是依靠视觉系统提供的信息来完成的，通过双眼视差感知物体的相对距离。试验表明，驾驶员判断的车间距往往比实际要小，随着车速的提高，判断的误差不断增大，发生碰撞事故多是由于距离判断错误所致。

（四）对道路的感知能力

对道路的感知能力是指驾驶员在各种道路上行驶时，对影响行车安全的道路状况的识别能力。

对道路的感知包括：路面感知；净空感知；盲区感知；方向感知。

（五）对交通信息的感知能力

对交通信息的感知能力是指驾驶员观察、了解、掌握道路上车辆、行人的活动规律，以及对影响安全行车的交通环境等因素的感知能力。

（六）对操控车辆的感知能力

对操控车辆的感知能力是指驾驶员在行车中正确操纵车辆时，肌体动作协调以及对所驾车辆反馈信息的感知能力。

驾驶员清楚地认识了上述六种感知能力对行车安全的影响，并有计划、有目的地在驾车实践中进行有针对性的训练，能有效提高驾驶素质，保证行车安全。

四、感觉、知觉错误与行车安全

铁路行车安全是一个与"人、车、路、环境、管理"等诸多因素有关的系统工程，在与行车安全有关的因素中，以"人"的因素最为重要。通过对人的因素进一步分析发现，机车乘务人员的生理和心理素质是行车安全的决定性因素。

感觉是人脑对直接作用于感觉器官的客观事物个别属性的反映，知觉是人脑对直接作用于感觉器官的客观事物整体的综合反映。感觉、知觉在日常生活中是密切联系的，感觉是知觉的基础，知觉是多种感觉的有机结合，通常将这两种心理现象称为感知或感知觉。在铁路行车生产中，感知觉的错误与行车安全密切相关，因此，对于机车乘务人员来说，感知觉的敏锐和准确是非常重要的。

（一）视知觉错误与行车安全

视知觉是以视觉器官为主的个体对事物的直接反映，也是个体最常用信息来源的反映。人们接受外来信息的 80% 以上是靠视知觉获得的。在列车运行当中，信号显示、线路状况、道岔位置以及机车内部仪表等都要靠视知觉信息来反映，这是机车乘务人员保证行车安全运行的基本条件。所以，作为机车乘务人员必须具有良好的视知觉功能、视知觉对光的适应能力以及对各种信号的敏感性和辨别力，色弱、色盲和近视等均不能从事机车乘务工作。目前，机车乘务人员所在的工作环境的司机室内发动机、电机、电器及各种机械运动摩擦产生大量热能且司机室空间有限、封闭、隔热性能较差，造成温度升高，导致机车乘务人员在高温环境条件下工作，而人在高温环境条件下视知觉敏感度会明显下降。同时，由于列车的运行速度较高，而人的视力是随着运动速度的变化而变化，车速越快，视力下降越大。

（二）听知觉错误与行车安全

听知觉是个体对声波物理特性的直接反映。人们接受外来信息的 10%以上是通过这个途径实现的。在列车运行当中，机车乘务人员运用听知觉对机器的运转极限进行监控，根据异常声响发现和判断故障，从而准确、迅速地排除故障。司机室内设置的警告装置（机车自停装置、报警装置、无线电台）和信号反馈装置，也是由音响方式实现其功能的，这种信息传递方式在某种程度上比视觉信息更有刺激性、可靠性。由此可见，具有良好的听知觉同样是机车乘务人员保证行车安全的必要条件。实际上，机车在运行状态下，机车鸣笛、发动机和辅助设备所产生的机车噪声和桥梁、隧道、轨枕与道床、轮对与钢轨等所产生的线路结构噪声以及机车运行中的震动，都将影响到机车乘务人员的听知觉功能，对乘务人员的工作产生干扰，妨碍语言的交流，影响到信息传达的清晰度和准确度，以至会出现操纵失误，导致行车事故的发生。

（三）空间知觉错误与行车安全

空间知觉是辨别物体形状、大小、远近、深度和方位等特征的知觉反映。机车乘务人员在行车过程中，要随时知觉线路纵断面的情况和车站、自然建筑物、站台、行人的远近及方位，车辆、物体和信号机等的方位和距离，这样才能准确、有效地操纵机车。可见机车乘务人员空间知觉的感应，对防止各种行车事故的发生都具有重要的意义。由于铁路行车具有全天候运行的特点，因此列车在运行过程中将面临复杂的自然气候环境条件，恶劣的天气，例如，大雨、大雾容易干扰也容易使人产生空间知觉错误。因为在行车过程中，机车乘务人员空间知觉的判断很大程度上与参照物有关，参照物清晰，判断就较准确。大雨和大雾天气能见度下降，机车乘务人员因失去清晰的参照物，容易出现对所需辨别对象的空间知觉错误，进而导致行车事故的发生。

（四）运动知觉错误与行车安全

运动知觉是指人对物体在空间位置上移动速度的感应。人的运动知觉受主观、客观因素的影响，甚至可以产生错觉，给判断信息造成误差。如列车在长大下坡道运行时，机车乘务人员可感觉到车速增加，经过一段时间后，受人的适应性影响，对列车的增速运动感渐渐淡薄，而觉得列车速度不快。到需要减速时又容易出现对列车速度估计过低，总以为降低到了限制速度。如果在需要停车的地点或位置不能及时停车，就可能造成冒进或越出的行车事故。同样地，列车在运行过程中面临的复杂自然气候环境条件也可以造成机车乘务人员产生运动知觉的错误，进而导致行车事故的发生。

五、提高感觉、知觉的准确性，确保行车安全

铁路行车安全是行车生产系统运行秩序正常、旅客生命财产平安无险、货物和行车设备完好无损的综合表现，也是行车生产全过程中为达到上述目的而进行的全部生产活动协调运作的结果。铁路行车生产的根本任务就是把旅客和货物安全及时地运送到目的地，铁路行车生产的作用、性质和特点，决定了行车安全是铁路部门永恒的主题。

通过上述分析可见，机车乘务人员的感觉和知觉对行车安全有着较大的影响，因此，为确保行车安全，必须提高机车乘务人员感觉、知觉的准确性。

（一）严格执行机车乘务人员的职业挑选制度

由于机车乘务人员是行车生产系统中的主要工种，在行车安全中处于核心地位，担负着保证行车安全的重大责任。因此，要求机车乘务人员的感知觉要敏锐，色弱、色盲、近视和听力障碍者均不能从事机车乘务工作。另外，还要考虑年龄对感知觉准确性的影响，年长者由于生理机能不断衰退、感知觉准确性下降、体力减退、力不从心，所以不适宜继续担当机车乘务的工作。

（二）注意休息，消除疲劳，保持充沛的精力

通过分析，造成许多重大事故的直接原因是机车乘务人员在疲劳状态下工作。疲劳会使机车乘务人员的感受性大大下降，感知觉的敏锐度显著减弱，从而导致失去了对机车的控制和对行车信息的反应，且时间多发生在夜间或清晨，这是人最容易疲劳的时候。因此，机车乘务人员在出乘前要注意休息，养足精神，安全驾驶。

（三）保持积极而稳定的情绪状态

情绪状态对机车乘务人员的感受性有着较大的影响，当处于积极而稳定的情绪状态时，机车乘务人员感知觉的敏锐度较高，反应迅速，动作敏捷。相反，当处于消极且不稳定的情绪状态时，心情压抑、精神萎靡不振、感受性大大降低、感知觉敏锐度明显减弱，这时机车乘务人员便会对行车过程中接收到的各种信息视而不见，听而不闻，对环境产生掩蔽作用，这样极易导致行车事故的发生。

（四）必须养成良好的生活习惯

生活当中诸如吸烟、喝酒、赌博以及无节制地娱乐等不良生活习惯都将导致机车乘务人员的感知觉敏锐度下降，给行车安全造成危害。所以，机车乘务人员要坚决摒弃一切强烈的、主动的、长期的不良嗜好，时刻把乘客和列车的安全放在心中，不赌博、不酗酒、不吸烟，生活上要有规律，健康有益的娱乐活动也要有节制，学会用健康的心理和体育活动保健自己，以确保行车安全。

（五）培养良好的观察力

机车乘务人员要充分注意到现实当中错觉的存在，认识并掌握它们的规律，提高自身的观察力。

第一，要有明确的观察目的。要想培养良好的观察力，就必须明确观察目的，而且目的越具体越好。若观察目的明确，则对某一事物的感知就完整清楚，反之，就会左顾右盼，抓不住实质。第二，要掌握正确的观察方法和技巧。观察时，必须根据观察目的，有计划、有次序地进行，对该了解什么，从哪些方面入手，要心中有数；观察时还应用心思考，不能走马观花。第三，要拓宽视野，广览博闻。丰富的表象，储备和积累的经验，是提高观察力的重要因素。一个人若对某一对象一无所知，他的观察必定是视而不见，徒劳无获的。第四，要有良好的心理条件。只有当你对某一事物或现象有了浓厚的观察兴趣后，才能积极主动持久的观察它，因此广博而稳定的兴趣是观察力得以提高的重要环节。在观察时，既要观察事物发展的全过程，又要掌握事物发展中的每一部分或每一阶段；既要弄清事物之间的内在联系，又要找出细微差异。同时，在观察时，还要积极动脑，思维敏捷，善于抓住稍纵即逝的闪光点和常人不易察觉的或容易忽略的地方，找出带有规律性的特征。

六、记忆

（一）记忆的概念

记忆是个体对其经验的识记、保持和再现（回忆和再认）。从信息加工的观点来看，记忆就是信息的输入、编码、储存和提取。感知过的、思考过的、体验过的和行动过的事物都可以成为个体的经验。例如，从前见过的人，现在不在面前，我们能想得起他的姿态相貌；见到他时能认得出来，这就是记忆。不仅感知过的事物能保持于头脑中，而且思考过的问题、理论，体验过的情绪、情感，练习做过的动作都能保持于头脑中。在生活实践中见过、学过、做过的事情以及体验过的情绪，都可以成为我们的经验而保持在我们的头脑中，在以后生活的适当时候回想得起，或当他们再度出现时能认得出来，这些都是记忆。

（二）记忆的过程

识记、保持和再现是记忆的三个基本过程。

1. 识记

识记是记忆的开初阶段，是获得知识经验的记忆过程。识记具有选择性。环境中的各种刺激只有被个体注意才能记住。从信息加工的观点来看，识记是信息的输入和编码过程。在输入时，人试图将当前经验同某一名称相联系。这一过程通常是自动的、迅速的，因而未被意识到。进一步的编码过程是使新输入的信息同已有的知识经验建立广泛的联系，从而形成知识网络。识记可分为两种。

（1）无意识记。无意识记是事先没有预定目的，也没有努力的识记。无意识记具有很大的选择性，一般在生活中对人有重大意义的事情、符合人的兴趣需要的事物常容易记住。人的许多知识经验都是通过无意识记积累起来的，如一些生活经验、歌曲、故事等多半是无意中自然而然记住的。但由于无意识记具有偶然性、片面性的特征，因而不能获得系统的知识。

（2）有意识记。有意识记是事先有明确的目的、有计划并经过一定努力，运用一定方法的识记。如记住药品的剂量、外语单词等。有意识记在学习、工作中具有重要的意义，是掌握系统科学知识的主要识记手段。有意识记根据材料的性质又可分为：①机械识记，是指识记的材料没有联系、没有系统性；或虽有意义而识记者不能理解，找不到材料的内部联系，只能根据材料的外部形式，采用简单重复的方法来记忆。如通过死记硬背记忆英文单词、历史年代等；②意义识记，也可叫语词逻辑记忆或词的抽象记忆。是根据材料的内在联系，运用已有的知识经验，进行积极的思维，找出规律加以识记。例如理解了公式、定义以后再把它记住属于意义识记。一般来讲，意义识记比机械识记迅速、持久并易于再认或回忆。平时我们需要将机械和意义识记两者结合起来以互相补充。

2. 保持

保持是识记过的经验在脑中的巩固过程。从信息加工观点来看，保持就是信息的储存。储存也是一个积极的过程，储存的信息在内容和数量上都会发生变化。保持是一个动态过程。随着时间的推移，保持的内容会发生数量和质量的变化，从而体现了人脑对识记材料的主动加工。由于每个人的知识和经验不同，加工的情况不同，保持的变化也不同。

3. 再现

再现包括回忆和再认。回忆和再认，是在不同的情况下恢复经验的过程。从信息加工的观点来看，回忆和再认是提取信息的过程。

（1）再认。经验过的事物再度出现时，能把它认出来的过程，称为再认。再认是过去识记过的事物，当它再度出现时仍能认识。再认要依靠与事物有关的线索进行提取。如事物的个别部分、特点、当时识记事物的情景等都可作为线索唤起对事物整体的记忆。再认与回忆没有本质的区别，但比回忆简单、容易。

（2）回忆。经验过的事物不在眼前，能把它重新回想起来的过程，称为回忆。例如学过的诗歌，我们不看书而把它背出来，就是回忆。回忆根据是否有一定的目的、任务，可以分为有意回忆和无意回忆。如触景生情就是无意回忆；询问病史，启发病人有目的的回忆疾病的资料就是有意回忆。根据回忆过程中是否有中介物引起的联想分为直接回忆和间接回忆。直接回忆是由任务和当前某些情景因素所引起的，如对乘法表或十分熟悉的外语单词，可直接被回忆起来。间接回忆需要借助中介性联想达到对有关经验的回忆。如唐诗所云："十年离别后，长大一相逢，问姓惊初见，称名忆旧容。"对过去事物回忆的速度和准确性，决定于所掌握的知识经验是否成体系，是否经常应用，是否进行了积极的思维。

记忆的三个基本过程是密切联系在一起的。没有识记，谈不上对经验的保持；没有识记和保持，也就不可能对经验过的事物回忆或再认。识记和保持是回忆和再认的前提，而回忆和再认则是识记和保持的结果，并进一步巩固和加强了识记和保持。

（三）记忆的分类

1. 根据记忆的内容分类

（1）形象记忆，也称表象记忆。以感知过的事物形象为内容的记忆。这种记忆所保持的是事物的具体形象。其中视觉刺激停止后，视觉系统对信息的瞬间保持叫图像记忆。听觉系统对刺激信息的瞬间保持叫音响记忆。

（2）逻辑记忆，也称词语记忆。是用词的形式以概念、判断、推理等为内容的记忆。这种记忆所保持的不是事物的具体形象，而是关于事物的意义、性质、关系等方面的内容，通过语词表现出来。词语记忆是人类特有的记忆。

（3）情绪记忆，也称情感记忆。以体验过的某种情绪情感为内容的记忆。如记起令人高兴的事情、想起过去的不幸，这都是情绪记忆。情绪记忆常成为人们当前活动的动力，推动人们去从事某些活动，也能制止某些行为，回避那些可能遭受到危害的事物。

（4）运动记忆，也称动作记忆。是以自己做过的运动或学过的操作为内容的记忆，如一般生活习惯和已熟习的技能。此类记忆比较牢固。

上述记忆的分类不是绝对的，实际上各种记忆是互相联系着的。记忆任何事物时，常有两种或多种记忆参与。

2. 根据输入信息编码加工方式的不同和储存时间长短分类

（1）感觉记忆。感觉记忆又叫感觉登记或瞬时记忆。它是记忆的开始阶段。其含义有两方面：一方面表明外界信息通过相应的感觉器官在此阶段中以感觉形式保持着；另一方面指信息仅有瞬间的停留，只是登记一下。视觉后像就是一种感觉记忆。

感觉记忆具有以下特征：①感觉记忆在瞬时间能储存大量的信息。进入感受器的信息几乎都被储存。②感觉记忆中的信息保持时间很短。视觉信息约在1秒内衰退，听觉信息约在4秒内衰退。③感觉记忆中的信息是未经任何加工的，按刺激的物理特征编码，有鲜明的形象性。④感觉记忆中的一部分信息由于模式识别而被传送到短时记忆中，并在那里赋予其意义。所谓模式识别就是从感觉记忆向短时记忆传递信息并赋予其意义的过程。确定选择哪些信息传输到短时记忆，而让哪些信息从感觉记忆中衰退，是注意的作用。感觉记忆就犹如"登高远眺，尽收眼底"，虽然都收入眼底但什么都记不住，但瞬间记忆因注意可转入短时记忆。

（2）短时记忆。短时记忆是感觉记忆和长时记忆的中间阶段，信息保持时间较短。短时记忆对信息编码的方式是：语言材料主要以语音听觉形式编码储存，字意和字形也有影响。对非语言材料的编码，视觉表象起主要作用。短时记忆中的信息经过复述可以进入长时记忆，如果不复述则随时间延长自动消失。

与感觉记忆、长时记忆相比较，短时记忆具有一些有趣的特征：短时记忆的容量是有限的，较之记忆的其他两个阶段，它储存的信息要少得多，一般为7±2个组块。所谓组块就是记忆材料的单位。它的容量可大可小，可把识记材料的几个小单位组成一个较大的单位。例如，可以把兔子、帽子和自行车看成三个单位，或通过想象构成"一个戴着帽子的兔子骑着自行车向你招手"的画面看成一个单位，这个较大的单位也是一个组块。信息在短时记忆中储存约20秒消失。但是，短时记忆又是唯一对信息进行有意识加工的记忆阶段。如果加以注意，信息在短时记忆中的保持同注意的时间一样长，可以远远超过20秒。感觉记忆和长时记忆中的信息是我们意识不到的，这两种记忆中的信息只有被传送到短时记忆中才能被检测、组织和思维。所以短时记忆也叫工作记忆。所谓工作记忆是指个人当时注意着的信息，为现实进行加工、操作服务的记忆过程。

知识链接

短时记忆组块理论

可以用下面的小实验来验证短时记忆组块理论。

请你读一遍下面的一行随机数字，然后合上书，按照原来的顺序，尽可能多地默写出来：71863945284。现在再读一遍下列随机字母，然后用上述相同的方法来测试自己的记忆：HJMROSFLBTW。假如你的短时记忆像一般人那样，你可能回忆出 7 个数字或字母，至少能回忆出 5 个，最多能回忆出 9 个，即 7±2 个。

（3）长时记忆。长时记忆指信息保存时间较长的记忆。一般来源于短时记忆的加工和重复。其特点是：信息是以储存的形式保持；保持时间长，可保持几天、几个月、几年甚至终生难忘。长时记忆的信息储存量大，其编码以意义为主或联想组合进行储存，它的提取与信息归类有关，归类有序则较易提取。长时记忆的信息受到干扰或其他因素的影响，也会产生遗忘。

（四）长时记忆加工

1. 信息的编码

信息从工作记忆转换到长时记忆时，必须经过将学习材料的关键特征与长时记忆中已经存在的信息建立联系的编码加工。这种将新信息附加到原有信息上的编码加工是学习活动的关键成分，这就是背景知识重要的理由。

长时记忆储存的知识分为"是什么"和"如何做"两大类。前者称为陈述性知识，后者称为程序性知识。陈述性知识包括词的知识和所知道的事实的知识。如"油比水轻"。这种知识可以用语言交流。程序性知识是指我们所知道的如何进行有先后顺序的活动，它包括动作技能与认知技能两部分。此外，长时记忆中还包括元认知知识和技能。

2. 信息的提取

有效编码是信息提取的前提。任何信息都必须通过编码加工才能进入长时记忆。编码是建立起一个能代表我们正在考虑的信息的表征。这种建构可以有意识地、精细地进行，也可以无意识地、偶然地进行。当我们要提取信息时，就要重建这个记忆表征。例如，在某种场合偶然碰到某个人或某件事时，并没有想到对他或它形成一种评价，后来由于某种原因要考虑那个信息时，你就会从长时记忆中去提取有关的信息，重新构造那个最初的输入。在重建过程中，最初建构的记忆表征保持得越完整，则重建的表征也就越真实。所以，有效的编码是信息提取的前提。

3. 信息的理解

知识的获得与保持，有赖于对学习材料的理解，理解是一个需要个体创造性的加工活动。音位、语义、句法和实用水平等言语材料本身的特点均可指导理解。运用期望基础上形成的假设，或者先前的知识和背景线索，可预测讲话者（作者）说（写）什么。对陈述性知识理解起主要作用的因素是主题、先前的知识、观点和图式。

上述三种记忆的关系如图 2-4 所示。

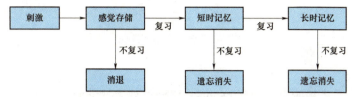

图 2-4 感觉记忆、短时记忆、长时记忆的关系

（五）遗忘

遗忘是对识记过的事物不能或错误的再认和回忆。它与保持是完全对立的过程。遗忘有两种：一种是永久性遗忘，即不重新学习，永远不能再认或回忆。另一种是暂时性遗忘，只是一时不能再认或回忆，在适当条件下记忆还可能恢复。

遗忘是人们生活中的正常现象。生活中某些事件和经历需要遗忘。如一些不幸和痛苦，就无须念念不忘。但是，一般来讲，为了搞好学习和工作，我们需要增强记忆，防止遗忘。

1. 遗忘的原因

（1）干扰说。学习前后的事件互相干扰而影响记忆。心理学上称为前摄抑制（先学的经验影响新的学习）、倒摄抑制（新学的内容干扰先前的经验）。研究表明前后学习内容越相似则干扰越严重。

（2）衰减（消退）说。储存的信息没有得到强化而逐渐减弱以致最后消退。短时记忆、感觉记忆的遗忘多数此类。

（3）压抑说。弗洛伊德提出记忆是永恒的，所有遗忘都是动机性的。压抑是一种潜意识的防御机制，用来阻止不愉快的记忆进入意识领域。

（4）线索依赖性遗忘。记忆有时需要线索的提示。老年记忆障碍中常会发生"提笔忘字"或"话到嘴边说不出来"，但如有适当的线索提示就可回忆。

2. 遗忘的规律

（1）遗忘速度是先快后慢。德国的心理学家艾宾浩斯对遗忘规律做了首创性系统研究，其所发现的遗忘曲线（图 2-5）表明，识记后最初一段时间遗忘快，随时间推移和记忆材料的减少，遗忘便逐渐减慢，最后稳定在一定水平上。

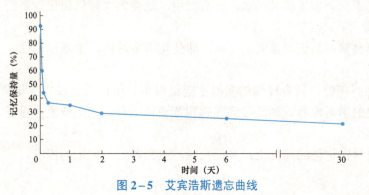

图 2-5 艾宾浩斯遗忘曲线

知识链接

艾宾浩斯保持曲线

德国心理学家艾宾浩斯（Ebbinghaus，1885）对保持量的变化进行了系统的研究。他以自己为被试，以无意义音节为记忆材料，以再学法的节省率为保持量的指标。用再学法测量保持量时，他先让自己把无意义音节字表学习到一个标准（如100%的正确），然后隔20分钟、1小时、9小时、1天、2天、6天、31天后，再学习该材料，并求出各阶段的节省率，其结果如图2-6所示，学习后的不同时间里保持量是不同的，刚学完时保持量最大，在学后的短时间内保持量急剧下降，然后保持量渐趋稳定地下降，最后接近水平。这条曲线称为保持曲线。保持的反面是遗忘，因此这条曲线也被称为遗忘曲线。

（2）遗忘多少因材料数量、性质而异。识记材料的多少和遗忘的速率成正比，识记材料越多，忘得越快；有意义的诗词或有生动例证的内容比无意义的音节、单词、抽象的数据遗忘的要少。对真正达到理解程度的原理、公式几乎可以经久不忘。

（3）遗忘具有选择性。个人爱好、感兴趣和需要的材料不易遗忘。如工科的学生对数学、物理定义、公式记忆清晰；爱好医学的学生，对人体解剖名词记忆得很好。

（4）材料的"支柱""骨架"不易遗忘。遗忘时材料的细节部分首先遗忘，而"支柱""骨架"则不易遗忘。

（六）提高记忆力

记忆的大敌是遗忘。提高记忆力，实质就是尽量避免和克服遗忘。在学习活动中只要进行有意识的锻炼，掌握记忆的规律和方法，就能改善和提高记忆力。以下介绍的是增强记忆力的10种方法：

1. 注意力集中

记忆时只要聚精会神，专心致志，排除杂念和外界干扰，大脑皮层就会留下深刻的记忆痕迹而不容易遗忘。如果精神涣散，一心二用，就会大大降低记忆效率。

2. 兴趣浓厚

如果对学习材料、知识对象索然无味，即使花再多时间，也难以记住。

3. 理解记忆

理解是记忆的基础。只有理解的东西才能记得牢、记得久。仅靠死记硬背则不容易记得住。对于重要的学习内容，如能做到理解和背诵相结合，记忆效果会更好。

4. 过度学习

即对学习材料在记住的基础上，多记几遍，达到熟记、牢记的程度。

5. 及时复习

遗忘的速度是先快后慢。对刚学过的知识，趁热打铁，及时温习巩固，是强化记忆痕迹、防止遗忘的有效手段。

6. 经常回忆

学习时，不断进行尝试回忆，可使记忆中的错误得以纠正，遗漏得以弥补，使学习内容中的重难点记得更牢。闲暇时经常回忆过去识记的对象，也能避免遗忘。

7. 视听结合

可以同时利用语言功能和视、听觉器官的功能来强化记忆，提高记忆效率。这比单一默读的效果好得多。

8. 多种手段

根据情况灵活运用分类记忆、图表记忆来缩短记忆过程。或者采取编提纲、记笔记、做卡片等方法来增强记忆力。

9. 最佳时间

一般来说，上午9：00—11：00，下午3：00—4：00，晚上7：00—10：00为最佳记忆时间。利用上述时间来记忆重难点和学习材料，效果要好得多。

10. 科学用脑

在保证营养，积极休息，进行体育锻炼等保养大脑的基础上科学用脑。只有防止过度疲劳，保持积极乐观的情绪，才能大大提高大脑的工作效率。这是提高记忆力的关键。

以上介绍的10种提高记忆力的方法的核心可以归纳为：培养兴趣、集中精神、掌握规律和方法、讲究科学原则。

七、思维

（一）思维的概念

思维是个体对客观事物间接的和概括的反映。思维和感知觉、记忆一样都是对客观事物的反映过程。但思维使人们更深入、更全面地反映客观事物。从反映内容看，思维反映的是客观事物的本质特性和内部联系的规律；从反映形式看，思维是对客观事物间接的和概括的反映；从反映的时间看，思维不仅能反映当前事物，而且可以处理过去储存在记忆中的信息，甚至可以思考未来。

知识链接

思维在人脑中的分区

思维在人脑中的分区如图2-6所示。

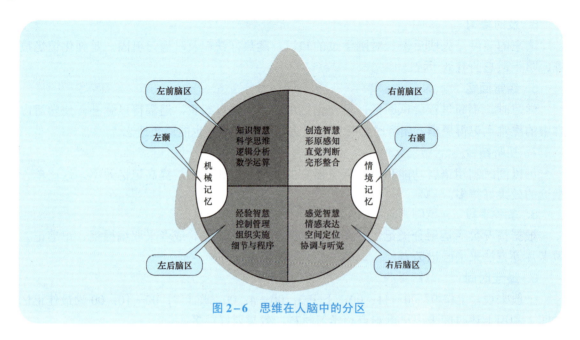

图 2-6 思维在人脑中的分区

（二）思维的特征

1. 间接性

间接性是指个体对客观事物的反映不是直接的，而是通过其他事物或已有的经验为媒介来认识客观事物。如医生通过听诊得知病人肺部是否有炎症，是以啰音作为媒介来间接认识的。

2. 概括性

概括性指人脑反映的不是个别事物或事物的个别特征，而是反映同一类事物的共同特征、本质特征和事物间的规律性联系和关系。思维的概括性是借助概念（词）来实现的。例如笔这个字可以概括毛笔、钢笔、圆珠笔等各式各样的笔。各种笔虽然都有各自的外形和特点，但它们共同的、本质的特征是书写的工具。概括水平随着言语的发展，经验的丰富，知识的增加，是由低级到高级发展的。一切科学的概念、定理、定律都是思维概括的结果。

（三）思维的分类

1. 根据思维的方式分类

（1）动作思维，又称实践思维。通过实际动作，运用已有的知识经验发现问题、解决问题的思维，就是动作思维。如护士为解决输液过程中液体不滴的问题，就需要边思考边动手操作。3岁以前的幼儿掌握的语言很少，记忆表象也不发达，其思维方式主要靠动作思维来解决问题。

（2）形象思维，利用具体形象和已有的表象解决问题的思维。如布置环境时，首先头脑中有多种布局的图像在构思，然后选择一种最佳方案，实践时还需不断调整直至完善，这些过程都离不开形象思维。

（3）抽象思维，又称语词逻辑思维。是以抽象的概念和理论知识来解决问题的思维。如护士制订护理计划时，须将医学、心理学的知识和护理理论相结合进行思考，拟出各项护理措施和评价方法。这个思维过程属于抽象思维。抽象思维是思维的一种高级形式，是人类思维的重要形式。其发展较晚，一般成长到青年期以后，才有比较发达的语词逻辑思维。

成年人进行思维时，通常不是单纯运用一种思维形式，往往是通过三种思维互相联系来解决问题，但以某一种思维占优势。

2. 根据思维探索答案的方式分类

（1）聚合思维，就是将解决问题所能提供的各种信息集中起来得出一个正确的或最好的答案的思维。如考试时回答单项选择题，就是从数个答案中选择一个正确答案。

（2）发散思维，是一种求异思维。指解决一个问题时根据已有信息，从不同角度、不同方向思考，寻求多样性答案的一种展开性思维方式，如一题多解。这种思维需要重新组织现有的信息和记忆中储存的信息，产生多个可能的答案。

3. 根据解决问题的态度分类

（1）习惯性思维，又称常规思维。是经验证明行之有效的程序化思维。这种思维可不经思考按程序完成，既规范又节约时间。如发现病人发高烧时，立即给予物理降温。

（2）创造性思维，是具有主动性和独创性的思维，是多种思维的综合表现，它是在一般思维的基础上发展起来的，但又不同于一般的思维活动，它不依赖于现成的表象或有关条件的描述，而是在现有资料的基础上，进行想象，加以构思，既需要集中思维，更需要发散思维，给人带来新的、具有社会价值的产物，是智力水平高度发展的表现。

（四）思维的认知加工方式

思维是对反映事物外部现象和特性的感知觉材料进行加工，以揭露事物内部的、本质的特征和规律性联系的心理过程。经过对新输入的信息与脑内储存的知识经验进行分析、综合、比较、分类、概括与抽象等一系列活动而实现的。只有经过思维，人们对事物的认识才会深入、全面和正确。

1. 分析与综合

分析与综合是思维活动最基本的认知加工方式，其他的思维加工方式都是由分析与综合派生出来的。分析就是将事物的心理表征进行分解，以把握事物的基本结构要素、属性和特征。分析和综合是相反而又紧密联系的同一思维过程中不可分割的两个方面。如急性感染的局部表现可分为红、肿、热、痛、机能障碍等五个共同特征；对于皮肤脓肿的诊断就是综合上述表现做出的。

2. 比较与分类

比较就是将各种事物的心理表征进行对比，以确定它们之间的相异或相同的关系。有比较才有鉴别，才能对事物的认识更精确。分类是在比较的基础上，在确认事物的主要特征、次要特征、共同点和异同点的基础上，把事物归入相应的属、种、类之中，揭示出事物之间的从属关系，使知识系统化。如稽留热与弛张热都是高热，但有所不同，稽留热温差一日之内不超过1摄氏度，弛张热则在1摄氏度以上，它们是不同发热疾病的表现，也是鉴别诊断的依据之一。

3. 抽象与概括

抽象与概括是更高级的分析与综合活动。抽象就是将事物的本质属性抽取出来，舍弃事物的非本质属性。例如对各种钟、表的抽象将"能计时"这个本质属性抽取出来，而舍弃大小、形状等非本质的属性。概括是将抽取出来的本质属性综合起来，并推广到同类事物中去。例如把"由三条线段组成的封闭图形"叫作三角形，一个图形无论大小、形状、位置如何，只要它具有"由三条线段组成"和"封闭图形"这两个特征，就是三角形。抽象与概括是密切联系的，抽象与概括的结果形成了概念和理论，从感性认识上升到理性认识，实现了认识过程的飞跃。

4. 具体化与系统化

具体化就是把抽象出来的概念与一般原理应用到具体事物中去。系统化就是把知识要素，分门别类地构成一个层次分明的整体系统。系统化在掌握知识的过程中具有十分重要的意义，例如，护士根据现代医学模式的转变对病人实施整体护理需要具有从具体化到系统化的思维过程。临床护士要运用科学的工作方法，即护理程序为服务对象解决心身的健康问题，这是具体化过程。

（五）解决问题的思维

思维过程主要体现在解决问题的活动中。人们对事物不能理解或遇到困难问题时，就会在头脑中寻求答案来解决。

1. 解决问题的基本阶段

（1）发现问题。解决问题从发现问题开始，发现问题是认识问题的存在，并产生解决问题的需要和动机。问题的发现与否与个人的需要、动机、认识水平和知识经验有关。责任感强、求知欲旺、知识雄厚的人勤于思考，容易发现问题。

（2）分析问题。即找出问题的关键所在，弄清问题的要求是什么；哪些是可供解决问题的条件；条件和要求之间有什么联系和关系；把握住问题的实质，确定解决问题的方向。

（3）提出假设。提出解决问题的方案、策略，确定解决问题的原则、方法和途径。在解决问题时，常常要从长时记忆中提取以前解决类似问题时所用的策略；或根据问题的性质和内容结合已有的知识经验形成新的策略。提出假设并不是轻而易举的，往往要经过多次"尝试错误"之后才能得到正确的方案。

（4）检验假设。假设的正确程度如何，需要进行检查和验证。检验假设的方法有实践检验和通过智力活动进行检验两种。

解决问题的思维过程不是按照一个阶段一个阶段直线式地进行，而是一个反复的、曲折的过程。

2. 影响解决问题的心理因素

影响解决问题的因素很多，有自然因素、社会因素、心理因素等。这里仅介绍几种影响解决问题的心理因素。

（1）定势的影响。定势是指在过去经验的影响下对解决后来相似问题时的心理准备状态。定势对解决问题有时起促进作用，有时会妨碍问题的解决和创造性的发挥。如有9个点，排成横、竖都为3个点的正方形，要求笔不离纸连续画4条直线把这9个点全连起来。在解决这个问题时，由于受到定势的影响，起初可能感到较难，如能突破9个点组成的正方形空间这个框框的限制，则问题就会迎刃而解。

（2）功能固着。人们习惯于看到某一物品的通常功能和用途，而难以看出此物品的其他功能和用途的现象叫功能固着。如红砖，人们通常的认识是砌墙，其实还可以打狗、压纸等。功能固着可以说是一种特殊类型的定势。对创见性地解决问题是一个很大的障碍，是思维活动的一种惰性。

（3）迁移，指已获得的知识经验和技能等对学习新知识、技能和解决新问题所产生的一种影响。这种影响如果是积极的、有利的，叫正迁移。如学好英语之后，再学法语就容易；如果是消极的、不利的，叫负迁移，它起到干扰作用，因此，负迁移也叫干扰。如初学英语，又同时学汉语拼音，就会造成相互干扰。

（4）个性。解决问题的效率常受个性影响。其中重要的是个性中的智力因素，其次是动机，解决问题的动机太弱或过强，都不利于问题解决。另外，自信心、灵活性、创造精神、毅力也会影响问题解决。

（六）思维品质及其培养

思维能力是智慧的主要标志，表现在思维品质上，有以下几方面：

1. 广阔性

广阔性指在思维过程中，能全面分析问题，顾全大局。既看到事物的整体，又看到各个细节；既看到正面，又看到反面；既知己又知彼，周密无误。

2. 深刻性

深刻性指在思维过程中，善于透过问题的现象而深入问题的本质，及时发现问题，抓住问题的关键，恰如其分地解决问题。如发现高血压病人出现偏瘫、失语时，就应立刻想到病人可能发生了脑血管意外，必须马上进行处理。

3. 独立性

独立性指在思维过程中，善于独立思考问题，不依赖他人，能提出个人见解，富有开拓创新精神。

4. 逻辑性

逻辑性指在思维过程中，能严格遵守各种逻辑规则，条理清楚，层次分明，概念准确，判断有据，论证有理，始终如一。

5. 灵活性

灵活性指在思维过程中，思维活动十分迅速、果断。对问题的变化觉察快，应变能力强，并有创新，是一种以较深刻成熟思维为前提的优秀品质，它保证了思维活动的高效率。

以上几种思维品质都是互相联系的。要培养良好的思维品质，除大脑先天遗传因素的影响外，主要靠后天的努力。

八、记忆与思维对行车安全的影响

在车站行车工作中，经常出现行车指挥人员忘记将计划变更内容及时准确地通知作业人员，或忘记传达作业注意事项，或忘记道岔恢复定位等。可见记忆和思维是铁路工作人员重要的心理要素，没有较好的记忆能力，就不能很好地按章办事，执行计划；没有较强的思维能力，就难以面对错综复杂和瞬息万变的多种情况而做出正确判断并进行妥善的处理。所以铁路站段有必要对重要岗位职工的记忆和思维能力做出测试，将那些记忆和思维较差的职工从核心岗位上调整下来，暂时无法调整时，应提醒相关人员加强互控、他控工作。

（一）提高记忆水平，确保行车安全

一般来说，分散学习优于集中学习，这种方法可用于难度大、分量重的内容。而难度小、内容少的材料，可以集中突击。最后还得注意阅读与试图回忆相结合。单纯地反复阅读，往往会流于形式，印象不深，因此，重点的内容一定要达到能背诵的程度。试图回忆可以掌握材料的难点和特点，从而使记忆更有目的性。

另外，要注意用脑卫生。虽然说脑子越用越灵，但如果无休止地让大脑紧张地活动，不仅使人身心疲惫，心神恍惚，而且会损伤身体健康。所以，有劳有逸，学习时不能拼体力，熬时间，一段紧张学习过后，应适当地休息或运动一下。

日本学者保坂荣之介在《如何增强记忆力、注意力》一书中提出了一些提高记忆力应注意的要点：静下心来使精神放松，然后再开始记忆；尽量使脑细胞始终保持良好的状态；关键在于要有信心，时刻提醒自己"我能记住"；对记忆的对象要有兴趣，兴趣会成为增强记忆力的促进剂；强烈的需要可以促进记忆；人逢喜事记忆强，所以应注意调控自己的心境；细致的观察有助于记忆；边预想边记忆效果好；熟能生巧。

（二）提高思维的准确性，确保行车安全

1. 要培养思维的组织性

思维的组织性是指思维活动的进行有一定的目的、计划和系统性。思维的目的就是解决认识世界和改造世界中的问题，解决客观世界中事物的矛盾。人对解决某一问题的目的和意义认识越明确，解决这一问题的思维活动也就越积极、越认真。思维的目的贯穿于思维过程的始终，解决问题时思维过程的每一步都应有明确的目的要求，否则，就会出现思维效率不高或错误。思维的系统性是指思维过程中思维能遵循一定的逻辑步骤有条不紊地进行。思维有组织性的人，思路是清晰的，条理是清楚的，严守着考虑的问题和原则，不混乱不游离，善于一步一步地思考，每一步的目的和要求是明确的。整个思考过程的组织是严密的，系统性是很强的。

2. 要培养思维的广阔性和深刻性

思维的广阔性是指思路广阔，善于把握事物各方面的联系和关系，善于全面地思考和分析问题。思维的深刻性是指善于深入地钻研和思考问题，不满足于表面的认识，它是在感性材料的基础上，经过去粗取精、去伪存真、由此及彼、由表及里，最后抓住事物的本

质即内在联系的过程。思维的深刻性集中地表现在是否善于深入地思考问题，能否抓住事物的规律和本质，能否预见事物的发展趋势与后果。思维具有广阔性和深刻性的人，对问题总是全面考虑和深追穷问，不断地对事物进行分析，并能在简单而普遍的，众所熟悉的事物中看出和发现重大问题。思维不广阔、不深刻的人，对问题的考虑不全面，对事物的认识浅尝辄止，对重大问题熟视无睹，对调查来的情况，若暗若明，不深不透。因此，要培养思维的广阔性和深刻性，就要使思维不仅仅停留在记忆的水平，而要超越记忆的水平，运用推理、独立判断、发现问题和解决问题。

3. 要培养思维的批判性

思维的批判性是指善于冷静地考虑问题，不轻信、不迷信"权威"的意见，能有主见地分析评价事物，不易被偶然暗示所动摇。思维的批判性包括以下五个方面：

（1）分析性，即在思维过程中能否不断地分析解决问题所依据的条件和反复验证已有的假设、计划和方案。

（2）策略性，即能否在头脑中形成相应的策略和解决问题的手段，以及能否有效地执行这些策略和手段。

（3）全面性，即是否善于考虑正反两方面的证据，随时修正错误。

（4）独立性，即是否坚持自己的正确见解，不盲从、不轻信。

（5）正确性，即思维的结论是否符合实际。思维的批判性是自我意识在思维过程中起作用的结果。自我意识起到对人的认识活动进行监控的作用。有了这种监控作用，人就能调节自己的思维和行动，减少盲目性，增强科学性。

九、想象

（一）想象的概念

想象是人脑对已有的表象进行加工改造形成新形象的过程。例如，没有到过大草原的人，读到并理解"天苍苍，野茫茫，风吹草低见牛羊"诗句时，头脑中会浮现出一幅蓝天下，无边的草原，茂密的牧草，在微风吹动下不时显露出牛羊的美丽图景，就是通过想象来实现的。

（二）想象与表象的关系

想象是在表象的基础上形成的，表象是过去感知过的事物在记忆中保留下来的映像。想象以表象为基本材料，但不是表象的简单再现，任何想象都是在人的实践活动中发生的，是借助改造表象的个别方面而创造出来的。如中国古代小说中的仙人，不外乎是现实生活中的童颜、白发、鹤骨、松姿等形象所组合而成的新形象。因此想象也是人脑对客观现实反映的一种形式。

（三）想象的种类

1. 无意想象

无意想象是一种没有预定目的、不自觉的想象。人在某种刺激下，不由自主地想象某种事物的过程。例如当人看到天上的朵朵白云，想象它像某种动物就是无意想象。梦是无意想象的最明显的例子。人在觉醒时接触了客观外界环境，获得了丰富的感性材料，经人脑加工成为经验和表象。在睡眠状态下，这些经验和表象中的一部分重新呈现出来，就成了梦的内容。所谓"日有所思，夜有所梦"，就是有人在梦中解决了日思夜想问题的原因。一些个人的某些需要和愿望，体内某些生理刺激，在清醒时受到高级中枢的抑制，只能在梦中直接或间接地得到一定的表现。

2. 有意想象

有意想象是根据一定的目的，自觉进行的想象。这种想象有时还需要一定的意志努力。例如，建筑设计师设计前在头脑中的构图；文学家对人物形象的构思；等等。有意想象在人的认识和实践活动中具有极为重要的作用。根据想象内容的新颖性和独特性不同，可将有意想象分成三种：

（1）再造想象。再造想象是根据言语描述或图形等的提示形成相应的新形象的心理过程。在这个过程中，也会运用自己的记忆表象和感知觉材料做些补充。如我们能想象出小说中描写的人物形象和生活情境，就是再造想象。

（2）创造想象。创造想象是不依据现成的描述，而是运用头脑中储存的记忆表象或感知材料作为原型或素材，经选择、加工、改造而形成的新形象，例如文学家的写作、科学家的创造发明。

（3）幻想。幻想是创造想象的一种特殊形式，一种与生活愿望相结合并指向于未来的想象。幻想有两种，一种是在正确世界观的指导下，符合现实生活发展规律，并且可能实现的幻想。如古代的嫦娥奔月、龙宫探宝等离奇的幻想，在今天都成了现实。另一种是完全脱离现实的发展规律，并且毫无实现的可能，这种幻想就是空想。

十、注意

（一）注意的概念

注意是人的心理活动对一定事物的指向和集中。所谓指向是心理活动有选择地针对某一事物。如学生上课时只注意听老师讲，不去关心教室里发生的其他事情。集中是指心理活动深入所选择的事物中，也就是说，上课时学生的心理不仅离开与讲课无关的事，而且也抑制一切有碍于听课的活动，专心致志地听和理解老师讲述的内容。

注意不是独立的心理过程，而是一种始终伴随在心理活动中的心理状态。注意在人的实践活动中起着很重要的作用，它保证个体能够及时正确地反映客观事物及其变化，使人能更好地适应环境，改造世界。

（二）注意的分类

根据注意有无目的性和意志努力的程度不同，可将注意分为3种。

1. 无意注意

无意注意是指没有预定目的，也不需要意志努力而产生的注意。即由外界事物引起的不由自主的注意。主观的情绪、兴趣、需要，客观的刺激强度、新异性、活动性、对比差异性等与无意注意的产生有关。

2. 有意注意

有意注意是指有预定目的，需要一定努力而产生的注意。有意注意是一种主动地服从于一定活动任务的注意，受人的意志支配。护士在处理医嘱、进行治疗、观察病情时都应集中注意力，以免发生差错。要保持有意注意需加深对目的、任务的理解；或依靠间接兴趣的支持；并需要坚强的意志和干扰作斗争等。

有意注意和无意注意可相互转换。

3. 有意后注意

有意后注意是指有预定目的，但不需要意志努力而产生的注意。有意注意在一定条件下可转化为有意后注意。这种注意服从于一定任务，开始需要意志努力参加，如开始学骑自行车时特别注意，这是有意注意，以后骑熟了，就不用特别去关注，只需要在交通复杂的情况下留神就行了。这就是有意后注意。有意后注意是一种高级类型的注意，具有高度的稳定性，对完成长期任务有积极的意义，是人类从事创造性活动的必要条件。

（三）注意的品质

1. 注意的范围

注意的范围又称注意的广度，指同一时间内注意到的对象的数量。注意的广度与知觉的对象是否集中、规律、相互联系有关，也与个体的知识经验、活动任务、情绪与兴趣状态有关。如医学生初读专业论文时速度很慢。注意范围较小，但随着专业知识的积累，注意范围扩大了，阅读速度也提高了。

2. 注意的稳定性

注意的稳定性指注意集中于某一事物持续的时间。稳定性直接影响学习和工作的效率。时间长短与个体差异和兴趣状态有关，同时与训练有关。如做复杂手术时，医护人员需要集中注意手术部位几个小时。

3. 注意的分配

注意的分配指在同一时间内进行两种或两种以上活动的能力。例如，护士一面倾听病人诉说病情，一面对病人进行护理操作等。注意分配的基本条件是熟练，只有熟练，才可能"双管齐下"，才能提高工作效率。注意分配能力是可以通过训练提高的。

4. 注意的转移

注意的转移指有目的、根据需要主动地将注意从一个对象转移到另一个对象上。例如，某护士正在摆放口服药，突然一病人病情发生剧变，该护士必须很快转移注意，停止摆药，立即投入抢救。

注意的表现在各人身上是有差异的，正常人通过有意识训练，可改善注意的品质，提高注意能力。一般需要从以下几个方面做起：培养自觉性和提高对学习、事业的兴趣；增强纪律性，培养坚强的意志和自制力；养成良好的生活习惯和学习习惯。

十一、注意对行车安全的影响

注意是保证行车安全的基本心理条件。任何一项工作都是由多个作业环节组成的，如果作业人员的注意不集中，或过分集中而不能及时转移，或注意分配不当等，都有可能导致行车事故发生。很多事故发生表现是违章违纪，而实质是注意力分散而忽视了规章制度。站段要有意识地培育职工注意力的集中，需要注意分配的工作环节（如遇到接发列车和调车作业冲突时）要教育职工如何掌握作业顺序，如何从制度上规范这时的互控措施，防止职工慌乱中忘记一些作业。要注意对职工多一些人文关怀，留意职工家庭中的一些变化（如孩子上学遇挫、家庭有成员病故等）对职工注意力的分散，要教育职工对工作及生活中的琐事保持良好心态。

在记忆、想象和思维过程中，注意不是一种独立的心理过程，却是心理活动必不可少的一种条件。注意品质有形成人们感知、记忆、思维等心理活动的作用，并伴随心理活动的始终。只有集中注意力，才能保证感知的图像清晰、完整、思维敏锐、快捷，从而使人的行为及时准确。因此，注意品质在机车乘务工作中具有重要意义，它是列车安全运行的保证。

（一）无意注意与行车安全

无意注意是一种没有明确目的，也不需要意志努力，自然而然地发生的注意。引起无意注意的原因：一是客观刺激物本身的特点，即刺激物的强度和特异性。二是人的主体因素的影响，包括人的兴趣、情感及知识经验等。比如，列车运行中，机械部件突然有异常响动，可以引起机车乘务人员的注意，及时排除故障；自动停车装置突然报警，可使机车乘务人员迅速采取措施；线路左右的人群和物体，也可能引起机车乘务人员的注意，中断瞭望和操作。无意注意的这些特点，既可为行车的安全生产服务，又可能造成机车乘务人员分散注意力。

（二）有意注意与行车安全

有意注意是意志自觉的、有预定目的的，并经过意志努力产生和保持的注意。它作用的对象，是由预定的目的、任务决定的。对事物的理解和完成任务的愿望，是引起和保持有意注意的重要条件。例如，列车在大雨中的山区线路运行，机车乘务人员必须有意识地集中注意力，观察线路纵断面上有无塌方、障碍物、线路下沉等异状，否则有可能造成车毁人亡的颠覆事故。可见，有意注意是机车乘务人员必备的心理品质和最常用的注意方式。

机车乘务人员有意注意的培养，要通过技术业务教育，作业标准化考核，职业责任的加强，安全意识的强化来实现。但我们也应该看到，如果没有兴趣感和责任心，单纯依靠意识努力来保持注意，容易引起紧张和疲劳，使有意注意不能持久。

（三）有意后的注意与行车安全

有意后的注意，是产生在有意注意后的一种与自觉的目的任务联系在一起的，但不需要做意志努力的注意，它是一种特殊形式的注意，是在对活动的意义有了深刻的理解，并逐步掌握了活动的规律，对活动产生直接兴趣后产生的。对机车乘务人员来说，通过对其文化素质、业务能力、职业道德、职业责任等方面的培训，更重要的是通过其自身的主观努力，使他们逐步地、自觉地、不需要意志努力把注意集中在工作上。这样就会把职业体验作为一种需要，而不是精神负担，并从中体会到工作的乐趣和满足。从而始终精神饱满、轻松愉快地工作，提高工效，保证行车的安全。

（四）注意的范围与行车安全

注意的范围是指人在同一时间内注意到的不同对象。注意范围的大小与被感知的对象的特点有关，刺激物数量越多，呈现速度越快，判断失误也越大，呈现出正相关。同时又与人的知识经验有关，知识经验丰富的人，善于把所感知的对象组成一个有机整体。比如，列车进站准备停车时，机车乘务人员要和接车站电话呼叫、自停报警要复原，列车要调速和鸣笛、要确认站内信号、道岔位置、线路状态、停车位置及周边环境有无异常，注意的范围是很广阔的，机车乘务人员必须把它当作一个整体任务来完成。

（五）注意的稳定性与行车安全

注意的稳定性是指在一定事物上，注意以同样的强度所能持续的时间。注意的稳定性并不意味着一个人的注意总是指向一个对象，而是说行为所接触的对象和行为本身可以变化，但活动的总方向不变。在列车运行中，机车乘务人员要注意确认线路状况、交叉道口、信号显示、机车本身的机械运转、仪表显示和整个列车的运行状态，这些职业行为都服务于列车的安全正点这一总任务。注意的稳定性程度与对象和个人自身的特点有关，也与对目的和任务的兴趣有关。反之，即使一个意志坚强善于控制自己的人在长时间单调的工作环境下，也容易出现注意的分散。

十二、正确把握注意，保证行车安全

（一）要养成细致认真的习惯

注意的分散是学习、工作的大敌，培养和正确把握注意力必须培养细致认真的习惯。一方面，机车乘务人员要加强自身有意注意的培养，用一定的意志力控制自己的注意，自觉抵御外界的干扰；另一方面，还得尽量减少无关刺激的干扰，同时要保持良好的休息和睡眠，增强体质，保证健康。另外，机车乘务人员还要养成一丝不苟、严肃认真、精益求精的良好习惯和作风，这对于集中注意，保证行车安全具有重要作用。

（二）要培养与职业活动相关的技能技巧

与人们经验有关的事物容易引起人们的注意，与人们的知识结构相近的事物能够激发人们探求的欲望。所以，为了培养和正确把握注意力，还得不断地丰富机车乘务人员的知识储备与经验材料，只有在有了多种技能技巧的基础上，工作才得心应手，应付自如，从而注意力也会自然地集中起来。如果没有熟练的技能技巧，机车乘务人员学习工作起来就会感到没有意思、困难重重，于是，便不自觉地更换目标，注意便无从集中，行车安全也就无法保证。

（三）要培养良好的情绪，控制调节激情

情绪低落与波动是机车乘务人员注意力分散的主观心理原因之一。因此，培养机车乘务人员高尚的情操和良好的情绪体验，使其善于控制与调节自己的情绪和行为，是培养良好的注意品质，增强注意力，从而保证行车安全的一个重要心理条件。

日本创工株式会社董事长、能力开发研究所所长保坂荣之介，在《如何增强记忆力、注意力》一书中提出了培养和增强注意的10个要点，比较有启发性，具体如下：

（1）任何人在集中注意时，首先要安心定神；
（2）疲劳是注意力的大敌，所以得注意休息；
（3）关键是要有信心，这样会使头脑处于高度兴奋的状态；
（4）利用适合自己的方法；
（5）要努力对注意的对象发生兴趣；
（6）危机感、紧迫感会促进注意力的集中；
（7）心情舒畅，有助于注意力的集中；
（8）有必要横下一条心；
（9）开阔思路，遐想联翩；
（10）确定完成任务的最后期限。

案例分析

机车乘务人员的心理过程与行车安全有着密切的关联。由于行车事故的发生是由多种原因造成的，例如，有的事故是由于情绪的原因引起的，有的事故是由于感知觉错误引起的，也有的事故可能是由多种心理现象共同作用而引起的，因此，在分析行车事故时，应从多方面来综合加以考虑。下面列举一些行车事故的案例，仅从机车乘务人员心理过程的角度加以简要分析。

案例一

1988年3月5日16：10，某机务段SS型027机车司机仲××、副司机李××，由郑州北站牵引1213次货物列车，编组43辆，总重3 043吨。13：16由郑州北站开出，列车进入洛阳东站疏解区7道后，未严格控制速度，盯住信号，出站进路信号显示红灯，误认为黄灯，待发现红灯时，错过时机，于16：10冒进7道下行出站信号机9.6米，构成险性事故。

原因分析：机车乘务人员在行车过程中感知觉发生错误，误认信号，臆测行车造成事故的发生。

案例二

1981年4月2日2：35，QJ型2215机车司机王××、副司机吴××、司炉柳××执行

出乘任务。放单机4303次，在太要进站信号机外，三人均把关闭的进站信号误认为开放，单机进站到扳道房前看到两个红灯，司机将机车停在9号道岔上，冒进进站信号250米。

原因分析：当时太要站5道开1903次列车，尾部还未出清，车站控制台显示红灯，说明下行进站信号机在关闭状态，机车乘务人员感知觉发生错误，误认信号，导致机车的冒进。

案例三

1996年6月30日5：49，某机务段SS6型023机车司机史××、副司机杨××，牵引1761次货物列车，5：33进窑村站3道停车，让3141次货车和97次客车后，车站未准备进路，司机盲目起动开车，越过关闭的出站信号机110米，挤坏22号道岔，进入专用线，构成险性事故。

原因分析：机车乘务人员出乘前未按规定休息，到窑村站3道停车，精力不支睡觉，97次通过后，车站通知准备开车，机车乘务人员感知觉发生错误将调22蓝灯误认为3道出站信号绿灯，司机鸣笛起动开车，导致了事故的发生。

案例四

1991午1月15日2：20，某机务段JF型4052机车司机郑××、副司机赵××、司炉程××，担当渑池车站夜班调车作业任务。2：10，由杨村煤矿牵引20辆重车回站，当运行至信号所一度停车时，司机已经发现列车闸力弱，但未采取任何措施又盲目开车，且未严格执行控制运行速度，渑池车站进站未落，冒进信号机10米，构成险性事故。

原因分析：机车乘务人员发现列车闸力弱，信号所开车后未采取降速运行措施；在长大坡道高速运行，带闸看信号制动减压量小；发现进站信号未落时，没有较强的思维能力，未能及时采取紧急停车措施。

案例五

1982年7月15日16：38，某机务段QJ型6187机车司机赵××、副司机张××、司炉吴××，牵引2830次货物列车，编组43辆，总重3 050吨。龙门南车站进站信号机显示一个黄灯，正线停车，司机在站外未制动减速，高速进站，进入站内制动晚，又未及时采取措施，冒出出站信号机2米，构成险性事故。

原因分析：机车乘务人员违反技规要求操作，盲目高速进站，发现出站信号未开放，思维能力不强，紧急措施采取不及时，贻误了最佳的制动时机。

案例六

2003年7月23日15：33，2103次旅客列车到达庐山站1道停车，本务机车入段。15：39，换挂机车（DF，IB型2236）在未换端操作的情况下，进入1道进行挂头作业，走行过程中机班两人闲谈聊天，中断瞭望，于15：42与2103次列车相撞，构成旅客列车冲突险性事故。

原因分析：机车乘务人员行车过程中聊天，注意力出现了分散，导致了事故的发生。

案例七

1986年12月5日8：15，某机务段QJ型794机车司机张××、副司机马××、司炉娄××牵引1736次货物列车，编组53辆，总重3 835吨。该机车于8：00整由巩县站开出，当运行至K637处看到6388通过信号机显示的黄色灯光后，司机没有及时制动减速，臆测行车，列车进入下一闭塞分区又未制动控制速度，当发现6352通过信号机显示红色灯光时，才使用非常制动停车，但由于速度高、距离短，停车不及，与站街车站进站信号机外停留的272次货物列车尾部相撞，造成守车报废1辆，火柴大破1辆，机车小破1台，中断上、下行正线行车，构成货物列车追尾重大事故。

原因分析： 自动闭塞开通后，机车乘务人员没有将注意及时进行转移，仍按站间闭塞时的观念行车，导致了追尾事故的发生。

第二节 情绪与情感过程

人在认识客观世界和改造客观世界的实践活动中，不是无动于衷、冷漠无情的，总会表现出喜、怒、哀、乐、爱、恨等一定的态度体验，这就是人的情绪和情感过程。

一、情绪和情感的概念

情绪和情感是人对客观外界事物的态度体验，是人脑对客观外界事物与主体需要之间关系的反映。

首先，情绪和情感是以人的需要为中介的一种心理活动，它反映的是客观外界事物与主体需要之间的关系。外界事物符合主体的需要，就会引起积极的情绪体验；否则便会引起消极的情绪体验，这种体验构成了情绪和情感的心理内容。其次，情绪和情感是主体的一种主观感受，或者说是一种内心的体验。它不同于认识过程，因为认识过程是以形象或概念的形式来反映外界事物的。再次，情绪和情感有其外部表现形式，即人的表情。表情包括面部表情、身段表情和言语表情。面部表情是面部肌肉活动所组成的模式，它能比较精细地表现出人的不同的情绪和情感，是鉴别人的情绪和情感的主要标志；身段表情是指身体动作上的变化，包括手势和身体的姿势；言语表情是情绪和情感在说话的音调、速度、节奏等方面的表现。表情既有先天的、不学而会的性质；又有后天模仿学习获得的性质。最后，情绪和情感会引起一定的生理上的变化，包括心率、血压、呼吸和血管容积上的变化。如愉快时面部微血管舒张，害怕时脸变白、血压升高、心跳加快、呼吸减慢等。

情绪与情感在心理学上是两个既有联系又有区别的概念。

情绪与情感的区别在于：①情绪是生理需要是否获得满足所引起的较低级的简单的体验，如由于饮食需要满足与否而引起的满意或不满，在危及生命时所产生的恐惧；而情感则是与人的社会性需要相联系的高级而复杂的体验，如由交际的需要、遵守社会道德的需要所引起的友谊感、道德感等高级、复杂的情感。因此，情绪是低级的，是人类和动物所共有的，而情感则是人所独有的，受社会历史条件所制约。②情绪带有情境性和不稳定性的特点，当某种情境消失时，情绪立即随之减弱或消失；而情感则具有稳定性和长期性特点。比如朋友之间为某个问题而争执，感到非常气恼，但事过境迁，这种气恼情绪很快消失，朋友之间的友谊仍然保持。因为朋友间的这种友谊是一种比较高级的情感。③情绪较为强烈，冲动性大，具有明显的外部表现，如狂热的欣喜、强烈的愤怒等。情感具有深刻性和内隐性，较少有冲动性，外部表现也不明显。如深沉的爱、殷切的期望等，往往深深地埋藏在内心深处。

情绪与情感的联系在于：①情绪依赖于情感。情绪的各种不同变化一般都受到已经形成的情感及其特点的制约。②情感也依赖于情绪，人的情感总是在各种不断变动着的情绪中得到表现。离开了具体的情绪过程，人的情感及其特点就不可能存在。因此，在某种意义上可以说，情绪是情感的外在表现，情感是情绪的本质内容。同一种情感在不同的条件下可以有不同的情绪表现。例如，当一个人形成爱国主义情感之后，看到祖国日新月异地发展，就会非常兴奋和喜悦，看到祖国在过去遭受列强蹂躏的纪录片时，就会无比的愤怒和激动，当祖国处于危难时刻时，他又会表现出十分忧虑的情绪。

二、情绪和情感的内容

（一）情绪的内部体验

情绪和情感是一种主观的体验，所谓体验是指某种情绪、情感发生时人的内心感受。这种体验是主观的，只有本人才能感受到。

人的情绪和情感体验按照对立的性质配合成对，形成两极状态。具体表现如下：

1. 肯定与否定

凡能满足人的需要或能促进这种需要得到满足的事物，便可引起肯定的情绪与情感体验；凡不能满足人的需要或妨碍这种需要得到满足的事物，便会引起否定的体验。例如满意一不满意、快乐一悲哀、热爱一憎恨等。当然，由于客观事物的复杂性，这类对立的内心体验之间并不绝对排斥，它们可以在同一事件中同时或相继出现。例如，分别多年的亲人重新团圆是愉快的，却引起对离别期间痛苦经历的辛酸回忆，从而同时体验到悲喜交加的情感。另外也要注意到，否定的情绪体验不等于消极，有时否定体验可以激励人去拼搏，可以"化悲痛为力量"；同样，肯定的愉快的情绪也不都是积极的。

2. 强与弱

人的情绪在强度上存在由弱到强的等级变化，例如，喜可以从满意、愉快、欢乐到大喜、狂喜；怒可以从轻微不满、生气、愤怒到大怒、暴怒；惧可以从担心、害怕、惧怕到惊骇、恐怖。情绪强度越大，人的行为受情绪支配的倾向也越大。

3. 积极与消极

积极的情绪情感，可以明显地提高人的活动能力，起着"增力"作用。如"人逢喜事精神爽"指的就是这类积极的情绪情感体验；消极的情绪情感如悲伤和厌恶，起着"减力"作用，表现为精神不振、心灰意懒。但有时同一种客观事物可引起两种不同的情绪情感。例如，危险的情境可能使人感到恐怖，也可能使人产生亢奋的情绪。

4. 紧张与轻松

紧张的体验通常是与对人具有决定意义的时刻相联系的。活动的成败对人的意义越重大，则关键时刻人的情绪紧张水平就越高。如在高考或重大的国际比赛之前，当事人都有这种感受。关键时刻过去以后，可以体验到轻松或紧张的解除。以前的紧张水平越高，以后就越感到轻松。

（二）情绪的外部表现

与情绪状态相联系的身体外部变化称为表情。对人类来说，表情已变成社会上通用的表达和交流的符号，成为和语言平行的交流手段。表情可分为面部表情、身段表情、言语表情。面部表情是主要的表情形式，人们往往通过对方的面部变化来判断其喜怒哀乐等内心情绪体验，其中眼睛是最能表达情绪的面部器官，故有"心灵的窗户"之称；身段表情也称体态表情，它是通过身体的不同姿态和手、足、躯干的动作来反映一个人的情绪。例如，愤怒时身体直立，紧握拳头，咬牙切齿等。言语表情是指通过言语的声调、节奏、音域、速度等方面的变化以及转折、口误等所表现出的情绪和情感。例如激动时声音尖、语速快、起伏大，带有颤音；悲哀时语调低沉、节奏缓慢、断断续续。

（三）情绪和情感的类别

1. 基本的情绪形式（原始情绪）

（1）快乐，是愿望得以实现导致紧张解除时的情绪体验。快乐的程度可从满意、愉快到欢乐、大喜、狂喜。目的的突然达到和高度紧张的一旦解除，会引起巨大的快乐。

（2）悲哀，是与失去所盼望、所追求的东西和目的有关的情绪体验。悲哀的强度依赖于失去的事物的价值。如从遗憾、失望到难过、悲伤、哀痛。

（3）愤怒，由于目的和愿望不能达到，一再受到挫折，内心的紧张逐渐积累而产生的情绪体验。它可以从轻微不满、生气、愤怒到大怒、暴怒。

（4）恐惧，是面临或预感危险而又缺乏应付能力时产生的情绪体验。关键因素是缺乏处理、摆脱可怕的情境的能力。奇怪、陌生，都可能引起恐惧。

2. 情绪状态

情绪状态是指在特定的时间内，情绪活动在强度、紧张水平和持续时间上的表现。根据发生的强度和持续时间的长短，可将情绪分为如下三种基本状态：

（1）心境。心境是一种比较持久而微弱的具有渲染性的情绪状态。心境的特点是弥散性，不具有特定指向。所谓"人逢喜事精神爽""感时花溅泪，恨别鸟惊心"，指的就是心境。心境产生的原因是多种多样的。人们不一定都能意识到。事业的成败、机体的健康程度等都会影响人的心境。心境影响日常活动，如工作效率、学习成绩、人际关系等。良好的心境使人有"万事如意"感，遇事易于处理；不良的心境使人感到凡事枯燥无味。正可谓"喜则见喜，忧则见忧"。

（2）激情。激情是短时间的猛烈而暴发的情绪状态。激情通常由生活中的重大事件、对立意向冲突、过度的抑制或兴奋等因素所引起。激情状态往往伴有明显的外部表现。例如，暴怒时拍案而起，暴跳如雷；狂喜时捧腹大笑，手舞足蹈等。这类情绪就像狂风暴雨，突然侵袭，并笼罩整个人。处在激情状态下，人的意识活动的范围往往会缩小，仅仅指向与体验有关的事物。理智分析能力减弱，往往不能约束自己的行动，不能正确地评价自己行为的意义和后果，会出现不顾一切的不良行为。对于这种负性的激情应当避免。如转移注意力以冲淡激情的爆发程度。而正性的激情可以成为动员人们积极投入行动的巨大动力，如舍生忘死勇救落水儿童，这时抑制激情是不必要的。

（3）应激。应激是在出乎意料的紧急情况下引起的高度紧张的情绪状态，是人对意外的环境刺激做出的适应性反应。人在突如其来的或十分危险的条件下，必须迅速地、几乎没有选择余地地采取决策和行动，如遭遇"9·11"事件、车祸、火灾、地震等天灾人祸时，需要人们根据以往的知识经验，迅速地判明情况，在一瞬间做出决定。紧急情境刺激了整个机体，使心率、血压、体温、肌肉紧张度、代谢水平等均发生显著变化。

应激可分为积极和消极两种。积极的应激状态能使人意识清晰、思维敏捷、动作准确利落，可谓"急中生智"，及时摆脱困境；消极的应激状态，会使人目瞪口呆，手足无措，陷入一片混乱之中，常"急中丧智"，无法应付危急情境，人长期处于应激状态会降低健康水平，导致躯体疾病。

3. 社会性情感（高级情感）

社会性情感起源于社会文化因素，为人类所独有。社会性情感调节着人们的社会行为，人们也称之为高级情感。它包括道德感、理智感和美感。

（1）道德感。道德感是人们根据一定的道德标准，在评价他人或自身言行时所产生的一种情感体验。在社会主义制度下道德的主体包括：对自己祖国的自豪感和尊严感；对民族敌人的仇恨感；对社会劳动和公共事务的义务感、责任感；对社会集体的集体主义感、荣誉感；等等。医护人员的职业道德就是医德。医德是医务人员在本职工作中必须遵守的行为规范，这种行为规范是用以调整医务人员与服务对象之间关系的行为准则，它对于提高医疗护理质量具有重要意义。

（2）理智感。理智感是人在智力活动过程中认识和追求真理的需要是否满足而产生的情感体验。这类情感和人的求知欲望、科学探索、认识兴趣等有着密切联系。它体现着人们对自己认识活动的过程与结果的态度。例如科学研究中发现新线索、学习中有了新进展而产生的陶醉感，工作中多次失败后获得成功的欣喜感等都属于理智感的范畴。此外惊奇（讶）感、怀疑感、确信感、求知感，以及对真理的热爱感，对谬误与迷信的鄙视和憎恨感等也都是理智感的表现形式。

（3）美感。美感是指人根据个人的审美标准对客观事物、人的行为和艺术作品予以评价时所产生的情感体验。美感包括自然美感、社会美感和艺术美感三种。自然美感是人们欣赏自然景物时产生的一种美好的情感体验，壮丽的山河、无边的草原、蔚蓝的大海，给人自然之美的体验；社会美感是人们对国家的社会制度、生活方式、社会风貌等的欣赏评价时体验到的一种美，如端庄的举止、高尚的品格和规范的行为，体现着人类自身之美；艺术美感是人们在欣赏评价各类艺术时产生的美感，引人入胜的绘画、巧夺天工的雕塑、动人心弦的乐曲，蕴含着艺术之美。美感受多方面因素的制约。大量的心理活动观察表明：病人对美的感受比正常人要敏感得多。这是由于疾病本身易使患者感到生活无望，环境无趣，从而造成感情脆弱。他们希望从医护人员的仪表、言行中得到美的享受，从而唤起对生活的依恋和追求。所以医护人员应该懂得美，理解美，并用自己的双手为病人创造美。

三、情商

情商，又称为"情绪智力"（EQ），是由两位美国心理学家约翰·梅耶（新罕布什尔大学）和彼得·萨洛维（耶鲁大学）于1990年首先提出，但至1995年，由时任《纽约时报》的科学记者丹尼尔·戈尔曼出版了《情商：为什么情商比智商更重要》一书，才引起全球性的 EQ 研究与讨论，因此，丹尼尔·戈尔曼被誉为"情商之父"。

（一）情商的概念

关于情商的概念，众说纷纭。我们将其理解为是测定和描述人的"情绪情感"的一种指标，又称情绪智力。也有学者认为情绪智力就是对情绪信息加工的能力。1995 年美国另一学者高尔曼（D. Goleman）著书《情绪智商》，提出情商主要由 5 个方面构成：

1. 认知自己情绪的能力

了解自我，能够察觉某种情绪的出现，观察和审视自己的内心体验，监视情绪时时刻刻的变化。它是情感智商的核心。

2. 控制自己情绪的能力

能调控自己、安抚自己，摆脱强烈的焦虑、抑郁，并能有效控制不良情绪的产生，自我管理，使之适时适度地表现出来。

3. 自我激励的能力

能够整顿情绪，增强注意力与创造力，依据活动的某种目标，调动、指挥情绪的能力。

4. 识别他人情绪的能力

能够通过细微的社会信号、敏感地感受到他人的需求与欲望，具有同情心。这是与他人正常交往，实现顺利沟通的基础。

5. 维系人际关系的能力

在了解别人的心态、尊重别人的想法的同时，能够理解并适应别人的情绪，学习建立人际网络。可以采用团队动力方式来加以促进，且在实践中取得重大成效。

（二）情商与成功

情商随着人生阅历的丰富和知识的积累而增长。情商水平高的人社交能力强，外向而愉快；为人正直，对事业较投入；待人宽容，富于同情心；情感生活较丰富但不逾矩，无论是独处还是与他人在一起都能怡然自得，不陷入恐惧或伤感。现代心理学家认为，在一切成功要素中，情商的作用占到了 60%。在美国企业界，人们普遍认为"智商决定录用，情商决定提升"，这在某种程度上准确地反映了企业中人力资源管理的现实，也为现代教育人才的培养带来了启示。

情商是一种能力，情商是一种创造，情商又是一种技巧。既然是技巧就有规律可循，就能掌握，就能熟能生巧。只要我们多点勇气，多点机智，多点磨炼，多点感情投资，我们也会像"情商高手"一样，营造一个有利于自己生存的宽松环境，建立一个属于自己的交际圈，创造一个更好发挥自己才能的空间。

四、情绪、情感的作用

（一）情绪情感的动机作用

情绪与动机的关系十分密切，主要体现在以下两个方面：

1. 情绪具有激励作用

情绪能够以一种与生理性动机或社会性动机相同的方式激发和引导行为。有时我们会努力去做某件事，只因为这件事能够给我们带来愉快与喜悦。从情绪的动力性特征看，分为积极增力的情绪和消极减力的情绪。快乐、热爱、自信等积极增力的情绪会提高人们的活动能力，而恐惧、痛苦、自卑等消极减力的情绪则会降低人们活动的积极性。有些情绪同时兼具增力与减力两种动力性质，如悲痛可以使人消沉，也可以使人化悲痛为力量。

2. 情绪被视为动机的指标

情绪也可能与动机引发的行为同时出现，情绪的表达能够直接反映个体内在动机的强度与方向。所以，情绪也被视为动机潜力分析的指标，即对动机的认识可以通过对情绪的辨别与分析来实现。动机潜力是在具有挑战性环境下所表现出的行为变化能力。例如当个体面对一个危险的情境时，动机潜力会发生作用，促使个体做出应激的行为。对这个动机潜力的分析可以由对情绪的分析获得。当面对应激场面时，个体的情绪会发生生理的、体验的以及行为的三方面的变化，这些变化会告诉我们个体在应激场合动机潜力的方向和强度。当面临危险时，有的人头脑清晰，沉着冷静地离开；而有些人则惊慌失措，浑身发抖，不能有效地逃离现场。这些情绪指标可以反映出人们动机潜能的个体差异。

（二）情绪情感的调控功能

情绪情感对于人们的认知过程具有影响作用，有积极作用，也有消极作用。大量研究表明：适当的情绪情感对人的认知活动具有积极的促进功能，而不当的情绪情感对人的认知活动具有消极的瓦解功能。

1. 促进功能

良好的情绪情感会提高大脑活动的效率，提高认知操作的速度与质量。耶尔克斯—道森定律说明了情绪与认知操作效率的关系，不同情绪水平与不同难度的操作任务有相关关系。不同难度的任务，需要不同的情绪唤醒最佳水平。在困难复杂的工作中，低水平的情绪有助于保持最佳的操作效果；在中等难度的任务中，中等情绪水平是最佳操作效果的条件；在简单工作中，高情绪唤醒水平是保证工作效率的条件。总之，活动任务越复杂，情绪的最佳唤醒水平也越低。我们了解了情绪与操作效率之间的关系，就能更好地把握情绪状态，使情绪成为我们认知操作活动的促进力量。

2. 瓦解功能

情绪对认知操作的消极影响，主要体现在不良情绪对认知活动功能的瓦解上。一些消极情绪，如恐惧、悲哀、愤怒等，会干扰或抑制认知功能。恐惧情绪越强，对认知操作的破坏就越大。考试焦虑就是一个典型例子，考试压力越大，考生考砸的可能性越大。一般来说，中等程度的紧张是考试的最佳情绪状态，过于松弛或极度紧张都会瓦解学生的认知功能，不利于考生正常水平的发挥。当一个人悲哀时，会影响到他的工作或学习状态，导致注意力不集中，易分神，思维流畅性降低等。

由此可见，情绪的调控功能是非常重要的。情绪的好坏与唤醒水平会影响到人们的认知操作效能。

（三）情绪情感的健康功能

人对社会的适应是通过调节情绪来进行的，情绪调控的好坏会直接影响到身心健康。常听人们叹息"人生苦短"，在一般人的情绪生活中，常是苦多于乐。在喜怒哀乐爱惧恨中，正面情绪占 3/7，反面情绪占 4/7。情绪对健康的影响作用是众所周知的。积极的情绪有助于身心健康，消极的情绪会引起人的各种疾病。我国古代医书《内经》中就有"怒伤肝，喜伤心，思伤脾，忧伤肺，恐伤肾"的记载。有许多心因性疾病与人的情绪失调有关，如溃疡、偏头痛、高血压、哮喘、月经失调等。有些人患癌症也与长期心情压抑有关。一项长达 30 年的关于情绪与健康关系的追踪研究发现，年轻时性情压抑、焦虑和愤怒的人患结核病、心脏病和癌症的比例是性情沉稳的人的 4 倍。所以，积极而正常的情绪体验是保持心理平衡与身体健康的条件。曾有人说，一个小丑进城胜过一打医生，就非常形象地说明了情绪对人身体健康的影响。

（四）情绪情感的信号功能

情绪是人们社会交往中的一种心理表现形式。情绪的外部表现是表情，表情具有信号传递作用，属于一种非言语性交际。人们可以凭借一定的表情来传递情感信息和思想愿望。心理学家研究了英语使用者的交往现象后发现，在日常生活中，55%的信息是靠非言语表情传递的，38%的信息是靠言语表情传递的，只有 7%的信息才是靠言语传递的。表情是比言语产生更早的心理现象，在婴儿不会说话时，主要是靠表情来与他人交流的。表情比语言更具生动性、表现力、神秘感和敏感性。特别是在言语信息暧昧不清时，表情往往具有补充作用，人们可以通过表情准确而微妙地表达自己的思想感情，也可以通过表情去辨认对方的态度和内心世界。所以，表情作为情感交流的一种方式，它被视为人际关系的纽带。

五、良好情绪的培养

情绪对人的疾病和健康有重要的作用，所以保持稳定而良好的情绪是维护身心健康的重要措施。培养和发展良好的情绪可通过以下几方面：

（一）培养坚定正确的人生观和世界观

有正确人生观、世界观的人，他们热爱生活和工作，对人生充满希望，意志坚强，生活充实，心情愉快，尽管生活、工作、学习上艰苦也无所谓。正如爱迪生所说："有人说我在实验室里很艰苦，那是不对的，我觉得很愉快。"相反，没有正确人生观和世界观的人，没有健康的精神支柱，整天吃喝玩乐，实际上是没有得到真正的快乐。

（二）要做情绪的主人

要做情绪的主人，不做情绪的俘虏。当喜则喜，当悲则悲，喜怒哀乐，不可没有，也不可过度。如果感到情绪压抑，最好设法将内心的积郁倾吐出来。如大哭一场，找亲友倾诉、发泄，共同分析问题，找到妥善解决方法。如长期压抑对身心健康不利。

（三）增加积极情绪的体验

在自己平凡的工作学习中提出适宜的进取目标，经过努力达到目标后会感到愉快和喜悦；积极参加集体活动，在活动中发挥自己的特长，得到大家的肯定和支持；多结交知心朋友，互相鼓励和帮助会增添生活的乐趣；碰到困难和挫折时，要学会多看光明面和积极面。如失恋是痛苦的，但一想到也许对方不值得爱下去，婚后离婚不如婚前分手好，这样就会想得开，使自己逐渐成熟起来；培养幽默感，也是一种培养良好情绪的好办法，有幽默感的人，生活充满风趣，许多令人痛苦烦恼的事情用幽默的态度去对待，往往会变得轻松起来。

（四）正确处理人际关系

处理人际关系时要做到：对人热情、大方、诚恳、守信，养成对己严，对人宽的好作风；对一些争论要有原则性和灵活性，"大事清楚，小事糊涂"，不要斤斤计较；对长辈要尊重，对同辈要宽容，对小辈要理解，这样才能搞好人际关系，保持愉快、乐观。

六、如何管理情绪

（一）怎样在日常生活中培养健康情绪

1. 确立正确的自我概念

自我概念的正确与否不仅直接影响情绪的发生发展，也是影响一个人心理健康总体状况的重要内因，很多心理问题的产生都与不能正确评价自我，没有正确的自我意识有关。例如，对自己估计过高，容易使人产生挫败感，长此以往就会造成人格的变态发展。有的人自暴自弃，怨天尤人，面对事情容易表现出强烈的冲动性。由于中西方在自我观念上有一定的差异，如我国传统文化重集体我、轻个体我，自我结构中，超我的成分占有很大比例，而自我和本我的成分较少，因此，自我受到一定程度的压抑。因此，在引导青少年树立自我观念时，应首先肯定个体我的价值，鼓励适当的个性张扬，实现个人价值，同时在实现自我价值时也要兼顾他人和集体的利益，尤其当两者利益矛盾时，要妥善处理。

2. 确立正确的人生观、价值观

人的情绪与其人生观、世界观、价值观有关。在现实生活中，我们经常看到人们面对同样的环境和遭遇，却有着不同的情绪反应。如面对夕阳，有人感到"夕阳无限好，只是近黄昏"，有一种怅然若失、临近世界末日之感；也有人感到"满目青山夕照明"，有一种充满豪情的感觉。引导自己正确看待周围事物，树立正确的人生观、世界观、价值观，才能在困难面前百折不挠，保持乐观向上的情绪状态。

3. 增强适应能力和耐挫能力

适应能力和耐挫能力，首先是指接受生活现实的能力。人往往容易接受那些令人满意的现实，而不易接受那些令人失望的现实。但是，现实毕竟是现实，它不会因某个人对其不接受就不存在。靠闹情绪、发牢骚并不能解决现实存在的问题，要想改变这些不愉快的现实，最好的办法就是承认并接受它，然后再想办法来应对解决问题。在生活中，有顺心如意的事，但更多的是不如意和挫折，如果具备了良好的适应能力和耐挫能力，就会做到不管外界环境如何变化，都能处变不惊、理智对待。

4. 培养宽广的胸怀

度量宽宏、心胸豁达，是保持健康情绪的必要因素之一。胸怀狭隘的人常常为某些小事而烦恼、怨恨，在情绪上大起大落，或陷入消极情绪状态。如何才能避免日常小事给人的情绪带来的困扰与伤害呢？首先，就是从琐碎不顺心的小事中跳出来，开拓视野，集中注意力，努力奋斗，从而实现自己的目标和理想。一个具有宏大抱负的人，不会因个人一时的得失成败而气馁；不会为蝇头小利而拼个你死我活。正如古人云，"君子之所取者远，则必有所待；所就者大，则必有所忍"。其次，应该从个人狭小的感情世界中解脱出来。有些人只是在"自我"这个狭小的感情圈子里兜转，整日觉得苦恼无边、郁闷不已，认为"我的感情就是一切"，看不到自我感情外宽阔的世界，看不到还有更多连生存都困难的人，视野狭小，自己是井底之蛙，却认为别人"白天不懂夜的黑"。就像鲁迅先生说的那样："很多人咀嚼着身边小小的悲欢，而且就看这小小的悲欢为全世界"。如果能走出个人渺小的感情世界，放眼外面的世界，着眼工作和事业，就会使胸怀变得更为宽广。

5. 优化自身的个性

情绪健康与否还与人的个性有着密切的关系。个性坚强者，遇到失意与伤心之事能挺得住，个性软弱者，则容易被消极情绪所左右。很多消极情绪，都可以从个性上找原因。如容易忧愁的人，往往都好强、固执、不善于与人交往；情绪上经常处于犹豫、疑虑的人，个性上往往缺乏独立性与创造性，被动、依赖性大；情绪上容易烦躁的人，则个性敏感，不善于表达倾诉自己的消极情绪。可见，要保持健康的情绪状态，必须优化自己的个性，克服性格、气质等方面的缺陷。如性格外向的人，要注意培养自己的理性思维，使自己变得沉稳，遇事冷静思考，克制冲动；性格内向的人，要学会倾诉与排遣不良的情绪，遇到不愉快的事不要郁积于心。

6. 培养幽默感

具有幽默感的人易于从烦恼中解脱出来。幽默的构成包括天真的形式和理性的内容。天真的形式往往采用俏皮的形式表现出来，使人在捧腹大笑中有所领悟；理性的内容则能揭示生活中的某些规律。在人际交往中，如果人的语言和动作带有幽默感，就会表现出人特有的人格魅力，使周围的人感觉亲切风趣，容易聚集人气。有一次，古希腊哲学家苏格拉底同朋友闲谈，他的妻子很不耐烦，大喊大叫后将一盆水泼到苏格拉底的头上，这位哲学家并没有发火，而是笑着对朋友说："我早就料到，雷声过后定是倾盆大雨。"引得朋友们捧腹大笑，苏格拉底给自己、朋友、妻子都解了围。可见，幽默是一种好的人际协调工具，它可以使本来紧张的情绪变得轻松起来，十分窘迫的场面在欢声笑语中变得消逝无踪。

（二）缓解消极情绪的方法

1. 激励法

在遇到困难、挫折、打击、逆境而痛苦时，用坚定的信念、哲理、伟人的事迹和生活中的榜样来激励自己。例如，南京师范大学的侯晶晶在上小学五年级时，因脊髓血管瘤导致下半身瘫痪，从此再也无法站立，但她克服了常人难以想象的困难，战胜了病魔，坚持在家中自学中学和大学的课程，并参加了英语专业的自学考试，拿到了大专和本科文凭，后来又一鼓作气，刻苦攻读，在求学的道路上一路艰辛跋涉，先后取得南京师范大学英语语言学硕士学位和教育学博士学位。毕业后留校任教，在工作岗位上一如既往地用超人的毅力战胜道道难关，取得了骄人的教科研成绩，目前已是南师大教育学副教授、硕士研究生导师，并获得"江苏省十大杰出青年"等多项荣誉称号。她的精神鼓舞了无数的人，人们对她不屈不挠的拼搏精神敬佩不已，称她为"当代的张海迪"。

2. 宣泄法

消极情绪来临时，不应一味控制与压抑，要懂得适度宣泄。以下几种方法可以宣泄自己的情绪：

（1）说出来。找亲人朋友、同学老师倾诉痛苦。

（2）写出来。不善交流的人可用此法。

（3）喊出来。可以到一个空旷或僻静的地方大喊一声。有一个大一班级的篮球队在学校组织的篮球比赛中失利后，该班辅导员带领球队队员去看学校当晚的联欢晚会，晚会节目精彩纷呈，队员们边看边欢呼，不知不觉中，他们郁闷的情绪得以发泄，情绪大为好转。

（4）哭出来。放声痛哭一场，眼泪中含有的有毒物质可以随之排出。

3. 延迟法

人们每天面对纷繁复杂的世界，不可能事事如意，难免会有消极情绪。有的消极情绪一触即发，而有的则有一个缓冲期。当某种消极情绪处在萌芽状态，自己感觉情绪尚可控时，可以试着自问自答，一般可以问自己以下三个问题，以愤怒为例，"我一定要愤怒吗""我愤怒的真正原因是什么""我能不能控制一下自己的情绪，不那么愤怒至极"，在回答自己的提问时，可以提醒自己采取理性、客观的态度来面对当前，同时也可以使消极情绪得以延迟或缓解。

4. 自我暗示法

语言暗示是很好的自我暗示法。例如，"愤怒是拿别人的错误惩罚自己，或拿自己以前的错误惩罚现在的自己""发怒是无能的解决问题的方法""发怒既伤自己又伤别人，还于事无补""冲动是魔鬼""我今天一定会很棒""今天的事没什么大不了的""嫉妒是万恶的根源""与其嫉妒别人，不如完善自己"等。在松弛平静、排除杂念、专心致志的情况下，进行这种自我暗示，往往对情绪的好转有明显的作用。我国著名教育家魏书生提出了一种教育者自我调节的方法——"松、静、匀、乐"，受到了众多教师的青睐。其中的原理也与自我暗示不无关联。

5. 干扰抑制法

用积极的情绪干扰和抑制消极情绪有以下几种方法：

（1）乐起来。情绪不佳时，要积极创造快乐，酝酿笑容，如看搞笑电影、笑话、搞笑图片、漫画等。

（2）动起来。运动能改善神经系统的功能，振奋精神，如打篮球、踢足球、跳舞、爬山等。

（3）忙起来。通过学习、工作、旅游等有意义的事情让自己变得忙碌起来，注意力得以转移。

6. 放松调节法

（1）景色调节法。环境对人的消极情绪的调节起着重要的作用。当人被消极的情绪压抑时，走出去看看大自然的美景会使人胸怀旷达，身心欢娱。如农村的乡间小路，美丽的田园风光对人的情绪调节有很好的作用。绿色的世界，蓬勃的生机，使人心情松弛宁静，心旷神怡，忘却烦恼。因此，改变环境，对消极的情绪调节会起到一定的作用。

（2）想象调节法。想象美好的景物或美好的经历，或是将自己对生活的感悟变成笔下的文字，或是看一场轻松的电影，将自己置于美好的想象世界中，都是调节消极情绪的一种方法。

（3）音乐调节法。美好的音乐能使人引起共鸣、轻松愉快。不同的人因不同的个性特点、心情、时间和场合而对乐曲有所选择。如节奏感强的乐曲适合忧郁、安静的人；旋律优美的乐曲适合兴奋、多动、焦虑的人。因此，在国外，音乐疗法早已应用到外科手术及精神病等病症的治疗中。如失眠时可以听莫扎特的《摇篮曲》、门德尔松的《仲夏夜之梦》等节奏舒缓、催人入睡的乐曲；忧郁烦恼时可以听《蓝色多瑙河》《卡门》《琵琶语》《渔舟唱晚》《春江花月夜》等意境广阔、轻松愉快的音乐；情绪浮躁时可以听《小夜曲》来调节自己的情绪状态。

（4）放松训练法。如瑜伽、腹式呼吸等。呼吸调节法，先闭上眼睛，努力使自己心情平静，然后深深吸气，吸时要慢，充分吸气后，几秒钟内停止呼吸，然后把气徐徐吐出，吐气时要比吸气时还要慢。连续几次后，身心就会松弛，使不良情绪得以缓解。这种方法很容易将注意力从情感冲动转到自身的呼吸上，从而达到控制冲动、恢复理智、实现自制的目的。

7. 求助他人法

消极的情绪仅靠自我调节是不够的，还需借助于他人的帮助或疏导。有节制地发泄，把苦闷倾吐出来对缓解消极情绪是有益的。培根说过："如果把你的苦恼与朋友分担，你就只剩下一半的苦恼了。"他人的理解、同情，哪怕只是倾听也对情绪的调节大有好处。可寻求亲朋好友、老师、同学或专业人员的帮助。

8. 改变认知法

（1）做到客观。要想对事物有客观的认知首先必须改变以下不合理的信念：一是绝对化要求，认为"我必须成功""我对别人好，所以别人应该对我好"；二是过分概括化，一遇到挫折，便认为自己一无是处；三是糟糕之极，如求职失败，就认为十分可怕、十分不幸。

（2）树立自信。更多地发现和肯定自己的长处，做到悦纳自己，增加自信。

（3）运用辩证思维。凡事都有有利的一面和不利的一面，"塞翁失马，焉知非福"就是很好的例子，当遭遇失败时不要气馁，要相信"成功的道路不止一条"。

七、情绪、情感与行车安全

在行车生产活动中，机车乘务人员的操作过程主要有三个环节，即辨认接受信息、操纵控制设备、观察调整运作，所有这些行为均受情绪和情感状态的影响。当情绪和情感处于积极状态时，感知快速、思维敏捷、动作可靠，能保证系统正常运转。否则，感知觉、思维和反应机能就不能正常发挥，差错增多，导致事故发生的可能性就很大。因此，积极的情绪和情感状态是保证行车安全的充分必要条件，消极的情绪和情感状态及由此产生的侥幸、麻痹、惰性、烦闷、自满、好奇等心理倾向，是机车乘务人员出现差错（辨认不清、主观臆测、理解不当、判断失误等）引发事故的重要原因。

情绪的字面含义是指一种被激起的状态。它是人们对客观环境和事物产生的内心感受，是一种重要的心理活动。在现实生活中，机车乘务人员必然会遇到各种各样的情况和事件，其中一些令人不愉快的成分会激起机车乘务人员的情绪状态。这种情绪状态的好坏直接影响到工作质量和行车安全。国外有的心理学家专门研究了情绪状态与行车事故之间的关系，结果表明：人的情绪状态会对安全行为产生巨大的影响。当人们感到快乐和满足时，情绪状态最好，此时，事故发生率就较低；而愤怒、受挫和忧虑时，情绪状态较差，这时，事故发生率明显增高。

人的一切心理活动都带有情绪的色彩，通常以心境、激情和应激三种形式表现出来。

（1）心境是一种比较微弱、平静而持久的情绪状态，它受人的人生观和价值观的影响。每个人在主观上都有自己独特的心境，积极良好的心境，可以使人精神振奋、头脑清醒，乐观的对待困难和挫折。消极的心境可以使人厌烦、消沉。机车乘务人员在良好的心境下，感知觉清晰，判断思维准确，完成任务的质量很好。要是在压抑、沮丧的心境下，会寻求发泄的机会，有可能超速行驶，不注意平稳操纵，造成列车的冲动，甚至会发生车钩断裂、人员伤亡、车辆受损的行车事故。

（2）激情是一种猛烈的、迅速爆发而短暂的情绪状态。如果在生活、工作中发生了具有特殊刺激的事件，产生了相互矛盾的愿望和冲突，过度的抑郁，缺乏文化和道德修养都可能引起激情。在消极的激情状态下，人的认识活动范围往往会缩小，思维过程遭到破坏，理智的分析能力受到抑制，自我控制能力降低，不能正确评价自己行为的意义和后果。机车乘务人员在激情状态下难以自制，不能马上从激情中解脱出来，就无法正常完成工作任务，出现行为上的失常状态，容易导致行车事故的发生。

（3）应激是在出乎意料的紧急情况下或危险情况下所引起的一种情绪状态。机车乘务人员在行车中，有可能遇到突如其来的险情或非常情况，需要迅速地判断情况，在一瞬间就做出决定，这就是应激状态。这时，有的人可以保持思维敏捷、判断准确、动作迅速，整个有机体处于高度应激化（心率加快、血压升高、肌肉紧张），做出平时很难做出的大胆勇敢的行为，使非常情况化险为夷。但有的人也会惊慌失措或是僵硬呆傻，听任险情发生。

八、控制调节情绪状态，保证行车安全

在行车生产系统中，情绪、情感对行车安全有着极其重要的影响，积极而稳定的情绪

和情感状态是保证行车安全的充分必要条件。机车乘务人员在行车生产过程中不良的情绪状态主要表现在紧张焦虑、抑郁冷漠和冲动敌对等方面，必须加以控制和调节。

（一）消除紧张焦虑的情绪

紧张焦虑是一种常见的情绪应激反应状态，主要是由心理冲突或遭受挫折引起的。比如，机车乘务人员面对工作与生活的压力、面对人际矛盾的冲突等，都会引起紧张焦虑的情绪反应，其主要表现为过分担心、精神负担过重、紧张烦躁、焦虑不安，或是得过且过、反应迟钝、意志消沉、萎靡不振。适度的焦虑可使机车乘务人员产生压力，这种压力可以帮助他们克服自身的惰性，激发机车乘务人员更加努力，但过度的焦虑会使机车乘务人员行为失常，造成心理障碍。消除紧张焦虑情绪的方法主要有以下几种：

（1）理智分析，引起紧张焦虑的情绪往往是由于受到某种刺激而引起的，针对此类不良的情感，机车乘务人员应该冷静地、理智地分析一下，自己对这种刺激的认识是否正确，是否确实可忧、可虑、可惧，如果发现事情并不像自己所认为的那样，那么消极情感就会不解自消了。

（2）学会遗忘，有的人，总是对引起消极情感的刺激郁积于心，耿耿于怀，这样只能增加不良情绪的反应。正确的做法是把这些事情尽快地遗忘掉，使自己的思想暂时地离开这些不愉快的事情，从而缓解紧张焦虑的情绪。

（3）转移宣泄，如果对不良刺激遗忘有困难，机车乘务人员可以有意识地通过转移注意力或做点别的事情来分散自己的情绪，如感到紧张焦虑时可以听听音乐、看看电影、外出旅游或参加体育活动等。也可以适当地进行宣泄，如当与人闹了矛盾时，要勇敢地与对方开诚布公地交换意见，以解开矛盾，消除误会。当面对没有把握的事情举棋不定时，可以和自己的至亲好友交流看法，诉说心中的困惑和不安，这样也能缓解紧张焦虑的情绪。

（二）消除抑郁冷漠的情绪

抑郁冷漠是一种常见的情绪心境反应状态，主要表现为少言寡语、孤独沉默、郁郁寡欢、闷闷不乐，对一切事物都缺乏兴趣，对未来失去信心，一点细小的过失或缺点也会带来无尽的懊悔，遇事总往坏处去想，自怨自艾、无精打采、精神萎靡、表情冷漠。抑郁冷漠是一种消极的情绪障碍，它能扑灭人心头的希望之火，使有才华、有能力的人沦为平庸；它能摧残人的意志，抑制人的活动，削弱人的能力，损害人的身心健康。

要消除抑郁冷漠的情绪首先要学会达观，法国作家大仲马说过：人生是一串由无数小烦恼组成的念珠，达观的人总是笑着念完这串念珠的。所谓达观，就是要懂得社会与人生变化的辩证关系，不必把一时的困难看成永久的困难，把局部困难看成是整体的困难，许多事情只要能用乐观主义精神，用发展的观点来想一想，抑郁冷漠就会烟消云散了。其次是加强交往，要尽量参加集体活动，增加与同事们友好往来的机会，真诚的友谊能使自己感受集体的温暖，减少抑郁冷漠的情感体验。再次是学会心理防御的方法，例如可采用"合理化"机制，即寻找引起忧郁、郁闷的事情发生的"合理"原因，以弥补心理上的创伤。

九、如何消除情绪对行车安全的影响

情绪和情感状态有积极和消极之分，良好的情绪和情感是保证行车安全的充分必要条件，情绪不稳、心境不佳则是发生事故的重要原因。实践证明：情绪和情感良好时，人的心情就会愉快，思维也会敏捷，工作主动性和效率就高。反之，郁闷低沉的情绪容易注意力不集中，反应迟钝，易发生失误，极端恶劣的情绪还能使人忘乎所以，做出令人发指的事情，铁路运输工作最忌带"情绪"上岗上车，铁路运输情况的判断不能有半点的分心和闪失，稳定运输人员情绪是保证铁路运输安全的一项重要工作。站段要开展有针对性的思想教育，增强运输人员对各种境遇的适应和承受能力，自觉控制自己的情感与情绪，站段一线干部及工班长要热衷于创造美化身心的生活、工作、学习、语言环境，使职工置身于平等与和谐的氛围中；站段各部门，特别是政工部门要全面落实岗位思想政治工作责任制，要多走访职工家庭，为职工排忧解难，争取家属对安全工作的理解和支持，使职工带着良好的情绪参加工作。

（一）加强驾驶员情绪稳定的调节

情绪的稳定性是可以培养的。有强烈愿望和意志坚强的人，就能自我克服情绪的不稳定性。培养情绪的稳定性，需要在工作和日常生活中学会约束自己，即顺心时不至于过分高兴，失败时也不丧失信心，经常检查自己的行为，检查自己对易引起不正常情绪事物的反应，并学会控制自己。尤其是在现行的交通条件下，驾驶员学会在行车中控制自己的情绪，具有重要的现实意义。

（二）注重驾驶员情感心理环境的调适

领导对驾驶员要多鼓励多关心，安排工作要适当，要以人为本，努力为其创造良好的休息环境，保证充分的休息时间，定期对驾驶员进行体格检查，及时解决他们的实际困难。驾驶员本身也应该加强修养和涵养，扩大心理容量，提高心理承受力和应激力。

（三）注意驾驶消极情绪的自我释放

在日常生活中，每个人都难免会遇到不顺心的事，情绪也会随之发生变化。特别是驾驶员在行车过程中，外界的各种因素都会对人的心理造成影响，使人的心理发生变化。

（四）强化驾驶员心理素质的训练

开展驾驶员心理素质训练，提高其临危处置能力。心理素质训练是提高驾驶员心理素质的有效途径，单位要根据驾驶员心理素质的具体情况，组织人员安排驾驶员心理素质训练计划。训练项目可根据单位的实际情况制定，如进行事故多发地段驾驶员操作优化训练，驾驶反应时间训练等，从而有效提高驾驶员的临危处置能力，杜绝重特大行车事故的发生。

第三节 意志过程

一、意志概述

（一）意志概念

意志是人自觉地确定目的，并支配行动，克服困难，实现目的的心理过程。即人的思维过程见之于行动的心理过程。人的认识活动是为了认识客观事物及其规律，但人的认识活动并不是随机的，而是有目的的。人为了达到一定的目的而活动，但活动并非都是一帆风顺的，往往会遇到一些困难，这时候就需要有毅力和决心去克服困难，坚强不屈地去实现自己的目标。这种自觉地确定目的、克服困难、实现目标的心理过程就是意志。

意志是人珍贵的心理品质，它充分体现了人心理活动的主观能动性，可以体现在我们的各种工作和学习中。学生的成绩优劣，不仅与他的基础知识、智力水平有关，更重要的还在于他是否有坚韧不拔的毅力和勤奋学习的精神。近代护理学的创始人南丁格尔，在1854年克里米亚战争中的野战医院工作时，条件很艰苦，但她克服了种种困难，坚持艰苦奋斗、精心护理，在不到半年时间内使伤病员的死亡率由50%下降到2.2%。经过战争的考验，她虽然疲惫不堪，然而坚强的意志鼓舞着她继续奋斗，创办了护理学校，为近代护理学奠定了基础。所以，意志是一种力量，没有这种力量，人很难达到预定的目标。

意志和认识、情感有密切的联系。认识是意志形成的前提，人确定意志行动的目的，取决于对客观事物的认识。我们常发现一些人，在追求某种高尚的、对社会有价值的目的行动中，精神饱满、孜孜不倦，表现出顽强的意志力。而情感是意志行动的动力，如爱就能激发强烈的意志和动力，对祖国的爱，对敌人的恨，可激发战士的英勇行为。

（二）意志行动的特征

意志不是隐蔽在个体内心中不可捉摸的神秘的东西，意志总是表现在个体的行动之中，受意志支配和控制的行为称为意志行动。人的意志行动有以下三个主要特征：

1. 意志行动的目的性

人的意志具有明确的目的性，因此它才能既发动符合于目的的某些行动，又能制止不符合目的的某些行动。意志行动效应的大小，是以人的目的水平的高低和社会价值的大小为转移的。目的越高尚、越远大、越有社会价值，意志表现水平就越高。因此，只有人类才能在自然界打上自己意志的印记。动物也能作用于环境，但从根本上说，动物的行为是盲目的、无意识的，虽然它们的行动看起来好像是有目的的，知道饿了去找食物，下雨了到大树下或山洞内避雨，但这都是在无意识中进行的，只能消极地适应环境，所以动物没有意志。

2. 意志行动总是与克服困难相联系

克服困难的过程也就是意志行动的过程。困难有外部困难和内部困难两种。人的意志坚强与否、坚强程度如何，是以困难的性质和克服困难的难易程度来衡量的。自觉有目的性的行动，如果不与克服困难相联系，就不属于意志行动。所以散步、聊天、娱乐、喝水等行动，并没有什么困难需要克服，就不属于意志行动。困难可来源于自身也可来源于外部环境。一般情况下，外部困难是通过内部困难起作用的。

3. 意志行动以随意运动为基础

人类的行动可分为非随意运动和随意运动。非随意运动是指不以人的意志为转移的、自发的、控制不了的运动，主要指的是由植物神经支配的内脏运动和非条件反射活动。随意运动是指可以由人的主观意识控制的运动，主要是由躯体运动神经控制的四肢躯干的运动，属于条件反射性质。意志行动的目的性就决定了意志行动必须是在人的主观意识控制下的随意运动，所以随意运动是意志行动的基础。工作中各种操作都是随意运动，它都有一定目的和熟练程度，是意志行动的必要条件。如在护理工作中，肌肉注射、静脉穿刺等各种护理操作都是随意运动，护士要想有熟练技术，只有不辞劳苦，练好基本功，才能顺利完成各项医疗及护理任务。

意志行动的这三个基本特征并不是互相割裂的，而是互相联系的。目的性是意志行动的前提，克服困难是意志行动的核心，随意运动是意志行动的基础。

二、意志行动的心理过程

（一）采取决定阶段

采取决定阶段预先决定意志行动的方向和结果，是意志行动的重要的、不可缺少的开端，是在实践活动之前完成的。

1. 动机斗争与目的确定

人的行动总是由一定的动机引起的，并指向一定的目的。动机是激励人去行动的原因，目的是期望在行动中所要达到的结果。在意志行动初期，人的动机是多样的，人在动机斗争过程中，需要权衡各种动机的轻重缓急，反复比较各种动机的利弊得失，这种动机的斗争有时是非常激烈的。当某种动机通过斗争居于支配行动的主导地位时，目的也就确定下来，动机斗争才告结束。

2. 方法和策略的选择

这是意志行动的决策步骤。行动方式的选择和行动计划的拟定就是对各种方式方法和方案进行分析比较，权衡利弊而加以抉择的过程。

（二）执行决定阶段

执行决定阶段是意志行动的完成阶段，所以是意志行动的关键，在这个阶段里，意志由内部意识向外部行动转化。再高尚的动机，美好的目的，完善的手段，如果不付诸实际行动，这一切也就失去意义，不可能构成意志行动。

1. 执行决定是意志、情感和认识活动协同作用的过程

人在行动中，必然伴随着种种肯定和否定的情感体验。人要想使自己的行动始终瞄准预定的目的，就要有认识活动的积极参与，这样才能随时对自己的行动进行自我调节。

2. 执行决定是克服各种困难的过程

人在按预定目的去执行决定的过程中，必然要遇到各种主观或客观的困难，只有克服困难，才能实现目的。

三、认知、情感与意志的辩证关系

人的三种基本的主观心理活动（认知、情感与意志）分别反映了三种基本的客观事物（事实关系、价值关系和行为关系）。人为了生存和发展就必须首先感知和了解各种事物的事实关系，其次要掌握这些事物对于人的价值关系，再要掌握每个行为的价值关系并且判断、选择、组织和实施一个最佳的行动方案。第一步由认知活动来完成，第二步由情感活动来完成，第三步由意志活动来完成，因此从认知到情感，再从情感到意志，是一条基本的、不可分割的人类自控行为的流水线。

知、情、意（认知、情感与意志）的辩证关系在根本上取决于事实关系、价值关系与行为关系的辩证关系。

（一）认知、情感与意志相互区别

认知、情感与意志的主要区别是：认知一般是以抽象的、精确的、逻辑推理的形式出现，情感一般是以直观的、模糊的、非逻辑的形式出现，意志一般是以潜意识的、随意的、能动的形式出现；认知主要是关于"是如何"的认识，情感主要是关于"应如何"的认识，意志主要是关于"怎么办"的认识。如果把情感与认知割裂开来，就会使情感没有客观依据而变成了"公说公有理，婆说婆有理"；如果把情感与认知混淆起来，又会使情感失去公正性而变成了"成者为王，败者为寇"；如果把情感与意志割裂开来，就会使情感成了空洞的情感；如果把情感与意志混淆起来，又会使情感成了糊涂的情感。

（二）认知、情感与意志相互依存、相互联系

没有事实关系，价值关系就成了无源之水，没有价值关系，行为关系也成了无源之水，因此认知是情感的源泉，情感是意志的源泉；事实关系以价值关系为导向，价值关系又以行为关系为导向，因此认知以情感为导向，情感以意志为导向；情感最初是从认知中逐渐分离出来的，它又反过来促进认知的发展，意志最初是从情感中逐渐分离出来的，它又反过来促进情感的发展；认知、情感与意志相互渗透、相互作用、互为前提、共同发展。

四、意志品质和培养

（一）意志的基本品质

意志品质是指一个人在实践过程中所形成的比较明确的、稳定的意志特点。评价意志

品质的优劣,根本的一条是要看其意志活动的社会价值;判断一个人的意志力强弱,则看其意志表现程度。在人的意志行动过程中,主要的意志品质包括自觉性、果断性、自制性和坚韧性。

1. 自觉性

这是指人的行动有明确的目的性,尤其是能充分地意识到行动结果的社会意义,使自己的行动服从社会、集体利益的一种品质。它具体表现在意志行动过程中确定目的的自觉性、行动服从目的的自觉性、行动过程中克服困难的自觉性、行动结束时自我评价的自觉性,可见意志自觉性的品质,贯穿于意志行动的全过程。这种品质反映着一个人的坚定立场和信仰,是产生坚强意志的源泉。

与自觉性相反的特征是意志的盲目性,通常表现为受暗示性和独断性。受暗示性是指容易接受他人的影响。不加分析地接受别人的思想和行为,轻率地改变或放弃自己的决定,表现为盲目行动。独断性则是对自己的决定深信不疑,一概拒绝别人的批评、建议。这两种人都是由于对自己行动的目的和意义缺乏明确而深刻的认识,因而不能理智地判断是否应该坚持或放弃自己的决定。

2. 果断性

这是指善于明辨是非,当机立断地采取和执行决定的品质。意志的果断性是以正确的认识为前提,以深思熟虑和大胆勇敢为基础。它是人的聪明、机智的有机结合。具有果断性的人往往善于捕捉时机,不迟疑,不退却,及时行动。如护士发现病人窒息时,立即清除呼吸道分泌物,进行人工呼吸,迅速供氧使病人转危为安的过程,就体现出了意志的果断性。

与果断性相反的品质是优柔寡断和草率决定。优柔寡断的主要特征是不善于克服矛盾的思想和情感,在各种动机、目的、手段之间迟疑不决、患得患失。草率决定是对任何事物都不假思索,单凭盲目冲动,贸然行事,而不考虑后果的一种莽撞行为,是意志薄弱的表现。

3. 自制性

这是指人在意志行动中善于控制自己的情绪,约束自己言行的品质。人们在执行决定的过程中,会遇到各种各样的困难,在困难面前不低头,能自觉地调节自己的言行,控制和约束不良情绪,就是意志自制力的表现。

与自制性相反的品质是任性。任性是指不能控制和约束影响自己目标实现的情绪、愿望、动机、兴趣等。一个任性的人,因常受情绪等心理过程支配,影响了意志行为,难以达到目的。

4. 坚韧性(顽强性)

这是指在执行决定时能坚持到底,顽强地克服各种困难的意志品质。具有坚韧性品质的人,表现为目标专一,不为一时的冲动或困难而改变方向,始终不渝地朝着目标一步一个脚印地向前进,在行动上表现为坚韧不拔的毅力,具有克服困难,勇往直前,百折不挠的精神。

与意志的坚韧性品质相反的是动摇和顽固执拗。动摇是指在执行决定的过程中,常因遇到困难就动摇自己的决心,甚至放弃自己的目标,这种人常立志,无常志,做事朝秦暮楚、见异思迁、虎头蛇尾，甚至半途而废。顽固执拗是指在意志行动过程中，已发现自己所设定的目标无法达到，但仍固执己见、执迷不悟、一意孤行，其结果往往是受到客观规律的严厉惩罚。

以上四种意志品质是相互联系的，其中坚韧性是自觉性、果断性和自制性的综合表现。意志品质受世界观、信念和理想的制约，并与人的认知、情感和修养等有着极为密切的关系。

在临床上，我们可以观察到病人的意志品质与疾病的治疗和康复有高度相关性。意志品质可通过人的认知和情感等心理过程，造成对疾病产生正确的或错误的认知、积极的或消极的情绪情感，从而影响病人与疾病作斗争的具体行动。

（二）意志的培养

1. 形成积极坚定的世界观、人生观和信念

顽强意志的动力来自崇高而伟大的理想和对自己所从事的事业抱有的必胜信念。具有远大理想的人，必定是豪情满怀，奋发向上，不畏艰险，不辞劳苦，勇于探索，勇于前进的人。

2. 脚踏实地，点滴做起

惊天动地的大事业能锻炼人的意志。同样，日常的工作、学习、劳动，乃至于治病、走路、按时起床、按时交作业这样这一点一滴的小事也能培养人的意志，一个人如能始终如一，从不马虎，那他的意志必然会得到很好的锻炼。相反，老是原谅自己，总是明日复明日，那他必定会成为意志薄弱的人。

3. 进行意志锻炼

人在实践活动中经常会遇到各种困难。面对困难，有的人坚韧不拔，战而胜之；而有的人遇难则退，一事无成。事实表明，越是困难的、不感兴趣的事情，越需要付出意志的努力，这样才能培养起坚强的意志力。

4. 加强体育锻炼

体育锻炼不仅可以增强体质，而且体育锻炼本身能够培养人的勇敢、果断、顽强、坚韧、自制力等良好的意志品质。

5. 发挥榜样的作用

欣赏文艺作品（戏剧、电影、音乐、小说等作品）中的英雄人物，他们热爱祖国的情感、坚定果断的意志、英勇的行为等都能成为人们学习的榜样。通过文艺作品的欣赏，激励人们学习英雄人物的品质，培养自己的意志。

能力检测

1. 解释下列概念：感觉、知觉、记忆、遗忘、思维、想象、注意、情绪和情感、意志。
2. 遗忘的原因是什么？通过学习，你对遗忘有哪些新认识？
3. 思维如何分类？基本过程是什么？举一例说明解决问题的基本阶段。
4. 情绪情感如何分类？有何作用？

5. 感觉记忆有哪些特征?
6. 短时记忆有哪些特征?
7. 分析自己的观察力、记忆力、想象力、注意力、情绪特征、思维品质、意志品质,根据分析结果,为自己制订出今后学习、工作中发挥上述心理品质长处、克服短处的措施。

第三章

人格与行车安全

学习目标

掌握：人格的概念、特点及构成；气质、性格、自我调控的概念；弗洛伊德的人格理论；艾里克森的人格理论；压力的应对方式。

熟悉：气质、性格的常见类型、气质与性格的关系；特质理论；马斯洛的人本主义人格理论；挫折与行车安全。

了解：人格形成的影响因素；人格与健康的关系。

第一节 人格及相关概念

"人格"是我们日常生活中经常使用的词语，我们有时会说，这个人人格不错，也许会说这个人人格恶劣，但到底什么是人格？多少年来，哲人、诗人、科学家们都在用他们各自的理解诠释着人格。

一、人格的概念

人格"personality"一词，最初源于古希腊语 persona，原来主要是指演员在舞台上戴的面具，面具随人物角色的不同而变换。在文艺复兴时期，一个演员往往要扮演许多角色，而区别不同角色的道具就是面具，不同的面具代表不同的人物性格。而这种面具模式与我国的京剧脸谱有异曲同工之妙——红脸代表忠义，白脸代表奸诈，黑脸代表刚强，不同的面具体现了角色的特点和人物性格。在舞台表演时，一个演员所表现的行为要与所扮演的角色相称，即面具规定与限制了演员的行为。

后来心理学借用这个术语用来说明：在人生的大舞台上，人也会根据社会角色的不同来换面具，这些面具就是人格的外在表现。面具后面还有一个实实在在的真我，即真实的人格，它可能和外在的面具截然不同。

人格从科学心理学意义上来说，是构成一个人的思想、情感及行为的特有模式，这种特有模式包含了一个人区别于他人的稳定而统一的心理品质。人格具有整体性、稳定性、独特性及社会性、功能性五个基本特性。

（一）整体性

人格的整体性是指人格虽有多种成分和特质，如能力、气质、性格、情感、意志、认知、需要、动机、态度、价值观、行为习惯等，但在真实的人身上它们并不是孤立存在的，而是密切联系，综合成一个有机组织。人的行为不仅是某个特定部分运作的结果，而且总是与其他部分紧密联系、协调一致进行活动的结果。正像汽车那样，它要顺利运行，各部分必须协调一致朝着一定的目标，作为一个整体而运作。当人格结构的各方面彼此和谐一致时，人们就会呈现出健康人格特征；否则，就会使人发生心理冲突，产生各种生活适应困难，甚至出现"分裂人格"。

（二）稳定性

"江山易改，禀性难移"说的就是人格的稳定性。其表现为两个方面：一是人格的跨时间的持续性；一是人格的跨情境的一致性。这两个方面是密切联系的。在人生的不同时期，人格持续性首先表现为"自我"的持久性。每个人的"自我"，即这一个的"我"，在世界上不会存在于其他地方，也不会变成其他东西。昨天的我是今天的我，也是明天的我。一个人可以失去一部分肉体，改变自己的职业，变穷或变富，幸福或不幸福，但是他仍然认为自己是同一个人。这就是自我的持续性。持续的自我是人格稳定性的一个重要方面。例如，一位性格外向的大学生，他不仅在家里叽叽喳喳爱说话，在外面，面对同学、朋友、老师等也都表现出爱表现爱讲话的特点，即使毕业几年后也依然如此。

但心理学家在研究人格的稳定性时，也看到了人格的可变性，即人格在长时间的生活过程中，也许会有一定的变化。但人格的改变和行为的变化是不同的，行为改变是一种外在、表层的变化，人格的改变是内在、深层的变化。例如，特质焦虑（一种一般性的人格特点或特质，它表现为一种持续的担心和不安）在不同的时间状况下表现不同，如当一个人是学生时，他会表现出考试焦虑、升学焦虑、考前睡不着、考试发挥失常；当他进入社会工作时，他对竞争与压力有焦虑反应，可能表现为逃避行为，不去面对竞争。虽然在不同的时间表现出来的行为是不同的，但焦虑的特质是相同的。但如果能得到心理咨询与治疗专家的帮助，他最终摆脱了焦虑特质，则说明他的人格发生了改变。在心理学临床研究中，人格改变也常被作为心理与行为异常的指标。

（三）独特性

人格的独特性是指人与人之间的心理和行为是不相同的。由于人格结构组合的多样性，使每个人的人格都有自己的特点。人心不同，各如其面。在日常生活中，我们随时随地都可以观察到每个人的行动都异于他人，每个人各有其能力、爱好、认知方式、情绪表现和价值观，如有的人爱助人，有的人特冷漠，有的人很易处，有的人很难打交道等。而人格之所以具有独特性是和一个人的遗传、环境、教育等先后天因素的交互作用分不开的，不同的遗传、生存及教育环境，形成了各自独特的心理特点。

强调人格的独特性，并不意味着否定心理的共同性，心理学家仍然关注在某一文化或某一团体背景下人们所共有的人格特征，如中国人含蓄，西方人开放等。我们知道共性中包含着个性，但个性中体现着共性，所在我们在研究人格时，也不能忽视共性的一面。

（四）社会性

人格的社会性是指社会化把人这样的动物变成社会的成员。人格是社会的人所特有的。人格是在个体的遗传和生物基础上形成的，受个体生物特性的制约。从这个意义上也可以说，人格是个体的自然性和社会性的综合。但是人的本质并不是所有属性相加的混合物，或者是几种属性相加的混合物。构成人的本质的东西，是那种为人所特有的，失去了他人就不能称其为人的因素，而这种因素就是人的社会性。其实，即使是人的生物性需要和本能，也是受人的社会性制约的。例如，人满足食物需要的内容和方式是受具体的社会历史条件制约的。

（五）功能性

人格决定一个人的生活方式，甚至决定一个人的命运，因而是人生成败的根源之一。当面对挫折与失败时，坚强者能发奋拼搏，懦弱者会一蹶不振，这就是人格功能的表现。

二、人格的内容

人格是一个复杂的内容系统，它包括很多成分，其中主要包括气质、性格、自我调控等方面。

（一）气质

气质是那些由遗传和生理决定的心理和行为特征，是在个体生活早期就表现出来的稳定的个性差异。具体来说，它是指在人的心理活动发生时力量的强弱、变化的快慢和均衡程度等稳定的动力特征。主要表现在情绪体验的快慢、强弱、表现的隐显以及动作的灵敏或迟钝方面，因而它为人的全部心理活动表现染上了一层浓厚的色彩。它与日常生活中人们所说的"脾气""性格""性情"等含义相近。

气质是一个很古老的概念。古希腊医生希波克拉底（Hippocrates，公元前460—公元前377年）认为，人体内有四种体液，即血液、黏液、黄胆汁和黑胆汁，不同的人体内占优势的体液不同。后人在这一理论的基础上，逐步形成了气质类型学说。多血质血液占优势，这种人像春天一般热情；胆汁质黄胆汁占优势，这种人像夏天一般暴躁；抑郁质黑胆汁占优势，这种人像秋天一般忧伤；黏液质黏液占优势，这种人像冬天一般冷漠。用四种体液来解释气质类型，虽然没有科学依据，但四种气质类型的用语一直沿用至今。四种气质类型与心理特性的不同组合如表3–1所示。

表 3-1　四种气质类型与心理特性的不同组合

气质类型	胆汁质	多血质	黏液质	抑郁质
感受性	低	低	低	高
灵敏性	快，不灵活	快，灵活	慢，不灵活	慢，不灵活
耐受性	较高	较高	高	低
向性	外倾	外倾	内倾	外倾
情绪兴奋性	高	高	低	体验深
可塑性	较小	大	稳定	刻板性

（1）胆汁质。胆汁质的人坦率热情、精力旺盛、容易冲动、脾气暴躁、思维敏捷、但准确性差、情感外露，持续时间不长，又称不可遏止型或战斗型。典型表现有强烈的兴奋过程和比较弱的抑郁过程，情绪易激动，反应迅速，行动敏捷，暴躁而有力；在语言、表情和姿态上都有一种强烈而迅速的情感表现；在克服困难上有不可遏止和坚韧不拔的劲头，而不善于考虑是否能做到；性急，易爆发而不能自制。

（2）多血质。多血质的人活泼好动、善于交际、思维敏捷、容易接受新鲜事物、情绪情感容易产生也容易变化和消失、容易外露、体验不深刻，又称活泼型。典型表现为敏捷好动，善于交际，在新的环境里不感到拘束。在学习或工作上富有精力、效率高，表现机敏，善于适应环境变化。能迅速地把握新事物，在有充分自制能力和纪律性的情况下，会表现出巨大的积极性。兴趣广泛，但情感易变，如果事业上不顺利，热情可能消失，其速度与投身事业一样迅速。

（3）黏液质。黏液质的人稳重、考虑问题全面、安静、沉默、善于克制自己、善于忍耐、情绪不易外露、注意力稳定而不容易转移、外部动作少而缓慢，又称为安静型。典型表现为在生活中其是一个坚持而稳健的辛勤工作者。其行动缓慢而沉着，严格恪守既定的生活秩序和工作制度，不会无故分心。其态度持重，交际适度，情绪上不易激动，也不易流露情感，能自制。这种人长期坚持性很好，能有条不紊地从事自己的工作。不足之处在于不够灵活，不善于转移自己的注意力。

（4）抑郁质。抑郁质的人沉静、对问题感受和体验深刻、持久、情绪不容易表露、反应迟缓但是深刻、准确性高，又称抑制型。典型表现为感受能力很强，易动感情、情绪体验的方式较少，但是体验持久而有力，能观察到别人不容易察觉到的细节，对外部环境变化敏感，内心体验深刻，外表行为非常迟缓、忸怩、怯弱、怀疑、孤僻、优柔寡断，容易恐惧。

巴甫洛夫根据神经过程的强度、均衡性和灵活性，把动物和人类的高级神经活动类型划分为四种：兴奋型、活泼型、安静型和抑制型，与之相对应的是胆汁质、多血质、黏液质和抑郁质。高级神经活动类型及特征如表 3-2 所示。

表 3-2　高级神经活动类型及特征

神经类型	强度	均衡性	灵活性	行为特点
兴奋型（胆汁质）	强	不均衡		攻击性强，易兴奋，不易约束，不可抑制
活泼型（多血质）	强	均衡	灵活	活泼好动，反应灵活，好交际
安静型（黏液质）	强	均衡	惰性	安静，坚定，迟缓，有节制，不好交际
抑制型（抑郁质）	弱			胆小畏缩，消极防御，反应强

另有许多学者亦对气质类型做了不少探索。如艾森克（H. J. Eysenck，1916—1997年）提出由情绪稳定性和内外向两个基本维度所构成的四个象限与传统的四种气质完全吻合，稳定的外向性属多血质，不稳定的外向性属胆汁质，不稳定的内向性属抑郁质，稳定的内向性属黏液质。又如德国的精神病学家克瑞奇米尔根据他对精神病患者的表现和体型分析提出了体型气质理论，肥胖型气质类型为躁狂性，特征为善交际、表情活泼、亲切热情；瘦长型气质类型为分裂性，特征为不善交际、孤独、神经质、多思虑；健壮型气质类型为黏着性，特征为固执、认真、理解问题慢。

而当代的研究者一般认为，气质部分是体质特征的一种功能，同时还与神经递质，如5-羟色胺缺乏、去甲肾上腺素系统或中脑多巴胺通道的性质有关。

气质是人的天性，无好坏之分。它只给人的言行染上某种色彩，但不能决定人的社会价值，也不直接具有社会道德评价含义。任何一种气质类型的人既可以成为道德高尚、有益于社会的人，也可以成为道德败坏、有害于社会的人。同样地，气质也不能决定一个人的成就。任何气质类型的人只要经过自己的努力都能在不同实践领域中取得成就，也可能成为平庸无为的人。

知识链接

测试你属于哪种气质类型

本测验采用陈会昌等人编制的《陈会昌气质量表》，在回答这些问题时，你认为：很符合自己情况的记 2 分；比较符合的记 1 分；介于符合与不符合之间的记 0 分；比较不符合的记 -1 分；完全不符合的记 -2 分

1. 做事力求稳妥，一般不做无把握的事。
2. 遇到可气的事就怒不可遏，想把心里话全说出来才痛快。
3. 宁可一个人干事，不愿很多人在一起。
4. 到一个新环境很快就能适应。
5. 厌恶那些强烈的刺激，如尖叫、噪声、危险镜头等。
6. 和人争吵时，总是先发制人，喜欢挑剔别人。
7. 喜欢安静的环境。

8. 我善于和人交往。
9. 羡慕那种善于克制自己感情的人。
10. 生活有规律，很少违反作息制度。
11. 在多数情况下情绪是乐观的。
12. 碰到陌生人觉得很拘束。
13. 遇到令人气愤的事，能很好地自我克制。
14. 做事总是有旺盛的精力。
15. 遇到问题总是举棋不定，优柔寡断。
16. 在人群中从不觉得过分约束。
17. 在情绪高昂的时候，觉得干什么都有趣，情绪低落的时候，又觉得什么都没有意思。
18. 当注意力集中于一事物时，别的事很难使我分心。
19. 理解问题总比别人快。
20. 碰到危险情境，常有一种极度恐怖感。
21. 对学习，工作，怀有很高的热情。
22. 能够长时间做枯燥、单调的工作。
23. 符合自己兴趣的事情，干起来劲头十足，否则就不想干。
24. 一点小事就能引起情绪波动。
25. 讨厌做那种需要耐心、细致的工作。
26. 与人交往不卑不亢。
27. 喜欢参加热烈的活动。
28. 爱看感情细腻，描写人物内心活动的文学作品。
29. 工作学习时间长了，常感到厌倦。
30. 不喜欢长时间谈论一个问题，愿意实际动手干。
31. 宁愿侃侃而谈，不愿窃窃私语。
32. 别人总是说我闷闷不乐。
33. 理解问题常比别人慢些。
34. 疲倦时只要短暂的休息就能精神抖擞，重新投入工作。
35. 心里有话宁愿自己想，不愿说出来。
36. 认准一个目标就希望尽快实现，不达目的，誓不罢休。
37. 学习、工作同样一段时间后，常比别人更疲倦。
38. 做事有些莽撞，常常不考虑后果。
39. 老师或他人讲授新知识、技术时，总希望他讲得慢些，多重复几遍。
40. 能够很快地忘记不愉快的事情。
41. 做作业或完成一件工作总比别人花时间多。
42. 喜欢运动量大的剧烈体育运动，或者参加各种文艺活动。
43. 不能很快地把注意力从一件事转移到另一件事上去。
44. 接受一个任务后，就希望把它迅速解决。

45. 认为墨守成规比冒风险强些。
46. 能够同时注意几件事物。
47. 当我烦闷的时候,别人很难使我高兴起来。
48. 爱看情节起伏、激动人心的小说。
49. 对工作抱认真严谨、始终一贯的态度。
50. 和周围的人关系总是相处不好。
51. 喜欢复习学过的知识,重复做已经掌握的工作。
52. 希望做变化大、花样多的工作。
53. 小时候会背的诗歌,我似乎比别人记得清楚。
54. 别人说我"出语伤人",可我并不觉得这样。
55. 在体育活动中,常因反应慢而落后。
56. 反应敏捷,头脑机智。
57. 喜欢有条理而不甚麻烦的工作。
58. 兴奋的事常使我失眠。
59. 老师讲新概念,常常听不懂,但是弄懂了以后很难忘记。
60. 假如工作枯燥无味,马上就会情绪低落。

气质类型	题号	总分
胆汁质	2、6、9、14、17、21、27、31、36、38、42、48、50、54、58	
多血质	4、8、11、16、19、23、25、29、34、40、44、46、52、56、60	
黏液质	1、7、10、13、18、22、26、30、33、39、43、45、49、55、57	
抑郁质	3、5、12、15、20、24、28、32、35、37、41、47、51、53、59	

评分方法如下:

1. 如果某一项或两项的得分超过20分,则为典型的该气质。例如胆汁质项超过20分,则为典型胆汁质;黏液质和抑郁质项得分都超过20分,则为典型的黏液–抑郁质混合型。

2. 如果某一项或两项以上得分在20分以下,10分以上,其他各项得分较低,则为该项一般气质。例如,一般多血质;一般胆汁–多血质混合型。

3. 假若各项得分都在10分以下但某项或几项得分较其余项为高(相差5分以上),则为略倾向于该气质(或几项混合)。例如略偏黏液质型;多血质–胆汁质混合型。

(二)性格

性格是一种与社会相关最密切的人格特征,它包含了许多社会道德含义。"性格"一词源自古希腊语,意为雕刻的痕迹,这个概念强调个人的典型外显行为表现。在我国,性格常常被定义为个体对现实的稳定的态度和习惯化了的行为方式。所谓态度，是指个体对社会、自己、他人的评价、好恶和趋避。习惯化了的行为方式是指个体在活动的过程中，受外界环境，特别是受社会环境的影响而构成一定的态度体系，并以一定的形式表现在行为之中，成为特有的行为方式。例如，雷锋在各种场合总是表现出对同志热情诚实、与人为善。

性格的形成既受生物学因素的影响，也是在后天社会环境中逐渐形成的，受人的价值观、人生观、世界观的影响，是人的最核心的人格差异。性格同时也表现出了一个人的品德，如有的人大公无私、热爱人民，有的人自私自利、为所欲为。

另外，性格是个人社会行为的特征，主要包含：性格的认知特征，如有的人看到事物的正面，而有的人总是看到事物的负面；性格的意志特征，如有的人很有目的性、主动性、果断性、坚持性、自制力等，而有的人正好相反；个人对社会、对集体、对他人的态度中所表现出来的性格特征，如是否善交际、孤僻、正义感、正直、诚实、狡诈，是否富有同情心等；个人对待学习、工作、劳动的态度中所表现出来的性格特征，如是否勤奋、是否认真细致、是否勤俭节约等。

至于性格类型的划分，许多心理学家都对此做过研究，如瑞士著名人格心理学家荣格（C. G. Jung，1875—1961年）依据"心理倾向"来划分性格类型，最先提出了内—外向性格类型学说。荣格认为，当一个人的兴趣和关注点指向外部客体时，就是外向性格；而当一个人的兴趣和关注点指向主体内部时，就是内向性格。在荣格看来，任何人都具有外向和内向两种特征，但其中一种可能占优势，因而可以确定一个人是内向，还是外向。外向性格的特点是，注重外部世界，情感表露在外，热情奔放，当机立断，独立自主，善于交往，行动快捷，有时轻率。内向性格的特点是，自我剖析，做事谨慎，深思熟虑，疑虑困惑，交往面窄，有时适应困难。奥地利心理学家阿德勒（A. Adler，1870—1937年）根据个体竞争性的不同，将人的性格分为优越型和自卑型，优越型人好强，总想胜过别人，自卑型人遇事退让，不愿与人竞争，有很深的自卑感。也有人根据人们是否有好胜心，是否觉得时间紧张把人的性格分为 A 型与 B 型，A 型人时间感强，闲不住，同一时间可以做不同的事，争强好胜，效率高，易冲动，缺乏耐性等，B 型人悠闲自得，一般不紧张，没有时间紧迫感，有耐性，能容忍。而德国的哲学家与教育家斯普兰格将人的性格划分为理论型、政治型、经济型、审美型、社会型、宗教型六种。

（三）性格与气质的关系

1. 区别

（1）气质是个体心理活动的动力特质，它使个体活动带有某种特定的色彩。与性格相比较，气质受先天因素影响大，在后天中难以变化；性格是后天的，受社会文化与生活事件影响很深，所以有可能改变。

（2）气质与行为的内容无关，因此气质无好坏善恶之分；性格涉及行为的内容，表现个体与社会的关系，因而有好坏善恶之分。

2. 联系

（1）气质影响性格的动态，使性格"涂上"一种独特的色彩。比如，乐于助人的性格，多血质的人往往会情感外露，动作敏捷；而黏液质的人则可能情感不外露，动作有条不紊。

（2）性格可以在一定程度上掩盖或改造气质，使之符合社会实践的要求。如一名优秀的外科医生需要具备沉着冷静、随机应变的性格特征，这种性格特征的形成就可能掩盖或改造胆汁质个体容易冲动不沉着的气质特征。

（3）不同气质类型的人可以形成同样的性格特征，相同气质的人可以形成不用的性格特质。

（四）自我调控系统

自我调控系统包含自我认知、自我体验、自我控制三个子系统，其作用是对人格的各成分进行调控，保证人格的完整、统一、和谐。

1. 自我认知

自我认知是对自己的洞察和理解，包括自我观察和自我评价。自我认知使个体认识到自己的身心特点、自己和他人及自然界的关系。自我认知主要涉及"我是一个怎么样的人？""我为什么是这样的一个人？"等问题。如果一个人不能正确地认识自我，只看到自己的不足，就会觉得自己处处不如人而变得自卑。相反，如果一个人过高地估计自己，也会骄傲自大，盲目乐观，导致工作失误。因此，恰当地认识自我，实事求是地评价自己，是自我调节和人格完善的前提。

2. 自我体验

自我体验是伴随自我认识而产生的内心体验，是自我意识在情感上的表现。自我体验主要涉及"我是否满意自己？""我是否悦纳自己？"等问题。当一个人对自己做积极评价时，就会产生自尊感；做消极评价时，就会产生自卑感。自我体验可以使自我认识转化为信念，进而指导一个人的言行；自我体验还可伴随自我评价激励适当的行为，抑制不适当的行为。

3. 自我控制

自我控制是自我意识在行为上的表现，是实现自我调节的最后环节。自我控制包括自我监控、自我激励、自我教育等成分。它表现为个体对自己行为活动的调节、自己对待他人和自己态度的调节等。涉及的问题是"我怎样节制自己？""我怎样成为理想中的人？"等。

知识链接

自尊及自我妨碍

有些人有着消极的自我概念，我们称之为低自尊。自尊是个体对自己的一个概括性评价。自尊对思维、情绪和行为都有强烈的影响。低自尊的人对自己各方面的评价普遍偏低。大多数人都会尽力维护自尊，以保持自我概念的完整性。人们会采用多种形式维持自尊。例如，当你担心自己没有能力完成某任务的时候，你也许会采取自我妨碍行为。比如，当你害怕自己不能通过医师资格考试，你也许会与朋友聚会，而不是努力去准备这一考试。这样，如果你没有取得成功，你可以将失败归咎于不够努力。

> 两位研究者询问大学生是否同意下面的叙述，来测量他们的自我妨碍。"如果努力的话我可以做得更好""我比大多数人更多时候感到不舒服""我总是把事情拖到最后一刻"。在第一次考试前询问同学们，什么分数能让他们满意。考试结束后，他们得到假的反馈信息，即告诉他们得到的分数比"满意的"分数低1/3级（例如，如果他的满意分是B，则告诉他得了B-）。此时，研究者评定这些学生的自尊水平。如果自我妨碍保护了自尊，我们可以预期高自我妨碍者在得到不满意级别时其自尊受到轻微的伤害。这正是研究中男生表现出来的模式。而女生并没有表现出自我妨碍与自尊有任何相关。研究者推论：男性有更强的保护自我免受威胁的倾向。
>
> 自我妨碍现象提示了自尊的某些重要方面和自我表现有关。如果人们知道结果要公开，采取自我妨碍的可能性就会增加。毕竟，既然你所面临的困难是那么明显，人们又怎么会降低对你的好感呢？类似的自我表现问题有助于解释高自尊与低自尊者之间的行为差异。高自尊者展现给人们的是一个雄心勃勃、有进取心的冒险者形象。低自尊者表现出的是处处小心、谨慎。

三、人格形成与发展的影响因素

人格的形成与发展离不开先天遗传与后天环境的关系与作用。心理学家们认为，人格是在遗传与环境的交互作用下逐渐形成并发展的。

（一）人格的遗传基础

多年前，心理学家对"生物遗传因素与人格"的研究已经开始了。由于人格具有较强的稳定性特征，因此人格研究者也会注重遗传因素对人格的影响。在研究遗传与人格关系时最常用的方法便是双生子的研究。曾有心理学家分析研究了139对同卵与异卵双生子，观察与研究他们的情绪是稳定或激动、个性是爱动或好静、大方或羞怯。按照常理，他们同样都是双生子，出生后又生活在同一家庭，环境因素的影响应该大致相同。然而，该研究却发现，同卵双生子人格之间的相似远远高于异卵双生子，各人格因素之间的相关系数高于0.60。这说明，遗传因素对人格特质的形成的确有相当大的影响。一般来说，大凡与个人身体或生理有密切关系的人格特质，诸如情绪、气质、容貌方面的自我概念等，受遗传影响较大。索里曾比较了"外貌好"与"外貌不好"的两组女孩，发现"外貌不好"的一组，无论对自己还是对别人持否定态度的人数都比另一组要多，且大多具有一种用特定的消极方式应对外部世界的倾向，例如她们不喜欢参加同龄伙伴的大多数活动，不愿突出自己或去做领导工作，有着一种排斥社会的倾向以及愧不如人的自我概念。这说明外貌这一遗传因素的确影响了个体的人格特征。

另外，人们研究发现遗传因素对人格障碍的形成也有一定的影响。Kallmann等心理学家通过对家谱的研究发现，人格障碍患者的亲属中人格异常的发生率与血缘关系的亲近成正比，即血缘关系越近，发生率越高。Lange和Slight对同卵双生子与异卵双生子的研究也表明，前者比后者在人格障碍方面的一致率更高。对双生子犯罪问题的研究也表明，同卵双生犯罪率显著高于异卵双生。有关寄养子的研究也发现，人格障碍患者的子女寄养出去后，人格障碍的发生率也较高。

（二）环境影响

1. 家庭环境

个体一出生，与之联系最紧密的首先是家庭，因此家庭常被视为人类性格的加工厂，它塑造了人们不同的人格特征。家庭是社会的细胞，家庭不仅具有其自然的遗传因素，也有着社会的"遗传"因素。这种社会遗传因素主要表现为家庭对子女的教育作用以及家长行为潜移默化的作用上，俗话说："有其父必有其子"，其中不无一定的道理。父母们按照自己的意愿和方式教育孩子，使他们逐渐形成了某些人格特征。正如西蒙斯（P. Symonds）认为："儿童人格的发展和他（她）与父母之间的关系息息相关。"

个体的人格是其在与父母相互作用中逐渐形成的，父母是怎样的人及父母是何种教育方式都会影响到个体人格的塑造。家庭教养方式的不同也会导致不同的人格形成。家庭教养方式按"爱—规则"维度划分为四类。第一类是专制型教养方式，这类父母在与孩子的接触中"规则"太多，表达的"爱"少，因此在对子女的教育中，表现得过于强势，愿意支配孩子的行为，孩子的一切都由父母来控制。成长在这种教育环境下的孩子容易形成消极、被动、依赖、服从、懦弱，做事缺乏主动性，甚至会形成不诚实的人格特征。第二类是溺爱型教养方式，这类父母在与孩子的接触中表达的"爱"太多，"规则"太少，这类父母对孩子过于溺爱，事事迁就孩子，在这样的环境下孩子多表现为任性、幼稚、自私、野蛮、无礼、独立性差、唯我独尊、蛮横胡闹等。第三类是民主型教养方式，"爱"与"规则"同存，父母与孩子在家庭中处于一个平等和谐的氛围中，父母尊重孩子，给孩子一定的自主权，并给予孩子积极正确的指导。父母的这种教育方式使孩子形成了一些积极的人格品质，如活泼、快乐、直爽、自立、彬彬有礼、善于交往、富于合作、思想活跃等。第四类放任型教养方式，这类父母既没有"爱"也没有"规则"，对于孩子的成长不太关心，在这样的环境下孩子多表现为不懂得爱和关心，情感冷漠、自制力差、意志薄弱、自以为是、任性、固执、自由散漫、社会适应性差等人格品质。

2. 社会文化教育环境

个体一出生，便置身于某一社会文化之中，在与这一社会文化的接触中不断受其熏陶与影响，或者说文化对人格的影响伴随着人的终生。社会文化塑造了社会成员的人格特征，使其成员的人格结构朝着相似性的方向发展，而这种相似性又具有维系一个社会稳定的功能。这种共同的人格特征又使个体正好稳稳地"嵌入"整个文化形态里。如中国人崇尚集体主义，而西方人崇尚个人主义。社会文化对个体影响力的强弱是根据其行为的社会意义的大小而定，对于不太具有社会意义的行为，社会允许较大的变异，如个体何时睡觉；但对在社会功能上十分重要的行为，社会文化的制约作用很大，就不允许有太大的变异，如性行为的限制。因此，当个人极端偏离其社会文化所要求的人格基本特征，而不能融入社会文化环境中时，可能就会被视为行为偏差或心理疾病，如恋童癖、恋尸癖等。

社会文化对人格的影响，还反映在不同文化的民族有其固有的民族性格。例如，米德（M. Mead）等人研究了新几内亚的三个民族的人格特征，结果表明：居住在山丘地带的阿拉比修族，崇尚男女平等的生活原则，成员之间互相友爱、团结协作，一派亲和景象。居住在河川地带的孟都古姆族，男女间有权力与地位之争，对孩子处罚严厉。这个民族的成员表现出攻击性强、冷酷无情、嫉妒心强、妄自尊大、争强好胜等人格特征。居住在湖泊地带的张布里族，男女角色差异明显，女性是这个社会的主体，掌握着经济实权。而男性则处于从属地位，其主要活动是艺术、工艺与祭祀活动。这种社会分工使女人表现出刚毅、支配、自主的性格，男人则有明显的自卑感。

社会文化对人格的影响力一直被人们认可，后天形成的一些人格特征，如性格、价值观等受社会文化影响颇深。

另外，教育对个体人格的发展具有指导定向作用。教师与同辈群体的人格特征、行为模式与思维方式对个体产生巨大影响。如洛奇（Lodge）在一项教育研究中发现，在性情冷酷、刻板、专横的教师所管辖的班集体中，学生的欺骗行为增多；在友好、民主的教师作用下，学生欺骗减少。心理学家勒温等人也研究并发现在专制型、放任型和民主型的教育管理风格下，学生表现出不同的人格特点。

3. 自然环境

生态环境、气候条件等自然环境会影响人格。一个著名的跨文化心理学研究实例是关于阿拉斯加州的因纽特人（Inuit）和非洲的特姆尼人（Temne）的比较研究。这个研究说明了生态环境对人格的影响作用。

因纽特人以渔猎为生，夏天在船上打鱼，冬天在冰上打猎。主要吃肉，少吃蔬菜。过着流浪生活，以帐篷遮风避雨。这个民族以家庭为单元，男女平等，社会结构比较松散，基本没有什么政治与宗教权威。在这种生存环境下，父母就是要教会孩子独立生存下去，故男孩由父亲在外面教打猎，女孩由母亲在家里教家务。儿女教育比较宽松、自由、不受打骂，鼓励孩子自立，使孩子逐渐形成了坚定、独立、冒险的人格特征。而特姆尼人生活在杂色灌木丛生地带，以农业为主，种田为生。居住环境固定，形成少数人的村落。有一定的社会结构和社会阶层。在哺乳期时，父母对孩子很疼爱，断奶后就要接受严格管教，使孩子形成了依赖、服从、保守的人格特征。由此可见，不同的生存环境影响了人格的形成。

（三）儿童早期经验

中国有句俗话"三岁看大，七岁看老"，这说明早期的生活经验对于孩子成年后的人生会有重要影响。西方人也说"早期的亲子关系定出了行为模式，塑成一切日后的行为"。人生早期所发生的事情对人格的影响，历来为人格心理学家所重视。为什么人格心理学家会如此看重早期经验对人格的作用呢？

斯毕兹（Spitz，1946年）对孤儿院里的儿童进行了研究，发现这些早期没有母亲照顾的孩子，长大以后在各方面的发展均受到影响。许多孩子患了"失怙性忧郁症"，其症状表现为哭泣、僵直、退缩、表情木然。鲍尔毕（Bowlby，1951 年）受世界卫生组织（WHO）的委托，对在非正常家庭成长的儿童和流浪儿做了大量的调查，在提交的《母性照看与心理健康》的报告中，他得出的结论是，儿童心理健康的关键在于婴儿和年幼儿童与母亲建立的一种和谐而稳定的亲子关系。西方一些国家的调查发现，"母爱丧失"的儿童（包括受父母虐待的儿童），在婴儿早期会出现神经性呕吐、厌食、慢性腹泻、阵发性绞痛、不明原因的消瘦和反复感染，这些儿童还表现出胆小、呆板、迟钝、不与人交往、敌对、攻击、破坏等人格特点，这些人格特点会影响他们一生的发展，出现情绪障碍、社会适应不良等问题。

艾斯沃斯通过陌生情境进行婴儿依恋的研究，将婴儿依恋模式分为安全型依恋、回避型依恋与反抗型依恋三类，并做了数十年的追踪研究，结果发现：早期建立安全型依恋的婴儿在成大后有更强的自信与自尊，确定的目标更高，表现出对目标更大的坚持性，更小的依赖性，并容易与他人建立亲密关系。

四、人格特征对安全管理的影响

人格是影响人的行为的重要心理因素。不同人格的人对同一事情会有不同的处事方式和工作方法，因此研究行车人员的人格心理特征对指导行车安全生产管理有着非常重要的意义。

不良的人格心理特征，常常是造成生产事故或人身伤亡的重要原因。例如，对待本职工作，有些人认认真真、踏踏实实，有些人则马马虎虎、敷衍了事；对待工作制度和操作规则，有些人牢记在心、严格执行，有些人则置若罔闻、不以为然；对待上级违反安全规定的指挥，有些人不予盲从、据理力争，有些人则唯命是从、不管结果。凡有上述不良心理特征的人就容易出现不安全的工作行为，并造成生产事故。

当事故发生后，在紧急情况或困难条件下，有些人沉着应对、果敢顽强、积极采取一切可行的方法进行自救或将事故损失控制在最小范围内；而有些人则惊慌失措、胆怯懦弱、盲目逃避，加重事故伤害甚至在绝望中促进死亡。例如，在 2008 年 5 月 12 日汶川发生大地震后，有的人能够保持沉着冷静，不乱喊乱叫乱跑，尽快采取安全自救措施而逃过劫难；而有的人惊慌失措反而丧失生还机会。因此，具有良好个性心理特征的人在处理危难事件时也能化险为夷或减小损失。

由于人格心理特征是可以被认识并逐渐改变的，因此在安全管理工作中，要根据每个人所处的生活环境、所受的教育、以往的经历以及生理素质等的不同认识每个职工的人格，针对职工不同的人格心理特征，采取相应的安全教育管理方法，充分调动每个职工的安全生产责任感，实现安全生产工作。同时，针对职工的一些不良心理特征，通过安全心理教育手段，改变职工不良人格，提高应对、处理紧急事件的能力。

良好的气质和性格是从事铁路运输作业人员实现自控的心理保证。经调查分析，不少事故与气质、性格有联系。国外铁路高度重视人在保证运输安全中的特殊作用。俄罗斯、德国、日本等国每年都通过不同形式，对铁路职工进行各类技术培训和心理状态、身体素质的检查。现阶段我国铁路还没有考虑按每个人的气质、性格分配工作，但比较全面地了解气质、性格特征，尽可能按职工的气质、性格安排工作或有的放矢地进行教育培训，对保证铁路运输安全还是十分必要的。

（一）气质与行车安全

气质对人的行为有很大的影响，因此，了解人的气质对行车安全管理工作有着重要的指导意义。

1. 要正确认识和评价人的气质

气质类型本身虽在心理特征和表现形式上有区别，但其本身无好坏之分，无论哪种气质类型都有积极的一面也有消极的一面，属于哪种气质类型的人都有可能在工作中取得成绩。

多血质——活泼好动，富于生机，灵活性强，情绪发生快而多变，思维、言语、动作敏捷，乐观亲切，善交际，稳定性差，浮躁，轻率。适合做社交、公关、谈判工作，如销售员、管理员等。

黏液质——沉着冷静，情绪发生慢而弱，思维、言语、动作迟缓，内心少外露，坚毅，执拗，淡漠，适合做持久、严谨、细致、原则性强的工作，如检测、寻道等。

胆汁质——情绪发生快而强，言语、动作反应迅速且难以抑制，精力旺盛，直率，热情，果敢，爱冲动，脾气倔，易粗心大意。适合做突击性、开拓性工作，如驾驶员、调度员、管理者等。

抑郁质——情绪发生慢而强，善于观察细节，内心体验深刻而外部表现不强烈，行动反应迟缓，敏感多疑，胆小，孤僻。适合做研究性工作，如计划、设计、检修等。

2. 针对职工不同气质进行行车安全教育和管理

为了保证行车安全生产，在行车安全管理工作中就职工不同气质类型特点进行有针对性的教育和管理是非常必要的。不同气质类型的人都有各自的性情特点，在行车安全管理中采取因人施教的原则进行教育和管理工作。

对胆汁质的人，由于他们工作有热情，精力充沛，动作麻利，完成任务快，应多鼓励；但他们暴躁易怒，忍耐性差，在这方面应多提醒和批评。同时，在批评教育方式上，应注意他们有思想难以转弯的特点，因此，最好采取既对其缺点严厉批评，又"冷处理"的办法，给他们一定的考虑时间再进行教育，这样有利于缺点的改正。

对抑郁质的人，由于他们易受挫折，在批评教育上要格外注意方式、方法。对他们在工作中取得的成绩，哪怕是微小的成绩也要多给予表扬和鼓励；对他们的缺点和毛病，批评不能粗暴，态度不能强硬，应尽可能做到热情、平等、自然，要耐心细致地开导，批评要避开公共场合，以免挫伤其自尊心。另外，平时应鼓励和引导他们多参加集体活动，使他们感受到集体这个大家庭的温暖，帮助他们克服忧郁、猜疑、孤僻、寡欢等消极心理。

对多血质的人，他们在工作中常表现出如下优点：热情、有朝气，脑子灵，动作迅速，善于处理人际关系，对这些要给予表扬和鼓励；但他们的注意力和兴趣容易转移，对取得的成绩容易沾沾自喜，待人处事不够稳重，对这些要经常提醒和教育帮助。

对黏液质的人，他们在工作中常表现出考虑问题周到，做事认真细致的优点，应给予表扬和鼓励；由于他们缺乏灵活性，反应缓慢、内向，平时应多关心他们，多与他们交谈，以取得他们的信任，掌握他们的思想状态。在批评和提出要求时，要给他们充足的考虑问题的时间，不能急于要求他们表态。总之，管理者在做员工的思想教育工作时，应掌握他们的气质类型特点，因人施教，才能收到更好的管理效果。

（二）根据性格差异进行有效的安全管理和教育

铁路运输企业在行车安全管理中，不仅要强调行车安全规章制度的建立与实施、技能的培养和安全意识的加强，而且要注重职工良好的性格培养。职工具有自信、自尊、自律、坚强、乐观、进取等良好性格，对提高行车安全是非常有益的。

做好铁路行车安全工作单靠领导干部是不行的，必须依靠全体行车工作人员，使他们能够严格地执行铁路行车安全规章、自觉维护铁路行车安全，这就需要我们重视培养他们良好的性格素质。一个人的性格具有相对稳定性，不是一朝一夕就能改变的。在培养职工良好的性格素质时要做到以下两方面：

（1）在进行安全教育时对不同性格的职工要采取不同的教育方法，必须认识职工性格的差异性，尤其应重视具有易引发事故的性格类型的职工，针对其性格特点进行帮助和教育，例如，对性格开朗，有点自以为是，又希望得到别人尊重的职工，可以当面进行批评教育，甚至争论，但一定要坚持说理，就事论事，平等待人；对性格较固执，又不爱多说话的职工，适合于多用事实、榜样教育或后果教育方法，让其自己进行反思和从中接受教训；对于自尊心强，又缺乏勇气的职工，适合于先冷处理，后单独做工作；对于自卑、自暴自弃性格的职工，要多用暗示、表扬的方法，使其看到自己的优点和能力，增强勇气和信心，切不可过多苛责。

（2）要创造出一个安全运输的工作环境，引导职工以不同方式进行自我修养，如自我分析、自我努力、自我控制等，使职工在行车工作中逐渐形成认真负责、重视安全的优良性格。

总之，在进行行车安全管理和教育过程中，管理者应该正视职工的性格差异，了解和掌握职工的不同性格类型，在顺应性格发展规律的同时，加强思想教育，促使职工思想认识的转变。尤其对不良性格的职工更要注意对他们因势利导，要有耐心，切不可急于求成。只有这样，才能在安全运输管理时避免职工心理受到挫折，处理好人际关系，从而调度职工安全行车的积极性。

第二节　人格理论

不同心理学理论流派有不同的人格理论，这里仅介绍其中三个学派的观点。

一、心理动力学理论

（一）弗洛伊德与其人格理论

西格蒙德·弗洛伊德（Sigmund Freud，1856—1939年，图3-1），犹太人，奥地利精神病医生及精神分析学家。精神分析学派的创始人。他认为被压抑的欲望绝大部分是属于性的，性的扰乱是精神病的根本原因。他提出了人格结构理论、性本能理论、心理防御机制理论。

图 3-1 弗洛伊德

1. 心理结构理论

弗洛伊德把人的心理结构看成是一个由意识、前意识和潜意识组成的系统。意识是指人能明确地认识自己和认识环境的心理内容；前意识是指一度被遗忘，但还可以通过联想或集中注意回忆起来的以往心理经验；潜意识则是指人意识不到、经过怎么努力都无法浮现在眼前的，但又确实存在的并在暗中支配人的行为的心理内容。弗洛伊德认为，潜意识中的内容主要是个人的原始冲动，本能欲望和感情。由于这些往往与父母、长辈、教师等所教授的社会道德规范和行为标准相抵触，会受到社会舆论的谴责，所以被个人压抑或排挤到潜意识中去，而不愿和不能想起，只有在克服压抑的作用或压抑解除后才能进入意识，通常只有在睡眠、做梦、催眠或精神失常时，压抑才会解除，人们才能意识到潜意识中的内容。因此，潜意识可以看成是人们被压抑的经验的储藏库。

在论述潜意识和意识的关系时，弗洛伊德曾以冰山为例。他认为，人的心理就像漂浮于海上的冰山，精神的意识部分就好像露出水面的小小的尖顶，而潜意识部分则是山尖下面藏在海洋深处的巨大的冰块。弗洛伊德认为，就其数量而言，潜意识就像海下的巨大冰块一样多，而意识仅是尖顶的一小部分。因此，潜意识的心理活动远远超过意识心理活动的许多倍；就两者的关系而言，也像海面下的巨大冰块是海面上尖顶的基础一样，潜意识也是意识的基础。意识也常常是依赖于潜意识而活动的，因为意识只有借用潜意识的能量才能表现自己。弗洛伊德冰山理论如图3-2所示。

2. 人格结构模型

弗洛伊德把人格看作是一个由本我、自我和超我三个心理结构组成的动力系统。并认为人的大多数行为都是由本我、自我和超我共同活动的结果。对一个心智健全的人而言，这三大系统是和谐统一的整体，它们的密切配合使人能够卓有成效地展开与外界环境的各种交往，以满足人的基本需要和欲望，实现人的崇高理想与目的。反之，如果人格的三大系统难以协调、相互冲突，人就会处于失常状态，内外交困，活动效率也随之降低，甚至危及人的生存和发展。

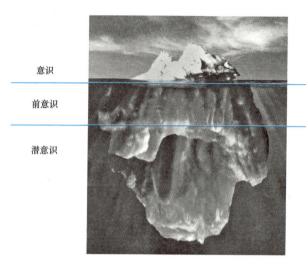

图 3-2 弗洛伊德冰山理论

本我是天生就存在的人格结构，位于人格结构的最底层，靠遗传获得，由生物本能和欲望组成，它是混乱的、毫无理性的，只知按照快乐原则行事，盲目地追求满足。本我为人格的活动提供能量，这种能量称为力比多，它源于人的本能。本我的冲动都是潜意识的，是我们知觉不到的。

本我满足自己欲望、获得快乐的方式有两种：一种是反射动作，另一种是想象现实，弗洛伊德把利用想象来满足自身欲望的过程称为原始过程。但是仅通过反射动作和原始过程根本无法满足本我无休止的欲求和冲动，而且在满足本我欲望的同时也必须与现实世界打交道。但现实世界对本我来说是残酷的，现实与本我的需求不可能完全一致，两者的矛盾冲突在所难免。在现实面前本我又是无能为力的，因为它不具备理智的功能，它不能区分自己的现实，只求趋乐避苦。这样，本我要满足自己的欲望求得生存，只靠自己的力量是不行的，一个新的人格结构成分呼之欲出。本我在与现实打交道的过程中，从自身中分化出一个新的机构，专门负责与现实打交道，解决本我与现实的矛盾冲突。这个新生的机构就是人格的第二个组成部分即自我。

自我在个体出生后的头两年内逐渐发展起来。自我遵循现实原则行动，也就是说，自我的任务是在现实允许的条件下，满足本我的冲动，如果本我的欲望不能和现实达到一致，自我就把这些欲望冲动保留在潜意识中。自我即充当本我与外部世界的联络者与仲裁者，而且其在超我的指导下监管本我的活动，它能够根据现实环境来调节本我与超我的矛盾，然后决定自己的行为方式，它使个体既要获得满足，又要避免痛苦。

当个体成长到 5 岁左右，人格结构的第三部分超我开始形成。超我就是内化的社会规范和社会要求，其由两部分组成，一部分称为良心，即个人的道德标准。当个人的行为违反了这种标准时，就会受到良心的责备从而感到内疚。另一部分称为自我理想。自我理想是个人的目标和抱负的源泉，当达到这种标准时就会为此而感到自豪。超我是儿童在生长发育过程中社会尤其是父母给其的赏罚活动中形成的，换言之，是父母作为爱的角色和纪律的角色的赏罚权威的内化。超我的主要职责是指导自我以道德良心自居，去限制、压抑本我的本能冲动，超我按至善原则活动。在弗洛伊德看来，如果超我缺乏控制力则可能使个体成为社会不良人员、罪犯，或具有反社会人格，但如果超我严格控制则可能使个体产生压抑感或难以承受的内疚感，使个体生活在苦闷中。本我、自我、超我与意识的关系如图 3-3 所示。

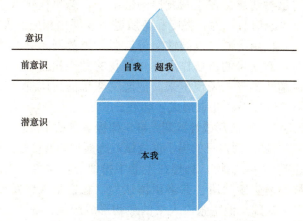

图 3-3 本我、自我、超我与意识的关系

人格结构的三部分常常处在相抗衡的状态之中。如果把自我和本我比作骑手和马的关系，那超我就是"马术表演"中的场外指导教练。健康人的自我会防止本我和超我过分操纵其人格，自我目的是找到一条途径同时能满足本我和超我的需求。当三者处于协调状态时，人格就表现出健康的状况。但是，三者的行动原则是各不相同的，所以冲突是无法避免的，三者平衡关系遭到破坏时，个体往往产生焦虑，导致神经症和人格异常。

3. 人格发展的心理性欲阶段

弗洛伊德认为，成人人格的本质在生命最初的五六年内形成，尽管有些人进入成年期后，会变成似乎与小时候不同的人，但弗洛伊德认为成人人格的根基在生命的早年已经形成了。弗洛伊德认为，我们每个人在童年期经历了一系列发展阶段，由于每一阶段的标志是主要的动情区，而这个动情区就是力比多投射的区域（弗洛伊德称"性"为"力比多"），而且这些阶段会影响成年期的人格，因此被称为发展的心理性欲阶段。

（1）口腔期（0~18 个月）。这个阶段口、唇、舌是主要的动情区，性本能通过口腔活动得到满足，如咀嚼、吸吮或咬东西。若母亲对婴儿的口腔活动不加限制，儿童长大后的人格将倾向于开放、慷慨及乐观。但这一时期有吸吮或喂养的创伤经验，则会导致口唇期人格的形成，人格发展可能偏向悲观、依赖和退缩。而且这些人经常表现出对婴儿期口唇满足的需要，嗜烟酒，经常把手放进嘴里等。自我的形成是口腔期最重要的成就。

（2）肛门期（18~36 个月）。肛门区是这一时期最重要的动情区。随着成熟，婴儿获得了依照自己的意愿大小便的能力。按自己的意志大小便是满足婴儿性本能的最主要的方式。但这一时期也正是成人对婴儿进行大小便训练的时期，要求婴儿在找到适当的场所之前必须忍住排泄的欲望，这与婴儿的本能产生了冲突。弗洛伊德认为对婴儿进行如厕时的情绪训练对其未来人格发展影响重大，如训练不当则会形成肛门期人格，即过分严格的训练可能会形成顽固、吝啬、固执、爱整洁的性格；而过于宽松又可能形成浪费的习性。

（3）性器期（3~6 岁）。这一时期，阴茎或阴蒂成为最重要的动情区。这一时期的儿童开始对自己的性器官产生兴趣，性器官成为全身最敏感的部位，儿童常以抚摸性器官获得快感。弗洛伊德认为这一时期的儿童都会产生想与异性父母有性爱关系的欲望，即所谓恋母情结（俄狄浦斯情结）或恋父情结（伊莱克斯情结），年幼男孩对母亲有强烈的乱伦欲望，而年幼女孩则对父亲有这种情感。在正常发展的情况下，恋母情结或恋父情结会通过儿童对同性父母的认同，吸取他们的行为、态度和特质进而发展出相应的性别角色而获得解决。

而且这种解决有重要作用，通过以同性父母自居，男孩开始具有男性特征，而女孩开始具有女性特征。同时，对父母的自居作用还与超我的发展相当吻合，这时，儿童采纳父母的价值观和标准，以超我的形式表现出来，把恋父恋母情绪压抑到潜意识中去。因此，在解决恋父或恋母情结的过程中，儿童形成了超我。

如果这一时期经历创伤，则会形成性器期人格，即极端自私和自恋，它会妨碍良好人际关系的建立。性器期人格者力图表现自己的男子汉气概，因而对妇女往往是粗暴和具有敌意的。性器期女子受强烈的阴茎嫉妒所驱使，总想在生活中扮演男性角色，力求超越男子。

以上的三个阶段称为前生殖阶段。弗洛伊德认为，它们是人格发展最重要的阶段，为成年后的人格模式奠定了基础。他主张，人格的最初形成应是在 5 岁左右。

（4）潜伏期（6～11 岁）。这个阶段，儿童的性本能是相当安静的，有关性的和侵犯的幻想大部分都潜伏起来，埋藏在无意识当中。性器期性的创伤已被遗忘，一切危险的冲动和幻想都潜伏起来，儿童不再受到它们的干扰。儿童可以自由地将能量消耗在为社会所接受的具体活动当中，如运动、游戏和智力活动等。所以这个时期，你可以看到的是男孩与男孩玩，女孩与女孩玩。

（5）生殖期，一般女孩于 11 岁开始，男孩于 13 岁开始。随着生殖系统逐渐成熟，性荷尔蒙分泌增多，性本能复苏，个体此时开始试图与父母分离，建立自己的生活，逐渐发展出成年人的异性恋，以完成生儿育女的终极目标，使成熟的性本能得到满足。

弗洛伊德认为极少有人真正达到了人格发展的最高阶段——生殖阶段，生殖期人格是弗洛伊德最推崇的理想人格。具有这种人格的人，不仅在性的方面，而且在心理和社会方面都达到了完美的境界。他们能消除本能力量的破坏作用，使之富于建设性。他们有能力建立完满的爱情生活，获得事业上的成功。换句话说，具有生殖期性格的人，有能力控制和引导他们自身的大量力比多能量，使之通过升华的途径释放出来，为人类社会的文明和共同福利做出贡献。

（二）埃里克森与其人格理论

埃里克森（E. H. Erikson，1902—1994 年，图 3-4），美国神经病学家，著名的发展心理学家和精神分析学家。他提出人格的社会心理发展理论，把心理的发展划分为八个阶段，指出每一阶段的特殊社会心理任务；并认为每一阶段都有一个特殊矛盾，矛盾的顺利解决是人格健康发展的前提。

图 3-4　埃里克森

埃里克森认为人的发展是依照渐成论原则进行的，人的一生可以分为八个发展阶段。每个阶段都存在着一对冲突，并形成一次危机。一个健康人格的发展，必须综合每一次危机的正反两个方面，否则就会有弱点。这八个阶段（表3-3）的内容如下：

1. 基本信任对基本不信任（0～1岁）

这个阶段的儿童最软弱，对父母的依赖性很大。如果父母能够爱抚儿童，有规律地照顾他们，就能使婴儿对人产生一种基本的信任感，感到世界和人都是可靠的。否则，婴儿就会产生不信任感和不安全感，这样的儿童在一生中对他人都会是疏远的和退缩的。儿童的这种基本信任是形成健康人格的基础。

2. 自主对羞怯（1～3岁）

这个阶段儿童的活动能力已经大大增强，这使得儿童介入自己的意愿和父母的意愿相互冲突的危机中。这要求父母一方面要按照社会的要求对儿童进行一定的管制，另一方面又要给他们一定自由，不能过于妨碍其自主性。如果父母对儿童的限制和批评过多，就会使儿童感到羞怯，并对自己的能力产生疑虑，变得依赖于他人。

3. 主动对内疚（3～5岁）

3～5岁是学前期。这是获得主动感而克服内疚感的阶段。个体在这一阶段能把自己的活动扩展到社会，与其他同伴做游戏，获得社会性发展，他们对周围的环境充满了好奇心，常常表现出问问这，动动那。这时候，如果成人对于孩子的好奇心以及探索行为加以鼓励而不是禁止或者指责，那么，孩子的主动性就会得到进一步发展；表现出很大的积极性与进取心。

然而，如果父母对儿童采取否定与压制的态度，就会使他们认为自己的游戏是不好的，自己提出的问题是笨拙的，自己在父母面前是讨厌的；致使孩子产生内疚感与失败感（所谓内疚感，就是认为自己做错了事情，做坏了事情），并且在社会交往或其他场合很少表现出主动性。

4. 勤奋对自卑（5～12岁）

学习成为这一阶段儿童的主要任务。最开始，他们发现自己很能干，什么都会做，但不久他们就知道了并非如此，他们还得参与学习竞争，以得到大家的欢迎和教师的喜爱，于是他们不可避免地要和同龄儿童比较智力与其他能力。如果儿童体验到成功，他们的竞争意识就会增强，而生活中也充满了积极性；如果儿童长期体验失败，则会使儿童产生一种不适当的感情，对今后的生活希望不大。正是在这个时期，个体形成了勤奋感和对自己力量和能力的信任感，也可能形成了自卑感和对自己天分和能力的低评价。

5. 同一性对角色混乱（12～20岁）

这一阶段他们进入了青春期。如果他们利用前几个阶段学到的知识，了解了自己是怎样一个人，自己由何而来，将要发展成为一个什么样的人，就获得了自我同一性，形成忠诚的品质。否则，就会产生角色混乱和消极的同一性，变得具有不确定性。如一个青年在十年中，变换了许多工作，走了许多地方，读了几所大学，仍然还充满幻想地想当个摇滚歌星，这就是由于其没有良好的自我认同感，而影响了其人格的发展。

6. 亲密对孤独（20～24岁）

这一阶段最重要的事情是发展亲密关系。年轻人开始寻求一种特殊关系，来获得亲密感，他们可能通过结婚也可能通过对一个人爱的承诺来实现亲密感。这一阶段不能形成良好亲密感的人，就会面临孤独感，从而使一个人出现情绪问题或个人满足感发展滞后。

7. 繁殖对停滞（25～65岁）

当一个人顺利地度过了自我同一性时期，以后的岁月中将过上幸福充实的生活，他将生儿育女，关心后代的繁殖和养育。他认为，生育感有生和育两层含义，一个人即使没生孩子，只要能关心孩子、教育指导孩子也可以具有生育感。反之，没有生育感的人，其人格贫乏和停滞，是一个过度关注自我的人，他们只考虑自己的需要和利益，不关心他人（包括儿童）的需要和利益。

在这一时期，人们不仅要生育孩子，同时要承担社会工作，这是一个人对下一代的关心和创造力最旺盛的时期，人们将获得关心和创造力的品质。

8. 自我整合对失望（65岁以后）

前面七个阶段都能顺利度过的人具有充实感和完善感。他们不惧怕死亡，在回忆自己过去的一生时，自我是整合的。而另外一些人在回忆过去的一生时，经常体验到失望，因为他们生活中的主要目标还没有达到，过去只是连贯的不幸。他们感到已处于人生的终结，再开始已经晚了。这一阶段的危机得到积极的解决，人就形成智慧的品质，否则就会觉得失望，感觉生命无意义。

表 3-3 埃里克森的心理社会性发展阶段

大致年龄	危机	充分解决	不充分解决
0～1岁	基本信任对基本不信任	基本信任感	不安全感、焦虑
1～3岁	自主对羞怯	知道自己有能力控制自己的身体、做某些事情	感到无法完全控制事情
3～5岁	主动对内疚	相信自己是发起者、创造者	感到自己没有价值
5～12岁	勤奋对自卑	丰富的社会技能和认知技能	缺乏自信心，有失败感
12～20岁	同一性对角色混乱	自我认同感形成，明白自己是谁，接受并欣赏自己	感到自己是充满混乱的、变化不定的，不清楚自己是谁
20～24岁	亲密对孤独	有能力与他人建立亲密的、需要承诺的关系	感到孤独、隔绝；否认需要亲密感
25～65岁	繁殖对停滞	更关注家庭、社会和后代	过分关注自我，缺乏未来的定向
65岁以后	自我整合对失望	完善感，对自己的一生感到满足	感到无用、沮丧

埃里克森认为，在每一个心理社会发展阶段中，解决了核心问题之后所产生的人格特质，都包括了积极与消极两方面的品质。如果各个阶段都保持向积极品质发展，就会完成这阶段的任务，逐渐实现了健全的人格；否则就会产生心理社会危机，出现情绪障碍，形成不健全的人格。

二、人格特质理论

生活中，我们常用一些形容词来描述我们自己或其他人，如"安静的""自主的""直率的"等。其实，当我们在这样做的时候，实际上就采用了与特质理论者相同的假设。即，这些形容词能使我们判定个体行为一致性的特点，并且据此可以预测个体在某一特殊情境中将怎样做出反应。所谓的特质，就是人格中使行为有一致性和倾向性的心理结构。

（一）奥尔波特的人格特质理论

高尔顿·W·奥尔波特（Gordon W. Allport，1897—1967年，图3-5），美国人格心理学家，实验社会心理学之父，"社会促进"概念的提出者，美国人本主义心理学家的代表人物之一。1939年当选为美国心理学会主席，1964年获美国心理学会颁发的杰出科学贡献奖。其著名的作品包括书籍《人格：一种心理学的解释》。

图3-5 奥尔波特

心理学者公认的第一部关于特质的著作是在1921年出版的《人格特质：分类与测量》一书，该书的作者就是高尔顿·W·奥尔波特和弗劳德·奥尔波特（Floyd Allport）。而高尔顿·W·奥尔波特真正提出人格特质理论是在1937年他写的著作《人格：一种心理学的解释》中。他把人格特质分为两类：一类是共同特质，指在某一社会文化形态下，大多数人或一个群体所共有的、相同的特质。另一类是个人特质，指个体身上所独具的特质。个人特质又可分为三种：首要特质是指最能代表一个人的特点的人格特质，它在个人特质结构中处于主导性的地位，影响着这个人的行为的各个方面。中心特质是指能代表一个人的性格的核心成分。次要特质是指一个人的某种具体的偏好或反应倾向等。如，马丁·路德·金具有和平地抵抗不公的首要特质；诚实是亚伯拉罕·林肯的中心特质；麦当娜对于多变的时尚的偏好是一种次要特质。显然，某种特质是一个人的首要特质，但在另一个人身上却是中心特质，在第三个人身上可能只是次要特质。人们通常用中心特质来说明一个人的性格。特质的分类如图3-6所示。

图3-6 特质的分类

（二）卡特尔的人格特质理论

雷蒙德·卡特尔（Raymond B. Cattell，1905—1998年，图 3-7），是在英国成长的美国伊利诺伊大学心理学教授，用因素分析法研究人格特质的著名代表。他是一名工作狂，因为工作勤奋，他先后出版了 56 本著作，发表了 500 多篇研究报告，也是一位心理学巨匠。

图 3-7　卡特尔

美国心理学家卡特尔把人格的"可见部分"称为表面特质，指的是从外部行为能直接观察到的特质。并由此进行深入的研究。他通过问卷调查、直接观察和履历研究等所获得的表面特质的数据进行因素分析，结果发现一些经常同时出现的表面特质词具有同源性，反映出具有某种更为基本的特质。他把这类更为基本的人格特质称为根源特质。为了测量这些根源特质，他首先从各种字典和有关心理学、精神病学的文献中找出约 4 500 个用来描述人类行为的词语，从中选定 171 项特质名称，让大学生应用这些名称对同学进行行为评定，因素分析后最终得到 16 种人格特质。卡特尔认为这 16 种特质代表着人格组织的基本构成，并编制出"16 种人格因素问卷"（16PF），来测量人们的人格。这 16 种人格特质内容如下：

（1）因素 A—乐群性。低分特征：缄默，孤独，冷漠。高分特征：外向，热情，乐群。

（2）因素 B—聪慧性。低分特征：思想迟钝，学识浅薄，抽象思考能力弱。高分特征：聪明，富有才识，善于抽象思考，学习能力强，思考敏捷正确。

（3）因素 C—稳定性。低分特征：情绪激动，易生烦恼，心神动摇不定，易受环境支配。高分特征：情绪稳定而成熟，能面对现实。

（4）因素 E—恃强性。低分特征：谦逊，顺从，通融，恭顺。高分特征：好强固执，独立积极。

（5）因素 F—兴奋性。低分特征：严肃，审慎，冷静，寡言。高分特征：轻松兴奋，随遇而安。

（6）因素 G—有恒性。低分特征：苟且敷衍，缺乏奉公守法的精神。高分特征：有恒负责，做事尽职。

（7）因素 H—敢为性。低分特征：畏怯退缩，缺乏自信心。高分特征：冒险敢为，少有顾忌。

（8）因素 I—敏感性。低分特征：理智的，着重现实，自恃其力。高分特征：敏感，感情用事。

（9）因素 L—怀疑性。低分特征：依赖随和，易与人相处。高分特征：怀疑，刚愎，固执己见。

（10）因素 M—幻想性。低分特征：现实，合乎成规，力求妥善合理。高分特征：幻想的，狂放不羁。

（11）因素 N—世故性。低分特征：坦白，直率，天真。高分特征：精明能干，世故。

（12）因素 O—忧虑性。低分特征：安详，沉着，有自信心。高分特征：忧虑抑郁，烦恼自扰。

（13）因素 Q1—实验性。低分特征：保守的，尊重传统观念与行为标准。高分特征：自由的，批评激进，不拘泥于现实。

（14）因素 Q2—独立性。低分特征：依赖，随群附众。高分特征：自立自强，当机立断。

（15）因素 Q3—自律性。低分特征：矛盾冲突，不顾大体。高分特征：知己知彼，自律谨严。

（16）因素 Q4—紧张性。低分特征：心平气和，闲散宁静。高分特征：紧张困扰，激动挣扎。

后来，不少心理学家对这个问卷做了很多研究，并把它应用于实际的人格测量之中。

（三）艾森克人格理论

艾森克（Hans J. Eysenck，1916—1997年，图3-8），德裔英国人，英国心理学家，主要从事人格、智力、行为遗传学和行为理论等方面的研究。他主张从自然科学的角度看待心理学，把人看作一个生物性和社会性的有机体。在人格问题研究中，艾森克用因素分析法提出了神经质、内倾性—外倾性以及精神质三维特征的理论。

图3-8 艾森克

英国心理学家艾森克认为，可以借助于维度的概念来描述人格的个体差异，对人格的类型加以划分，而每种维度又由许多特质组合而成。艾森克同样利用因素分析的方法提出了人格的三因素模型，分别为：①外倾性，表现为内、外倾的差异；②神经质，表现为情绪稳定性的差异；③精神质，表现为敌视、冷酷、怪异等偏于负面的人格特征。以上三个维度是相关的。例如，个性内向而又情绪不稳定的人，其精神病倾向的可能性较高。他根据这一模型编制了艾森克人格问卷（简称 EPQ），这个量表在人格评价中得到了广泛的应用。

1. 三个维度的解释

这三个维度得分分别表示：

（1）典型的外向（E 分特高）。

爱交际，喜欢参加联欢会，朋友多，需要有人同其谈话，不爱一人阅读和做研究，渴望兴奋的事，喜欢冒险，向外发展，行动受一时冲动影响。喜欢实际的工作，回答问题迅速，漫不经心，随和，乐观，喜欢谈笑，宁愿动而不愿静，倾向进攻。总的说来是情绪失控的人，不是一个很踏实的人。

（2）典型的内向（E 分特低）。

安静，离群，内省，喜爱读书而不喜欢接触人。保守，与人保持一定距离（除非挚友），倾向于事前有计划，做事瞻前顾后，不凭一时冲动。不喜欢兴奋的事，日常生活有规律，严谨。很少有进攻行为，多少有些悲观，踏实可靠，价值观念是以伦理做标准。

（3）典型情绪不稳（N 分特高）。焦虑，紧张，易怒，往往又有抑郁。睡眠不好，患有各种心身障碍。情绪表达过分，即对各种刺激的反应都过于强烈，情绪激发后又很难平复下来。由于强烈的情绪反应而影响了其正常适应。不可理喻，甚至有时走上危险道路。在与外向结合时，这种人是容易冒火的和不休息的，以至激动，进攻。概括地说，是一个紧张的人，好抱偏见，以至错误。

（4）情绪稳定（N 分很低）。

倾向于情绪反应缓慢，弱，即使激起了情绪也很快平复下来。通常是平静的，即使生气也是有节制的，并且不紧张。

（5）P 分高的成人。

常独身，不关心人。常有麻烦，在哪里都不合适。可能是残忍的，不人道的，缺乏同情心，感觉迟钝。对人抱敌意，即便是对亲友也如此。进攻，即使是喜爱的人。喜欢一些古怪的不平常的事情，不惧安危。喜欢恶作剧，总要捣乱。

（6）分高的儿童。

古怪，孤僻，麻烦的儿童。对同伴和动物缺乏人类感情。进攻，仇视，即使是很接近的人和亲人。这样的儿童缺乏是非感，不考虑安危。对他们来说，从来没有社会化概念，根本无所谓同情心、罪恶感和对人的关心。

但是，对 P 分的解释存在一些争议，有研究者认为：P 分高仅仅意味着被试者的创造性较强，有一些不切合实际的想法，不拘泥于世俗的规定而已。

2. 大五人格模型

20 世纪 80 年代以来，人格研究者们在人格描述模式上达成了比较一致的共识，提出了人格五因素模式，称为"大五人格"，这五个维度因素是神经质、外倾性、开放性、宜人性和认真性。大五人格特质因素和相关特征如表 3-4 所示。

（1）神经质反映了个体的情感调节能力，即个体是否总是体验消极情绪的倾向和情绪具有不稳定性。高神经质个体倾向于有心理压力，有过多冲动和不切实际的想法，更偏向体验消极情绪，如愤怒、焦虑、抑郁等。他们对外界刺激反应比一般人强烈，对情绪的调节和应对压力能力比较差，经常处于负性情绪状态之下。而且这类人的思维、决策以及有效应对外部压力的能力比较差。相反，神经质维度得分低的人较少有烦恼，较少情绪化，比较平静。

（2）外倾性表示人与人之间交往的频率与紧密程度、对刺激的需要以及获得愉悦的能力。这个维度是将具有社会性、主动性、乐观性的个体与严肃性、含蓄性、安静性的人做对比。这个维度是由人际的卷入水平和活力水平两个品质加以衡量，前者评估个体喜欢他人陪伴的程度，而后者反映了个体个人的节奏和活力水平。外倾性高的人喜欢与人接触，经常感受到积极的情绪；他们充满活力，喜欢运动，喜欢刺激冒险；在群体当中，他们非常健谈，自信，喜欢引起别人的注意。反之，外倾性低的人比较安静、谨慎、内省，不喜欢与外界过多接触；他们相对外倾性高的人较喜欢独处，不需要太多的刺激，但这并不是说他就是一个不和善或难处的人。

（3）开放性描述一个人的认知风格。这个维度将那些好奇的、新颖的、非传统的以及有创造性的个体与那些传统的、无艺术兴趣的、无分析能力的个体做比较。高开放性的人喜欢挑战标准和传统，他们喜欢动脑筋，有丰富的想象力、有好奇心、有创造力、有艺术品位和审美能力。与此相反，低开放性的人则喜欢具体的而不喜欢抽象的事物，喜欢了解的而不喜欢未知的事物。高开放性的代表人物是列奥纳多·达·芬奇，他是意大利的画家，同时他还是一名工程师、建筑师、雕刻家、音乐家、数学家、解剖学家、天文学家、地质学家、生物学家和哲学家。

（4）宜人性是考察个体对其他人所持的态度，这些态度一方面包括亲近人的、有同情心的、信任他人的、宽大的，另一方面包括敌对的、愤世嫉俗的、爱摆布人的、复仇心重的、无情的。宜人性高的人是善解人意的、友好的、可靠的、慷慨大方的、乐于助人的、富于同情心的，愿意为了别人放弃自己的利益。宜人性高的人对人性持乐观的态度，相信人性本善。宜人性低的人多抱有敌意、为人多疑，不愿意去帮助他人，经常会把自己的利益放在别人的利益之上。另外，前者注重合作而不是竞争，而后者喜欢为了自己的利益和信念而与人争斗。对于某些职位来说，太高的宜人性是没有必要的，尤其是需要强硬和客观判断的场合，例如科学家、评论家和士兵。

（5）认真性指我们控制、管理和调节自身冲动的方式。它把可信赖的、讲究的个体和懒散的、马虎的个体做比较，同时反映个体自我控制的程度以及延迟满足的能力。冲动并不一定总是坏事，有时候我们需要快速做出反应，这时候冲动反而是好事，另外，冲动也常常与快乐、有趣、好玩等同。但是冲动的行为也常常会给自己带来麻烦，虽然会给个体带来暂时的满足，却容易产生长期的不良后果，比如在冲动的驱使下攻击他人、吸食毒品等。最重要的是冲动总是与失败与低成就有高相关。与之相对的，谨慎的人就容易避免麻烦，能够获得更大的成功。人们一般认为谨慎的人更加聪明和可靠，但是谨慎的人可能是一个完美主义者或者是一个工作狂，极端谨慎的个体又会让人觉得单调、乏味、缺少生气。

表3-4　大五人格特质因素和相关特征

特质量表	高分者特征	低分者特征
神经质（N） 评鉴顺应与情绪不稳定，识别那些容易有心理烦恼、不现实的想法、过分的奢望式要求以及不良反应的个体	烦恼、紧张、过度情绪化、不安全感、郁闷	平静、放松、不情绪化、果敢、有安全感
外倾性（E） 评鉴人际间互动的数量和强度、活动水平、刺激需求程度和快乐的容量	好社交、活跃、健谈、乐群、乐观、好娱乐、重感情	谨慎、冷静、无精打采、冷淡、厌于做事、退让、话少

续表

特质量表	高分者特征	低分者特征
开放性（O） 评鉴对经验本身的积极寻求和欣赏；喜欢接受并探索不熟悉的经验	好奇、兴趣广泛、有创造力、有创新性、富于想象、非传统的	习俗化、讲实际、兴趣少、无艺术性、非分析性
宜人性（A） 评鉴某人思想、感情和行为方面在同情至敌对这一连续体上的人际取向的性质	有同情心、乐于助人，宽宏大量、易轻信、直率	愤世嫉俗、粗鲁、多疑、不合作、报复心重、残忍、易怒、好操纵别人
认真性（C） 评鉴个体在目标取向行为上的组织性、持久性和动力性的程度，把可靠的、严谨的人与那些懒散的、邋遢的人做对照	有条理、可靠、勤奋、自律、准时、细心、整洁、有抱负、有毅力	无目标、不可靠、懒惰、粗心、松懈、不检点、意志弱、享乐

三、人本主义人格理论

亚伯拉罕·马斯洛（Abraham Harold Maslow，1908—1970年，图 3-9），出生于纽约市布鲁克林区。美国社会心理学家、人格理论家和比较心理学家，人本主义心理学的主要发起者和理论家，心理学第三势力的领导人。以需要层次理论闻名，曾任美国人格与社会心理学会主席和美国心理学会主席。

图 3-9 马斯洛

人本主义人格理论家的代表是马斯洛和罗杰斯。这里主要介绍马斯洛的相关理论。马斯洛开创的人本主义人格理论，实际上是建立在需要层次论基础上的。他把人类的需要分为两类。

（一）低层次的需要

低层次的四种需要如下：

1. 生理需要

生理需要是人最基本的需要，例如吃饭、喝水、睡眠、性等。它直接与人的生存相关，因此，在所有需要中，处于最优势的地位。

2. 安全需要

马斯洛把安全需要解释为对组织、秩序、安全感和预见性的追求。当这种需要不能得到相应满足时，就会对个体的行为起支配作用，使行为的目标统统指向安全。处于这种状态的人，可能仅仅为安全活着。

3. 归属与爱的需要

当生理和安全的需要得到满足时，对爱和归属的需要就开始支配人的行为了。这时，人就开始追求与他人建立友情，在自己所在的团体里求得一席之地。他们把友情看得非常可贵，希望能有幸福美满的家庭，渴望在一定的社会团体中建立和谐的同事关系。

4. 自尊需要

自尊需要分为两个部分，一部分是要求得到别人的重视和尊敬，具体包括对地位、名誉、声望、赏识、威信等的期待；另一部分是让自己感到自己更为强大，具体包括对充满自信、获得本领、成就、独立、自由等的欲望。

以上四种需要为基本需要。基本需要具有以下特点：① 缺少它引起疾病；② 有了它免于疾病；③ 恢复它治疗疾病；④ 在自由选择的情况下，丧失它的人宁愿寻求它而不是寻求其他需要的满足；⑤ 在一个健康人的身上，它处于一个低潮的，或者不起作用的状态。

（二）高层次的需要

高层次的三种需要如下：

1. 认知需要

在社会活动中，人们还会产生探索周围环境的欲望，探索事物发展规律的欲望，这就是认知的需要。如果认知需要不能得到满足，人会产生很大的精神压力。

2. 审美需要

审美需要属于对成长具有重要意义的社会需要，它包括对美的需要、美学上令人快乐的经验之需要等。有强烈审美需要的人，都希望有一个令人愉悦、舒适、美观的环境。当他们这种需要不能满足时，也会产生严重的心理障碍。

3. 自我实现需要

如果一个人前面的需要都得到满足，他就可以达到需要层次的最高点：自我实现。马斯洛把自我实现的需求描述为一种想要变得越来越像人本来的样子，人的全部潜能得到充分发展的愿望。他指出，所谓的自我实现，就是指一个人能够成为什么，他就必须成为什么，他必须忠于自己的本性。

以上三种需要为成长需要。成长需要的特点有：第一，不受人的直接欲望所左右；第二，以发挥自我潜能为动力；第三，这类需要的满足能使人产生最大程度的快乐。后来，他又将认知需要、审美需要归入自我实现需要，形成五种需要的层次结构（图3-10）。

在谈到人的需要层次理论与健康人格的关系时，马斯洛认为心理健康水平真正优秀、人格真正健全的自我实现者具有以下13个优秀的品质。

（1）良好的现实知觉。他们对周围社会的知觉是客观的，能够如实地看待社会，而不是按照自己的欲望和需要看待周围社会。

（2）接纳自然、他人与自己。心理健康者能够接受自然、他人与自身的不足，不会为这些不足所困扰。

（3）自发、坦率、真实。心理健康者完全不会装假。他们的行为自然、对人坦诚，他们不会隐藏或伪装自己的情绪情感，除非这些情感的表现会伤害他人。

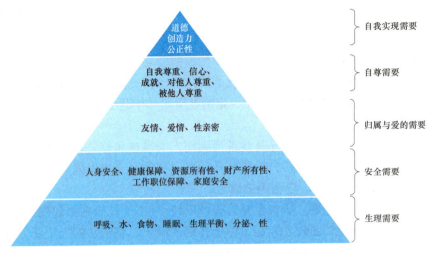

图 3-10 五种需要的层次结构

（4）不以自我为中心。他们每个人都有其所专注的某种引人入胜的工作，这是心理健康的基本保证。他们热爱自己的工作，工作对他们来说并非真正的劳苦，更多是从事工作所带来的快乐。

（5）有独处和自立需要。心理健康者能独处，能自立，他们不依赖于别人来求得安全感和满足，他们首先依赖自己。

（6）功能发挥自主。心理健康者在社会环境和物理环境中，有自主地发挥功能的需要和能力。他们的满足是来自自身的内部，是来自自己的智慧和潜能。

（7）经常的愉快体验。心理健康者对每件事的体验都是愉快的，他们不会因为体验的重复而烦恼。

（8）存在高峰的体验。高峰体验可使人们体验到强烈的醉心、狂喜和敬畏的情绪。心理健康者能从中体验到强烈的力量、自信和决断的意识。此时，没有他们不能做的事，没有他们达不到的目的。

（9）有社会兴趣。心理健康者能够积极参与社会活动，并且能够很好地适应社会发展。

（10）人际关系良好。自我实现者与他人友谊更好，更长久，他们能像关心自己一样关心朋友的成长与发展。

（11）民主性强。心理健康者没有偏见，对他们来说，社会阶层、教育水平、宗教、种族或肤色的不同并不重要。

（12）有创造性。自我实现者都有独创、发明和革新的特点。

（13）抗拒遵从。具有自主特征的人是自我定向的。虽然他们并不有意识地轻视社会习俗和规范，但仍能够走自己的路，能够抗拒遵从他人观念、行为和价值观的压力。

四、人格与健康

（一）A 型人格与冠心病

A 型人格，也叫 A 型行为模式，即易患冠心病的人格类型，是指个性急躁、求成心切、善进取、好争胜的一种性格。A型人格的概念本来并不带有好或坏的判断，它之所以成为心理学研究的问题，主要是由于A型人格与易患心脏病的关系。

这种人格特征与心脏疾病具有某种联系最初是由两个心脏病学家弗里德曼（Friedman）和罗森曼（Rosenman）在临床观察的基础上提出来的。事实上，最早的一些观察是由一个秘书做出的。他注意到很多病人在等待看医生时显得很没耐心。后来有两个心脏病学家接着观察，发现许多患心脏病的年轻人都有某种并发的行为上的特征，如争强好胜、时间紧迫感强、具有攻击性等。临床访谈观察到的这一模式，通过结构性访谈进一步测定出了个体在这些方面的差异。

A型人格的人的心理与行为主要特征是：第一，时间观念特别强，对时间有紧迫感，常常感到时间不够用并因此产生压力；第二，长期的亢奋状态，常常同时思考或做两件事情，总是设法把工作日程安排得满满的，每天大部分时间都处于紧张状态；第三，雄心勃勃，竞争性强，追求成就，有较强的事业心，力求达到更高要求，勇于承担责任；第四，遇到挫折变得具有敌意和攻击性，对他人怀有戒心，缺乏耐心和容忍力。与之相对应的B型人格的主要特征是：悠闲自得，不爱紧张，一般无时间紧迫感，不喜欢争强好胜，有耐心，能容忍等。

通过专门的训练，A型行为模式可以在一定程度上得到矫正。有研究者帮助1 000多名至少有过一次心脏病发作的病人改变他们的A型行为模式。例如，为了降低他们的时间紧迫感，要求他们练习排队，并借此机会考虑那些在正常情况下他们没有时间去想的事情或观察别人的谈话；学习在不对别人发脾气的情况下表达自己的意见；改变某些具体的行为方式（如不匆匆忙忙吃饭或说话等）；重新评估一些基本信念以及设法使家庭和工作环境不那样充满压力。经过四年半的时间，结果发现这些病人心脏病复发率几乎只有那些没有学过如何改变生活方式的对照组被试者的一半。

（二）C型人格与癌症

英国学者Greer等人发现癌症病人有某些人格特征，这些特征可使人易得癌症。这一设想很快得到了美国学者Temoshok和德国学者Baltrush的支持，并进一步提出了癌症易感性行为特征——"C"型行为特征的概念，认为过度的社会化、对愤怒的否认与不表达、"好"人等特征的人易患癌症。

现在一般认为，C型人格即癌症倾向性格。在日常生活中，我们常常会遇到一些不如意或者是不公正的事情，很多人会由此而抱怨、发泄等。但是，C型人格的人的心理和行为的特征是：很难公开表达自己的情绪，谨言慎行，常常自责，极怕失败；患病不肯求医，对人有戒心，没有很密切的人际关系；认命，认为生活无意义、无价值、无乐趣；和家人有很深的隔膜，不把心思向人倾诉，情绪不安时找不到倾诉的对象。也可以这样说，要是对某些错误做出惩罚时，C型人格者往往是惩罚自己，而不是惩罚别人。

许多研究都证实了C型人格是导致癌症倾向的性格因素，虽然一些结论尚有待于进一步研究，但某些结论有比较一致的看法，例如，研究认为对愤怒的压抑、抑郁与癌症的发生和导致治疗失败有直接的联系等。对于C型人格会导致癌症的原因，学术界认为：C型人格会严重妨碍体内的免疫功能，使这种功能不能充分发挥抗癌的作用，致使癌细胞扩散。

C 型人格的研究提示我们,要注意培养自己乐观开朗的性格,多一些幽默感。更重要的是要合理地调节自己的情绪,不能经常压抑负性情绪,而应该把自己的烦恼、愤怒、苦闷等以适当的方式发泄出来。

(三) D 型人格与冠心病

荷兰学者 Denollet 将冠心病有关心理因素和现代人格理论进行聚合以及因素分析,再通过长期大样本的追踪证实,提出了一个新的冠心病预测因子——D 型人格。D 型人格包含了 2 个稳定的人格特质。即负性情感和社交抑制,这两种特质的得分同时高于正常人群时即定义为"D 型人格"。D 型人格者倾向于担忧,对生活悲观,紧张和不愉快。他们更容易恼怒,总体上不大可能体验积极的情绪。同时,由于担心遭到拒绝和不赞同,而不向他人倾诉其负性情感。D 型人格者总体上与其他人很少有个人联系,而且,当他们与陌生人在一起时常常感到不舒服。研究证明 D 型人格是导致冠心病的危险因素。关于 D 型人格冠心病患者预后的研究,最早在 1995 年 Denollet 和他同事的报道中出现,在 105 名心梗后病人的死亡病例中,73% 具有 D 型人格;在仅由心血管事件引起死亡数目的比较中,D 型人格者的数目是非 D 型人格者的 6 倍;同时 D 型人格对死亡的预测能力超出了只包含运动耐受力低、有过心梗病史、吸烟、年龄这些医学生物项目的模型。结果提示 D 型人格对冠心病有不良影响。

知识链接

A 型人格测试

以下各题,请用"是"与"否"作答,在答题时,不要有太多的考虑,尽快答完。
1. 我总是力图说服别人同意我的观点。
2. 即使没有什么要紧的事,我走路也快。
3. 我经常感到应该做的事太多,有压力。
4. 我自己决定的事,别人很难让我改变主意。
5. 有些人和事常常使我十分恼火。
6. 在急需买东西但又要排长队时,我宁愿不买。
7. 有些工作我根本安排不过来,只能临时挤时间去做。
8. 上班或赴约会时,我从来不迟到。
9. 当我正在做事,谁要是打扰我,不管有意无意,我总是感到恼火。
10. 我总是看不惯那些慢条斯理、不紧不慢的人。
11. 我常常忙得透不过气来,因为该做的事情太多了。
12. 即使跟别人合作,我也总想单独完成一些更重要的部分。
13. 有时我真想骂人。
14. 我做事总喜欢慢慢来,而且思前想后,拿不定主意。
15. 排队买东西,要是有人加塞,我就忍不住要指责他或出来干涉。

16. 我觉得自己是一个无忧无虑、自由自在的人。
17. 有时连我自己也觉得，我所操心的事远远超过我应该操心的范围。
18. 无论做什么事情，即使比别人差，我也无所谓。
19. 做什么事我也不着急，着急也没有用，不着急也误不了事。
20. 我从来没有想过要按自己的想法办事。
21. 每天的事情都使我精神十分紧张。
22. 就是逛公园、赏花、观鱼等，我也总是先看完，等着同来的人。
23. 我常常不能宽容别人的缺点和毛病。
24. 在我认识的人里，个个我都喜欢。
25. 听到别人发表不正确的见解，我总想立即就去纠正他。
26. 无论做什么事情，我都比别人快一些。
27. 当别人对我无理时，我对他也不客气。
28. 我总觉得我有能力把一切事情办好。
29. 聊天时，我也总是急于说出自己的想法，甚至打断别人的话。
30. 人们认为我是个安静、沉着、有耐性的人。
31. 我觉得在我认识的人之中，值得我信任和佩服的人实在不多。
32. 对未来我有许多想法和打算，并总想都能尽快实现。
33. 有时我也会说人家的闲话。
34. 尽管时间很宽裕，我吃饭也快。
35. 听人讲话或报告如果讲得不好，我就非常着急，总想还不如我来讲。
36. 即使有人欺负了我，我也不在乎。
37. 我有时会把今天该做的事拖到明天去做。
38. 人们认为我是一个干脆、利落、高效率的人。
39. 有人对我或我的工作吹毛求疵时，很容易挫伤我的积极性。
40. 我常常感到时间晚了，可一看表还早呢。
41. 我觉得我是一个非常敏感的人。
42. 我做事总是匆匆忙忙的，力图用最少的时间办尽量多的事情。
43. 如果犯有错误，不管大小，我全都主动承认。
44. 坐公共汽车时，我常常感到车开得太慢。
45. 无论做什么事，即使看着别人做不好我也不想拿来替他做。
46. 我常常为工作没有做完，一天又过去了而感到忧虑。
47. 很多事情如果由我来负责，情况要比现在好得多。
48. 有时我会想到一些说不出口的坏念头。
49. 即使领导我的人能力差、水平低，不管怎么样，我也能服从和合作。
50. 必须等待什么的时候，我总是心急如焚，缺乏耐心。
51. 我常常感到自己能力不够，所以在做事遇到不顺利时就想拖延。
52. 我每天都看电视，也看电影，不然心里就不舒服。
53. 别人托我办的事，只要答应了，我从不拖延。

54. 人们都说我很有耐性，干什么事都不着急。
55. 外出乘车、船或跟别人约定时间办事时，我很少迟到。
56. 偶尔我也会说一些假话。
57. 许多事本来可以大家分担，但我喜欢一个人去干。
58. 我觉得别人对我的话理解太慢，甚至理解不了我的意思似的。
59. 我是一个性子暴躁的人。
60. 我常常容易看到别人的短处而忽视别人的长处。

评分方法如下：

1. 13、14、16、18、19、30、33、37、45、48、49、51、54、56 题 回答"否"，记 1 分，其他题目回答"是"记 1 分。
2. TH 因子——时间匆忙感、时间紧迫感、做事快。
题目号码：1、4、5、9、12、16、17、18、23、25、28、30、31、35、39、41、45、47、49、50、52、54、57、59、60
3. CH 因子——争强好胜、怀有戒心或敌意、缺乏耐心。
题目号码：2、3、6、7、10、11、14、15、19、21、22、26、29、32、34、37、38、40、42、44、46、51、53、55、58
4. L 因子——如果你的 8、13、20、24、27、33、36、43、48、56 这 10 个题目的得分超过了 7 分，那么本次测试的可信度则不会很高。
5. 总分 37～50 分属于典型的 A 型。
6. 29～36 分属于中间偏 A 型（简称 A-型）。
7. 27～28 分属于中间型（简称 M 型）。
8. 19～26 分属于中间偏 B 型（简称 B-型）。
9. 1～18 分属于典型的 B 型。
10. L 的得分只供研究和使用者参考，L≥7 分可认为是无效答卷。

第三节　人格障碍

人格障碍，又称病态人格，人格特征显著偏离正常，使患者形成了一贯的反映个人生活风格和人际关系的异常行为模式，其偏离程度已远远超出了正常的变动范围。常见的人格障碍主要有偏执型人格障碍、分裂型人格障碍、反社会型人格障碍、表演型人格障碍、冲动型人格障碍、强迫型人格障碍等。

一、偏执型人格障碍

偏执型人格障碍主要以猜疑、敏感和偏执为主要特点，这类个体在家不能与家人和睦相处，在外不能与同事、朋友和睦相处。他们总是将周围环境中与自己无关的事件都看成是与自己有关系的，甚至认为这些事件都是冲着自己来的，有人故意和自己格格不入。尽管这种多疑和敏感与事实不符，与生活实际严重脱离，但仍然无法改变此种想法，甚至产生攻击性行为。

应如何矫治与预防偏执型人格障碍？

（1）提高自我认知，建立积极健康的主体意识，能够正确认识评估自己，并能自我承认和接纳这种评价。

（2）积极交友，建立良好关系，学会信任别人，消除猜疑、敏感和不安。

（3）通过自我调整和训练，使自己具备较强的适应能力与应变能力，以便与变化的世界保持和谐的节拍。

（4）在关注自我的同时，学会关注社会、关怀他人，拓宽自己的视野，让心胸更加开阔。

按照《中国精神疾病分类方案与诊断标准》（CCMD－2－R），偏执型人格的特征描述如下：

（1）广泛猜疑，常将他人无意的、非恶意的甚至友好的行为误解为敌意或歧视，或无足够根据，怀疑会被人利用或伤害，因此过分警惕与防卫。

（2）将周围事物解释为不符合实际情况的"阴谋"，并可成为超价观念。

（3）易产生病态嫉妒。

（4）过分自负，若有挫折或失败则归咎于人，总认为自己正确。

（5）好嫉恨别人，对他人的过错不能宽容。

（6）脱离实际地好争辩与敌对，固执地追求个人不够合理的"权利"或利益。

（7）忽视或不信与患者想法不相符合的客观证据。因而很难以说理或事实来改变患者的想法。

（8）易有病理性妒忌，过分怀疑恋人有新欢或伴侣不忠，但不是妄想。

（9）过分自负和自我中心的倾向，总感觉受压制、被迫害。甚至告状、打官司，不达目的不肯罢休。

（10）具有将其周围和外界事件解释为"阴谋"等的非现实性观念，因此过分警惕和抱有敌意。

编者注：以上对于人格障碍的特征描述仅供学习交流，不作为诊断依据，实际诊断需由专业医生严格按照诊断标准做出。

二、分裂型人格障碍

此类型的人格障碍以情感淡漠为主要特征，这类个体人际关系有明显缺陷，总是以冷漠无情来应付外界。矫治和预防分裂性人格障碍可以通过以下方法进行：

（1）努力提高自我认识和评价水平，确定积极向上的人生目标。

（2）努力参与社会实践，有意识地接触社会实际生活，扩大接受社会信息量，培养多种兴趣爱好，充实自己。

（3）求助于专业的心理咨询师进行矫治。

按照《中国精神疾病分类方案与诊断标准》（CCMD-2-R），分裂型人格障碍的特征表述如下：

（1）有奇异的信念，或与文化背景不相称的行为，如相信透视力、心灵感应、特异功能和第六感官等。

（2）奇怪的、反常的或特殊的行为或外貌，如服饰奇特、不修边幅、行为不合时宜、习惯或目的不明确。

（3）言语怪异，如离题、用词不当、繁简失当、表达意见不清，并非文化程度或智能障碍等因素所引起。

（4）不寻常的知觉体验，如一惯性的错觉、幻觉、看见不存在的人。

（5）对人冷淡，对亲属也不例外，缺少温暖体贴。

（6）表情淡漠，缺乏深刻或生动的情感体验。

（7）多单独活动，主动与人交往仅限于生活或工作中必需的接触，除一级亲属外无亲密友人。

编者注：以上对于人格障碍的特征描述仅供学习交流，不作为诊断依据，实际诊断需由专业医生严格按照诊断标准做出。

三、反社会型人格障碍

反社会型人格障碍是以一种行为不符合社会规范为主要特征，这类个体往往在童年或少年期就出现品行问题，不能适应正常的社会生活，表现为情感和意志方面的障碍，但是思维和智能方面无异常，意识清晰。对于反社会型人格障碍，可以通过增加自我情感体验和求助专业心理咨询师进行矫治。

按照《中国精神疾病分类方案与诊断标准》（CCMD-2-R），反社会型人格障碍的特征表述如下：

（1）严重和长期不负责任，无视社会常规、准则、义务等。

（2）行动无计划或有冲动性。

（3）不尊重事实。

（4）对他人漠不关心。

（5）不能维持与他人的长久关系。

（6）很容易责怪他人，或对其与社会相冲突的行为进行无理辩解。

（7）对挫折的耐受性低，微小刺激便可引起冲动，甚至暴力行为。

（8）易激惹，并有暴力行为。

（9）危害别人时缺少内疚感，不能从经验，特别是在受到惩罚的经验中获益。

编者注：以上对于人格障碍的特征描述仅供学习交流，不作为诊断依据，实际诊断需由专业医生严格按照诊断标准做出。

四、表演型人格障碍

表演型人格障碍以过分感情化或过分夸张的言行来吸引他人注意为主要特征，又称癔症型人格障碍或寻求注意型人格障碍，或心理幼稚型人格障碍。国外报道本病在成人人群中的患病率为2.2%，女性高于男性2倍。对于表演型人格障碍，可以通过提高自我认识、调整情绪等方法来进行矫治。

按照《中国精神疾病分类方案与诊断标准》（CCMD-2-R），表演型人格的特征描述如下：

（1）表情夸张像演戏一样，装腔作势，情感体验肤浅。
（2）暗示性高，很容易受他人的影响。
（3）自我中心，强求别人符合他的需求或意志，不如意就给别人难堪或强烈不满。
（4）经常渴望表扬和同情，感情易波动。
（5）寻求刺激，过多地参加各种社交活动。
（6）需别人经常注意，为了引起注意，不惜哗众取宠、危言耸听，或者在外貌和行为方面表现得过分吸引他人。
（7）情感反应强烈易变，完全按个人的情感判断好坏。
（8）说话夸大其词，掺杂幻想情节，缺乏具体的真实细节，难以核对。

编者注：以上对于人格障碍的特征描述仅供学习交流，不作为诊断依据，实际诊断需由专业医生严格按照诊断标准做出。

五、冲动型人格障碍

冲动型人格障碍以行为和情绪具有明显冲动性为主要特征，这类人往往在童年时就有所表现，常因微小的事和精神刺激，就会突然爆发强烈的暴力行为，控制不住自己，从而做出破坏和伤害他人的行为。对于冲动型人格障碍，可以通过提高自我认识，培养多种兴趣爱好以及求助专业的心理咨询师进行缓解和矫治。

按照《中国精神疾病分类方案与诊断标准》（CCMD-2-R），冲动型人格的特征描述如下：

（1）易与他人发生争吵和冲突，特别在冲动行为受阻或受到批评时。
（2）有突发的愤怒和暴力倾向，对导致的冲动行为不能自控。
（3）对事物的计划和预见能力明显受损。
（4）不能坚持任何没有即刻奖励的行为。
（5）不稳定的和反复无常的心境。
（6）自我形象、目的及内在偏好（包括性欲望）的紊乱和不确定。
（7）容易产生人际关系的紧张和不确定，时常导致情感危机。
（8）经常出现自杀、自伤行为。

编者注：以上对于人格障碍的特征描述仅供学习交流，不作为诊断依据，实际诊断需由专业医生严格按照诊断标准做出。

六、强迫型人格障碍

此类型的人格障碍以过分谨慎、严格要求与完美主义及内心的不安全感为主要特点,这类个体如受强烈刺激或持续的精神压力,易导致强迫性神经症。据1988年上海市青少年心理卫生调查,强迫型人格障碍是一种较常见的人格障碍,约占心理障碍总人数的5%。对于强迫型人格障碍,可以通过"听其自然法"和"当头棒喝法"来进行自我缓解。另外,可以求助专业心理咨询师运用认知行为疗法来治疗。

按照《中国精神疾病分类方案与诊断标准》(CCMD-2-R),强迫型人格障碍的症状表现描述如下:

(1)做任何事情都要求完美无缺、按部就班、有条不紊,因而有时反会影响工作的效率。

(2)不合理地坚持别人也要严格地按照他的方式做事,否则心里很不痛快,对别人做事很不放心。

(3)犹豫不决,常推迟或避免做出决定。

(4)常有不安全感,穷思竭虑,反复考虑计划是否妥当,反复核对检查,唯恐疏忽和差错。

(5)拘泥细节,甚至生活小节也要"程序化",不遵照一定的规矩就感到不安或要重做。

(6)完成一件工作之后常缺乏愉快和满足的体验,相反容易悔恨和内疚。

(7)对自己要求严格,过分沉溺于职责义务与道德规范,无业余爱好,拘谨吝啬,缺少友谊往来。

患者状况至少符合上述项目中的三项,方可诊断为强迫型人格障碍。

编者注: 以上对于人格障碍的特征描述仅供学习交流,不作为诊断依据,实际诊断需由专业医生严格按照诊断标准做出。

第四节 能力、态度与行车安全

一、能力的含义和种类

(一)能力的含义

能力是人们能够顺利地完成某种活动所必备的心理特征,是从事各种活动、适应生存所必需的且影响活动效果的心理特征的总和。具体来讲,能力可以从以下几个方面来理解:

(1)能力总是和人的学习、工作等活动联系在一起,并通过活动表现出来。例如,分析判断能力会在列车检修、行车事故分析过程中表现出来。

(2)在活动中表现出来的心理特征并不都是能力,只有直接影响人的活动效率,使活动顺利完成的心理特征才是能力。例如,尽管在列车检修、行车事故分析中表现出来的急躁或冷静等特征会对其产生一些影响，但它们并不是完成其工作所必需的能力。

（3）在顺利完成某种活动时，会有多种能力有机地组合在一起。例如，在行车事故处理中需要将快速反应能力、问题分析能力、措施应对能力等结合起来。

（4）能力是完成任务的基本条件，但不是唯一的条件。例如，个体的个性特征、工作态度、客观的物质条件、人际关系等都会影响任务的完成。

（二）能力的种类

心理学家从不同的角度将人的能力划分为不同的种类，主要有以下几种：

（1）一般能力和特殊能力。一般能力是在认识活动中表现出来的具有共同性的基本能力，适合多种活动的要求，如观察能力、记忆能力、想象能力、思维能力、概括能力和理解能力等，西方心理学中把一般能力称为"智力"。特殊能力是在某些专业活动中表现出的能力，特殊能力仅适合于某种特定活动范围的要求，为完成某种特定活动的需要。例如，讲演能力、组织能力、技术操作能力等。对于行车安全管理者来说，其特殊能力主要涉及管理能力、人际关系能力和业务能力。

一般能力越是发展，就越为特殊能力的发展创造了有利条件；在各种活动中发展特殊能力的同时，也会促使一般能力的发展。这两种能力都是人们成功地完成任何工作所不可缺少的。

（2）再造能力和创造能力。再造能力指顺利地掌握前人积累的知识和技能以及按照提供的式样从事某种活动的能力。创造能力指根据一定的目的，创造出有社会价值的、新的独特的东西的能力。

再造能力和创造能力是相互联系的：再造性活动一般包含创造性的因素；创造性活动也包含再造性活动，而且创造能力也是在再造能力基础上发展起来。人们的活动一般都是先模仿、再造，然后才能有所创造。

（3）认识能力、实践活动能力和社交能力。人们完成活动最基本的条件就是认识能力，认识能力包括感知能力和思维能力。实践活动能力是人们有意识地调节自己外部动作，以作用于外界环境的能力，主要包括体育活动、技术操作、生产劳动等能力。社交能力是指人们参加社会群体生活，同周围人们相互交往、保持协调的能力。

认识能力、实践活动能力和社交能力同样是相互联系的：人们在实践活动和交往活动中认识客观世界、提高认识能力；人们又是依靠自身对客观世界的认识去调节自己的实践活动和交往活动的。人们进行具体活动时，仅靠某一种能力是无法完成任务的，经常需要多种能力共同发挥作用，方能获得成功。

二、能力与行车安全

（一）能力必须与工作岗位相匹配

在生产过程中人的能力是不同的，不同的人所适宜从事的职业或岗位也不相同。因此，通过能力测试选拔工作人员，既可以招收到适宜的人员，又节省培训经费，提高工效、保证生产和安全。实验证明，根据专门考核结果挑选出来的工人比未经考核的工人，劳动生产率大约高出 26.6%，流动性少 3%，职业培训经费少 66.6%。

人与人之间的能力差异体现在能力水平和能力类型方面的不同，因此在安排和分配工作时，要尽量根据其能力发展水平和能力类型安排适当工作。

能力水平需与工作要求相适应，存在以下三种情况：

（1）职工的能力水平超过工作的能力范围要求，会使职工感到受压抑，不满足于现状，工作效果不佳。

（2）职工的能力水平低于工作的能力范围要求，使职工感到无法胜任而过度紧张，从而厌恶工作，影响工作效果。

（3）职工的能力水平与工作的能力范围要求相匹配，不但使之得到心理上的满足，把工作做好，而且还有利于处理"非常事件"，保证生产的安全进行。

能力类型差异性很大，要想做好安全生产管理工作，重要的前提就是要使人的能力类型与其从事的工作相一致。善于正确认识和区别不同能力类型的人，并能将其安排到相应的岗位上，做到人尽其才，才尽其用。这是有效安全管理的标志之一。

（二）进行技术培训和安全教育，提高职工的能力

无论是否被安排了适合自己的岗位，职工均应通过培训来提高工作能力。尤其是安全生产知识以及在紧急状态下的应变知识，通过培训让职工掌握，从而增强职工的安全意识和应付突发事件的能力，以保证安全生产。

在安全教育中，还要认识到每个人都蕴藏着内部的潜在能力，即潜能。一个人现在的能力并不代表他将来的能力。在通常情况下，人的潜能远没有充分发挥出来。如何通过激励和教育手段，充分调动职工潜能，最大程度地保证安全生产，是安全管理面临的一个新的课题。

三、态度与行车安全

（一）态度的概念

态度指人对某一特定的对象所持有的比较稳定的心理和行为倾向。有人进一步提出，态度通常指个人对某一对象所持有的较稳定的评价和内部行为倾向。例如，人们在工作中，总是对人或事产生不同的反应，做出各种不同的评价：同意或反对、喜爱或厌恶、接纳或排斥等。这种对人或事表现出来的积极、肯定的或消极、否定的心理倾向，是一种心理准备状态，它一旦变得比较持久而稳定，就会成为态度。

态度具有相当广泛的对象，既包括自然界的事物和现象，也包括社会现象，如人、物、事物、制度以及相应的思想观念等。例如，在行车安全管理中，企业会有许多安全规章制度。面对这些规章制度，每一位员工都会有自己的评价并且形成自己的态度。有些员工会在认可态度的影响下，在行为方式上去自觉遵守规章制度；而有些员工对规章制度可能有意见甚至反对，在这种态度的影响下，就可能出现违反规章制度的行为方式。因此，企业必须引导职工形成正确的安全态度，避免行车事故的发生。

（二）使职工对行车安全形成积极态度的方法

积极安全态度的形成与职工的需要及其满意程度、安全知识、工作经验、技术水平及

群体的影响等因素有关。为此，可采取以下措施：

1. 改善行车的安全生产条件，提高职工对行车安全工作的满意度

态度的形成依赖事实，改变事实更易使态度改变。在行车安全生产管理过程中，应加强对事故隐患和危害的整治，为职工创造一个安全生产的工作环境，消除职工对运输安全状况的不满情绪。这对企业职工形成积极的安全态度是至关重要的。

2. 加强职工的安全教育和培训

即通过学习安全知识，协助职工形成积极的安全态度。职工的文化程度和安全技术水平与对安全生产的认识水平有关，从而与安全态度的形成有着内在联系。企业可通过各种方式提高职工的文化素质，并创造各种条件，让职工获取安全生产的新知识、新技能，以协助职工建立符合企业安全生产所要求的积极态度。

3. 引导职工积极参与企业的安全活动

组织、引导职工参与安全活动对形成安全的积极态度是十分有效的。例如，让职工参与行车安全管理制度的建立、参与行车安全工作的检查、参与行车事故的处理、参与行车安全技术和知识竞赛、参观行车事故危害展览等。

4. 运用群体的影响

这是指企业正确地应用管理职能，创造具有安全约束力的作业环境，以利于职工采取积极安全的态度行车。例如，企业制订的安全生产责任制、安全操作规程等，开始可能仅起到一种强制约束作用，当人们在实践中认识到这些规章制度对企业和自己均有重要意义时，则更易于接受并认真执行，久而久之，就会对安全态度起到积极的推动作用。

群体的影响还表现在企业领导和各级管理人员在行车安全生产中的影响力（以身作则、处处关注职工的生命与健康等）、正确运用激励机制、上下级关系协调等。

综上所述，铁路运输企业职工对行车安全态度的形成与转变是一个复杂的心理过程，个人的态度具有内涵性和稳定性，行车安全管理人员应仔细分析研究，采取综合措施，对职工的安全态度进行引导，促使其向积极的安全态度转化。

第五节　压力与行车安全

一、什么是压力

如果要请你想一想，你一整天的感觉如何，你可能会说，在某些时候，你感到了快乐、悲伤、气愤或惊奇，但有一种情形是人们经常遇到的，并且成了日常生活的基调，那就是压力。当环境刺激事件打破了有机体的平衡和负荷能力，或者超过了个体的能力所及，就会体现为压力。

那么什么是压力呢？压力是人的一种心理状态或生理状态，压力状态下人们感到必须调整自己以适应环境。压力是人对外界的一种调节的需要，而调节往往意味着成长。下面开始我们的学习"成长——从应对压力开始"。

二、如果没有了压力，你的生活是否会好些

生活时刻在发生着变化，没有变化的生活是枯燥乏味的。一定的变化可以激励人们投入新的行动中，磨炼人的斗志，提高社会适应能力，有利于维护人们的心理平衡。你应该知道，心理压力并不总是有害的。

心理学研究认为"人只有在死亡状态下才完全没有压力"。压力是普遍存在的，生活中的任何改变都会产生压力，无论是新工作，还是新学业，甚至是度假都不例外。亲人亡故、学业负担、经济困难等不愉快的事情会很自然地使人感到压力；外出旅游、约会结婚、新的工作等愉快的事情也会使人感到压力。即使你在健康状态下很平静地生活，这种生活方式本身也包含着许多压力。没有压力的生活也就没有挑战，没有困难去克服，没有新的领域去开拓，也没有理由去加速运转你的头脑或提高你的能力。每个有机体都要面临来自外界环境和个体需求的压力，个体必须解决这些问题，从而生存下去并成长起来。

三、长期的压力为什么会导致疾病

压力和持续消极情绪的受害者为什么容易生病？正常的压力体验对于人的生存和发展很重要，它能帮助我们应对挑战，实现目标，促进个体的成长。但问题并不在于正常的短暂的压力，而在于过度的或长期的压力。人们面对压力时，肌体常常会产生一种自发的应激反应，这是人们在特定的情绪状态下，所经常产生的神经反应。

请你想象一个场景：你上课迟到了一会儿，当你正要步入教室的时候，却发现大家把书和笔记都收起来了，老师在发着试卷，但你在进教室之前根本没有意识到考试是在今天，你感到自己的心跳都要停止了，嘴唇发干，连腿都软了。这种短暂的唤醒状态，称为急性应激。

心理故事

急 性 应 激

有一次，拿破仑骑着马正穿越一片树林，忽然听到一阵呼救声。他扬鞭策马，来到湖边，看见一个士兵在湖里拼命挣扎，并向深水中漂去。岸边的几个士兵乱成了一团，因为水性都不好，不知该怎么办。拿破仑问旁边的那几个士兵："他会游泳吗？""只能扑腾几下！"拿破仑立刻从侍卫手中拿过一支枪，朝落水的士兵大喊："赶紧给我游回来，不然我毙了你！"说完，朝那人的前方开了两枪。落水人听出是拿破仑的声音，又听说拿破仑要枪毙他，一下子使出浑身的力气，猛地转身，扑腾地游了回来。不会游泳的士兵突然发生戏剧性转变，是因为拿破仑"不游回来就枪毙了你"的强刺激，使他产生应激反应，才使出浑身力量，自救成功。

虽然短期的压力会使人感到很不舒服，一般不会对人体产生危害，但是，生活中的变化如果过多、过快、过大、过于突然，或者持续时间过长，就会超过人们心理、生理上所能承受的限度，会形成有害的应激，长期的应激反应则会使身体发生质的变化，危害人的健康。免疫系统是体内用来抵御疾病的防御系统，人的免疫系统是为了应对短期的应激而进化出来的，所以在面对长期应激的时候，免疫系统就可能会因为过度使用而崩溃。当你总是不够时间去完成你要做的事情时，你会体验到一种持久的沮丧感，出现肌体免疫功能衰减，进而容易受到疾病的侵袭。

无论是动物还是人类，在遇到突如其来的危险情境时，身体都会自动发出一种类似"总动员"的反应现象。这种本能性的生理反应，可使个体立即进入应激状态，以维护其生命的安全。

关于压力是如何导致疾病的研究开始于20世纪早期，加拿大内分泌学家汉斯·塞利做过白鼠压力的实验研究：将白鼠置于不同的压力情境下，观察白鼠在压力的持久存在与变化下在身体上表现出来的反应。实验所采用的威胁性刺激是冷气、热气与有毒（不伤其生命）食物等，有时只用一种刺激作为压力因素，有时两种并用；其中采用最多的方法是，将白鼠置于可调节温度的冰箱内，让它在极冷的压力下生活数月之久，以此观察压力的时间长短与身体反应的关系。结果发现：白鼠所表现的适应能力与压力持续的时间有密切的关系。

知识链接

一般性适应综合征

通过对人和动物的研究，塞利发现，不同应激源会引发基本相同的反应，所有应激源都会激发一些有助于机体适应这种应激源的反应。生理上的应激反应是由自主神经系统支配的，这时生理上的变化相当复杂，其中主要包括：由肝脏迅速释放出葡萄糖，以增强全身肌肉活动所需的能量；由下丘脑控制，迅速增加分泌相关激素，以转化身体上储存的脂肪与蛋白质为糖分；加强体内代谢功能，以备体力消耗的需要；加快心跳、增高血压、加速呼吸，以吸收更多的氧气；皮肤表面下微血管收缩，以避免受伤时流血过多；脾脏释放出更多的红血球，以便向身体各部运送更多的氧气；骨髓增加更多白血球以准备抵抗感染。由于身体的反应是一般性的，而不是针对特定应激源的，所以，塞利将其称为一般性适应综合征，包括警觉阶段、阻抗阶段和枯竭阶段，如图3-11所示。

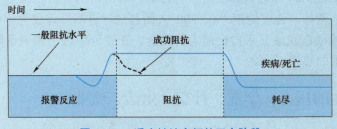

图3-11 适应性综合征的三个阶段

> 警觉阶段，应激源让身体产生应激唤起反应；阻抗阶段，身体适应了应激源的持续出现；枯竭阶段，如果应激源没有减少，虽然身体的防御资源已经耗尽，但是唤起反应会再次出现，便会导致危险的后果：疾病或死亡。
>
> 警觉阶段是应激反应的第一个阶段，身体的警报系统被激活，并开始动员各种资源来抵抗应激源。如果应激源长期存在，这种起初能够帮助我们刚好适应环境的警觉反应就可能成为我们的不幸，因为它会耗尽我们的精力和防御资源，导致免疫系统衰退，让长期承受压力的人特别容易受到感染。如果应激源一直没有消除，而且其强度还不足以让我们立即崩溃，躯体会进入抵抗阶段，在抵抗期内，机体可以忍耐并抵抗长时间的应激带来的衰弱效应。然而，如果应激源持续的时间足够长或强度足够大，躯体的资源将会耗尽，进入枯竭阶段。精力耗尽，对无法应对的应激源过度反应，这些都是生理枯竭时会经历的体验。塞利的一般性适应综合征模型既可以解释压力最初是如何引发或战或逃的反应的，又可以解释长期的压力是如何危害我们健康的。

四、我们是如何体验压力的

应激反应最终取决于我们对压力情景的认识。压力是一种体验，外部事件影响应激反应的同时，个体的主观因素也起着重要作用。某位父亲听到儿子的摇滚乐光盘的声音可能会非常烦躁，而儿子听到父亲的京剧光盘的声音也觉得受不了。可见，同一件事可以使一个人感到紧张，而使另一个人感到轻松。应激反应最终取决于我们对于情景的认识。当一个应激源被评价为一种危害或潜在威胁时，人就会做出应激反应。如果你遇到以下几种情境：你将在 300 人面前进行讲演，你必须要接受一个危险而痛苦的手术，你最爱的人离家后一直杳无音信，你最喜欢的宠物丢了，你工作的部门要裁员，你将有何情绪反应？你将会如何应对？

对压力情景的两次评价。根据拉扎勒斯的理论，当人们面临一种威胁情景时，会采取两个重要步骤。

（1）进行基本评价，要回答的核心问题是："此事与我有什么关系？"你需要判断此事与自己有无关系、对自己是有利还是有害。

（2）你还要进行二次评价，要回答的核心问题是："在这种情景下我能做什么？"此时你要考虑到自己的能力，并选择解决问题的方法。对情景的评价结果对于我们选择何种应对方法非常重要。例如，你可能把"在 300 人面前进行讲演"评价为一件可怕的事，也可能将其看成一次挑战自我或显示自己能力的机会。在评价中过于强调危险、失败或拒绝，往往容易导致沉重的心理压力。

五、大学生的压力：学业、社交、生活、就业

大学生面临着一系列重大的人生课题，让学生感到压力的一些原因是显而易见的，关于大学生压力的研究表明，学业、社交、生活和就业等是大学生压力来源的四个主要方面。

（一）来自学业的压力

学习是大学时代的主导活动，是大学生群体最基本的任务，尽管这一压力的强度有张有弛，并非永恒不变，但由于持续时间很长，其影响之大不可低估。学习好的学生要争取奖学金，要不断地赶超自我赶超别人，不断给自己提出更高的要求，学习不怎么好的学生要为通过考试而拼搏，要为 60 分而努力，英语四、六级、计算机等级等种类繁多的证书考试成为众人追逐的目标，过多的学习头绪、过重的学习任务，都给大学生带来巨大的压力。大学生也还是学生，学习的压力从来没有减少过。

知识链接

拖沓的健康成本

当一个老师给你布置了一项任务（每个学生生活中都会经历的压力事件），你会试图尽快完成，还是打算拖到最后一分钟？心理学家已经设计了一套测量方法，用以区分那些习惯上将事情拖后的拖沓者和那些不这样做的不拖沓者。两位研究者在健康心理学课程上将这一量表给学生使用，并在课上布置了一篇学期末论文。在学期初和学期末，学生们还被要求报告他们体验到了多少身体不适的症状。结果不出所料，拖沓者交论文的时间平均晚于不拖沓者，而且得分也普遍偏低。图 3-12 显示出了拖沓对于健康的影响。你可以看到，在学期初，拖沓者报告的症状更少。但在学期末，他们所报告的症状明显多于不拖沓者。

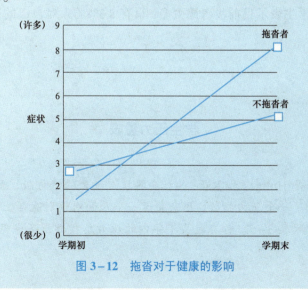

图 3-12　拖沓对于健康的影响

（二）来自社交的压力

良好的人际关系是大学生快乐生活的基础，没有良好的人际环境常常让人感到局促不安，学校环境是大学生人际交往矛盾纠纷的根源。来自五湖四海的大学生聚集在一起，由于民族风俗、生活习惯甚至语言等的不同，在这样的集体中学习、生活，难免会在人际交往方面产生矛盾冲突。有时会为生活中的某件小事斤斤计较而互不相让，互不理睬。日常交往中的磕磕碰碰和小矛盾在所难免，如何处理好这点常使处于这一关系中的大学生都要为能左右平衡而努力，进而渐感压力。

（三）来自生活的压力

首先是经济上的压力，大多数学生大学期间就读的费用主要是来自家庭的支持，由于近年来社会的发展和生活水平的变化，大学所需费用明显提高，经济上本不富裕的家庭出现了"高中生拖累全家，大学生拖垮全家"的现象，经济的困境让他们感受到了压力。其次是适应的压力，大学处于学校与社会的过渡时期，大学生已经或多或少地接触了社会，面对社会和学校之间存在的巨大差距，难免有种不知所措的感觉，在面对挫折和新的环境时，往往缺乏相应的自我调节能力，这让他们感到了适应的压力。

（四）来自就业的压力

"找份工作简直比失恋还痛苦！"随着大学的扩招、大学教育由精英教育向大众教育的转化，大学生就业不仅早已成为各级政府的工作重点，实际上也成为整个社会关注的焦点。中国社会调查所2006年完成的一项在校大学生心理健康状况调查显示，75%的大学生认为压力主要来源于社会就业；50%的大学生对于自己毕业后的发展前途感到迷茫，没有目标；41.7%的大学生表示目前没考虑太多；只有8.3%的人对自己的未来有明确的目标并且充满信心。

知识链接

学生压力量表

学生压力量表是 Holmes 和 Rahe 的社会再适应量表的修订版，如表 3-5 所示。针对每个事件都给出了一个压力指数，用来表示一个人面对这种生活上的改变时所需要的再适应的总量。对照表 3-5，你在过去半年内的压力总指数是多少呢？

表 3-5　学生压力量表

事件	分值	事件	分值	事件	分值
亲密家庭成员的死亡	100	性问题	44	低于期望的分数	29
亲密朋友的死亡	73	和亲密朋友严重的争吵	40	睡眠习惯的改变	29
父母离异	65	改换专业	39	社会活动的改变	29
服刑	63	和父母的冲突	39	饮食习惯的改变	28
个人严重的伤痛或疾病	63	和女友（或男友）的冲突	38	长期的汽车麻烦	26
结婚	58	学校工作负担的加重	37	家庭聚会次数的改变	26
被解雇	50	出众的个人成就	36	缺课过多	25
重要课程不及格	47	处于大学的第一个学期	35	更换学校	24
家庭成员健康上的变故	45	生活条件的改变	31	一门或几门课程跟不上	23
怀孕	45	和教师的激烈争论	30	轻微的交通违章	20

六、预防过度压力感，保障行车安全生产

预防职工产生过度压力感的措施很多，这里只介绍几种主要的方法。

（1）引导职工加强体育锻炼，提高职工的身体素质，增强职工对各种工作的身体适应能力。

（2）加强职工的理论学习和职业技能培训，提高职工的工作能力和工作自信心。

（3）科学设定工作岗位、分配工作任务和制定工作目标，使职工通过努力能够完成其工作要求，并注意研究不同职工的心理素质，工作安排要充分考虑职工的心理和能力，做到人尽其才，才尽其用。

（4）管理者要加强与职工的交流，使职工能够明确自己的工作职责和要求，还要及时了解职工的困难并帮助其克服困难。

（5）经常组织各类文体活动，缓解职工的工作压力。

第六节　挫折与行车安全

大学阶段是一个人人格发展、世界观形成的关键时期，由于身心发展尚未完全成熟，自我调节和自我控制能力不强，复杂的身心和社会问题，往往容易导致大学生产生挫折感和强烈的心理冲突，从而产生较大的心理压力。"人生不如意十之八九"，在我们的成长过

程中，谁没有经历过痛苦、失望和挫折呢？但是，当生活中许多挫折接踵而来时，其效应会不断积累，最终会使人因为最后一个小小的挫折而感到无法承受压力，正如俗语中所说的"压断骆驼脊背的最后一根稻草"。

什么是挫折？挫折是一种情绪体验，是人在进行有目的的活动时，遇到无法克服的障碍，致使目标不能实现而伴随的负性情绪体验。许多因素都会引起挫折感，当人的动机受到阻碍后。随着动机的强度、紧迫性或重要性的提高，人的挫折感也会增加。如果你在非常接近目标时受到了阻碍，那么你所体验到的挫折感会更强烈。如果你由于成绩差二十分而没得到"优等"，你也许会感到有些遗憾；但是如果你只差一分就能达到"优等"，那么，你将会感到非常遗憾。

一、人们面对挫折时的反应

挫折总是会引起攻击行为吗？不！挫折与攻击的联系非常紧密，在实际生活中几乎随处可见，虽然挫折与攻击常常联系在一起，但是挫折并不总是引起攻击。常见的挫折反应包括如下几个方面：

（一）坚持

挫折并不总是引起攻击。当人遇到挫折后，第一反应通常是坚持行为，而不是攻击行为。例如，当你把最后一枚硬币投进了自动售货机，按下按钮，但你要买的东西没有掉出来。此时，你可能会更用劲或更快地继续按动按钮（即顽强努力），然后，你会试探着按其他按钮（即多种反应）。坚持行为是一种健康的行为，可能克服障碍和挫折，使自己的需要得到满足，取得成功。然而，如果那台自动售货机始终不给出你所买的东西，也不退还你投进去的钱。那么，你离开之前可能会踢它一脚，通过攻击行为来表达你的愤怒。

（二）攻击和转移攻击

攻击行为是意图伤害某人或某物的一种反应，也是出现最多的挫折反应之一。如果攻击行为能够除掉障碍，那它同样也是一种正确的反应，如原始社会的人只有攻击野兽才可能获得生存。但是当许多人都想喝水，而水龙头只有一个的时候，不论你有多么渴，也没有理由去攻击别人。这时候直接的攻击行为常常具有破坏性，在现代社会中是不允许的。

转移攻击是指人们将自己的攻击目标进行转移的一种反应方式。那么攻击目标是如何被转移的？如果你的挫折来源是你的老板，那么你直接攻击他们必须付出极大的代价，比如你会被公司解雇。可见，对挫折来源的直接攻击常常是不可能的，或者是非常危险的。因此，攻击的目标可能会被转移到其他的人或物上。转移的攻击目标与最初的挫折来源相比，更趋于安全，报复性也更小。你可能曾经迁怒于并不是引起你烦恼真正原因的家人或朋友。转移攻击有时会产生连锁反应。比如，税收的增加使一家公司的老板感到挫折，老板转而责备一位雇员，雇员窝了一肚子气回到家，冲着自己的妻子大喊大叫，妻子又开始骂儿子，儿子只能拿家里的狗出气，狗再去欺负猫。我们常说的"替罪羊"就是指有些人被迫为并非自己造成的结果承担责任。

（三）逃避

面对挫折的另一种典型反应是逃避或退缩。人们在受到挫折时，感到的是压抑和痛苦，如果其他反应不能缓解人的挫折感，那么人就会设法逃避。逃避的方式有两种：一是离开挫折源，常见的做法包括退学、辞职或离婚；二是心理逃避，常见的做法包括使用药物如可卡因、酒精、大麻或镇静剂，或使自己变得情感淡漠。

二、我们在面对挫折时有什么样的心理防御

心理防御是人们用来回避、否认或者消除那些引起焦虑或威胁感的因素的心理技术，它是无意识的过程。心理防御可以减轻压力的表面症状，如忧虑、不适或痛苦，也可以用来维持理想中的自我形象，使我们对生活中的自我感到满意。个体防御机制如表 3-6 所示。

表 3-6　个体防御机制

防御机制	解释	例子
否认	否认是指通过拒绝接受或拒绝相信那些引起焦虑的信息而把自己从不愉快的现实中解救出来，简单否认或不相信是常见的反应	例如，"这不是真的，我不信，我就是不信！""一定是弄错了！""医生肯定是搞错了，这不是真的！"关于死亡、疾病和类似痛苦经验中，人们常常会运用否认
压抑	压抑是将一些自我所不能接受或具有威胁性、痛苦的经验及冲动，在不知不觉中从个体的意识中排除抑制到潜意识中	例如，人们常把过去的失败、丢面子的情景、对爱人的不满或那些不喜欢的人的名字压抑在心底，使自己记不起那些不愉快的事情
反向	反向是指把一种冲动以完全相反的方式表达出来的一种防御措施，个体通过表现出相反的行为来抑制自己带有危险性的冲动和情绪	例如，潜意识中非常憎恨儿子的母亲，却表现得对儿子极端溺爱，过度保护，母亲敌意的冲动变成了令人窒息的爱
退回	退回是指一个人在遭遇挫折时，表现出与其年龄所不应有的、像小孩一样的幼稚行为	例如，家中第二个孩子的出生使第一个孩子的行为出现变化（如撒娇、尿床）；一个已婚女性和丈夫吵架后回娘家哭诉
投射	投射是指把自己的性格、态度、动机或欲望，"投射"到别人身上，即通过夸大别人的问题而转移个体对自己问题的注意，从而减轻焦虑	例如，某人因别人无意中看他一眼，他就动手打人，认为别人瞧不起他
合理化	合理化是指为了自己的行为而编造某些合理的但不真实的理由或借口的做法	例如，学生为自己不交作业的行为提供那些合理的、可信的但不真实的理由时，他就是在使自己的行为合理化。酸葡萄和甜柠檬心理是常见的合理化现象

续表

防御机制	解释	例子
补偿	补偿是指当个体因本身生理或心理上的缺陷（或认为自己有某些缺陷或劣势），则可能会付出不同寻常的努力来克服自己的缺点，或者在其他领域做出非常杰出的成绩来弥补自己的缺陷	例如，"失之东隅，收之桑榆"，一个相貌平庸的女学生，致力于学问上的追求，而赢得别人的重视；古希腊的演说家笛莫斯安思，为了克服自己的口吃，而将石子含在口中做练习，最后成为演说家与辩论家
升华	升华是指通过可以接受的方式把受阻的欲望（如性欲）表达出来。弗洛伊德认为，艺术、音乐、舞蹈、诗歌、科学及其他一些创造性活动都是把性欲的能量转变成生产性活动的渠道	例如，一个攻击性非常强的人可以去做职业军人、拳击手或橄榄球员；贪婪的人可以成为商人，在商海中获得成功；爱撒谎的人可以通过编故事、写小说、从政，使自己的欲望得到升华

面对烦恼和挫折时，否认、压抑、反向、退回、投射和合理化等防御机制似乎都带有消极的性质，为了控制焦虑，人需要花费很大的精力来维持一个虚假的自我形象。如果过度使用防御机制，人就会变得缺乏适应能力。但是补偿和升华是具有积极作用的两种防御机制，可以帮助人们摆脱自身受到的威胁感的困扰，从而使人有机会学习和寻找更为有效的问题应对策略。

三、什么情况下会产生心理冲突

（一）双趋冲突——"鱼和熊掌不可兼得"

双趋冲突指两种目标同时出现，对个体具有同样吸引力，而由于条件限制，个体无法同时采取两种行动，这时所表现出的动机冲突。如高考报志愿、找工作、找朋友等，如果有两个目标都很有吸引力，往往不知道该如何取舍。人面临"鱼和熊掌不可兼得"的情景时，就会产生双趋冲突。双趋冲突是最容易解决的冲突，即使在面临重大选择时，人们也不难做出"二利择一"的决定。

（二）双避冲突——"前有悬崖后有追兵"

当两种目标都是人们力图回避的事物，而且只能回避其中一种时，就产生了双避冲突。例如，食物实在难吃，但不吃就得饿着；意外怀孕后既不想要孩子，又不想做人工流产；一个牙疼的病人，医生建议拔牙，但他又害怕拔牙手术，在忍受牙疼或接受拔牙手术之间需要做出选择。人们在面临"前遇悬崖，后有追兵""要么下油锅，要么跳火坑"的情景时，就会产生双避冲突。换句话说，两种选择都是不利的，但你认为只有这两条路可选。在高层失火后为什么很多人死在房间而不逃跑呢？当人们面临这样的绝境时，身体往往会"僵"在那儿，不再做任何决定，不采取任何行动。在双避冲突情景下，人们往往做出"无行动""无决定""身体僵硬"等反应。此类冲突给人的压力很大，使人找不到正面解决问题的办法。因此，人们有时会完全抛开产生冲突的情景，做出逃避的反应，这是得到解脱的一种形式。

（三）趋避冲突——"爱恨交加"

同一目标或物体对人既有吸引力，又造成一定的威胁，对于这类事物选择时产生的冲突就是趋避冲突。如想吃鱼增加营养，又不喜欢鱼的腥味；喜欢吃冰激凌、蛋糕等，但又怕发胖；想着买车方便但又怕养不起车；希望有个学位但又害怕读书。矛盾心理是一种对积极情感和消极情感的混合体验，也是趋避冲突的核心特征。例如，一位小伙约会一位有魅力但有可怕父亲的姑娘，他是否再来找她取决于他所感受到的"吸引"和"害怕"间的相对强度。由于很少有人能从趋避冲突中解脱出来，其影响在某种程度上比双避冲突更为严重。

（四）多重趋避冲突——"举棋不定"

面对多个目标或事物，每一个目标都分别具有吸引力和威胁两方面的作用。人们不能简单地选择一个目标而回避另一个目标，必须进行多重选择。如肿瘤病人对于手术与否的抉择：手术是唯一积极的治疗方案，带来生的希望，但手术风险很大；而保守治疗不能彻底祛除病根，但可拖延时日，风险较小。又如一个学历、能力有限的人，想找份既轻松、收入又高的工作，但事实上，遇到的却是要么收入高但很辛苦，要么轻松但收入低的工作，此时的选择也是如此。高考填报志愿时，两所不同层次的学校有着不同的专业，当你"举棋不定"的时候也是如此。几种选择都各自有利有弊的冲突情景在现实生活中是很常见的，多重趋避冲突不会使人感到很大的压力。只有在面临择校、择业或选择配偶等事关重大的人生选择时，多重趋避冲突才可能使人感到较大的心理压力。

知识链接

应 对 冲 突

当你面临冲突，或必须做出一个艰难的决定时，要记住：

（1）不要仓促做出重大决定。匆忙的决定常常使人后悔。即使三思而行的决定仍旧带来了损失，因为尽力了，所带来的压力也会小些。

（2）在可能的情况下，执行某种决定之前要先做一下尝试。

（3）寻求可行的折中方案。不过可能还有更好的选择，你自己没有看到，而别人却知道。

（4）如果你还是找不到理想的解决方案，那么一旦做出决定就不要再后悔。在心理冲突中总是犹豫不决，只会让你付出更高的代价。

冲突是生活的正常组成部分。通过练习，你能够学会应对很多你遇到的挫折。

（资料来源：《心理学导论——思想与行为的认识之路》）

第七节　应付方式和行车安全

案例引导

应 对 压 力

> 培训师在课堂上拿起一杯水，然后问台下的听众："各位认为这杯水有多重？"有人说是半斤，有人说是一斤，讲师则说："这杯水的重量并不重要，重要的是你能拿多久？拿一分钟，谁都能够；拿一个小时，可能觉得手酸；拿一天，可能就得进医院了。其实这杯水的重量是一样的，但是你拿得越久，就越觉得沉重。这就像我们承担着压力一样，如果我们一直把压力放在身上，不管时间长短，到最后就觉得压力越来越沉重而无法承担。我们必须做的是放下这杯水，休息一下后再拿起这杯水，如此我们才能拿得更久。所以，各位应该将承担的压力于一段时间后适时地放下并好好地休息一下，然后再重新拿起来，如此才可承担更久。"
>
> 生活中的压力是不可避免的，你必须要学会对付压力的方法，其实应付压力的最好办法就是避开应激源，例如，马上离开那些给我们造成压力的工作，但这样往往是不可能的。因此，学会如何应对压力对我们来说是非常重要的。

一、你是什么样的应对风格

知识链接

在你面对困难和挫折时，你是如何应对的，请完成表3-7中的题目，每个题目有两个答案"是""否"。请根据自己的情况选择"是"或"否"。

表3-7　你是什么样的应对风格

1. 能理智地应付困境	6. 认为"人生经历就是磨难"
2. 善于从失败中吸取经验	7. 常感叹生活的艰难
3. 制订一些克服困难的计划并按计划去做	8. 专心于工作或学习以忘却不快
4. 常希望自己已经解决了面临的困难	9. 常认为"生死有命，富贵在天"
5. 对自己取得成功的能力充满信心	10. 常常喜欢找人聊天以减轻烦恼

续表

11. 请求别人帮助自己克服困难	37. 常自卑自怜
12. 常只按自己想的做，且不考虑后果	38. 常认为这是生活对自己不公平的表现
13. 不愿过多思考影响自己情绪的问题	－39. 常压抑内心的愤怒与不满
14. 投身其他社会活动，寻找新寄托	40. 吸取自己或他人的经验去应付困难
15. 常自暴自弃	41. 常不相信那些对自己不利的事
16. 常以无所谓的态度来掩饰内心的感受	－42. 为了自尊，常不愿让人知道自己的遭遇
17. 常想"这不是真的就好了"	43. 常与同事，朋友一起讨论解决问题的办法
18. 认为自己的失败多系外因所致	44. 常告诫自己"能忍者自安"
－19. 对困难采取等待观望任其发展的态度	45. 常祈祷神灵保佑
20. 与人冲突，常是对方性格怪异引起	46. 常用幽默或玩笑的方式缓解冲突或不快
21. 常向引起问题的人和事发脾气	47. 自己能力有限，只有忍耐
22. 常幻想自己有克服困难的超人本领	48. 常怪自己没出息
23. 常自我责备	49. 常爱幻想一些不现实的事来消除烦恼
24. 常用睡觉的方式逃避痛苦	50. 常抱怨自己无能
25. 常借娱乐活动来消除烦恼	51. 常能看到坏事中有好的一面
26. 常爱想些高兴的事自我安慰	52. 自感挫折是对自己的考验
27. 避开困难以求心中宁静	53. 向有经验的亲友、师长求教解决问题的方法
28. 为不能回避困难而懊恼	54. 平心静气，淡化烦恼
29. 常用两种以上的办法解决困难	55. 努力寻找解决问题的办法
30. 常认为没有必要那么费力去争成败	56. 选择职业不当，是自己常遇挫折的主要原因
31. 努力去改变现状，使情况向好的一面转化	57. 总怪自己不好
32. 借烟或酒消愁	58. 经常是看破红尘，不在乎自己的不幸遭遇
33. 常责怪他人	59. 常自感运气不好
34. 对困难常采用回避的态度	60. 向他人诉说心中的烦恼
35. 认为"退后一步自然宽"	61. 常自感无所作为而任其自然
－36. 把不愉快的事埋在心里	62. 寻求别人的理解和同情

评分方法如下：

项目前没有"－"者，选"是"得1分，有"－"者，选"否"得1分。

1. 解决问题：1、2、3、5、8、－19、29、31、40、46、51、55。　　你的得分：（　）
2. 自责：15、23、25、37、39、48、50、56、57、59。　　你的得分：（　）
3. 求助：10、11、14、－36、－39、－42、43、53、60、62。　　你的得分：（　）
4. 幻想：4、12、17、21、22、26、28、41、45.49。　　你的得分：（　）

> 5. 退避：7、13、16、19、24、27、32、35、44、47。　　　你的得分：（　　）
> 6. 合理化：6、9、18、20、30、33、38、52、54、58、61。　你的得分：（　　）
> 指向问题的应对是解决问题、求助和合理化的总和。　　　　你的得分：（　　）
> 指向情绪的应对是自责、幻想、退避的总和。　　　　　　　你的得分：（　　）

当一个人在面对困难和挫折时，会表现出两种应对取向，即问题指向的应对方式和情绪指向的应对方式。前者是通过改变自己的行为或改变环境来改善个人和环境的关系；后者则是通过调节由于应激引起的情感上的不适来应对应激，每个人都会采取独特的方式来处理压力，并且通常是混合地采用上述两种应对策略。

一般说来，两种应对方式均有其积极的作用。着重于问题的应对方式是比较健康的方式，但并非所有的问题都是能够解决的。例如，严重的自然灾害或失去亲人，当事人可能需要先减轻情绪痛苦以保持希望和士气，进而改变压力情境。临床观察和心理咨询的实践表明，当一个人不能直面现实的时候，暂时的发泄、逃避至少可以缓和情绪应激，为个体赢得必要的心理调适时间，从而可以对问题的最终解决产生有益的影响。

为了更好地应对压力，法瑞斯建议你尽可能以解决问题的方式对待压力，把压力事件看作待解决的问题，再采取按部就班的方式来加以解决。例如，针对压力情境首先采用自问自答的方式问自己这样的问题：这里真正的问题是什么？我想要的是什么？我能采取哪些做法？这些做法会有哪些后果？我该不该这么做？假设一旦采取行动，情形将会怎样？进而采取步骤逐步加以解决。

二、压力之下我们可以做些什么

（一）乐观的思维方式

压力在很大程度上受我们对事件看法的影响，后悔或其他消极想法只会加剧生理上的紧张反应，做出错误决策的可能性也会随之增加，此时，你看问题的方式将决定你是走向"解脱"还是走向"崩溃"。

什么是乐观的思维方式呢？乐观的思维方式的特点包括：①将不愉快的经历归因为具体的原因，而不是盲目地扩大归因范围。②通常将问题归因为外部原因而不是内部原因。③将导致痛苦和疾病的原因看作是暂时的。

你的思维和行为模式会成为你压力的来源，但它们也会成为帮助你有效处置压力的重要力量。"乐观的人在生活中所遭受的挫折和悲剧并不比悲观的人少"，塞利格曼说，"但是，乐观的人能更好地应对生活中的困难"，这就是乐观的价值。所有人的生活中都会发生好事和坏事，快乐和不快乐很大程度上取决于你的态度。快乐的人倾向于看到生活的更多积极方面，甚至于当他们遇到困难的时候也是如此；快乐的人倾向于在失望的时候发现幽默，他们把挫折看作挑战，他们在失去中变得强大。简而言之，快乐与顽强相关。乐观就是期望事情能够产生好的结果，这就鼓励了他们主动去应对逆境。乐观者很少因为暂时的挫折而停顿下来，更喜欢正面去应对困难；而悲观者更愿意忽视或否认困难。这种差别的结果就是乐观者的压力和焦虑都比悲观者小很多，他们也经常比悲观者更加健康。

幽默故事两则

故事一： 一次，苏格拉底与客人谈话时，他的脾气暴躁的妻子突然跳进来大骂一通，又拿来一桶水浇在了苏格拉底的头上。苏格拉底笑了笑，对客人说："我就知道，打雷之后接着一定会下雨。"

故事二： 一次，歌德在公园散步，在一条小径上，恰与曾经对他的作品提出尖锐批评的批评家迎面相撞。那位批评家性情暴躁，看到歌德就很不礼貌地嚷道："我从不给傻子让路。"而歌德却冷静而不失幽默地说："我正好相反。"说完笑着站在一旁，让那位批评家通过。

（二）积极寻求社会支持

社会支持有许多形式，既可以来自家人，也可以来自朋友。那些爱你，与你有着密切联系的人都可以用语言或行动给予你支持。支持既可以是有形的物质支持，也可以是无形的精神支持。当你需要帮助的时候，任何与你关系密切的人都能成为支持网络的一部分。

社会支持（与他人亲密的良好关系）为人们应对压力提供了更重要的方法，具有亲密、良好的社会关系的人也会快乐、顽强、乐观和健康；来自家庭和朋友的支持会成为压力事件的缓冲垫。社会支持是他人提供的一种资源，有着很好社会支持的人是被爱、被关心、被尊重，他生活在一个彼此联系且相互帮助的社会网络当中，除了这些社会情感支持的形式外，他人还可以提供物质支持（金钱、物品、住房）和信息支持（建议、信息反馈、资讯），任何一个你与之有着明显的社会关系的人，比如你的家人、朋友、同事和室友都可以成为你在需要时的社会支持网络的一部分。心理学的研究发现，女人比男人更懂得利用社会支持系统，受到压力的女人会寻求支持，同时也支持其他人，而男人更容易变得富有侵略性或在情绪上退缩。这可能是为什么具有男子气概的男人不会寻求帮助，而女人遇到困难总是打电话给她们的朋友。很多人与他人分享良性事件，如结婚、毕业或生日，当事情变好了，他们也愿意告诉其他人，分享这样的事件可以扩大良性情绪并大大增加社会支持。分享好消息是一种重要的沟通方式，通过它使良性事件促发人们的良好状态。

作为有效的社会支持网络的一部分，你必须相信在你需要时，他人会给你提供帮助，即使在你体验到压力时你并没有真的开口求援。记住：一定要使自己时刻成为社会支持网络的一部分，千万不要让自己同社会孤立起来。

(三)锻炼你的身体

"如果你只想做一件事情来应对压力,那么就去锻炼身体吧!"我们的身体更加适应远古时代那种打猎、觅食等需要繁重体力的活动,好像不太适应现代数字世界或城市中的久坐生活。经常锻炼身体对你的健康肯定是有好处的,充满活力的体育锻炼,可以促进脑内"内啡肽"化学物质的分泌,这种物质可以使人心情振奋、精神愉悦。在我们身边,有很多爱好体育锻炼的人,他们精力充沛、活力四射、乐观向上,时时会感染周围的人。

锻炼使你的肌肉变得更加结实,还能够帮助你放松,减少压力,或许还能延长你的寿命。一项长期研究调查了 17 000 名中年人,研究结果显示,那些经常锻炼身体且锻炼强度相当于每周行走 5 小时的人,与那些"多数时间坐在沙发上看电视的人"相比,死亡率整整低了 1/3。经常锻炼不仅表现在生理方面,还表现在心理方面。锻炼通常会改变人们的心境,这会让人们离开日常的麻烦和应激源。而且,锻炼会暂时让身体免受生理压力,会让身体振作起来,因而使自己变得更加强壮。

虽然锻炼有很多好处,但是加强锻炼的决心总是非常短暂。人们总是很难维持锻炼身体的热情。参加体育活动,哪怕每次只有短短的几分钟时间,日积月累就会有很大的进步,你没有必要苛求一定要进行 30 分钟的锻炼,使自己出汗、气喘吁吁,短短 10 分钟的慢走就是良好的开始。开始很重要,更重要的是能够坚持,不至于半途而废,要做到这一点,我们应该:找到你喜欢的适合的锻炼项目;安排可用来进行锻炼的合适时间;至少有一位志同道合的锻炼伙伴。

(四)矫正无效行为

压力常会因人们的错误反应而变得更为糟糕,为了更好地应对压力,你可以"顺其自然",以顺应自然的态度,不去控制不可控制之事,对自己的症状采取接受的态度,不再抗拒和排斥这种感觉,带着它们积极地生活。但是更为重要的是你应该"为所当为",去做那些你可以控制的事情,矫正我们生活中的无效行为,有效地应对压力。

(1)放慢节奏:你可以对自己说:"关键是我与目标之间的距离有多远,一时的进展速度是次要的。最重要的是达到目标,欲速则不达。"

(2)计划:生活没有计划就会产生压力,计划性是克服压力的有效武器。要把精力放在值得做的事情上,把琐事撇在旁边。更重要的是,每当你感到有压力时,要记住三个字"简单化",越简单越好。

(3)维持心理平衡:在正常的生活中,需要顾及方方面面,严重的心理压力常常是由于你让其中某个因素占了过大的比重。其实,当你认为自己在虚度光阴的时候,也许正在做着一些非常重要的事情。我们追求的是生活质量,而不是数量。因此,需要尽量在"必要的压力"和"放松"之间保持一种平衡。

(4)承认自己能力有限:我们要为自己设定渐进的、可能达到的目标;要实事求是地设定合理的工作量;要学会拒绝接受自己不可能完成的附加任务。

(5)把自己的感觉写下来:如果你找不到人听你倾诉压力,你可以试着把你的想法和感觉写下来。那些把自己烦恼时的体验、想法和感觉写下来的人能够更好地适应压力,把自己的感觉写下来可以使思路更加清晰。

（五）静思

心理学的研究表明，静思是达到有效放松的多种途径之一。一些人经常使用静思技术来缓解自己的心理压力，他们在日常生活中的生理唤起水平和焦虑程度比较低。虽然我们不需要每天都进行静思，但是学会静思技术可以在需要时有效地阻断持续的焦虑和恐惧。开放式静思和专注式静思是静思的两种形式。

1. 开放式静思

开放式静思的特点是注意力更为开放和宽阔，个体通过扩展自己的注意来客观地体验事物的整体。

开放式静思的一种做法就是在宁静的郊外散步，抛掉所有的自我意识，在宁静中感悟世界。我们可以经常按下面的方法进行练习：当你在户外散步时，要静静地完成下面的陈述：①"现在我看到……"；②"现在我听到……"；③"现在我闻到……"；④"现我感觉到……"。一个陈述接一个陈述地进行，静静地去看、听、闻和感觉，每一种陈述完成四五次后进入下一个陈述。每次这样做的时候，把自己所看到、听到、闻到和感觉到的东西保持在意识里。整体过程你可以随意重复，多少次都可以。开始时，你很可能会说出你所体验到的事物的名称，但你要逐渐停止这样做，而只是深刻地意识到你周围的一切，不加思考，那时，你将对什么是"开放式静思"产生真正的体验。

2. 专注式静思

专注式静思的特点是把注意力集中在一个特定的关注点上，如一个物体、一种想法，或者是自己的呼吸。

专注式静思的基本要点是安静地坐着，把注意力集中在一些外部物体或者某个重复出现的内部刺激上，比如，想一个单词，你也可以把注意力集中在自己的呼吸上，在你坐着的时候，让你的呼吸保持放松和自然，尽量保持原来的速度和深度，把注意力集中在自己的呼吸上，要注意你腹部的运动，而不是鼻子和喉头。不要让其他的想法和刺激吸引你对呼吸的注意力。这在开始时可能比较困难，但是，你要不断地把注意力放在自己的呼吸上，不论出现别的什么东西都不要管。

静思的核心是放松反应，这种放松的机制也是人类生来就具有的，问题只是我们大部分人都忘了如何进行放松。因此，通过下面的指导，测试者将能够达到深度放松水平："现在，你让自己舒服地、安静地坐下；闭上眼；让你的全身肌肉深度放松，从你的脚部开始放松，逐渐向上，最后到你的面部；让身体的每个部分都保持深度的放松状态；用鼻子呼吸；要意识到自己在呼吸；每当呼气时，静静地对自己说'一'；不要去想你自己是否达到了深度放松状态；不要强迫自己，要让身体自然地逐步放松；不要分心；如果出现使你分心的想法，不要再去想它们，要不断地默诵'一'。"

对于很多人来说，静静地坐下休息可以达到放松的效果。然而，对于那些很难排除头脑中的烦恼想法的人，专注式静思可能是一种促进放松的较好方法。当然，最重要的问题不是方法，而是人的需要和愿望。只有那些每天都坚持练习放松的人才可能取得成效。我们生活在一个快节奏的社会中，每个人都会有心理负担和焦虑，而静思为我们提供了一种有效的、减轻心理压力的技术。

知识链接

放 松 训 练

（一）渐进放松训练

放松训练指导语："我现在来教大家怎样使自己放松。为了做到这一点，我将让你先紧张，然后放松全身肌肉。紧张及放松的意义在于使你体验到放松的感觉，从而学会如何保持松弛的感觉。下面我将使你全身肌肉逐渐紧张和放松，从手部开始，依次是上肢、肩部、头部、颈部、胸部、腹部、下肢，直到双脚，依次对各组肌群进行先紧后松的练习，最后达到全身放松的目的"。

第一步

"深吸一口气，保持一会儿。"（停10秒）

"好，请慢慢地把气呼出来，慢慢地把气呼出来。"（停5秒）

"现在我们再做一次。请你深深吸进一口气，保持一会儿，保持一会儿。"（停10秒）

第二步（前臂）

"现在，请伸出你的前臂，握紧拳头，用力握紧，体验你手上的感觉。"（停10秒）

"好，请放松，尽力放松双手，体验放松后的感觉。你可能感到沉重、轻松、温暖，这些都是放松的感觉，请你体验这种感觉。"（停5秒）

"我们现在再做一次。"（同上）

第三步（双臂）

"现在弯曲你的双臂，用力绷紧双臂的肌肉，保持一会儿，体验双臂肌肉紧张的感觉。"（停10秒）

"好，现在放松，彻底放松你的双臂，体验放松后的感觉。"（停5秒）

"我们现在再做一次。"（同上）

第四步（双脚）

"现在，开始练习如何放松双脚。"（停5秒）

"好，紧张你的双脚，脚趾用力绷紧，用力绷紧，保持一会儿。"（停10秒）

"好，放松，彻底放松你的双脚。"

"我们现在再做一次。"（同上）

第五步（小腿）

"现在开始放松小腿部肌肉。"（停5秒）

"请将脚尖用劲向上翘，脚跟向下向后紧压，绷紧小腿部肌肉，保持一会儿，保持一会儿。"（停10秒）

"好，放松，彻底放松。"（停5秒）

"我们现在再做一次。"（同上）

第六步（大腿）

"现在开始放松大腿部肌肉。"

"请用脚跟向前向下紧压，绷紧大腿肌肉，保持一会儿，保持一会儿。"（停10秒）

"好，放松，彻底放松。"（停5秒）

"我们现在再做一次。"（同上）

第七步（头部）

"现在开始注意头部肌肉。"

"请皱紧额部的肌肉，皱紧，保持一会儿，保持一会儿。"（停10秒）

"好，放松，彻底放松。"（停5秒）

"现在，请紧闭双眼，用力紧闭，保持一会儿，保持一会儿。"（停10秒）

"好，放松，彻底放松。"（停5秒）

"现在，转动你的眼球，从上，到左，到下，到右，加快速度；好，现在从相反方向转动你的眼球，加快速度；好，停下来，放松，彻底放松。"（停10秒）

"现在，咬紧你的牙齿，用力咬紧，保持一会儿，保持一会儿。"（停10秒）

"好，放松，彻底放松。"（停5秒）

"现在，用舌头使劲顶住上颚，保持一会儿，保持一会儿。"（停10秒）

"好，放松，彻底放松。"（停5秒）

"现在，请用力将头向后压，用力，保持一会儿，保持一会儿。"（停10秒）

"好，放松，彻底放松。"（停5秒）

"现在，收紧你的下巴，用颈向内收紧，保持一会儿，保持一会儿。"（停10秒）

"好，放松，彻底放松。"（停5秒）

"我们现在再做一次。"（同上）

（二）想象放松训练

放松训练指导语：准备好了吗？好，现在深深地吸气，慢慢地呼气，再来一遍，深深地吸气，慢慢地呼气，再来一遍，深深地吸气，慢慢地呼气，好！春天来了，一片鸟语花香的美丽景色，你静静地躺在床上，心情舒适而愉快地享受春天带给你的欢乐与愉悦。一束温暖的阳光暖暖地照在你的头顶，你觉得头部放松了，特别安逸舒服，这股暖流从整个头部慢慢地流向你的额头，你紧锁的眉头舒展开了（请你仔细体会一下眉头舒展之后的放松的感觉，你觉得好舒服好轻松），你觉得额头凉丝丝的，脸上的每一块肌肉都特别的放松，你觉得舒服极了。

（1）这股暖流从整个头部流到颈部、颈椎，你觉得颈部放松了，颈椎放松了，血液流动非常流畅，慢慢地这股暖流流向你的双肩，你的双肩放松了，每一块肌肉都得到放松，特别地舒展，血液很流畅，暖暖的，非常舒服。这种温暖的感觉流向你的前臂，你的前臂放松了，又慢慢地流向你的小臂，你的小臂放松了，然后顺着你的手掌心慢慢流向你的手指尖，你的手心暖暖的，请你体验一下手心温暖的感觉，非常地温暖，非常地放松。你再重新体验一下这股暖流从头顶慢慢流向你的双眉、额头、脸部，每一块肌肉都得到了放松，顺着你的颈部、颈椎、双肩一直流向你的手指尖，所有的疲惫都从你的手指尖流走了。

（2）这股暖流流向你的前胸后背，整个前胸后背的肌肉都特别地放松，你胃里的不舒服、炎症在慢慢地消除，你的感觉好极了，腰部非常的舒服，非常的放松。整个髋关节都非常的放松，臀部的每一块肌肉都得到彻底的放松，这股暖流从你的头部慢慢地流向你的额头、双眉，你脸上的每一块肌肉都特别地舒展，你的颈部、颈椎、腰部都特别舒服，整个身体都感觉非常的放松，请你体会一下这种放松后的舒服愉快的感觉。请你把注意力注意到你的前额，你的前额非常的放松，你试试看，体验一下这种舒服愉快的感觉。你紧锁的双眉舒展开了，你的前额凉丝丝的，头脑空空的，你的大脑中的每一个神经细胞都得到了最好的休息，你的精神非常的愉快、放松，身心舒畅。现在请你把注意力集中到你的大腿上，这股暖流慢慢地流向你的大腿，你大腿上的每一块肌纤维都非常的放松，你的膝关节也放松了，这股暖流顺着你的膝关节慢慢地流向你的小腿，你的小腿放松了，踝关节放松了，脚后跟脚掌心非常放松，体验一下脚掌心那舒适放松的感觉，非常地舒适，慢慢地这股暖流流向你的脚趾尖，你的脚趾尖非常地放松。

（3）现在从头到脚再来一遍，现在你的头部放松了，体验一下头部放松的感觉；你紧锁的眉头放松了，紧锁的眉头舒展开了；你的颈部放松了，你的颈椎放松了，你的双肩也放松了，你的手臂放松了，一股暖流顺着你的手臂流向你的手心、流向你的手指尖，所有的疲惫、烦恼都从你的手指尖流走了。当这种烦恼和疲惫都消失了的时候，你有一种无拘无束的感觉，你的感觉真的好极了。你的胸部放松了，你的躯干放松了，尤其是你的颈部、颈椎、双肩、腰部都非常地放松，你体验到一种从未有过的放松感觉。你的髋关节放松了，你的臀部放松了，你身上所有的肌肉都非常地放松，请你慢慢地体验，好舒服好轻松！现在你觉得浑身放松，心情舒畅，就像躺在湖面上随风飘荡的小船上一样，暖风徐徐吹过你的整个身躯，还有一丝淡淡的水草的香味，你闭上眼睛，深深地陶醉在这片水波荡漾的美丽风景中，你觉得心胸特别地宽广，心情特别地愉快！全身的肌肉非常地放松。好，现在请你慢慢体验一下这种放松后愉悦的感觉。现在你觉得浑身特别特别地放松，心情特别特别地愉快，你觉得舒服极了！

（4）现在你觉得浑身都充满了力量，心情特别地愉快，你头脑清醒、思维敏捷，眼睛也非常地有神气，你特别想下来散散步、听听音乐。准备好了吗？好，请你慢慢地睁开眼睛，你觉得头脑清醒，思维敏捷，浑身都充满了力量，你想马上起来出去散散步。

拓展阅读

（一）为了治愈创伤而写作

假如你因为刚刚遭受损失而感到压力：你的朋友和你打架，还污辱了你，你不再信任他了；你所爱的人并不爱你，拒绝了你；你的宠物死了，你感到很悲伤，而你的朋友却坚持要你振作起来。让你夜不能寐的或许并不是损失，而是恐惧；你因为自己的成绩而担心，因为不能告诉别人的健康问题而焦虑。无论是何种压力，你只能一人承受，而不知可以向谁求助或倾诉。但是，你还是想把心里的感受说出来，那该怎么办呢？那就要把心里的感受写下来。在这个过程中，你会更加了解你自己的心理特征。

为什么要把感受写下来而不是喊出来或把苦恼发泄掉呢？一方面，发泄情绪不足以减轻压力，也不利于你的健康，甚至可能让情况恶化，适得其反。在把自己的想法和感受写下来的时候，你只是和自己交谈。你不用迎合或取悦任何听众，也不用向任何人进行解释，所以，你可以坦诚地把所有的一切都写下来。把恐惧和悲伤写下来对情绪具有治疗作用。对那些患有免疫疾病的人来说，把感受和忧虑写下来是有益于健康的。你不用强制自己定期记录心情。你所需要的只不过是一个安静的地方，一点时间，一些文具或电子设备，以及一些能够维持这一习惯的心理投入。下面的这些建议能够让这一做法变得更加简单有效：

不要总是在电脑旁，而手写这种方式更适合个人表达，而且，你也不必把字写得工工整整，你是写给自己看的，不是别人。如果使用纸和笔，你不仅可以写，而且还可以画，甚至涂鸦。你可以用非语言的方式来表达自己。一个小小的笔记本比较适合，因为它既便宜，又方便带在身边。

选择一个主题来开始培养这个习惯。如果悲伤或恐惧让你有表达的冲动，那么你就可以以此作为开始。此外，你也可以写一写生活中能够引发情绪和思考的重要挑战。一位教授让学生记录下生活中的各种损失，无论是个人损失，还是具有纪念意义的事件，如恐怖袭击或名人的去世，都可以写一写这些事件对作者本人的意义。

不要只写感情，还要写想法。你要集中精力找出困难经历的意义，虽然你可能并不知道答案（为什么我们的关系没有维持下去呢？），但是，你可以推理和想象（也许现在正是我独处的好时机）。治疗性写作和谈话的一个重要目的就是获得洞见、成长和变化。把回忆写成有开头、发展和结尾的故事会有所帮助；你可以描述故事的主人公和情节，并且总结故事的"寓意"或学到的教训。

在你空闲的时候记录心境，坚持每周写上几页。把自己当成一个记者，不要遗留任何有助于你不再受创伤困扰的细节。尝试不同的形式，情书也好，绝交信也罢。要把你所做的各种事情区分开（如你为别人做的事情和为自己做的事情）。

坚持！要把这作为一个习惯，而不只是在不快时用来解脱的工具。一位研究者发现，只写创伤会加重痛苦，而且会让当事人变得更不开朗，更不容易摆脱不快。所以，你也应该把一些快乐的美好时光写下来，你以后会记得曾经感觉良好，而且能够记起为何会感觉良好。

写作的目的不是成为一位伟大的作家，而是帮助你疏解压力，治愈创伤。目标由你设定，规则由你制订。而且，由于这些写作"作业"是你自己布置的，所以，你大可放松，不必担心截止日期会迫近，也不用担心成绩会不好。

（二）调整自己的生活步调

调整你的生活步调，改变你的生活方式，轻松面对生活：

（1）起床足够早以避免匆忙。

（2）把收音机闹钟设置到你最喜欢的电台。

（3）花足够的时间吃早饭。

（4）列出要做的事情的清单，把最重要的事情放在最前面。

(5)留出足够的时间去上学或工作,而不是匆匆忙忙。

(6)避免把所有的课排在一起,或者一周只上几天。

(7)走路不慌不忙。

(8)一天至少有一次和其他人一起进餐。

(9)避免过量使用咖啡因、酒精或药物。

(10)每天花些时间放松,去散散步、骑自行车或者洗个热水澡。

(11)有规律地锻炼,锻炼有助于消除压力。

(12)避免拖沓,你越早开始一件工作,就越少为它感到担心。

(13)集中于手头的工作,如果需要关掉电话。

(14)在事情出错时有一个应急计划。

(15)花时间和你的朋友聊天,特别是那些乐天派。

(16)留出时间定期学习。

(17)周末计划一些休闲活动来打破压力循环。

(18)记下你想放在第二天做的没有完成的事情。

(19)上床前放松,阅读、听音乐、冥想或者观看喜剧。

案例分析

案例

1992年2月6日20:00,某铁路局武威分局兰新线打柴沟机务段QJ型2191、2194号机车按计划担当009次货物列车牵引任务,正点20:25开车。19:00 03型2191次机车乘务员出勤时,值班员发现该机班替班司炉酒醉出勤,当即决定停止其乘务工作,另安排人员出乘。20:00许,被停止出乘的酒醉司炉,将整备线4道停留机车3209号开动,撞击前部相距1.5米左右停留的QJ型1206、1973号机车后,又继续向段外推进,当外勤司机发现时,已来不及拦截。3台机车经机3、机2号道岔出段后,挤坏车站28号道岔,闯出西牵出线和原军用仓库线(设有尽头站台),最前端的1973号机车被推上尽头站台25米处脱轨,并倾斜侵入兰新正线限界影响行车。造成机车大破1台;中破1台;直接经济损失192 969元。中断正线行车9小时30分钟,构成行车重大事故。

原因分析:发生事故的直接原因是司炉违反《中华人民共和国铁路技术管理规程》第351、353条规定。司炉因醉酒而被停止工作造成心理挫折,产生挫折后不能采取正确的调适方式,而是采取极端的报复心理,最终酿成行车重大事故。另外,该段平时对职工安全教育不够,对产生挫折的职工没能及时教育和正确引导,没有防止不良行为发生。

能力检测

1. 什么是人格?它的特点有哪些?
2. 气质与性格有什么不同?
3. 希波克拉底是如何对气质类型进行划分的?

4. 弗洛伊德人格理论的主要内容是什么？
5. 埃里克森的人格理论中将人生分为几个阶段，每个阶段的主要任务是什么？
6. 简要分析大五人格理论。
7. 谈谈 A、B、C、D 型人格与人类健康的关系。
8. 如何正确适应遇到的压力和挫折？

第四章

安全生理与行车安全

掌握：人的视野范围；劳动强度及其划分；疲劳的预防与安全。
熟悉：作业活动中的心理、生理变化。
了解：人体的感官系统和神经系统，人体的运动系统和供能系统；疲劳现象的解释。

第一节 概 述

一、作业活动中心理、生理变化的影响

人在进行某项操作时，工艺过程本身的复杂性、作业环境的影响、人本身的熟练程度、自我感觉、工作任务的压力等因素都会影响人的心理或精神状态发生变化。适度的紧张，在工作中是正常和必要的，使人能保持一定的警觉，在工作过程中能够认真负责，避免出现差错。人对紧张的反应在一定的范围内，具有一定的调节能力，这种调节能力是短暂的心理和行为反应，使客观需求与主观反应之间能达到一种平衡，而不至于引起后果和疾病。但在某些情况下，如工艺操作较复杂与个人的实际能力如体力、经验及技能不符，承担的工作责任重大，某些工作的危险性较大，工作时得不到信任与支持等，这些因素使人的神经长期处在一种紧张状态下，而这些因素又是人本身的能力难以控制或改变的，会进一步导致心理压力的调节失常。这些长期从事上述工作的人员发生事故的概率较大，并且发生高血压及心血管疾病的也较多。因此，从业人员的自我感觉良好，有稳定的情绪，有自信心进行工作时，不但效率高而且能减少失误。

在制订防止人员失误管理措施的时候要考虑职业适合性，主要是考虑作业人员从事某种职业应该具备的基本条件，它着重于职业对人员能力的要求，做工作定向分析以确定职

业的特性，如工作条件，工作空间，物理环境，使用的设备、工具，操作特点，训练时间，判断难度，安全状况，作业姿势，体力消耗等特性。人员应具备的基本条件包括所负责任、知识水平、技术水平、创造性、灵活性、体力消耗、训练和经验等八个方面的情况。

职业适合性测试是在确定了某种职业的职业适合性的基础上，测试作业人员的能力是否符合该种职业的要求。职业适合性测试包括生理功能测试和心理功能测试两方面。从事某种职业的人员要求也有所不同，比如挑选宇航员对于心理素质和能力的要求就非常严格。

在职业适合性与人员选择方面，无论选择能力过高或过低的人都不利于事故预防。一个人的能力低于操作要求的水平，则由于他没有能力正确处理操作中出现的各种信息而不能胜任工作，可能发生失误；反之，当一个人的能力高于操作要求的水平时，不仅浪费人力资源，而且在工作中会由于心理紧张度过低，产生厌倦情绪、心不在焉而发生失误。

二、社会因素的影响

人除了受工作中某些因素的影响外，还会受其他因素的影响，如由工资、待遇、地位等引发的矛盾，工作调动、晋级、降职、降级、解雇、失业、家庭矛盾等都会使人的精神状态和心理发生变化，大多在涉及个人切身利益的时候，人的精神会变得紧张，工作时精神不集中，情绪不好，当员工从事危险作业时非常容易发生失误，造成事故。所以在有些国家，安排某些作业时（如高空作业、动火作业等），对于员工的相关情况要预先进行了解、以做出相应的处理，不具备条件的不能做登高等危险作业。同样，企业也应考虑这些因素，对于由某些情况导致的精神不振、有情绪的，心理压力较大的，在安排危险作业时要非常慎重。在相应的程序文件中，也应有关于这些方面的描述及处理原则措施。应提供员工与相关部门及人员进行交流的机会和渠道，及时反映出现的问题并得到解决。以避免这些问题影响正常工作，带来危险隐患。

三、工作组织及劳动负荷的影响

作业活动中工作组织的合理安排可减少疲劳程度已经被实践证明，如工作经常加班加点、兼职过多、按机械速率操作的单调重复性工作、过于频繁的轮班劳动。由于某些工作量超负荷，工作轮班安排不合理引起的疲劳程度不能得到很好的恢复，又进入下一个工作班的劳动，长此以往将会对身体健康造成损害。建筑企业实行的劳动定额超出员工的体力承受能力，为了完成定额，必然出现过度的劳动负荷，研究表明在疲劳状态下，事故发生的危险性显著增加，事故发生率也较高。建筑业等行业高处作业、地下作业的员工，在疲劳状态下导致的事故多发，正常情况下本应予以注意、预防和进行维修的危险设备和防护设施，由于疲劳使人的惰性增强，警觉能力下降，不去维修和注意预防危险，从而导致事故发生。此外，对于心血管系统也会造成不同程度的损害。在机械操作中，有很多是单调重复性工作，这种频繁重复的操作，没有多少刺激性变动。如切割作业、冲压作业、刨木作业等，在经常的单调重复状态下，大脑处于一种麻痹和抑制状态，最易发生误操作，导致断指事故。我们在有的施工现场看到，为了追求工作效率，工作班中几乎没有工间休息，也没有相应的休息场所，工人在连续的紧张状态和疲劳状态下工作，其实也难有高效率，并且容易出事故，这已是被实践证明了的。所以工作班组合理的安排工间休息，调解人的精神状态和疲劳程度对于防止事故是非常重要的。另外，采取防止人失误的技术措施，如用机器代替人、冗余系统（二人操作、人机并行、审查）、耐失误设计（联锁保护装置、紧急停车装置、险位保护装置、漏电保护装置）、警告（视觉、听觉、气味、触觉警告）等，可最大限度地减少事故发生。另外，劳动负荷过重可导致全身疲劳与局部疲劳。比如，心血管负荷加重引起的心血管系统疾患、局部疲劳引起的骨骼肌肉的损伤等现象。

四、作业环境的影响

作业环境的好坏，对于员工的影响是多方面的，比如在通风照明不良、噪声强度较大、工作空间狭窄拥挤、作业环境脏乱差、高温高湿、作业场所粉尘、毒物等暴露的环境中工作，对于员工的心理生理会产生不同程度的影响。通过对一些工地进行调查表明，员工在作业环境恶劣的条件下工作，烦躁、易怒、情绪不稳定等表现得非常明显，而且其烦恼程度与作业环境的恶劣程度成正相关。比如，噪声对于员工影响最大的方面是导致不同程度的听力损害。对于神经系统和心血管系统也会产生不同程度的影响。据有关调查结果表明，在强噪声连续作用下，神经系统的活动功能降低，中枢神经系统的兴奋和抑制过程失调，导致大脑皮层综合分析功能受到影响，出现神经衰弱症状，主要表现为耳鸣、失眠、头疼头晕、疲倦烦躁、记忆减退等。神经衰弱症候群的检出率随着接触噪声强度增加而增加，呈明显的剂量—反应关系。另外噪声还可使血管平滑肌对收缩血管物质刺激的敏感性增加，反应性增强，继而引起血管的收缩反应增强导致血压升高。接触噪声工人的高血压患病率随累计接触噪声剂量的增加而增加，对心功能的影响主要通过引起植物神经功能紊乱而导致心功能失常。在对某工程项目进行审核时，注意到其接触高温作业的员工体检结果显示，在平均年龄30岁左右的员工中不同类型的心血管疾患竟达到2/3，如左、右束支传导阻滞、心肌缺血的改变、高血压，等等。华南地区某高层建筑的主体施工高温作业调查结果表明，在高温环境下作业，85%的工人均感到口渴，80%的工人出现不同程度头痛、头晕、恶心、心烦、眼花等症状，同时有74%的工人下班后感到很疲倦或疲倦。这些与劳动环境差、作业环境温度高、劳动强度大，出汗多有很大的关系。出汗带走了大量的水分和盐，如不能得到及时的补充则进一步对机体产生影响。另外，有关研究表明，高温作业过程中高温的刺激疲劳均可使人的大脑皮质机能降低和适应能力减少，高温作业出现中枢神经系统抑制，肌肉工作能力降低已通过活动降低产热量的减少使热负荷减轻，但同时，由于注意力和肌肉工作能力、动作的正确性和反应速度的降低，极易发生工伤事故。大多数发生的个体工伤事故，都与疲劳及高温导致的应急能力下降有密切关系。查阅大量事故案例统计结果发现，不同工种的事故发生频率有较大的差异，这种差异与各工种的疲劳水平呈相关性。

在存在有毒有害物质的作业环境中工作，接触时间的长短，工作班的不同组织安排对于员工的事故发生都会产生影响。常规的工作班的事故率较低，而晚班中事故的危险性最高，原因是生物钟的影响，夜间（特别是下半夜）的员工最易发生疲劳和困倦，所以班后员工充足的休息和睡眠是非常重要的。我们在制订职业健康安全管理体系有关操作程序时，尤其对于关键岗位人员的安排上应充分考虑这类因素。

总之，事故的发生原因是多方面和复杂的，在评价这些原因时应做多方面的考虑，当一个岗位经常发生事故或事件时，不但要从设备上、防护上、交底上、教育培训上找原因，还应从管理、制度方面考虑，尤其是劳动负荷、工人体位、操作空间、精神心理因素这些人机工效方面的影响也是导致事故发生的原因之一，这样才能更好地预防事故的发生。

第二节 安 全 生 理

一、人-机-环系统模型

生产过程实质是一个复杂的人-机-环系统，在这个系统中人的生理与心理因素对过程的安全有着重要作用。人-机-环系统的模型是安全心理学的重要基础，如果把人作为系统中的一个"环节"研究，人体与安全相关的、和外界直接发生联系的三个主要系统，即感觉系统、神经系统和运动系统，而人体的其他系统是人体为完成各种功能活动的辅助系统。人-机-环系统模型如图4-1所示。人在操作过程中，机器通过显示器将信息传递给人的感觉器官（如眼睛、耳朵等），经中枢神经系统对信息进行处理后，再指挥运动系统（如手、脚等）操纵机器的控制器，改变机器所处的状态。由此可见，从机器传来的信息，通过人这个"环节"又返回到机器，从而形成一个闭环系统。人机所处的外部环境因素（如温度、照明、噪声、振动等）也将不断影响和干扰此系统的效率。显然，要使上述的闭环系统有效地运行，就要求人体结构中许多部位协同发挥作用。首先是感觉器官，它是操作者感受人-机-环系统信息的特殊区域，也是系统中最早可能产生误差的部位；其次，传入神经将信息由感觉器官传到大脑的理解和决策中心，决策指令再由大脑传神经传到肌肉；最后一步，是身体的运动器官执行各种操作动作，即所谓作用过程。对于人-机-环系统中人的这个"环节"，除了感知能力、决策能力对系统操作效率有很大影响之外，最终的作用过程可能是对操作者效率的最大限制。

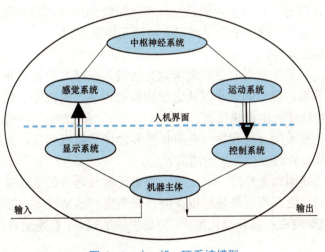

图4-1 人-机-环系统模型

二、安全生理

（一）人体的感官系统

人体的感官系统又称感觉系统，是人体接受外界刺激，经传入神经和神经中枢产生感觉的机构。人的感觉按人的器官分类共有七种，通过眼、耳、鼻、舌、肤五个器官产生的感觉称为"五感"，此外还有运动感、平衡感等。在人–机–环系统安全中用的较多的几种感官系统的结构与功能特点如下：

1. 人的视觉特征

人–机–环系统中安全信息的传递、加工与控制，是系统能够存在与安全运行的基础之一。人在感知过程中，有80%以上的信息是通过视觉获得的。视觉是最重要的感觉通道。

（1）视觉刺激。

视觉的适宜刺激是光，光是辐射的电磁波。人类所能接受的光波只占整个电磁波的一小部分。波长在380~780纳米的范围内，它约占整个光波的1/70，并可区别光的亮度和一定范围的颜色，在此波长范围之外的电磁波射线，人眼则无法看见。

（2）视觉系统。

视觉系统，包括眼、视觉传入神经和大脑皮层视区等三部分。

眼，又称眼球，是视觉的外周感受器。它是一个直径约为23毫米的球状体。眼睛的结构和照相机相似。眼睛的瞳孔、晶状体和视网膜分别相当于照相机的透镜孔、透镜和胶卷。

形成视觉的主要功能结构是眼球正中线上的折光部分和位于眼球后部的感光部分。折光部分由角膜和白色不透明的巩膜组成。角膜是透明的光滑结膜，约占眼球全面积的1/6，凭借其弯曲的形状实现眼球的折光功能。巩膜主要起巩固和保护眼球的作用。巩膜位于角膜和晶状体之间，中间有一圆孔即瞳孔，瞳孔的直径大小可根据光的强弱而自行调节，其变化范围为2~8毫米。在瞳孔后面是一扁球形弹性透明体，叫晶状体，它起着透镜作用。视网膜是眼睛的感光部分，视网膜内的感光细胞将接收到的光刺激转化为神经冲动。从而把光能转换为神经电信号。这种电信号经三级神经元传至大脑。

（3）视觉功能的主要特征。

①人眼的视觉。视觉是被看对象物的两点光线投入眼球时的相交角度，用来表示被看物体与眼睛的距离关系。视觉的大小既决定于物体的大小，也决定于物体与眼睛的距离。视角的大小与人眼到物体的距离成反比。

②人的视敏度。视敏度又称视力，是辨认外界物体的敏锐程度，是指在标准的视觉情景中感知最小的对象与分辨细微差别的能力。

影响视敏度的主要因素是亮度、对比度、背景反射与物体的运动等。亮度增加，视敏度可提高，但过强的亮度反而会使视敏度下降。在亮度好的情况下，随着对比度的增加，视敏度也会更好。视敏度在一昼夜变化很大，清晨视敏度较差，夜晚更差，只有白天的3%~5%。

③人眼的适应性。当外界光亮程度变化时，人眼会产生适应性的变化。眼睛从黑暗的

地方进入光亮的地方，或者从光亮的地方进入黑暗的地方时，眼睛不是一下子就能看清物体，而要经过一段时间才能看清，这被称为"明适应"和"暗适应"。

暗适应时，眼睛的瞳孔放大，进入眼睛的光通量增加；明适应时，由于是从暗处进入光亮处，所以瞳孔缩小，光通量减小。暗适应时间较长，一般要经过4～5分钟才能基本适应，在暗处停留30分钟左右，眼睛才能达到完全适应；明适应时间较短，一般经过1分钟左右就可达到完全适应。

④颜色视觉。光有能量大小与波长长短的不同。光的能量表现为人对光的亮度感觉；而波长的长短则表现为人对光的颜色感觉。人眼有很强的色辨能力，可以分辨出180多种颜色。波长大于780纳米的光波是红外线和无线电波等；波长小于380纳米的光波是紫外线、X射线、α射线等，它们都不能引起人眼的视觉形象。只有波长为380～780纳米的光波才称为可见光。可见光谱中不同波长引起的不同颜色的感觉如表4-1所示。

表4-1 各种颜色的波长与波长范围　　　　　　　　　　nm

颜色	标准波长	波长范围
紫色	420	380～450
蓝色	470	450～480
绿色	510	480～575
黄色	580	575～595
橙色	610	595～620
红色	700	620～780

⑤人的视野范围。视野是指人的眼球在不转动的情况下，观看正前方所能看见的空间范围，或称静视野。眼球自由转动时能看到的空间范围称为动视野。视野常以角度来表示。当人眼注视景物时，物视落在视网膜的黄斑中央，可以获得最清晰的图像，称为中央视觉；面对周围的景物产生模糊不清的图像，称为边缘视觉。在工业造型设计中，一般以静视野为依据进行设计，以减少人的疲劳。

在水平面内的视野是：两眼视区大约在左右60度以内的区域；人的最敏感的视力是在标准视线每侧10度的范围内；单眼视野界限为标准视线每侧94～104度。在垂直面内的视野是：最大视区为标准视线以上50度和标准视线以下70度。颜色辨别界限在标准视线以上30度和标准视线以下40度。实际上，人的自然视线是低于标准视线的。在一般状态下，站立时自然视线低于标准视线10度；坐着时低于标准视线15度；在很松弛的状态中，站着和坐着的自然视线偏离标准视线分别为30度和38度。

人眼的视网膜可以辨别波长不同的光波，在波长为380～780纳米的可见光谱中，光波波长只要相差3纳米，人眼就可分辨。由于可见光谱中各种颜色的波长不同，对人眼刺激不同，人眼的色觉视野也不同。白色视野范围最宽，水平方向达180度，垂直方向达130度；其次是黄色和蓝色；最窄是红色和绿色，其水平方向达60度，垂直方向红色为45度，绿色只有40度。色觉视野还受背景颜色的影响。

视距是人眼观察操作系统中指示器的正常距离。一般操作的视距为380～760毫米，其中以 560 毫米为最佳距离。

⑥视错觉。视错觉是指注意只集中于某一因素时，由于主观因素的影响，感知的结果与事实不符的特殊视知觉。引起视错觉的图形多种多样，据它们引起错觉的倾向性可分为两类：一类是数量上的视错觉，包括在大小、长短方面引起的错觉；另一类是关于方向的错觉。

视错觉有害也有益。在人-机-环系统中，视错觉有可能造成观察、监测、判断和操作的失误。但在工业产品造型中利用视错觉，可以获得满意的心理效应，例如，在房间内装饰和控制室的内部装饰设计中，对四壁墙面常采用纵向线条划分所产生的视错觉，来增加室内空间的透视感，使空间显得长一些；相反，也可利用横向线条划分所产生的视错觉，来改善室内空间的狭长感，使空间显得宽一些。另外，交通中利用圆形比同等面积的三角形或正方形显得要大 1/10 的视错觉，规定用圆形为表示"禁止"或"强制"的标志。

⑦视觉特征。

a. 眼睛沿水平方向运动比沿垂直方向运动快而且不易疲劳；一般先看到水平方向的物体，后看到垂直方向的物体。因此，很多仪表外形都设计成横向长方形。

b. 视线的变化习惯从左到右、从上到下和顺时针方向运动。所以仪表的刻度方向设计应遵循这一规律。

c. 人眼水平方向尺寸和比例的估计比对垂直方向尺寸和比例的估计要准确得多，因而水平仪表的误读率（28%）比垂直式仪表的误读率（35%）低。

d. 当眼睛偏离视中心时，在偏离距离相等的情况下，人眼对左上限的观察最优，依次为右上限、左下限，而右下限最差。视区内的仪表布置必须考虑这一特点。

e. 两眼的运动总是协调的、同步的，在正常情况不可能一只眼睛转动而另一只眼睛不动；在一般操作中，不可能一只眼睛视物；而另一只眼睛不视物。因而通常都以双眼视野为设计依据。

f. 人眼对直线轮廓比对曲线轮廓更易于接受。

g. 颜色对比与人眼辨色能力有一定关系。当人从远处辨认前方的多种不同颜色时，其易辨认的顺序是红、绿、黄、白，即红色最先被看到。所以，停车、危险等信号标志都采用红色。当两种颜色搭配在一起时，则易辨认的顺序是黄底黑字、黑底白字、蓝底白字、白底黑字等。因而公路两旁的交通标志常用黄底黑字（或黑色图形）。

2. 人的听觉特征

听觉系统是人获得外部信息的又一重要感官系统。在人机环系统中，听觉显示仅次于视觉显示。由于听觉是除触觉以外最敏感的感觉通道，在传递信息量很大时，不像视觉那样容易疲劳。因此一般用作警告显示，通常和视觉信号联用，以提高显示装置的功能。

（1）听觉刺激。

听觉的刺激物是声波。声波是声源在介质中向周围传播的振动波；波的传播速度随传播介质的特性而变化。一定频率范围的声波作用于人耳就产生了声音的感觉。人耳所能听到的声音频率范围一般为 20～20 000 赫兹；低于 20 赫兹的次声和高于 20 000 赫兹的超声，人耳听不到。

（2）人耳。

听觉系统主要包括耳、传导神经与大脑皮层听区等三个部分。耳在结构上分为外耳、中耳和内耳三部分。外耳的自然谐振频率为 2.4 千赫兹，人对 2.4 千赫兹左右的声音最为敏感。鼓膜将外耳和中耳隔开，在声波作用下自由振动，在共振条件下鼓膜达到振动匹配。中耳里有三根相互连接并形成杠杆作用的听骨，保证鼓膜的正常振动，起到阻抗匹配作用，并将压力与振幅传给内耳的淋巴液。内耳底膜上的柯蒂氏器是听觉系统的核心部分，其上布满起听觉感受器作用的毛细胞。毛细胞受到振动时，会引起神经末梢兴奋，产生电信号，即将声能转换成神经冲动传至大脑皮层听觉区。

（3）听觉的物理特性。

①频率响应。可听声主要取决于声音的频率，具有正常听力的青少年（年龄在 12～25 岁）能够觉察到的频率范围是 16～20 000 赫兹。而一般人的最佳听觉频率范围是 20～20 000 赫兹。人到 25 岁左右时，开始对 15 000 赫兹以上频率的灵敏度显著降低，当频率高于 15 000 赫兹时，听阈开始向下移动，而且随着年龄的增长，频率感受的上限逐年连续降低。但是对小于 1 000 赫兹的低频率范围，听觉灵敏度几乎不受年龄的影响，听觉的频率响应特性对听觉传示装置的设计是很重要的。

②动态范围。可听声除取决于声音的频率外，还取决于声音的强度。听觉的声强动态范围可用下式表示：

$$听觉的声强动态范围 = \frac{正好可忍受的声强}{正好能听见的声强}$$

a. 听阈。在最佳的听阈频率范围内，一个听力正常的人刚刚能听到给定各频率的正弦式纯音的最低声强，称为相应频率下的"听阈值"。可根据各个频率与最低声强绘出标准听阈曲线。

b. 痛阈。对于感受给定各频率的正弦式纯音，开始产生疼痛感的极限声强称为相应频率下的"痛阈值"，可根据各频率与极限声强绘出标准痛阈曲线。

c. 听觉区域。由听阈与痛阈两条曲线所包围的"听觉区"。

③方向敏感度。人耳的听觉效果，绝大部分都涉及所谓"双耳效应"，或称"立体声效应"，这是正常的双耳听觉所具有的特性。当听觉声压级为 50～70 分贝时，这种效应基本上取决于时差、头部的掩蔽效应等，人的听觉系统的这一特性对室内声学设计是极其重要的。

④掩蔽效应。一个声音被另一个声音所掩盖的现象，称为掩蔽。一个声音的听阈因另一个声音的掩蔽作用而提高的效应，称为掩蔽效应。应当注意，由于人的听阈的复原需要经历一段时间，掩蔽声去掉以后，掩蔽效应并不立即消除，这个现象称为残余掩蔽或听觉残留。其量值可表示听觉疲劳。掩蔽声对人耳刺激的时间和强度直接影响人耳的疲劳持续时间和疲劳程度，刺激越长、越强，则疲劳越严重。

3. 人体的其他感觉特征

（1）人的嗅觉和味觉。

嗅觉和味觉都属于化学觉，各有自己的特殊受纳器，但两者经常密切结合在一起协调工作。嗅觉是由化学气体刺激嗅觉器官引起的感受。人的嗅觉灵敏度用嗅觉阈值表示。嗅觉阈值是指能够引起嗅觉的气味物质的最小浓度。一般以每升空气中含有该物质的毫克数表示。

味觉是溶解物质刺激口腔内味蕾而发生的感觉。味蕾分布于口腔黏膜内,特别是在舌尖部和舌的侧面分布更广。

（2）人的肤觉。

从人的感觉对人-机-环系统的重要性来看,肤觉是仅次于听觉的一种感觉。皮肤是人体上很重要的感觉器官,感受着外界环境中与它接触物体的刺激。人体皮肤上分布着三种感受器：触觉感受器、温度感受器和痛觉感受器。用不同性质的刺激检验人的皮肤感觉时发现,不同感觉的感受区在皮肤表面呈相互独立的点状分布。

①触觉。

触觉是微弱的机械刺激触及了皮肤浅层的触觉感受器而引起的；而压觉是较强的机械刺激引起皮肤深部组织变形而产生的感觉,由于两者性质上类似,通常称触压觉。

触觉感受器能引起的感觉是非常准确的,触觉的生理意义是能辨别物体的大小、形状、硬度、光滑程度以及表面机理等机械性质的触感。在人-机-环系统的操纵装置设计中就是利用人的触觉特性,设计具有各种不同触感的操纵装置,以使操作者能够靠触觉准确地控制各种不同功能的操纵装置。

触觉阈限。对皮肤施适当的机械刺激,在皮肤表面下的组织将引起位移,在理想的情况下,小到 0.001 毫米（1 微米）的位移,就足够引起触的感觉。然而,皮肤的不同区域对触觉敏感性有相当大的差别,这种差别主要是由皮肤的厚度、神经分布状况引起的。

与感知触觉的能力一样,准确地给触觉刺激点定位的能力,由受刺激的身体部位不同而异。如刺激指尖能非常准确地定位,其平均误差仅 1 毫米左右。如果皮肤表面相邻两点同时受到刺激,人将感受到只有一个刺激；如果接着将两个刺激略微分开,并使人感受到有两个分开的刺激点,这种能被感知到的两个刺激点间最小的距离称为两点阈限。两点阈限因皮肤区域不同而异,其中以手指的两点阈限值最低。这是利用手指触觉操作的一种"天赋"。

②温度觉。

温度觉分为冷觉和热觉两种,这两种温度觉是由两种不同范围的温度感受器引起的,冷感受器在皮肤温度低于 30 摄氏度时开始发放冲动；热感受器在皮肤温度高于 30 摄氏度时开始发放冲动,到 47 摄氏度时为最高。人体的温度觉对保持机体内部温度的稳定与维持正常的生理过程是非常重要的。温度感受器分布在皮肤的不同部位,形成所谓冷点和热点。每一平方厘米皮肤内,冷点有 6~23 个,热点有 3 个。温度觉的强度,取决于温度刺激强度和被刺激部位的大小。在冷刺激或热刺激的不断作用下,温度觉就会产生适应。

③痛觉。

凡是剧烈性的刺激,不论是冷、热接触,或是压力等,肤觉感受器都能接受这些不同的物理和化学的刺激,而引起痛觉,组织学的检查证明,各个组织的器官内,都有一些特殊的游离神经末梢,在一定刺激强度下,就会产生兴奋而出现痛觉。这种神经末梢在皮肤中分布的部位,就是所谓痛点。每一平方厘米的皮肤表面约有 100 个痛点,在整个皮肤表面上,其数目可达 100 万个。

痛觉具有很大的生物学意义,因为痛觉的产生,将导致机体产生一系列保护性反应来回避刺激物,动员人的机体进行防卫或改变本身的活动来适应新的情况。

(3) 人的本体感觉。

人在进行各种操作活动的同时能给出身体及四肢所在位置的信息，这种感觉称为本体感觉。本体感觉系统主要包括两个方面，一个是耳前庭系统，其作用主要是保持身体的姿势及平衡；另一个是运动觉系统，通过该系统感受并指出四肢和身体不同部分的相对位置。

在身体组织中，可找出三种类型的运动觉感受器。第一类是肌肉内的纺锤体，它能给出肌肉拉伸程度及拉伸速度方面的信息；第二类位于腰中各个不同位置的感受器，它能给出关节运动程度的信息，由此可以指示运动速度和方向；第三类是位于深部组织中的层板小体，埋藏在组织内部的这些小体对形变很敏感，从而能给出深部组织中压力的信息；在骨骼、肌腱和关节囊中的本体感受器分别感受肌肉被牵张的程度；肌肉收缩的程度和关节伸屈的程度，综合起来就可以使人感觉到身体各部位所处的位置和运动，而无须用眼睛去观察。

运动觉系统在研究操作者行为时经常被忽视，原因可能是这种感觉器官用肉眼看不到，而作为视觉器官的眼睛，作为听觉器官的耳朵，则是明显可见的。然而，在操纵一个头部上方的控制件时，手的动作，都不需要眼睛看着脚和手的位置，并会自觉地对四肢不断发出指令。

在训练技巧性的工作中，运动觉系统有非常重要的地位。许多复杂技巧动作的熟练程度，都有赖于有效的反馈作用。例如在打字中，因为有来自手指、臂、肩等部肌肉及关节中的运动觉感受器的反馈，操作者的手指就会自然动作，而不需要操作者本身有意识地指令手指往哪里去按。已完全熟练的操作者，能够发现自己的一个手指放错了位置，而且能够迅速纠正。例如，汽车司机已知右脚控制加速器和刹车，左脚换挡。如果有意识地让左脚去刹车，司机的下肢及脚踝都会有不舒服之感。由此可见，在技巧性工作中本体感觉的重要性。

（二）人体的神经系统

神经系统是人体最主要的机能调节系统，人体各器官、系统的活动，都是直接或间接地在神经系统的控制下进行的。人–机–环系统中人的操作活动，也是通过神经系统的调节作用，使人体对外界环境的变化产生相应的反应，从而与周围环境达到协调统一，保证人的操作活动得以正常进行。

神经系统可以分为中枢神经系统和周围神经系统两部分。中枢神经系统由脑与脊髓组成；由脑和脊髓发出的神经纤维则构成周围神经系统。人–机–环系统中的信息在人的神经系统中的循环过程是：感受器官从外界收集信息，经过传入通道输送到中枢神经系统的适当部位，信息在这里经过处理、评价并与储存信息相比较，必要时形成指令，并经过传出神经纤维送到效应器而作用于运动器官。运动器官的动作由反馈来监控，内反馈确定运动器官动作强度；外反馈确定用以实现指令的最后效果。

大脑的机能区。脑是高级神经活动的中枢，大脑皮层能综合身体各部位收集来的信息，通过识别、记忆、判断，发出指令。人脑是一种结构上极其复杂、机能上特别灵敏的物质。成人脑的重量平均为1 400克，由延脑、脑桥、中脑、间脑、小脑和大脑所组成。脑是人体整个神经系统的中枢，大脑皮层则是最高级的调节机构。大脑皮层各个部分在功能上有不同的分工，又相互形成一个整体。它既能对各个感受器官（眼、耳、鼻、舌、肤等）所接受的信息加以分析、综合，形成映像的认识中枢，又能控制调节人的机体，成为对外界刺激做出适宜反应的最高机构，是人的心理活动最重要的物质基础。

人脑是一个最复杂的机能系统，它有三个基本的机能联合区：

第一区，是保证调节紧张度或觉醒状态的联合区。它的机能是保持大脑皮层的清醒，使选择性活动能持久地进行。如果这一区域的器官（脑干网状结构、脑内侧皮层或边缘皮层）受到损伤，人的整个大脑皮层的觉醒程度就下降，人的选择性活动就不能进行或难以进行，记忆也变得毫无组织。

第二区，是接受、加工和储存信息的联合区。如果这一区域的器官（如视觉区的枕叶、听觉区的颞叶和一般感觉区的顶叶）受到损伤，就会严重破坏接受和加工信息的条件。

第三区，是规划、调节和控制人复杂活动形式的联合区。它是负责编制人在进行中的活动程序，并加以调整和控制。如果这一区域的器官（脑的额叶）受到损伤，人的行为就会失去主动性，难以形成意向，不能规划自己的行为，对行为进行严格的调节和控制也会遇到障碍。

可见，人脑是一个多输入、多输出、综合性很强的大系统。长期的进化发展，使人脑具有庞大无比的机能结构，很高的可靠性，多余度和容错能力。人脑所具有的功能特点，使人在人–机–环系统中成为一个最重要的、主导的环节。

（三）人的运动系统与供能系统

1. 人的运动系统

人的运动系统是完成各种动作和从事生产劳动的器官系统。由骨、关节和肌肉三部分组成。全身的骨借关节连接构成骨骼。肌肉附着于骨，且跨过关节。由于肌肉的收缩与舒张牵动骨，通过关节的活动而产生各种运动。所以，在运动过程中，骨是运动的杠杆；关节是运动的支点；肌肉是运动的动力。三者在神经系统的支配和调节下协调一致，随人的意志，共同准确地完成各种动作。

（1）骨的功能。

骨是体内坚硬而有生命的器官，主要由骨组织组成。全身骨的总数约 206 块。按其结构形态和功能可分为颅骨、躯干骨和四肢骨三大部分。骨的复杂形态是由骨所担负功能的适应能力决定的，骨的主要功能有以下几点：

①骨与骨通过关节连接成骨骼，构成人体支架，支持人体的软组织和支承全身的重量，它与肌肉共同维持人体的外形。

②附着于骨的肌肉收缩时，牵动着骨绕关节运动，使人体形成各种活动姿势和操作动作，因此骨是人体运动的杠杆。

③骨构成体腔的壁，如颅腔、胸腔、腹腔与盆腔等，以保护脑、肺、肠等人体重要内脏器官，并协助内脏器官进行活动，如呼吸、排泄等。

④在骨的髓腔和松质的腔隙中充填着骨髓，其中红骨髓具有造血功能；黄骨髓有储藏脂肪的作用。骨盐中的钙和磷，参与体内钙、磷代谢而处于不断变化状态。所以，骨还是体内钙和磷的储备仓库，供人体需要。

（2）关节。

全身的骨与骨之间借一定的结构相连接，称为骨连接。骨连接分为直接连接和间接连接。直接连接为骨与骨之间借结缔组织、软骨或骨互相连接，其间不具腔隙，活动范围很小或完全不能活动，称不动关节。间接连接的特点是两骨之间借膜性囊互相连接，其间具有腔隙，有较大的活动性，这种骨连接称为关节，多见于四肢。

关节的作用主要在于它可使人的肢体有可能做曲伸、环绕和旋转等运动。如果肢体不能做出这几种运动，那么，即使最简单的运动如走步、握物等动作也是不可能实现的。

（3）肌肉组织。

肌肉是人体组织中数量最多的组织。肌肉依其形状构造、分布和功能特点，可分为平滑肌、心肌和横纹肌三种。其中横纹肌大都跨越关节，附着于骨，故又称骨骼肌。又因骨骼肌的运动均受意志支配，故又叫随意肌，参与人体运动的肌肉都是横纹肌。人体横纹肌相当发达，有400余块。每块肌肉均跨越一个或数个关节。其两端附着在两块或两块以上的骨上。

肌肉运动的基本特征是收缩和放松。收缩时长度缩短，横断面增大，放松时则相反，两者都是由神经系统支配而产生的。此外，由于中枢神经系统持续兴奋，因此肌肉保持着持续性的轻微收缩状态，这种状态叫肌肉紧张。肌肉紧张可使身体维持一定的姿势。肌肉收缩引起的运动形式，是由肌肉在骨上的位置所决定的。关节周围的肌肉可单独收缩，也可联合收缩。各种各样的活动就是肌肉以各种方式联合收缩的结果。可见，没有肌肉的收缩，人体就不可能产生任何主动运动，也就没有力。因此，人们常把骨骼肌看成是运动器官的主动部分。

2. 人的供能系统

各种人体活动都需要能量。能量的供给通过体内能源物质的氧化或酵解来实现。人体每天以食物的形式吸收糖、脂肪和蛋白质等物质，同时，通过呼吸将外界的氧气经氧运输系统输入体内，在体内将能源物质氧化产生能量，供给人体活动使用。在氧气供应不足时，上述能源物质还会通过无氧酵解产生能量。通常，将上述过程，即能源物质转化为热或机械能的过程称为能量代谢。能量代谢的强弱与人体活动水平密切相关。能量代谢是人体活动最基本的特征之一。

（1）能量的产生。

体力劳动时，供给骨骼的能量来自肌细胞中的贮能元，即称为三磷酸腺苷（ATP）的物质。肌肉活动时，肌细胞中的三磷酸腺苷与水结合，生成二磷酸腺苷（ADP）和磷酸根（Pi），同时释放出29.3千焦的能量，即

$$ATP+H_2O \longrightarrow ADP+Pi+29.3 \text{ 千焦/摩尔}$$

由于肌细胞中的 ATP 贮量有限，因此，必须及时补充 ATP。补充 ATP 的过程称为产能。产能一般通过 ATP—CP（CP 为磷酸肌酸）系列、需氧系列、乳酸系列三种途径来实现。

ATP—CP 系列、需氧系列、乳酸系列三种产能过程的一般特性如表 4-2 所示。

表 4-2 ATP—CP 系列、需氧系列、乳酸系列三种产能过程的一般特性

项目	ATP—CP 系列	需氧系列	乳酸系列
氧	无氧	需氧	无氧
速度	非常迅速	较慢	迅速

续表

项目	ATP—CP 系列	需氧系列	乳酸系列
能源	CP，贮量有限	糖原、脂肪及蛋白质	糖原、产生的乳酸
产生 ATP	很少	不产生致疲劳性副产品	有致疲劳性
劳动类型	任何劳动、包括短暂的极重劳动	几乎不受限制 长期及中等劳动	有限 短期重及很重的劳动

（2）能量代谢。

人不仅在作业过程中需要消耗能量，为了维持自身的生命需要也要消耗能量。因此，把人体内能量的产生、转移和消耗称为能量代谢。能量代谢按机体及其所处的状态分为三种：维持生命所必须的基础代谢量，安静时维持某一自然姿势的安静代谢量和作业时所增加的代谢量。三种代谢量的关系如图 4-2 所示。以每小时每平方米体表面积表示的代谢量称代谢率。

图 4-2 三种代谢能量的关系

能量代谢的测定方法有直接法和间接法。直接法就是通过热量计测定在绝热室内流过人体周围的冷却水温升情况，换算成代谢率；间接法是通过测定人体消耗的氧，再乘以氧热价（物质氧化时，每消耗 1 升氧所产生的热量称为物质的氧热价）求出能量代谢率。

（3）劳动强度分级。

①劳动强度。

劳动强度是指作业过程中体力消耗和紧张程度。它是用来计算单位时间内能量消耗的一个指标。单位时间内能量消耗多，劳动强度就大。劳动强度与作业性质有关，作业可分为静力作业和动力作业。

静力作业包括脑力劳动、计算机操作、仪器仪表监测与监控、把握工具和支持重物等作业。这种作业主要是依靠肌肉的等长收缩来维持一定的体位。静力作业的特征是能耗水平不高，即使最紧张的脑力劳动的能量消耗也不超过基础代谢量的 10%，但容易疲劳。

动力作业是靠肌肉的等张收缩来完成作业动作的，即常说的体力劳动，能量消耗较大，有时可达基础代谢率的 10～25 倍。

②劳动强度的分级。

劳动强度不同，单位时间内人体所消耗的能量也不同。从劳动生理学方面讲，以能量代谢为标准进行分级是比较合适的。这种分级可以把千差万别的作业，从能量代谢角度进行统一的定义。

目前，国内外对劳动强度分级的能量消耗指标主要有两种：一种是相对指标，即相对代谢率（RMR）。

$$\text{RMR} = \frac{\text{作业时消耗量} - \text{安静时氧消耗量}}{\text{基础代谢氧消耗量}}$$

这种指标在国外应用比较普遍,目前在我国已开始使用。

另一种是绝对指标,如 8 小时的能量消耗量、劳动强度指数等。

a. 以相对代谢率指标分级。

依作业时的相对代谢率指标评价劳动强度标准的典型代表是日本能率协会的划分标准,它将劳动强度划分为 5 个等级,如表 4-3 所示。

作业的 RMR 越高,规定的作业率应越低。一般来说,RMR 不超过 2.7 为适宜的作业;RMR 小于 4 的作业可以持续工作,但考虑精神疲劳也应安排适当休息;RMR 大于 4 的作业不能连续进行;RMR 大于 7 的作业应实行机械化。

为了使劳动持久,减少体力疲劳,人们从事的大部分作业都应低于氧上限。极轻作业氧需约为氧上限的 25%;轻作业为氧上限的 25%~50%;中作业为 50%~75%;重作业大于 75%;极重作业接近氧上限,RMR 大于 10 的作业,氧需超过了氧上限,作业最多只能维持 20 分钟。完全在无氧状态下作业,一般不超过 2 分钟。

表 4-3 劳动强度分级

劳动强度分级	RMR	作业的特点	工种举例
极轻劳动	0~1.0	1. 手指作业;2. 精神作业;3. 坐位姿势多变,立位时身体重心不移动;4. 疲劳属于精神或姿势方面的疲劳	电话交换员;电报员;修理仪表;制图
轻劳动	1.0~2.0	1. 手指作业为主以及上肢作业;2. 以一定的速度可以长时间连续工作;3. 局部产生疲劳	司机;在桌上修理器具;打字员
中劳动	2.0~4.0	1. 几乎立位,身体水平移动为主,速度相当普通步行;2. 上肢作业用力;3. 可持续几小时	油漆工、车工;木工;电焊工
重劳动	4.0~7.0	1. 全身作业为主,全身用力;2. 全身疲劳,10~20 分钟想休息	炼钢、炼铁工;土建工
极重劳动	7.0 以上	1. 短时间内全身用强力快速作业;2. 呼吸困难,2~5 分钟就想休息	伐木工;大锤工

b. 以能耗指标分级。

不同劳动强度的能耗量与相对代谢率指标对照资料如表 4-4 所示。

表 4-4 劳动强度与能耗量

性别	等级	主作业的 RMR	8 小时劳动能耗/千焦	一天能耗量/千焦
男	A	0~1	2 303~3 852	7 746~9 211
	B	1~2	3 852~5 234	9 211~10 676
	C	2~4	5 234~7 327	10 676~12 770
	D	4~7	7 327~9 085	12 770~14 654
	E	7~11	9 085~10 844	14 654~16 329

续表

性别	等级	主作业的 RMR	8小时劳动能耗/千焦	一天能耗量/千焦
女	A	0～1	1 926～3 014	6 908～8 039
	B	1～2	3 014～4 270	8 039～9 295
	C	2～4	4 270～5 945	9 295～10 970
	D	4～7	5 945～7 453	10 970～12 477
	E	7～11	7 453～8 918	12 477～13 942

c. 以劳动强度指数分级。

以劳动强度指数分级是我国于1984年颁布的体力劳动强度分级标准（GB 3869—1983），如表4-5所示。

表4-5 体力劳动强度分级

劳动强度级别	对应劳动	劳动强度指数
Ⅰ	轻劳动	≤15
Ⅱ	中劳动	～20
Ⅲ	重劳动	～25
Ⅳ	极重劳动	＞25

表4-5中体力劳动强度指数（I）计算公式如下：

$$I = 3T + 7M$$

式中 I——劳动强度指数；

T——净作业时间比率（%）；

M——8小时工作日能量代谢率（千焦/（分·平方米））；

3——实际劳动率系数；

7——能量代谢率系数。

其中：$T = \dfrac{\text{工作日总工时} - \text{休息时间} - \text{持续1分钟以上的暂停时间}}{\text{工作日总工时}} \times 100\%$

d. 以氧耗、心率等指标分级。

研究表明，以能量消耗为指标划分劳动强度时，耗氧量、心率、直肠温度、出汗率、乳酸浓度和相对代谢率等具有相同意义。典型代表是国际劳工局1983年的划分标准，它将工农业生产的劳动强度划分为6个等级，如表4-6所示。

表4-6 用于评价劳动强度的指标和分级标准

劳动强度等级	很轻	轻	中等	重	很重	极重
耗氧量/(升·分$^{-1}$)	～0.5	0.5～1.0	1.0～1.5	1.5～2.0	2.0～2.5	2.5～
能量消耗/(千焦·分$^{-1}$)	～10.5	10.5～20.9	20.9～31.4	31.4～41.9	41.9～52.3	52.3～

续表

劳动强度等级	很轻	轻	中等	重	很重	极重
心率/（次·分$^{-1}$）		75~100	100~125	125~150	150~175	175~
直肠温度/摄氏度			35.7~38	38~38.5	38.5~39	39~
排汗率/（毫升·小时$^{-1}$）			200~400	400~600	600~800	800

注：排汗率为 8 小时工作日平均数。

对每个作业的劳动强度进行评价时，本应该从体力和精神两方面考虑，但是至今仍没有一种最有说服力的方法来反映脑力和精神方面的劳动强度。因此，能量消耗指标主要用来划分体力劳动强度的大小。今后有待于研究更为简便、实用的劳动强度分级方法，以及脑力、精神劳动的分级指标。

第三节　人的作业疲劳与安全

一、作业疲劳概述

（一）疲劳的概念

疲劳是一种非常复杂的生理和心理现象，它并非由单一的、明确的因素构成，目前对疲劳的定义也有很大的差异。一般来说，在生产过程中，劳动者由于生理和心理状态的变化，产生某一个或某些器官乃至整个机体力量的自然衰竭状态，称为疲劳。疲劳感是人对于疲劳的主观体验，而作业效率下降是疲劳的客观反映。无论脑力作业、体力作业、技能作业，还是人机系统中人的效能和健康都会因疲劳而受到影响。疲劳是一种生理现象，也是一种心理现象，从本质上讲，疲劳是机体的一种正常生理保护机制。这是由于人在生产过程中身心状态产生多种变化而推定的一个概念。迄今，在科学的意义上，人们对疲劳的认识还有待于继续深化。

疲劳是劳动的结果。劳动者在连续工作一段时间后，由于长时间紧张的脑力或体力活动导致整个身体的机能降低。从生物学的理论上看，劳动是能量消耗的过程，这个过程持续到一定程度，中枢神经系统将产生抑制作用。继中枢神经系统疲劳之后，是反射运动神经系统的疲劳，反映出动作的灵敏性降低，作业效率下降。

（二）疲劳的分类

疲劳的分类方法很多，工作性质不同，产生的疲劳现象也不同，较为合理的分类是体力疲劳和精神疲劳两种现象。

1. 体力疲劳

劳动者在劳动过程中，随着工作负荷的不断累积，使劳动机能衰退，作业能力下降，且伴有疲倦感的自觉症状出现。如身体不适、头晕、头痛、注意力涣散、视觉不能追踪、工作效率降低，这种感觉累积的结果，是在生理与心理机能上产生恶化倾向。从脸色、姿势、语言及动作上可以察觉出来，感觉机能、运动机能、代谢机能均会发生不协调，造成体力不支，植物神经紊乱，不仅使作业效率下降，还会造成各种差错。在工厂里，许多事故的发生时间大都在疲劳期。疲劳的积累还会逐渐演化为器质性病变。

2. 精神疲劳

精神疲劳亦叫脑力疲劳，即用脑过度，大脑神经活动处于抑制状态的现象。人的大脑蕴藏着巨大的工作潜力，是一个极为复杂、精密的机构。一般来说，脑重1 400克，只占全身重量的2%，却拥有心脏流出血液的20%。作业者从事紧张的脑力劳动时，血耗量骤增，倘若供血中止15秒，即将神志昏迷，中止4分钟，大部分脑细胞受到破坏以致无法恢复。脑力劳动时，同样有明显肌肉紧张的表象。例如读书时，眼肌收缩；进行心算时，语肌的活动量将随问题的繁复程度而增加。注意力越集中，肌肉越紧张，消耗能量也越大，最后脑神经活动处于抑制状态，平时能解决的问题，这时就会"束手无策"。脑力疲劳与体力疲劳是相互作用的，极度的体力疲劳，降低了直接参与工作的运动器官的效率，从而影响大脑活动的工作效率；而过度的脑力疲劳，会使精神不集中，思维混乱，身体倦怠，亦影响感知速度及操作的准确性。

3. 疲劳的种类

为了能够更深刻认识疲劳的机理，可对疲劳进一步分类。

（1）局部疲劳（个别器官疲劳）。

作业中使用的部位不同，参与作业的部位由于紧张、活动频率高，在相应的局部首先产生疲劳。这时一般不影响其他部位的功能，如计算机操作人员、打字员、教师等。打字员在长时间工作之后，手指伸屈能力减退，产生疲劳，然而对于视听、感观的影响并不明显。

现代社会的劳动，由于采用了日新月异的技术手段，降低了人体总能量的消耗。然而由于特定的工作类型，身体特定部位的局部疲劳并未减轻，更何况人在作业时动作部位即使是局部的，也会由于连带关系出现全身疲劳。疲劳的部位在很大程度上受所从事的职业及工作特点影响，疲劳部位与职业的关系如表4-7所示。

表4-7 疲劳部位与职业的关系

部位	职业、作业及环境
头部	写作、谈话、讲课、听课等用脑程度强的工作；环境充斥CO，CO_2，换气不良
眼部	监视作业，计算机作业，显微镜作业，透视、校正、焊接；在低照度条件下作业
颈部	上下观察作业
耳部	听诊作业，铆接等噪声大的作业
肩部	搬运，肩及上肢作业
腕部	手连续动作的作业：钳工、打字、手工研磨等手工作业
肘部	小臂连续性的作业
胸部	吹气以及胸部支承性作业

续表

部位	职业、作业及环境
腹部	摩托车、三轮车驾驶，腹部牵引及推挡作业
腰部	反复前屈、举重向上的作业
臀部	坐位不适、坐位时间长
背部	前屈及蹲下作业
手指部	打字、包装、写字、敲击、剪纸等长时间用手指的作业
膝部	蹲下过久的作业
大腿部	蹲下及重体力劳动
小腿部	站立作业及下肢劳动
手掌部	锤工、石工等用力握紧的作业
足部	站立作业，步行作业

（2）全身性疲劳。

全身性疲劳一般是全身参与较繁重的体力劳动所致，也可能由于局部肌肉疲劳逐渐扩散而使其他肌肉疲劳连带产生的全身性反应。主观疲倦感为疲乏、关节酸痛。客观上产生操作迟钝，动作不协调，思维混乱，视觉不能追踪，错误增加，作业能力下降。

（3）智力疲劳。

智力疲劳是指长时间从事紧张的思维活动所引起的头昏脑涨、失眠或贪睡、全身乏力、没精打采、心情烦躁、倦于工作、百无聊赖等表象。一般来说，人在进行脑力作业时，需要的能量较平时增加 2%～3%，若再伴随紧张而又增加肌肉活动，能量将要增加 10%～20%。

（4）技术疲劳。

技术疲劳是需要脑力、体力劳动并重，尤其因神经系统相当紧张的劳动而引起的疲劳。如驾驶飞机、驾驶汽车、操纵设备、收发电讯等。其疲劳的倾向性由作业时脑体参与的程度而定，如卡车司机的疲劳以全身乏力为主，而电讯员则以头昏脑涨为主。

（5）心理性疲劳。

单调的作业内容很容易引起心理性疲劳。例如监视仪表的工人，表面上坐在那里"悠闲自在"，实际上并不轻松，信号率越低越容易疲劳，使警觉性下降。这时体力上并不疲劳，而是大脑皮层的一个部位经常兴奋引起的抑制。

（三）疲劳产生的机理

疲劳是劳动过程中人体器官或机体发生的自然衰竭状态，是人体能量消耗与恢复相互交替，中枢神经产生"自卫"性抑制的正常生理过程。然而对于疲劳现象的解释在学术界未能达成共识。目前主要有下述几种论点：

1. 疲劳物质累积理论

在劳动过程中，劳动者体力与脑力的不断消耗，在体内逐渐积累起某种疲劳物质（有人称其为乳酸），这种物质在肌肉和血液中大量累积，使人的体力衰竭，不能再进行有效的作业。奥博尼（D. J. Oborne）基于生物力学的理论对这一假说又做了进一步的分析，由于乳酸分解后会产生液体，滞留在肌肉组织中未被血液带走，使肌肉肿胀，进而压迫肌肉间血管，使得肌肉供血越发不足。倘若在紧张活动之后，能够及时休息，液体就会被带走。若休息不充分，继续活动又会促使液体增加。若在一段时间内持续使用某一块肌肉，肌肉间液体积累过多而使肌肉肿胀严重，结果使肌肉内纤维物质形成，这将影响肌肉的正常收缩，甚至造成永久性损伤。

2. 力源消耗理论

劳动者不论从事脑力劳动还是体力劳动，都需要不断消耗能量。轻微劳动，能量消耗较少，反之亦然。人体的能量供应是有限的，随着劳动过程的进行，体能被不断消耗，于是由于一种可以转化为能量的能源物质"肌糖原"储备耗竭或来不及加以补充，人体就产生了疲劳。

3. 中枢系统变化理论

在劳动过程中，人的中枢神经系统将会产生一种特殊的功能，即保护性抑制，使肌肉组织不致过度消耗而受损，保护神经细胞免于过分疲劳。如人体疲劳时，尽管想看书，却会不能自制地闭目而睡。在这种意义上，疲劳是对机体起保护作用的一种"信号"。

4. 生化变化理论

在劳动中，由于作业及环境引起体内平衡紊乱状态而产生了疲劳。即肌肉活动和收缩时，减少了体内淀粉的含量，分解为乳酸，并放出热能（121 千焦/克）供肌肉活动，当体内淀粉含量不足或供不应求时，就产生明显的疲劳现象。当身体休整后，肝脏又源源不断地提供动物淀粉，肌肉本身也有能力将一部分乳酸恢复为淀粉，另一部分送回肝脏重新合成，使得劳动状态继续进行下去。

5. 局部血流阻断理论

静态作业（如持重、把握工具等）时，肌肉等长收缩来维持一定的体位，虽然能耗不多，但易发生局部疲劳。这是因为肌肉收缩的同时产生肌肉膨胀，且变得十分坚硬，内压很大，将会全部或部分阻滞通过收缩肌肉的血流，于是形成了局部血流阻断。人体经过休整、恢复，血液循环正常，疲劳消除。

事实上，疲劳产生的机理，可能是上述五种理论的综合影响所致。人的中枢神经系统主管人的注意力、思考、判断等功能，不论脑力劳动还是体力劳动，最先、最敏感地反映出来的是中枢神经的疲劳，继之反射运动神经系统也相应出现疲劳，表现为血液循环的阻滞、肌肉能量的耗竭、乳酸的产生、动力定型的破坏。

（四）疲劳产生的原因

在劳动过程中，人体承受了肉体或精神上的负荷，受工作负荷的影响产生负担，负担随时间推移的不断积累就将引发疲劳，导致疲劳产生的因素是多方面的。

1. 作业强度与持续时间

劳动负担是作业强度和作业持续时间的函数。作业强度越大，持续时间越长，劳动者就越容易疲劳。

2. 作业速度

作业速度越高越容易导致疲劳。根据劳动定额学研究，每一种作业都有适合于一般作业人员的合理速度，在合理的作业速度下劳动，人可以维持较长时间而不感到疲劳，体能的支出比较轻。

3. 作业态度

劳动者的精神面貌和工作动机对心理疲劳影响极为明显。劳动热情越高，工作兴趣越大，主观疲劳的感受就越小。疲劳的动机理论认为，每个人所储存的机体能量并不像打开水龙头就会流出水来那么简单，而只有当人达到一定的动机水平时，那些分配给用于完成特定活动的能量才能得到释放，而当这一部分准备支付的能量消耗殆尽时，就会感到疲劳，尽管此时他还有剩余精力，没有把精力全用完。一个人的工作动机的水平制约和影响着他完成该项工作准备支付和实际支付的能量的多少。动机水平越高，准备支付的能量越多，越不易感到疲劳。换一个角度说，对于两个总能量相同的个体，如果各自的动机水平不同，尽管在劳动中实际感到的疲劳程度是一样的，但实际消耗的体能却是极为不同的。因此，强化工作动机，提高工作兴趣，可以减少疲劳感。

4. 作业时刻

在什么时间进行作业也影响疲劳的产生和感受疲劳的程度。比如夜班作业比白天作业容易疲劳。这和人体机能在夜间比在白天低有关。

5. 不良的作业环境

不合适的照明条件、湿度、温度、噪声、粉尘等都会增加作业人员的精神与肉体负担，造成疲劳感。

6. 影响疲劳的具体因素

（1）作业类别。

能量消耗大的劳动作业，作业速度快，作业种类多、变化大且复杂，作业范围广，精密度要求高，注意力要求高度集中，操作姿势特殊，一次性持续时间长，有危险的作业，环境恶劣的作业。

（2）作业条件。

作业不熟练，睡眠不足，上班时间过长，休息时间不足，平均拘束时间过长，年龄过低或过高，疾病，生理的周期不适。

（3）劳动者的主观条件。

劳动情绪低下，劳动兴趣不大，人际关系不和，家事不称心，担负责任重大，对疲劳的暗示，个人性格的不适应。

二、疲劳的检测方法

研究疲劳具有十分重要的意义，但目前有关疲劳的研究非常不够，人们尚无法清楚地解释疲劳的本质，还没有一种方法能够直接客观地测定和评价疲劳。只能通过对劳动者的生理、心理等指标的间接测定来判断疲劳程度。测定疲劳的内容及其有关的方法很多（但基本分为三大类，生化法、生理心理测试法、他觉观察及主诉症状调查法），实际使用时应根据疲劳的种类及作业特点选择测定方法。同时，在选择测定方法时应注意测定结果要有客观的定量指标，避免凭测定人员主观判定。测定时不能导致被试者附加疲劳、分散注意力、造成心理负担或不愉快的情绪等。疲劳的测定方法如表4-8所示。

表4-8 疲劳的测定方法

测定内容	测定方法
呼吸机能	呼吸数、呼吸量、呼吸速度、呼吸变化曲线、呼气中O_2和CO_2浓度、能量代谢等
循环机能	心率数、心电图、血压等
感觉机能	触二点辨别阈值、平衡机能、视力、听力、皮肤感等
神经机能	反应时间、闪光融合值、皮肤电反射、色名呼唤、脑电图、眼球运动、注意力检查等
运动机能	握力、背力、肌电图、膝腱反射阈值等
生化检测	血液成分、尿量及成分、发汗量、体温等
综合性机能	自觉疲劳症状、身体动摇度、手指震颤度、体重等
其他	单位时间工作量、作业频度与强度、作业周期、作业宽裕、动作轨迹、姿势、错误率、废品率、态度、表情、休息效果、问卷调查等

（一）常用的疲劳测定方法

1. 膝腱反射机能测定法

通过测定由疲劳造成的反射机能钝化程度来判断疲劳的方法。不仅适于体力疲劳测定，也适于判断精神疲劳。让被试者坐在椅子上，用医用小硬橡胶锤，按照规定的冲击力敲击被试者膝部，测定时观察落锤（轴长15厘米，重150克）落下使膝盖腱反射的最小落下角度（称为膝腱反射阈值）。当人体疲劳时，膝腱反射阈值（即落锤落下角度）增大，一般强度疲劳时，作业前后阈值差5~10度；中度疲劳时为10~15度；重度疲劳时，可达15~30度。

2. 触二点辨别阈值测定法

用两个短距离的针状物同时刺激作业者皮肤上二点，当刺激的二点接近某种距离时，被试者仅感到是一点，似乎只有一根针在刺激。这个敏感距离称作触二点辨别阈或两点阈。随着疲劳程度的增加，感觉机能钝化，皮肤的敏感距离也增大，根据两点阈限的变化可以判别疲劳程度。测定皮肤的敏感距离，常用一种叫作双脚规的触觉计，可以调节双脚间距，并从标识的刻度读出数据。身体的部位不同，两点阈值也不同。一般来说，测试的部位是右面颊上部，取水平方向。其他部位的两点阈值可参考实验数据，如表4-9所示。

表 4-9　身体不同部位的两点阈值　　　　　　　　　单位：毫米

部位	数值	部位	数值	部位	数值
指尖	2.3	面颊	7.0	胸部	36.0
中指	2.5	鼻部	8.0	前臂	38.5
食指	3.0	手掌	11.5	肩部	41.0
拇指	3.5	大足趾	12.0	背部	44.0
无名指	4.0	前额	15.0	上臂	44.5
小指	4.5	脚底	22.5	大腿	45.5
上唇	5.5	手背	31.6	小腿	47.0
第三指背	6.8	腹部	34.0	颈背	54.6
脊背中央	67.1				

3. 皮肤划痕消退时间测定法

用类似于粗圆笔尖的尖锐物在皮肤上划痕，即刻显现一道白色痕迹，测量痕迹慢慢消退的时间，疲劳程度越大，消退得越慢。

4. 皮肤电流反应测定法

测定时把电极任意安在人体皮肤的两处，以微弱电流通过皮肤，用电流计测定作业后皮肤电流的变化情况，可以判断人体的疲劳程度。人体疲劳时皮肤电传导性增高，皮肤电流增加。

5. 心率值测定法

心率，即心脏每分钟跳动的次数。心率随人体的负担程度而变化，因此，可以根据心率变化来判测疲劳程度；采用遥控心率仪可以使测试与作业过程同步进行。正常的心率是安静时的心率。一般成年人平均每分钟心跳 60～70 次（男）和 70～80 次（女），生理变动范围在 60～100 次/分。吸气时心率加快，呼气时减慢，站立时比静坐时快，坐时比卧时快。在作业过程中，一定的劳动量给予作业者机体的负荷和由于精神紧张产生的负担都会增加心率。甚至有时体力负荷与精神负荷是同时发生的，因此心率可以作为疲劳研究的量化尺度，反映劳动负荷的大小及人体疲劳程度。可以用下述三种指标判断疲劳程度，作业时的平均心率、作业刚结束时的心率、从作业结束时起到心率恢复为安静时止的恢复时间。

德国的勃朗克通过研究提出，作业时，心率变化值最好在 30 次以内，增加率在 22%～27% 以下。

6. 色名呼出时间测定法

通过检查作业者识别颜色并能正确呼出色名的能力，来判断作业者的疲劳程度。测试者准备几种颜色板，在其上随机排列 100 个红、黄、蓝、白、黑五种颜色，令被试者按顺序辨认并快速呼出色名，记录呼出全部色名所需要的时间和错误率，以时间长短和错误率的多少来判断疲劳程度。

在这项测试中，辨别、反应时间的长短受神经系统支配，当疲劳时精神和神经感觉处于抑制状态，感观对于刺激不太敏感，于是反应时间长、错误次数多。

7. 勾销符号数目测定法

将五种符号共 200 个，随机排列，在规定的时间内只勾掉其中一种符号，要求正确无误。这是一个辨识、选择、判断的过程，敏锐快捷程度受制于体力、脑力状态。因此，从勾掉符号数目的多少可以判别疲劳程度。

8. 反应时间测定法

反应时间，是指从呈现刺激到感知，直至做出反应动作的时间间隔。其长短受许多因素影响。如刺激信号的性质，被试者的机体状态等。因此，反应时间的变化，可反映被试者中枢系统机能的钝化和机体疲劳程度。当作业者疲劳时，大脑细胞的活动处于抑制状态，对刺激不十分敏感，反应时间就长。利用反应时测定装置可测定简单反应时和选择反应时。

9. 闪光融合值测定法

闪光融合值是用以表示人的大脑意识水平的间接测定指标。人对低频的闪光有闪烁感，当闪光频率增加到一定程度时，人就不再感到闪烁，这种现象称为融合。开始产生融合时的频率称为融合值。反之，光源从融合状态降低闪光频率，使人感到光源开始闪烁，这种现象称为闪光。开始产生闪光时的频率称为闪光值。融合值与闪光值的平均值称为闪光融合值，亦称为临界闪光融合值（critical flicker fusion，简称cff）。量纲为赫兹，一般在30～55赫兹。人的视觉系统的灵敏度，与人的大脑兴奋水平有关，疲劳后，兴奋水平降低，中枢系统机能钝化，视觉灵敏度降低。虽然cff值因人因时而异，不可能做出一个统一的判断准则，但人在疲劳或困倦时，cff值下降，在紧张或不疲倦时则上升。一般采用闪光融合值的如下两项指标来表征疲劳程度：

$$日间变化率 = \frac{休息日后第一天作业后值}{休息日后第一天作业前值} \times 100\% - 100\%$$

$$周间变化率 = \frac{周末作业前值}{休息日后第一天作业前值} \times 100\% - 100\%$$

在正常作业条件下，cff 值应符合表 4-10 所列标准。

表 4-10 闪光融合值评价标准

作业种类	日间变化率/%		周间变化率/%	
	理想值	允许值	理想值	允许值
体力劳动	-10	-20	-3	-13
脑体结合	-7	-13	-3	-13
脑力劳动	-5	-10	-3	-13

在较重的体力作业中，闪光融合值一天内最好降低 10%左右。若降低率超过了 20%，就会发生显著疲劳。在较轻的体力作业或脑力作业中，一天内最好只降低 5%左右。无论何种作业，周间降低率最好是 3%左右。

（二）疲劳症状调查法

目前对作业疲劳还不能直接准确地测定，除利用生理、心理等测定法间接判断疲劳外，还可以通过对作业者本人的主观感受（自觉症状）的调查统计，来判断作业疲劳程度。调查时应注意，调查的症状应真实、有代表性、尽可能调查全作业组人员、应当及时以避免因记不清楚而不能正确表述。日本产业卫生学会提出的疲劳自觉症状的具体调查内容如表 4-11 所示。疲劳症状分为身体、精神和神经感觉三项，每一项又分为 10 种。调查表可预先发给作业者，对作业前、作业中和作业后分别记述，最后计算分析 ABC 各项有自觉症状者所占的比例。

$$各项自觉症状出现率（\%）= \frac{ABC 各项分别主述总数}{10 \times 被调查人数} \times 100\%$$

在调查疲劳自觉症状的基础上，还应根据行业和作业的特点，结合其他指标的测定，综合疲劳状况和疲劳程度进行分析判断。

表 4-11 疲劳自觉症状调查表

姓名：		年龄：		记录： 年 月 日	
作业内容：					
种类	身体症状（A）		精神症状（B）		神经感觉症状（C）
1	头重		头脑不清		眼睛疲倦
2	头痛		思想不集中		眼睛发干、发滞
3	全身不适		不爱说话		动作不灵活、失误
4	打哈欠		焦躁		站立不稳
5	腿软		精神涣散		味觉变化
6	身体某处不适		对事物冷淡		眩晕
7	出冷汗		常忘事		眼皮或肌肉发抖
8	口干		易出错		耳鸣、听力下降
9	呼吸困难		对事不放心		手脚打战
10	肩痛		困倦		动作不准确

三、疲劳的预防与安全

（一）疲劳的规律

1. 疲劳的一般规律

（1）疲劳可以通过休息恢复。青年人比老年人休息恢复得快，因为青年人机体供血、供氧机能强，在作业过程中较老年人产生的疲劳要轻。体力疲劳比精神疲劳恢复得快。心理上造成的疲劳常与心理状态同步存在和消失。

（2）疲劳有累积效应。未消除的疲劳能延续到次日。当重度疲劳后，次日仍有疲劳症状。这是疲劳积累效应的表现。

（3）疲劳程度与生理周期有关。在生理周期中机能下降时发生疲劳较重，而在机能上升时发生疲劳较轻。

（4）人对疲劳有一定的适应能力。机体疲劳后，仍能保持原有的工作能力，连续进行作业，这是体力上和精神上对疲劳的适应性。工作中有意识地留有余地，可以减轻作业疲劳。

2. 疲劳与休息恢复的关系

（1）疲劳的产生与消除是人体正常生理过程。作业产生疲劳和休息恢复体力，这两者多次交替重复，使人体的机能和适应能力日趋完善，作业能力及水平不断提高。

（2）人在作业过程中体力消耗也在进行着恢复。人在作业时消耗的体力，不仅在休息时能得到恢复，在作业的同时也能逐步恢复。但这种恢复不彻底，补偿不了体力的整个消耗，对精神上的消耗同步恢复很困难。因此，在脑体劳动后，必须保证适当的、合理的休息。

（3）疲劳与恢复相互作用是适应生理、心理过程的动力平衡。作业消耗体力越多，疲劳越快，刺激恢复的作用就越强。实质上疲劳是人体中枢神经产生的保护性抑制，这种抑制作用刺激着机体恢复过程。

3. 疲劳的积累

人体疲劳是随工作过程的推进逐渐产生和发展的。按照疲劳的积累状况，工作过程一般分为四个阶段。

（1）工作开始阶段。人体的工作能力没有完全被激发出来，处于克服人体惰性的状态。这时不会产生疲劳。

（2）工作高效阶段。经过短暂的第一阶段后，人体逐渐适应工作条件，人体活动效率达到最佳状态并能持续较长时间。只要工作强度不太高，这一阶段不会产生明显疲劳。

（3）疲劳产生阶段。持续较长时间工作，伴随疲劳感增强，导致个体工作效率下降，出现了工作兴奋性降低等特征。进入这一阶段的时间依据劳动强度和环境条件而有很大差别。劳动强度大、环境差时，人体保持最佳工作时间就短。反之，维持在上一阶段的时间就会延长。

（4）疲劳积累阶段。疲劳产生后，应采取相应的措施减轻疲劳。否则由于疲劳的过度积累，会导致人体暂时丧失工作能力，工作被迫停止，严重时容易引起作业者的身心损伤。

疲劳的积累过程可用"容器"模型来说明，在作业过程中，作业者的疲劳受许多因素的影响。如工作强度、环境条件、工作节奏、身体素质及营养、睡眠等。"容器"模型把作业者的疲劳看成是容器内的液体，液面越高，表示疲劳越大。疲劳源不断地加大疲劳程度，犹如向容器内不断地倾倒液体一样。液面升高到一定程度，必须打开排放开关，降低液面。容器排放开关的功能如同人体在疲劳后的休息。容器大小类似于人体的活动极限，溢出液体意味着疲劳程度超出人体极限。只有不断地适时休息，即"排出液体"，人体疲劳的积累才不致于对身体构成危害。

（二）预防和降低疲劳的途径

1. 合理设计作业的用力方法

（1）合理用力的一般原则。

用力方法应当遵循解剖学、生理学和力学原理及动作经济原则，提高作业的准确性、及时性和经济性。

①随意性原则。静态直立姿势作业，血液分布不均匀，四肢或躯干任何部分的重心从平衡位置移开，都将增加肌肉负荷。使肌肉收缩，血流受阻，产生局部肌肉疲劳，而局部肌肉疲劳，无疑会向全身蔓延。随意姿势，虽然也使任意部分身体重心移开平衡位置，但由于这种"随意"表现为姿势的不断变化，因此，随着活动肌肉（收缩）与不活动肌肉（舒张）的交替，可使通向肌肉的血流加速，以利于静脉血液回流从而解除疲劳。

②平衡性原则。在作业中，采取平衡姿势，可以将力投入完成某种动作的有用功上，这样可以延缓疲劳的到来或者在某种程度上减少疲劳。比如托举重物，若弯腰拾起，身体随重物被提起方向作反向移动，将有部分能量内耗掉。若先下蹲，举起重物时，随重物上移，人体重心始终在同一纵轴上移动，能够与地面的支持力取得平衡。总之，运用人体自身的重量来平衡负荷是很省力的。

③经济性原则。用力中重视动作的自然、对称而有节奏。包括：

a. 动作对称。可使身体用力后能够保持平衡与稳定。如双手操作时，同时并做，会合理地使用双手，减轻疲劳程度，提高作业效率。国外有专家指出，若左手稍加训练，效率可达到右手的80%。

b. 节奏约束。会避免由于动作减速而浪费能量。

c. 动作自然。这是实现平衡性和节奏性的保证。一般动作具有交替性或者对称性。左右两手一手伸、一手屈称作交替运动。双手同时伸或同时屈叫对称运动。交替运动使大脑两半球相互诱导，比单手运动出现疲劳晚。对称运动能使两手处于平衡，减轻体力与精神上的紧张感。不论交替运动还是对称运动都是动作自然的表现。

④降低动作等级原则。作业时的动作应符合动作经济原则。要尽可能避免全身性动作，可用手指完成的作业，最好不用手臂去做，手臂可以完成的作业，就不要动用整个身体。在作业中尽量用较低的动作级别去完成，达到经济省力的目的。人体动作级别分类如表4-12所示。

表4-12 人体动作级别分类

级别	枢轴点	人体运动部位
1	指节	手指
2	手腕	手及手指
3	肘关节	前臂、手及手指
4	肩关节	上臂、前臂、手及手指
5	身躯	躯干、上臂、前臂、手及手指

（2）正确的作业姿势和体位。

任何一种作业都应选择适宜的姿势和体位，用以维持身体的平衡与稳定，避免把体力浪费在身体内耗和不合理的动作上。

①搬起重物时，不弯腰比弯腰少消耗能量，可以利用蹲位。假若弯腰搬起 6 千克的重物，同样体力消耗的蹲位可以搬起 10 千克的重物。

②提起重物时，手心向肩可以获得最大的力量。

③搬运重物时，肩挑是最佳负荷方式，而单手夹持要比最佳方式多消耗40%的能量。

④向下用力的作业，立位优于坐位，立位可以利用头与躯干的重量及伸直的上肢协调动作获得较大的力量。

⑤推运重物时，两腿间角度大于 90 度最为省力。

⑥负荷方式不同，能量消耗也不同。若以肩挑作为比较的基点，能耗指数为 1，不同负荷方式下的能耗如表 4-13 所示。

表 4-13 不同负荷方式下的能耗

负荷方式	肩挑	一肩扛	双手抱	二手分提	头顶	一手提
能量消耗	1.00	1.07	1.10	1.14	1.32	1.44

⑦作业空间的设计要考虑作业者身躯的大小。如作业空间狭窄，往往妨碍身体自由、正常地活动，束缚身体平衡姿势与活动维度，容易使人产生疲劳。

⑧用眼观察时，平视比仰视和俯视效果好，可以减缓疲劳。一般纵向最佳视野在水平视线向下 30 度的范围内，横向最佳视野在 60 度视角范围内。

⑨根据作业特点选择坐位和立位。坐位不易疲劳，但活动范围小；立位容易疲劳，但活动范围大。一般作业中经常变动体位、用力较大、机台旁容膝空间较小、单调感强等适宜立位；而作业时间较长，要求精确、细致、手脚并用等适宜坐位。

2. 合理安排作业休息制度

休息是消除疲劳最主要的途径之一。无论轻劳动还是重劳动，无论脑力劳动还是体力劳动，都应规定休息时间。休息的额度、休息方式、休息时间长短、工作轮班及休息日制度等应根据具体作业性质而定。如果劳动强度大，工作环境差，需要休息的时间长，休息的次数多；若体力劳动强度不大，而神经或运动器官持续紧张的作业，应实行多次短时间休息；一般轻体力劳动只需在上、下午各安排一次工间休息即可。

（1）休息时间。

要按作业能力的动态变化适时安排工间休息时间；不能在作业能力已经下降时才安排休息。休息开始时间，最好在进入疲劳期之前。因为当劳动时间按等差级数递增时，恢复体力的时间按等比级数增加。延长劳动时间不利于消除疲劳。要科学界定休息时间。

"超前"的休息，事实上是对疲劳产生的"预先控制"，防疲劳于未然。因此规定在上班后 1.5~2 小时休息是合理的。短暂的休息时间，不仅不会影响作业者作业潜力的发挥，还会消除即将开始积累起来的轻度疲劳，使作业者产生适应性，将接下来的作业能力水平提到一个新高度。

在高温或强热辐射环境下的重体力劳动，需要多次的长时间休息，每次 20~30 分钟，劳动强度不大而精神紧张的作业，应多次休息而每次时间可短暂。精神集中的作业持续时间因人而异，一般来说，可以集中精神 2 小时左右，之后人的身体产生疲劳，精神便涣散，必须休息 10~15 分钟。

（2）休息方式。

①积极休息，亦叫交替休息。生理学认为，积极休息比消极休息使工作效率恢复快 60%~70%。如脑力劳动疲劳后，可以做些轻便的体力活动或劳动，可使过度紧张的神经得到调节。久坐后，站立起慢走，可解除坐位疲劳。室内工作久了，去室外活动，将会心旷神怡。又如长时间低头弯腰，颈部前屈，流入脑部的血液减少，便产生疲劳。伸腰活动可改变血液循环的现状，能得到更多的养料和氧气，使废物及时排除，腰部肌肉也能得到锻炼。上述种种交替作业或活动，其原理都是共通的，可使机体功能得以恢复，解除疲劳。

积极休息可以运用在企业现场的作业设计中，如作业单元不宜过细划分。要使各动作之间、各操作之间、各作业之间留有适当的间歇。可使双手或双脚交替活动。在劳动组织中进行作业更换。譬如脑体更换及脑力劳动难易程度的更换，使作业扩大化，工作内容丰富化，以免作业者对简单、紧张、周而复始的作业产生单调感。适时的工间休息、做工间体操也会缓解疲劳。工间操应按各种不同作业的特点来编排。另外，还要适当配合作业进行短暂休息，亦叫工间暂歇，如动作与动作、操作与操作、作业与作业间的暂时停顿，要注意工作中的节律。

②消极休息，也叫安静休息。重体力劳动一般采取这种休息方式。如静坐、静卧或适宜的文娱活动，令人轻松愉悦。可以根据具体情况划分为，以恢复体力为主要目的者，可进行音乐调节；弯腰作业者，可做伸展活动；局部肌肉疲劳者，可多做放松性活动；视、听力紧张的作业及脑力劳动，要加强全身性活动，转移大脑皮层的优势兴奋中心。

3. 改善工作内容克服单调感

单调作业是指内容单一、节奏较快、高度重复的作业。单调作业所产生的枯燥、乏味和不愉快的心理状态，称为单调感。

（1）单调作业种类及其特点。

单调作业种类很多，例如，各种流水线上的工作，如从事流水生产线上的检查作业和装配作业等；使用机器和工具进行简单、重复操作，如冲压、锻造等作业；自动化工厂控制室的检查、监视和控制作业等。

单调作业的特点是，作业简单、变化少、刺激少，引不起兴趣；受制约多，缺乏自主性，容易丧失工作热情；对作业者技能、学识等要求不高，易造成作业者消极情绪；只完成工作的一小部分，体验不到整个工作的目的、意义；作业只有少量单项动作，周期短，频率高，易使身体局部出现疲劳和引起心理厌烦。

（2）单调作业引起疲劳的原因。

单调作业虽然不需要消耗很大的体力，但千篇一律重复出现的刺激，使人的兴奋始终集中于局部区域，而其周围很快会产生抑制状态，并在大脑皮质中扩散，经过一段时间，就会出现疲劳现象。此外，随着技术不断进步，劳动分工越来越细，使作业在很小的范围内反复进行，这种高度单调的作业，压抑了作业者的工作兴趣，引起极度厌烦和消极情绪，产生心理疲劳。其主要表现为感觉体力不支、注意力不集中、思维迟缓、懒散、寂寞和欲睡等。

（3）单调感的特点。

单调感直接影响工作效能。作业时产生的单调感，影响作业者的情绪和精神状态，提前产生疲劳感，造成工作效率降低，错误率增加，工作质量下降。单调感与生理疲劳不同。疲劳产生于繁重劳动和紧张工作后，有渐进性、阶段性，表现作业能力降低。而单调感在轻松的作业中也会发生，起伏波动，无渐进性、阶段性，作业能力时高时低、不稳定。

（4）避免单调的措施。

①培养多面手。变换工种；从事基本作业的工人兼辅助作业或维修作业；工人兼做基层管理工作。

②工作延伸。按工作进程延续扩展工作内容，如参与研究、开发、制造等，激发工作热情和创造力。

③操作再设计。在操作设计上根据人的生理和心理特点进行重组，如合并动作、合并工序，使工作多样化、丰富化。

④显示作业的终极目标。设立作业的阶段目标，使作业者意识到单项操作是最终产品的基本组成。中间目标的到达，会给人以鼓舞，增强信心。

⑤动态信息报告。在工作地放置标识板，每隔相同时间向工人报告作业信息，让工人知道自己的工作成果。

⑥推行消遣工作法。作业者在保证任务完成的前提下，可以自由支配时间，如弹性工作制等；这样会使时间浪费减少，充分利用节约的时间去休息、学习、研究，提高工作生活质量。

⑦改善工作环境。可利用照明、颜色、音乐等条件，调节工作环境，尽可能适宜于人。

4. 改进生产组织与劳动制度

生产组织与劳动制度是产生疲劳的重要影响因素之一。包括经济作业速度、休息日制度、轮班制等。

（1）经济作业速度。

经济作业速度是指进行某项作业能耗最小的作业速度。按这一速度操作，既经济合理又不易产生疲劳，持续作业时间长。

在作业中过快操作，会造成作业者的强负荷；过慢还会引起情绪焦躁、烦恼，使动作间断，注意力不集中。恰如其分的作业速度不易确定。可由速度相同的人组成作业班组；也可据不同作业者的速度潜力，设计操作组合。值得注意的是，最快、最短时间的动作方式可能是有利的，但将加速疲劳的到来，因此短暂的间歇时间是经济作业速度中的必要因素，可运用时间研究的方法，确定适当的宽放率。一般来说，在传送带上实行自主速率会优于规定速率，对人的心理有积极的影响作用。事实上经济作业速度因人的身体素质、人种以及熟练程度等因素而异。

（2）休息日制度。

休息日制度直接影响劳动者的休息质量与疲劳的消除。在历史上，休息日制度经历了一定的变革。第一次世界大战以后，许多国家都实行每周工作56小时。第二次世界大战初期，英国将56小时/周延长至69.5小时/周。由于人民的爱国热情，生产在初始阶段上升10%，但不久又从原水平降低了12%，随之缺勤、发病、事故也频频增加。第二次世界大战后，许多国家实行40小时/周的工时制度。目前，发达国家的休息日制度的发展趋势是多样化和灵活化，有些国家的周工作时间缩短到40小时以下。我国现实行了每周五天工作制。面对富余出来的休息时间，中国人原有的工作生活轨迹悄然发生了变化，这必将有利于提高人们的工作生活质量。

（3）轮班制。

轮班制分为单班制、两班制、三班制或四班制等。应当根据行业的特点、劳动性质及劳动者身心需要安排轮班方式。如纺织企业的"四班三运转"，煤炭企业的"四六轮班"，冶金、矿山企业的"四八交叉作业"。国外还实行"弹性工作制""变动工作班制""非全日工作制""紧缩工作班制"等轮班制度。

对于日夜轮班制度的研究，必须同时考虑工作效率和劳动者的身心健康。研究表明，夜班工作效率比白班约降低8%，夜班作业者的生理机能水平只有白班的70%，表现为体温、血压、脉搏降低，反应机能亦降低，从而工作效率下降。统计资料表明，凌晨3：00—4：00工作错误率最高；凌晨2：00—4：00，电话交换台值班员的答话速度比在白班时慢1倍。这是因为人的生理内部环境不易逆转。夜班破坏了劳动者的生物节律。夜班作业者疲劳自觉症状多，人体的负担程度大，连续3～4天夜班作业，就可以发现有疲劳累积的现象。甚至连上几周夜班，也难以完全习惯。另一原因是夜班作业者在白天得不到充分的休息。这种疲劳，长此以往将会给作业者的身心健康带来不利影响。

为了使生物节律与休息时间相一致，可以通过环境的明暗、喧闹与安静的交替来实现。环境的变化如强制性的颠倒，人的生理机制会通过新的适应，改变原节律，但这种适应却要经过很长一段时间。体温节律的改变要5天；脑电波节律的改变要5天；呼吸功能节律的改变要11天；钾的排泄节律的改变要25天。因此，工作轮班制的确定必须考虑合理性、可行性，尽量减少对生物节律的干扰。无可奈何时，也要改善夜班作业的场所及其劳动、生活条件。

现在我国许多企业在劳动强度大、劳动条件差的生产岗位，都实行"四班三运转制"，效果不错，工人作业时精神和体力都处于良好状态，缺勤者少，工效高。这是因为每班只连续2天，8天中分为2天早班、2天中班、2天夜班，又有2天休息。变化是延续而渐进的，减轻了机体不适应性疲劳。

从上面的分析可见，疲劳对安全的威胁是显而易见的。疲劳意味着劳动者的生理、心理机能下降，对安全生产产生种种不利影响，许多事故都是在疲劳状态下发生的，是造成事故的重要原因。大量研究表明，事故发生率较高的时候通常是在工作即将结束的前2个小时，一般事故高峰期是上午的11：00和下午的4：00，而这个时候正是劳动者疲劳积累到相当程度的时刻。

知识链接

地铁列车司机轮班制作业方式引起驾驶疲劳的影响因素

在轨道交通运输的人机系统中，司机作为列车的驾驶者，其驾驶状态与驾驶效能密切相关，直接关系乘客的出行安全、轨道交通的输送能力和运输效率。由于地铁列车司机需要严格遵循运行图进行轮乘，以满足不断增长的运营需要和连续性服务的要求。因此，需要寻求一种高效、科学、可行的轮班模式，最大限度地降低列车司机在驾驶作业中的疲劳等级，从而保证轨道交通的运输安全。

(一) 轮班制度对于疲劳的影响

地铁列车司机无论是工作性质和环境，还是要求保持的注意集和重复性，都容易产生驾驶疲劳这种情况。驾驶疲劳是司机在较长时间内连续行车后产生的生理、心理机能，以及驾驶操作效能下降的现象。为有效防止列车司机在轮班作业中产生驾驶疲劳，需要深入研究轮班制作业对疲劳的影响。轮班制作为一个复杂系统，其对疲劳的主要影响因素有作业时域、作业持续时间、工作间歇、睡眠缺失程度和轮班模式等。

1. 作业时域。

作业时域的影响实质上是生物节律的影响。生物节律是生物体按照自己特定的时间表运动的规律，具有内源性。人体的生物节律是时间的函数，在一天中人体有其固有的最佳工作时间和睡眠时间，在不同的时刻生理机能所表现的活力水平存在较大差异，这是由人体的时间结构决定的。人体体温在 4:00 前后最低，8:00 后迅速上升，随后缓慢上升，到 12:00 前后达到最高值，然后又转为下降，入夜后下降速度加快。警觉性的变动趋势和体温变化方向一致且基本同步。合理的轮班制度应遵循人体的生物节律，将作业时间安排在人体机能活力水平较高的时段。研究表明，作业者在夜班工作时的生理机能水平只有白班工作时的 70%。因此，早班和夜班的时间安排都破坏了人体的"睡眠—觉醒"节律，也导致司机体温周期发生颠倒。早班司机需要在清晨进行出车前的准备工作，而此时体温和警觉性都处于低水平阶段，司机因睡度高、疲劳感强烈，夜班司机退勤后在白天睡眠，破坏了正常人夜间睡眠期与体温低值期同步的关系，由于白天睡眠质量较低，甚至在睡眠后仍未消退疲劳感，久而久之也会造成司机疲劳累积。

2. 作业持续时间。

一般在开始执行驾驶作业的 1 小时内，司机尚未完全进入驾驶状态，驾驶效能不高，发生事故的风险较大，随着时间的推移，司机将达到最佳驾驶状态，警觉性较高，因而应安排司机维持一定时长的驾驶作业，使其驾驶绩效得到充分发挥。经过最佳驾驶状态后，司机疲劳感加剧，驾驶效能下降，发生事故的风险也逐渐升高，加之司机室噪声大、电磁辐射高、驾驶作业动作单调，因此驾驶作业周期不宜过长。

3. 工作间歇。

在作业期间合理地安排休息时间有助于司机缓解疲劳感，及时恢复作业能力。工作间歇的安排应综合考虑休息的时域、时长和频率 3 个方面。另外，为维系身体机能正常的化合作用和保持适宜的血糖水平，应提供足够的进食时间。人体一般通过持续的睡眠以减轻至消除作业期间积累的疲劳，由于昼夜节律紊乱，加之白天光线、噪声、家务劳动，以及社会事务等因素都会干扰人的睡眠，夜班司机很难在白天获得足够的睡眠，入睡困难，睡眠不深，有效睡眠时间平均缩短 2 小时。因此，应给予轮班司机充足的睡眠时间。

4. 睡眠缺失程度。

睡眠缺失程度与工作模式密切相关，具有积累的倾向。睡眠欠缺导致疲劳的积聚，

第四章 安全生理与行车安全

对司机的驾驶效能和警觉水平造成损伤。执行夜班和早班作业任务的司机，通常其有效睡眠时间都在 8 小时以下，存在不同程度的睡眠缺失，数日累积，其疲劳程度将超出人体能承受的极限，对身心健康也会造成一定影响。长期连续作业产生的疲劳恢复时间取决于工作难度、强度，以及睡眠缺失程度。作业难度越大、强度越高、睡眠缺失的累积效应越大，需要的恢复时间越长。

5. 轮班模式。

顺时针轮换使人体节律相位延后，而逆时针轮换使人体节律相位超前。人体的生物节律一般以 25 小时为周期循环，受到生物节律延迟的影响（24 小时），人体适应时间顺差的能力要好于适应时间逆差的能力。顺时针轮换模式除了遵循人体的生物节律外，可在两个班次轮换之间提供更多的休息时间，对于缓解疲劳感更加有利。

依据每个班次持续的时间，轮班速度通常分为快速轮班（1~4 天）、中速轮班（1~2 周）和慢速轮班（3~4 周）。欧洲普遍流行快速轮班，美国是中速轮班，而发展中国家则倾向于慢速轮班。慢速轮班会引起人体节律相位产生不同程度的偏移。快速轮班与慢速轮班相比，对生物节律的干扰明显减少，可降低睡眠缺失的累积效应，使轮班司机尽可能保持原有的生物节律，对轮班作业呈现更好的适应性。中速轮班通常为按周轮换，司机通过 4~5 天的调整，其生物钟刚适应当前的轮班，因班次更替不得不重新调整，人体节律经常处于不稳定的过渡状态，是最不可取的。

6. 实例情况与评估方法。

北京地铁 2 号线经过市中心的繁华地段，线路呈环状并与多条线路换乘。2 号线运输量大、行车密度高，司机作业强度大，现行轮班制度为：四班三运转 27 个位置，即分为 A，B、C、D 4 个班组。白班、夜班、早班 3 个班次；每天有 3 个班组分别承担白班、夜班、早班的运行任务，一组轮空，每个班次中有 27 个轮换岗位。夜班司机退勤后在机务段休息，次日清早执行早班作业任务。根据现行轮班表，追踪其中一组司机从上 1 位白班（第 1 运行位）到上 27 位白班（第 79 运行位）的整个轮乘过程，历时 105 天，以此为周期进行轮班司机的疲劳风险分析。

7. 疲劳指数评估。

基于北京地铁 2 号线现行运行时刻表，参照疲劳指数的计算准则，得到轮班司机疲劳指数的评估结果，如图 4-3 所示。在 79 个运行位置中承担部分位置运营任务的司机

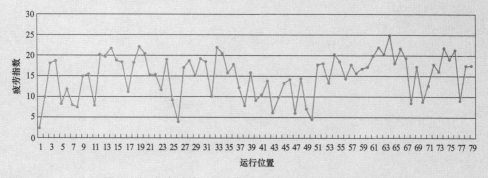

图 4-3 北京地铁 2 号线各运行位置司机疲劳指数变化

疲劳程度较高。其中，第 9、10、12、13、14、19、20、33、34、39、51、52、54、61、62、63、66、74、76 共有 19 个运行位置的司机其疲劳指数介于 20~25，存在潜在的疲劳风险；排在第 64 运行位的司机，其疲劳指数达到 25，存在较高的疲劳风险，由此可以确定北京地铁 2 号线现行轮班表存在风险隐患，对行车安全构成威胁。

疲劳指数评估结果表明在北京地铁 2 号线现行轮班作业中执行部分运行位置运营任务的司机在值乘后疲劳程度显著增加，说明现行轮班表安排不尽合理，高行车密度造成司机驾驶疲劳的产生，既危害司机的身心健康，同时也存在一定的安全行车风险。为有效防止轮班司机过度疲劳，降低轮班制度的副作用，提高行车安全保障，需要对地铁现行轮班表做适当调整，主要遵循以下原则：

①作业的持续时间要限定在合理的范围内，白班以 8 小时工作制为宜，缩短夜班和早班的作业时长。②推行快速轮班制，以 3~4 天为周期调整轮班计划。③从一种班次轮换到另一种班次之间的间隔时间不宜过短，至少相隔 12 小时。④遵循人体的生物节律，将连续值乘的夜班次数限制在 2~3 次，且连续的夜班值乘之间至少间隔 16 小时。⑤合理安排休息时间，司机在白天每连续驾驶 2 小时后至少休息 15 分钟；在夜间每连续驾驶 1 小时后至少休息 15 分钟。⑥经过两周固定班次的连续作业后，至少给司机提供 48 小时的恢复时间，对于夜班司机和早班司机要延长其恢复时间。

能力检测

1. 讨论安全生理所包括的人的感官系统、神经系统、运动系统和供能系统。
2. 简述人的视野范围。
3. 预防疲劳的措施有哪些？
4. 影响人的不安全行为的心理与生理因素有哪些？

第五章

生产过程中人的不安全行为

学习目标

掌握：人行为失误的控制与预防对策；安全教育与培训。
熟悉：与人的行为有关的事故模式；人的行为的退化。
了解：人的可靠性研究方法简介。

大量的事故统计资料表明，绝大多数事故的发生与人的不安全行为有关。据统计，法国电力公司在 1990 年提出的安全分析最终研究报告中指出，70%～80%的事故与人的不安全行为有关。日本劳动省1983 年对制造业伤亡事故原因分析表明，85 687 起歇工 4 天以上的事故中，由人的不安全行为导致的占 92.4%。美国矿山调查表明，由人的不安全行为导致的事故占矿山事故总数的 85%。我国煤矿中的"三违"现象是导致事故多发的重要原因，它是典型的"人的不安全行为"。由此可见，人对于安全的主导作用，贯穿于企业安全的所有方面。

美国心理学家勒温认为，人的行为受人的内在心理、生理因素与环境因素相互作用的影响。研究人的行为，掌握人的行为规律，就可能预测人的行为，控制人的行为，减少不安全行为在生产过程中出现，实现企业的安全生产。

第一节 人的行为概述

一、行为的实质

关于人的行为是一个非常复杂的问题。一般人的行为是泛指人外观的活动、动作、运动、反应或行动。在许多情况下，人的行为是决定事故发生频率、严重程度和影响范围的重要因素。因此，探索行为的实质有利于改变和控制人的行为，从而减少事故发生率及其严重程度和影响范围。

关于行为的实质，是不同的心理学派研究和争论的焦点。早期行为主义心理学（Behaviorism Psychology）认为，行为是由刺激所引起外部可观察到的反应。如肌肉收缩、腺体分泌等，可简单归结为刺激（S）反应（R）模式。近代"彻底的行为主义"者则把一切心理活动均视为行为。如斯金纳（B. F. Skinner）还把行为区分为 S 型（应答性行为）和 R 型（操作性行为），前者是指由一个特殊的可观察到的刺激或情境所激起的反应，后者是指在没有任何能够观察到的外部刺激或情境下发生反应。在此基础上，工业心理学家梅耶（R. F. Maier）提出下列模式：

S（刺激或情境）→O（有机体）→R（行为—反应）→A（行为完成）

他认为，刺激或情境，两者是不可分割的。在生产环境中，如光线、声音、温度等，乃至班组同事或管理人员的言行举止，都可以形成刺激，刺激被人感知，便成了情境。有机体所指的是个体由于遗传和后天条件获得的个体的独特性、个性发展的成熟度、学习过的技术和知识、需要、动机、态度、价值观等。反应或行为包括身体的运动、语言、表情；情绪、思考等。行为完成包括改变情境、生存活动、逃避危险、灾害及他人的攻击等。

梅耶认为，相同的行为（例如违反操作规程、缺乏劳动热情、工作散漫），可来自不同的刺激。如劳动用工制度、工资报酬和奖金、生产管理、个人因素等。因此，必须因人而异，根据具体情况予以解决。此外，相同的刺激在不同人身上，也可以产生不同的行为。例如，家庭纠纷对职工工作行为的影响可有：①做白日梦，脱离实际，终日沉溺于幻想之中；②忽略安全措施，易出工伤事故；③不注意产品的质和量，生产效率下降；④作为一种摆脱，拼命地工作；⑤对管理人员的批评过于敏感及采取不合作态度；⑥心情忧郁、烦闷、易和同事争吵。梅耶推而论之，认为相同的管理措施也会使职工产生许多不同的行为。解决的办法是提供咨询服务，上下沟通，帮助职工解决情绪上和适应上的问题。

德国心理学家莱文（K. Lewin）否定行为主义心理学派的刺激—反应模式，提出心理学的场理论。认为人就是一个场，"包括这个人和他的心理环境的生活空间（LSP）"，行为是由这个场决定的。基本模式为：

B（行为）= f [P（人），E（环境）] = f (LSP)

上式表明，行为是人和环境的函数，行为是随人和环境的变化而变化的。根据莱文学说，一个人有了某种需要（包括物质的和精神的两方面），便产生一种心理紧张状态，称为被激励状态，这时人就会采取某种行为，以达到他的目的。当目的达到后，需要得到满足，心理紧张状态便解除了，随后又会有新的需要，激励人去进行达到新的目的的行为，莱文的需要与激励模式如图 5-1 所示。

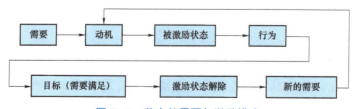

图 5-1　莱文的需要与激励模式

日本的鹤田根据莱文的模式，又提出了事故发生模式：
$$A(事故) = f[P(人), E(环境)] = f(LSP)$$
则事故的发生是由于人的因素和环境因素相互关联、共同作用的结果。

综上所述，人的行为实质就是人对环境（自然环境、社会环境）外在的可观察到的反应，是人类内在心理活动的反映。行为是人和环境相互作用的结果，并随人和环境的改变而改变。

二、人的行为个体差异和共同特征

（一）人的行为个体差异

相同的行为可来自不同的原因，相同的刺激或情境却可以产生不同的行为，这主要取决于个体的差异。造成行为个体差异的主要原因有如下几点：

1. 遗传因素

人的体表特征在很大程度上受种族、亲代遗传的影响，如身高、身体尺寸、体格、体力等，虽也受环境因素（如营养、锻炼）的影响，但在某种程度上，受遗传的影响较大。体力和身体尺寸的差异与人的安全行为，在某些场合下往往会表现出来。如在发生异常事件时，值班者若是一个力气较小的女性，她虽然已觉察到危险，但因体力不够，扳不动制动闸，就无法阻止事态恶化。又如人的气质，在很大程度上受遗传因素的影响，俗话说："江山易改，禀性难移"，主要是指人的气质。人的气质虽受后天环境的影响也会发生改变，但与其他个性心理特征比较，气质则更难改变。如一个"慢性子"的人，一辈子可能也不会改变。由于气质使人的心理活动及外部表现都打上个人烙印，因此，气质的差异也必然带来行为个体差异。再如人的智力除受后天环境影响外，在一定程度上也受遗传影响，智力受遗传因素影响因人而异，少者占30%（即影响该人智商高低的因素30%来自遗传），多者达90%。因此，由遗传因素所决定的行为，往往是很难改变的。

2. 环境因素

环境是对人的行为影响最大的因素。环境因素的影响表现在以下几方面：

（1）家庭。家庭对人的行为有明显深刻的影响。特别是儿童时期，家庭教育和父母的言传身教，对有的行为的发育、成长、形成有很大的影响。如一些破碎家庭给儿童心灵带来的创伤，常使儿童成长后有异常的行为，如残忍、厌世、轻生等。家庭是社会组成的基础，是人的主要生活环境之一，如若家庭关系处理不好，夫妻不和或经常陷入严重的家庭纠纷，因情绪波动而导致不安全行为，常是发生事故的重要原因。

（2）学校教育。学校、班级的风气、教师的态度和作风，青少年时代的同学和朋友，对人的性格、态度的发展和形成都有重要影响。此外，人所受的教育不同，知识水平高低，对危险的预知和觉察能力也有不同，因此，也导致在安全行为上表现出个体差异。

（3）工作环境和社会经历。工作环境对人的习惯行为有很大的影响，如人的习惯性行为含有其职业特点。社会经历（包括工作经验）不同，常给人的行为带来差异。如与本工种直接有关的经验不同，常使人在处理异常事件时做出不同反应。社会阅历丰富的人，常为避免和领导争论而隐藏自己的观点。

（4）文化背景。文化背景不同，在一定程度上影响了人的观念和价值取向。如美国鼓励人才流动，工人一向以跳槽为荣，工人在退休前都在许多工厂工作过。而日本却重视终身制，将企业或工厂视为"家族"，转到另一家企业或工厂，则被视为"背叛"行为。

3. 心理因素

心理因素主要指心理过程和个性心理。心理过程虽是人类共有的心理现象，但具体到个体而言，却往往表现出种种不同特征，因而造成个体行为的不同。再者，由于每个人的能力、性格、气质不同，需要、动机、兴趣、理想、信念、世界观不同，便构成了个体不同的特征。因而决定了每个人都有自己的行为模式，从而给行为带来千差万别的个体差异。

4. 生理因素

人的身体状况不同，使得安全行为也有很大差异。一些需要通过辨别颜色确定信号的工种，如火车司机、汽车司机等，若对某种颜色色盲或色弱是危险的。又如手是人操纵机器的主要部位，手的大小与操作装置、安全装置的设计密切相关。若个别人手比一般人群的手过大或过小，在某些情况下，常是关系到个别人的安全行为，造成事故的因素。此外，患有某种疾病的人在从事某种作业时，亦可能会出现事故。如高血压患者不宜从事高空作业，有癫痫、癔病的人和皮肤对汽油过敏者不宜从事接触汽油作业。

由于每个人的上述因素各异，因此，人的行为（包括安全行为）也必然有所不同，从而表现出个体差异的特点。

（二）人的行为的共同特征

人的行为在个体之间尽管千差万别，但存在着一些共同行为特征。根据心理学家的研究结果，人的行为的共同特征至少有：自发行为（自动自发而不是被动地被外力引发的行为）；有原因的行为（由一定原因产生的行为）；有目的的行为（为实现一定目标而进行的行为）；持久性行为（在目标没有达到之前，行为有时可能改变方式，但不会终止）；可改变的行为（经学习或训练而改变的行为）。下面主要讨论与安全有关的人的行为的共同特征。

1. 人的空间行为（human proximics）

心理学家发现，人类有"个人空间"的行为特征，这个空间是以自己的躯体为中心，与他人保持一定距离，当此空间受到侵犯时，会有回避、尴尬、狼狈等反应，有时会引起不快、口角和争斗。"个人空间"有关的距离有以下四种：

（1）亲密距离，指与他人躯体密切接近的距离，此距离有两种，一种是接近状态，指亲密者之间的爱抚、安慰、保护、接触、交流的距离。此时身体可以接触或接近。二是正常状态（15～45厘米），头、脚互不相碰，但手能相握或抚触对方。

（2）个人距离，指个人与他人之间的弹性距离。此距离也有两种，一是接近状态（45～75厘米），是亲密者允许对方进入而不发生为难、躲避的距离。但非亲密者进入此距离时有强烈的反应。二是正常距离（75～100厘米），是两人相对而立，指尖刚能接触的距离。

（3）社会距离，指参加社会活动时所表现的距离。接近状态为120～210厘米，通常为一起工作的距离。正常状态为210～360厘米，正式会谈、礼仪等多按此距离进行。

（4）公众距离，指演说、演出等公众场合的距离。其接近状态为360～750厘米，正常状态在 7.5 米以上。

此外，人的空间行为还包括独处的个人空间行为。例如，从事紧张操作和脑力劳动时，都喜欢独处而不喜欢外界干扰。否则，注意力会分散，不但效率不高，有时还会发生差错或事故。

2. 侧重行为

人体的构造是完美的，通过胸骨和脊柱中线的矢状面，人体形态左右对称。但就内脏而言，心脏稍偏左，肝脏偏右，右肺由上、中、下三叶构成，左肺只有上、下两叶。因此右半身比左半身重。运动时由于呼吸加剧，由三叶构成的右肺比左肺扩张厉害。右侧的肋骨也比左侧高，使本来就偏右的肝脏更加右移，因而重心越来越倾向右边。因此有些学者认为，为了平衡，人常以右脚为支柱，造成身体微微右弯，所以习惯使用右手。但最主要的，还是人的大脑。大脑由左右两侧构造完全相同的半球构成，因为大多数人的优势半球是左半球，左半球支配右侧，所以大多数人的惯用侧是右侧。

侧重行为还表现在楼梯的选择上。日本的应用心理学家藤泽伸介在一个建筑物的 T 形楼梯（左右楼梯距离相等，都能到达同一地点）进行观察，发现上楼梯的人，左转弯者占 66%，向右转弯者只占 34%。而性别、是否带物品、物品持于何侧、哪只脚先迈步等都不是选择左右方向的决定因素。他认为，心脏位于左侧，为了保护心脏，同时右用手的人习惯用有力的右手向外保持平衡，所以常用左手扶着楼梯（或左边靠向建筑物，心理上有所依托）向上走；此外，右用手者右脚有力，表现在步行形态上就是左侧通行。所以无论是从生理上还是心理上，左侧通行对人来说，都是稳定的、理想的。因此，左侧通行的楼梯在发生灾害（如火灾）时，对人的躲避行为是有裨益的。

3. 捷径反应

在日常生活和生产中，人往往表现出捷径反应，即为了少消耗能量又能取得最好效果而采用最短距离行为。例如伸手取物，往往是直线伸向物品；穿越空地，往往走对角线等。但捷径反应有时并不能减少能量消耗，而仅是一种心理因素而已。如同时可以从天桥或地道穿越马路，即使二者消耗的能量差不多，但多数人宁愿走地道。乘公共汽车，宁愿挤在门口，由于人群拥挤消耗能量增多，而不愿进入车箱中部人少处。这都是心理上的捷径反应，实际上并不能节省能量。

4. 躲避行为

当发生灾害和事故时，人们都有一些共同的避难行动，这些行动特征构成了躲避行为。如发生恐慌的人为了谋求自身的安全，会争先恐后地谋求少数逃离机会，但有高度责任感和组织训练有素的人，会挺身而出，指挥惊慌失措的群众，面对异常的情况，采取必要的措施。心理学家通过实验研究表明，沿进来的方向返回，奔向出入口等，是发生灾害和事故躲避行为的显著特征。

如对火灾躲避行为的特征是：

（1）以最短路线奔向出入口。
（2）向火烟伸延的方向逃离。
（3）选择障碍物最少的路线走。
（4）顺着墙向亮处走。

（5）按左转弯的方向走。

（6）沿进来的方向返回。

（7）随着人流走。

（8）沿走惯的道路和出口走。

（9）向着地面方向走（高楼向下，地下室向上）。

对于飞来的物体打击，心理学家做过试验，对前方飞来的物体打击，约有80%的人会发生躲避行为，有20%的人未做反应或躲避不及。躲避方向的特点如表5-1所示。

表5-1 躲避方向的特点

躲避方向	物体飞来方向			合计/%
	由左前方/%	由正前方/%	由右前方/%	
左侧	19.0	15.6	16.1	50.7
躲避不及	3.0	10.4	7.3	20.7
右侧	11.3	7.4	9.9	28.6
合计	33.3	33.4	33.3	100
左右侧比率	1.68	2.1	1.62	1.77

由表5-1可见，躲避方向的左右侧比率虽很低，但向左躲避为向右躲避的1.8倍。对正前方的飞来物，比率却高至2.14倍，即向左侧躲避的人为向右侧的2倍以上。这是因为大多数人惯用右侧，右手、右脚较强劲，因此向左侧躲避的倾向就较明显。

但对上方有危险物落下时，实验研究指出，有41%的人只是由于条件反射采取一些防御姿势。如抱住头部或上身向后仰想接住落下物或弯下腰等。有42%的人不采取任何防御措施，只是僵直地呆立不动（不采取措施的人大多数是女性），只有17%的人离开危险物落下地区，向后方或两侧闪开，并以向后躲避者居多。

由此可见，人对于自头顶上方落下的危险物的躲避行为，往往是无能为力的。因此在工厂和建筑工地，被上方落下的物体（如机械零件、钢筋等）撞击死的事故屡见不鲜。因此，在一些作业场所（如建筑工地、钢铁和化工企业等），头戴安全帽是最低限度的安全措施。如果突然出现落下物，必须采取行动，哪怕只偏离落下点半步也可。其次，就是尽量缩小与危险物接触的表面积，身体采取蜷曲的姿势，千万不可伸手去企图接住落下物。

5. 从众行为

遇到突发事件时，许多人往往难以判断事态和采取行动。因而使自己的态度和行为与周围相同遭遇者保持一致，这种随大流的行为称为从众行为或同步行为。女性由于心理和生理的特点，在面对突发事件时，往往与男性采取同步行为。一些意志薄弱的人，从众行为倾向强，表现为被动、服从权威等。有人做过试验，当行进时前方突然飞来危险物体时，如前方两人同时向一侧躲避，跟随者会不自觉向同侧躲避。当前方两人向不同侧躲避时，第三人往往随第二人同侧躲避。

6. 非语言交流（non-verbal communication）

靠姿势及表情而不用语言传递意愿的行为称为非语言交流（也称体态交流）。人表达思想感情的方式，除了语言、文字、音乐、艺术之外，还可以用表情和姿势来表达，这也是一种行为。有人指出，人脸可以做出约25万种不同表情，人体可以做出1 000多种姿势。

因此，可根据人的表情和姿势来分析人的心理活动。

在生产中也广泛使用非语言交流，如火车司机和副司机为确认信号呼唤应答所用的手势，桥式类型起重机或臂架式起重机在吊运物品时，指挥人员常用的手势信号、旗语信号和哨笛信号，都属于非语言的行为。在航运、地勤人员导航、铁道等交通部门广泛使用的通信信号标志，工厂的安全标志，从广义上来说，也属于非语言交流行为的范畴。

三、人不安全行为的心理与生理因素分析

（一）情绪水平失调

生产中人的不安全行为的心理因素之一就是人的情绪水平失调。关于情绪的研究已有50余年的历史。普拉切克认为情绪由三个维度组成，即强度、相似性和两极性。并给出了锥形模型，它的八个扇面表示八种基本情绪：狂喜、悲痛、警惕、惊奇、狂怒、恐惧、接受和憎恨。一定情绪水平的维持有利于安全行为的顺利完成，过于激动和紧张的情绪水平失调就会产生人的不安全行为，导致事故的发生。

由于人是社会的人，周围发生的一切都会使人情绪激动。这种情绪激动外在表现是表情动作，内部则使心脏、血管、呼吸、内分泌腺等发生生理变化。这时，人的意识范围变窄，判断力降低，失去理智和自我克制能力。近代研究表明，人的大脑中枢分布了两种情绪中枢，即快乐中枢和痛苦中枢。快乐中枢反映积极兴奋的刺激，能调动人体内部器官释放潜能。但激动情绪也会使某些机能下降，产生不安全行为。如重要的节假日前夕，往往事故增多，而且常发生重大伤亡事故。痛苦中枢反映人对客观事物的消极抑制刺激，使各器官活力下降。过高或过低的情绪激动水平，使人的动作准确度仅在50%以内，注意力无法集中，不能自控。

情绪既然影响行为，这就要求一定的行为要与一定的情绪水平相匹配。不同性质的劳动要求不同的情绪水平，如从事脑力劳动时，就要求相对较低的情绪水平。

情绪激动水平的高低是外界刺激引起的。因此，改变外界刺激可以改变情绪的倾向和水平。从组织管理上和个体主观上若能注意创造健康稳定的心理环境并用理智控制不良情绪，由情绪水平失调导致的不安全行为就可以大幅降低。

（二）个性对不安全行为的影响

显然，一些个性有缺陷的人，如思想保守、容易激动、胆小怕事、大胆冒失、固执己见、自私自利、自由散漫、缺乏自信等，对人的不安全行为特别是在出现危险情况时会产生不利影响。当分配工作时，在关键岗位上最好不要安排个性有缺陷的人单独工作，这些人应该在有人指导下一起劳动。个性对不安全行为的影响主要表现在以下两方面：

1. 态度的影响

态度是指对人和事的看法在其言行中的表现。态度可定义为在某种情况以一种特定方式表现的倾向。在此定义下心理学中最棘手的问题之一是，言行是否一致，想的和做的是否一样。态度和意念、行为意图及行为有一定的关系。态度就是一个人对某事、某人或工作满意不满意。意念是把一个物体、一个人或情况（不论真假）的信息联系起来做出的想

法，如认为一个防护罩会起妨碍作用。行为意图是如果将来出现某种情况时，一个人准备如何做的打算，如高处作业时应该想到使用安全带。行为是指实际行动，如告诉工人应该戴安全帽并实际监督他戴上安全帽。

2. 动机的影响

动机是用来说明人们要努力达到的目的，以及用来追求这些目的的动力。心理学家已指出了不同的动机理论，特别是劳动中的动机，由于动机不同可能对安全产生不同的效果。

（1）经济动力。这种理论认为一旦工作计划确定以后，人们的工作动力是金钱。按照这种观点，人的工作动力是为了挣更多的钱，有些计件工资的工人，为了提高产量；多得报酬而发生事故的例子以及个人承包的汽车司机由于超时劳动或违章多载客而造成事故是屡见不鲜的。

（2）社会动力。这种理论认为人的工作动力不是金钱而是社会需要。他们认为自己的工作有价值。是为了人类的利益和社会的需要。对于有一定危险但社会必需的工作，只有具有这种动力的人才能承担。

（3）自我实现动力。即"需要层次理论"。他认为人在工作中有自我成长的要求。工作的动机是逐步提高的，其最终目的是要使自己在事业上获得成就。为了实现这一动机，就会考虑到自己在工作中的安全，离开了安全，就不可能有事业的成就。

（4）综合动力。现代动机理论努力把各种理论中有价值的部分结合起来，并认识到人与人之间的动机有差别，而且一个人在不同时间也有差别。对人的鼓励需要尽可能与每个人的情况相结合，这个理论还认识到人的系统要比早期所假定的系统复杂得多，其中期望得到报酬在动机中占重要地位，因为一个人在决定做任何事时，总是想达到最大的个人所得，不会做出对自己不利的决策。

如果人们了解到需要费很大努力才能增加报酬或增加的报酬实际上与付出的劳动无关时，这时人的行为就不会受到报酬的影响。在这种情况下，人的工作动力也会受到影响，当出现危险情况时，这种人主动去排除危险的可能性不大。但当他们认为消除危险的重要意义时，也可能会积极参加。

综上所述，人的行为受各种因素的影响，可靠和良好的个性、正确的态度和正确的动机才能保证安全生产。在工作中应该依靠这些人作为生产骨干去帮助有缺陷的工人来共同维护生产的安全。

（三）人的行为的退化

人只有在一定环境条件下才能达到最佳的行为。由于人的行为有灵敏性和灵活性，人易受许多能影响人行为的因素的影响。与机器不同，人的行为在比较宽的环境条件下会出现一种缓慢而微妙的减退，但要完全损坏是比较少的。人的行为在出现下列情况时会减退：

（1）劳动时间太长而产生疲劳。

（2）由于干扰了每天的生活节律，在不能有效地发挥体能作用的时间内劳动。

（3）失去完成任务的动力

（4）缺乏鼓励，结果激励下降。

（5）在包括体力和心理的矛盾、威胁条件下工作，或在威胁人体的自我平衡或应付机能的条件下劳动而产生应激反应。

（四）人的注意力问题

在调查人的不安全行为对伤亡事故的影响时，往往要探究人的注意力问题。"漫不经心""心不在焉""不注意"等造成的事故屡见不鲜。但是发生事故时不能把原因简单地归咎于某人的不注意，许多情况下除非玩忽职守者，并非人们故意制造不注意，谁都不会自始至终地集中注意力。不注意是人的意识活动的一种状态，是意识形态的结果，不是原因。单纯提倡注意安全是不够的，虽然是必要的。仅靠提醒工作人员，注意安全作为做好安全工作的主要杠杆则是一种非科学的精神主义安全管理法。

有关注意的问题在前面已经详细讨论过。

第二节 人的行为失误

一、人的行为失误概述

（一）人失误的概念

人的不安全行为是导致许多事故的直接原因。在安全生产中研究不安全行为的发生原因与预防措施具有重要意义。但是到目前为止，对不安全行为本身的概念还有许多争议，也没有一个严格科学的定义。

青岛贤司曾指出，从发生事故的结果来看，确实已经造成伤害事故的行为是不安全的，或者说，可能造成伤害事故的行为是不安全行为。然而，如何在事故发生之前判断人的行为是否为不安全行为，则往往很困难。人们只能根据以往的事故经验，总结归纳出某些类型的行为是不安全行为，供安全工作人员参考。

与工业安全领域长期使用的术语"人的不安全行为"不同，在现代安全研究中采用了术语"人失误（Human Error）"。按系统安全的观点，人也是构成系统的一种元素，当人作用于一种系统元素发挥功能时，会发生失误。与人的不安全行为类似，人失误这一名词的含义也比较含蓄而模糊。现在对人失误的定义很多，对其含义加以解释。其中比较著名的论述有两种。

（1）皮特（Peters）定义人失误为，人的行为明显偏离预定的、要求的或希望的标准，它导致不希望的时间拖延，困难，问题、麻烦、误动作，意外事件或事故。

（2）里格比（Rigby）认为，所谓人失误，是指人的行为的结果超出了某种可接受的界限。换言之，人失误是指人在生产操作过程中，实际实现的功能与被要求的功能之间的偏差，其结果可能以某种形式给系统带来不良的影响。根据这种定义，斯文（Swain）等人指出，人失误发生的原因有两个方面的问题，由于工作条件设计不当，即规定的可接受的界限不恰当造成的人失误以及由于人的不恰当的行为引起的人失误。

综合上面两种论述，人失误是指人的行为的结果偏离了规定的目标，或超出了可接受的界限，并产生了不良的影响。关于人失误的性质，许多专家学者进行了研究，其中约翰逊关于人失误问题做了如下的论述：

（1）人失误是进行生产作业过程中不可避免的副产物，可以测定失误率。

（2）工作条件可以诱发人失误，通过改善工作条件来防止人失误较对人员进行说服教育、训练更有效。

（3）关于人失误的许多定义是不明确的，甚至是有争议的。

（4）某一级别人员的人失误，反映较高级别人员的职责方面的缺陷。

（5）人们的行为反映其上级的态度，如果凭直感来解决安全管理问题，或靠侥幸来维持无事故的记录，则不会取得长期的成功。

（6）惯例的编制操作程序的方法有可能促使人失误发生。

实际上不安全行为也是一种人失误。一般来讲，不安全行为是操作者在生产过程中发生的、直接导致事故的人失误，是人失误的特例。一般意义上的人失误，可能发生在从事计划、设计、制造、安装、维修等各项工作的各类人员身上。管理者发生的人失误是管理失误，这是一种更加危险的人失误。

（二）人失误的分类

在安全工程研究中，为了寻找人失误的原因，以便采取恰当措施防止发生人失误，或减少人失误发生概率。对人失误进行分类的方法很多，其中下面两种分类方法比较流行。

（1）里格比按人失误原因将人失误分为随机失误、系统失误和偶发失误三类。

①随机失误（Random Error）。由于人的行为、动作的随机性质引起的人失误。例如，用手操作时用力的大小、精确度的变化，操作的时间差，简单的错误或一时的遗忘等。随机失误往往是不可预测、不能重复的。

②系统失误（System Error）。由于系统设计方面的问题或人的不正常状态引起的失误。系统失误主要与工作条件有关，在类似的条件下失误可能发生或重复发生。通过改善工作条件及职业训练能有效地克服此类失误。系统失误又有两种情况：工作任务的要求超出了人的能力范围。操作程序方面的问题。在正常操作条件下形成的下意识行动、习惯使人们不能适应偶然出现的异常情况。

③偶发失误（Sporadic Error）。偶发失误是一些偶然的过失行为，它往往是事先难以预料的意外行为。许多违反操作规程、违反劳动纪律等不安全行为都属于偶发失误。

应该注意，有时对人失误的分类不是很严格的，同样的人失误在不同的场合可能属于不同的类别。例如，坐在控制台前的两名操作工人，为了扑打一只蚊子而触动了控制台上的启动按钮，造成了设备误运转，属于偶发失误。但是，如果控制室里蚊子很多，又没有有效的灭蚊措施，则该操作工人的失误应属于系统失误。

（2）按人失误的表现形式，把人失误分为以下三类：

①遗漏或遗忘（Omission）。

②做错（Commission），其中又可分为几种情况：弄错、调整错误、弄颠倒、没按要求操作、没按规定时间操作、无意识的动作、不能操作。

③进行规定以外的动作（Extraneous Acts）。

除上述两种分类方法外，还有按工作性质进行人失误分类的 HIF（Human Initiated Failure）分类法，以及 PSTE（Personnel Subsystem Test Evaluation）分类法等。

（三）从心理学角度看人失误的原因

认知心理学认为，"感觉（信息输入）—判断（信息加工处理）—行为（反应）"构成了人体的信息处理系统，所谓不安全行为就是由于信息输入失误导致判断失误而引起的误操作。按照"感觉—判断—行为"的过程，可对产生不安全行为的典型因素进行如下的分类：

1. 感觉（信息输入）过程失误

如没看见或看错、没听见或听错信号，产生的原因主要有：

（1）信号缺乏足够的诱引效应。即信号缺乏吸引操作者的注意转移的效应。注意是心理活动对一定对象的指向和集中，人不可能一直不停地注意某一对象，另一方面工作环境中有许多因素迫使人们分心。所以，为确保及时发现信号，仅依赖操作者的感觉是不够的，关键在于信号必须具备较高的诱引效应，以期有效地引起操作者的注意。

（2）认知的滞后效应。人对输入信息的认知能力，总有一个传递滞后时间。如在理想状况下，看清一个信号需 0.3 秒，听清一个声音约需 1 秒，若工作环境由于其他因素干扰，这个时间还要长些。若信息呈现时间太短，速度太快，或信息不为操作者所熟悉，均可能造成认知的滞后效应。因此，在有些人机系统中，常设置信号导前量（预警信号），以补偿滞后效应。

（3）判别失误。判别是大脑将当前的感知表象的信息和记忆中的信息加以比较的过程。若信号显示方式不够鲜明，缺乏特色，则操作者的印象（部分长时记忆和工作记忆）不深，再次呈现则有可能出现判别失误。

（4）知觉能力缺陷。由于操作者感觉通道有缺陷（如近视、色盲、听力障碍），不能全面感知知觉对象的本质特征。

（5）信息歪曲和遗漏。若信息量过大，超过人的感觉通道的限定容量，则有可能产生遗漏、歪曲、过滤或不予接收现象。输入信息显示不完整或混乱（特别是噪声干扰），在这种情况下，人们对信息的感知将以简单化、对称化和主观同化为原则，对信息进行自动的增补修正，其感知图像成为主观化和简单化后的假象。此外，人的动机、观念、态度、习惯、兴趣、联想等主观因素的综合作用和影响，亦会将信息同化改造为与主观期望相符合的形式再表现出来。如小道消息的传播，越传越走样，就是一个很好的例子。

（6）错觉。这是一种对客观事物不正确的知觉，它不同于幻觉，它是在客观事物刺激作用下的一种对刺激的主观歪曲的知觉。错觉产生的原因十分复杂，往往是由环境、事物特征、生理、心理等多种因素引起的，如环境照明、眩光、对比、物体的特征、视觉惰性等都可引起错觉。

2. 判断（信息加工处理）过程失误

正确的判断，来自全面的感知客观事物，以及在此基础上的积极思维。除感知过程失误外，判断过程产生失误的原因主要有以下几点：

（1）遗忘和记忆错误。常表现为：没有想起来、暂时记忆消失、过程中断的遗忘，如在作业时，突然因外界干扰（叫听电话、别人召唤、外环境的吸引等）使作业中断，等到继续作业时忘记了应注意的安全问题。

（2）联络、确认不充分。常见有如下情况：联络信息的方式与判断的方法不完善、联络信息实施的不明确、联络信息表达的内容不全面、信息的接收者没有充分确认信息而错误领会了所表达的内容。

（3）分析推理失误。多因受主观经验及心理定式影响，或出现危险事件所造成的紧张状态所致。在紧张状态下，人的推理活动受到一定抑制，理智成分减弱，本能反应增加。有效的措施是加强危险状态下安全操作技能训练。

（4）决策失误。主要表现为延误做出决定时间和决定缺乏灵活性。这在很大程度取决于个体的个性心理特征及意志的品质。因此，对一些决策水平要求较高的岗位，必须通过职业选拔，选择合适的人才。

3. 行为（反应）过程失误

常见的行为过程失误的原因主要有以下几点：

（1）习惯动作与作业方法要求不符。习惯动作是长期在生产劳动过程中形成的一种动力定型，它本质上是一种具有高度稳定性和自动化的行为模式。从心理学的观点来看，无论基于什么原因，要想改变这种行为模式，都必然有意识地和下意识地受到反抗，尤其是紧急情况下，操作者往往就会用习惯动作代替规定的作业方法。减少这类失误的措施是机器设备的操作方法必须与人的习惯动作相符。

（2）由于反射行为而忘记了危险。因为反射（特别是无条件反射）是仅仅通过知觉，无须经过判断的瞬间行为，即使事先对这一不安全因素有所认识，但在反射发出的瞬间，脑中却忘记了这件事，以致置身于危险之中。反射行为造成的危害的情况很多，特别是在危险场所，以不自然姿势作业时，一旦偶然的恢复自然状态，这一瞬间极易危及人身安全。如有一埋头伏案设计的电器工程师忽然想起要测一下变电站电机的相应尺寸，于是没换工作服而又穿着长袖衫到低矮的变电间屈身蹲下去实测，头上有高压线，正当测量时，右手衣袖脱卷，他下意识地举起右手企图用左手卷上右衣袖，结果右手指尖触及电线而触电死亡。因此，进入危险场所必须有足够的安全措施，以避免反射行为造成伤害。

（3）操作方向和调整失误。操作方向失误的主要原因有：有些机器设备没有操作方向显示（如风机旋转方向），或设计与人体的习惯方向相反。操作调整失误的原因主要是技术不熟练或操作困难，特别是当意识水平低下或疲劳时这种失误更易发生。

（4）工具或作业对象选择错误。常见的原因有：工具的形状与配置有缺陷，如形状相同但性能不同的工具乱摆乱放、记错了操作对象的位置、搞错开关的控制方向，如有一井下巷道装岩机司机，要"前进"却按了"后退"的按钮，致使装岩机后退将其挤压于岩壁而致死，误选工具、阀门及其他用品。

（5）疲劳状态下行为失误。人在疲劳时由于对信息输入的方向性、选择性、过滤性、性能低下，所以会导致输出时的程序混乱，行为缺乏准确性。

（6）异常状态下行为失误。人在异常状态下特别是发生意外事故生命攸关之际，由于过度紧张，注意力只集中于眼前能看见的事物，丧失了对输入信息的方向选择性能和过滤性能，造成惊慌失措，结果导致错误行为。如井下火灾或爆炸、高层建筑失火、高炉事故等，缺乏经验的人，常会无目的的到处奔跑或挤向安全出口，拥挤不堪，使灾害扩大，故应在平时进行实况演习和自救训练。此外，如睡觉之后，人处于朦胧状态，容易出现错误动作。高空作业、井下作业由于分辨不出方向或方位发生错误行为。低速和超低速运转机器，易使人麻痹，发生异常时，直接伸手到机器中检查，致使被转轮卷入等。

二、与人的行为有关的事故模式

人失误会导致事故，而人失误的发生是由于人对外界刺激（信息）的反应失误造成的。威格里沃思（Wigglesworth）曾经指出，人失误构成了所有类型伤害事故的基础。他把人失误定义为"错误地或不适当地回答一个外界刺激"。在生产操作过程中，各种刺激不断出现，若操作者对刺激做出了正确、恰当的回答，则事故不会发生。如果操作者的回答不正确或不恰当，即发生失误，则有可能造成事故。如果客观上存在着发生伤害的危险，则事故能否造成伤害取决于各种机会因素，即伤害的发生是随机的。

为研究事故的发生过程，将事故的因果关系按照事物本身发展规律进行逻辑抽象，用简单明了的方式表达出来，作为事故分析和预测的基础，这种形式就是事故模式。事故的模式有很多种，研究事故发生过程中以人的行为为主因的事故模式，称为"与行为有关的事故模式"，以区别于其他事故模式。与行为有关的事故模式常用逻辑框图表示。

心理学家为探索行为在事故发生过程中的因果关系，曾提出许多种与行为有关的事故模式，这些模式在不同程度上都说明了事故发生时，人的行为在某些方面至少有某些共同的规律和特征。研究与行为有关的事故模式，其意义在于：

（1）从个别到抽象，把同类事故逻辑抽象为模式，可以深入研究导致伤亡事故的机理，对减少伤亡事故具有指导意义。

（2）可以阐明以往发生过的事故的原因及其影响因素，找出对策，防止发生类似事故。

（3）根据事故模式可以增加安全生产的理论知识，积累安全信息，进行安全教育，用以指导安全生产。

（4）各种模式既是一种安全原理的图示，又是应用了系统工程、人机工程学、安全心理学的原理进行分析的方法。

（5）从逻辑框图模式可以向数学模型发展，由定性分析可以向定量分析发展，从而为事故的分析、制订预防对策和预测打下基础。

与行为有关的事故模式在安全生产中的作用如图 5-2 所示。

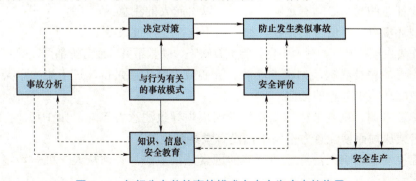

图 5-2 与行为有关的事故模式在安全生产中的作用

(一)瑟利的事故决策模式

1969年瑟利(J. Surry)根据行为主义心理学的刺激—反应公式提出了"事故决策模式"(Accident Decision Model)。他认为,在事故的发展过程中,人的决策包括三个过程,即人对危险的感觉过程、认识过程以及行为响应过程。在这三个过程中,若处理正确,则可以避免事故和损失;否则,则会造成事故和损失。瑟利的事故决策模式如图5-3所示。

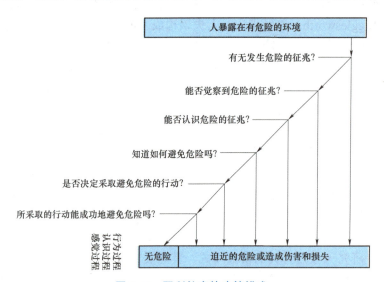

图5-3 瑟利的事故决策模式

1. 感觉过程的两个步骤

(1)有无发生危险的征兆。有明显征兆的危险易被觉察,但有些危险不易被人的感官所觉察,如煤矿中的沼气(甲烷)因其理化特性是无色、无嗅,空气中积聚的浓度不能被人的感觉所觉察,必须借助于甲烷检测仪。因此,一切不易为人觉察的危险,必须通过能为人所觉察的形式表达出来,如机器、设备系统必须装有必要的视觉、听觉的显示装置,以保证人不能单凭操作者对机器发生异常的感觉。

(2)能否觉察到危险征兆。这主要取决于显示装置的显示方式是否便于接收、操作者本身的因素,以及周围环境干扰接收信号的程度。这些因素包括:

①危险征兆的显示必须有足够的强度,以引起人的注意。

②周围环境可干扰信号的接收,如照明不良、噪声过大等。

③操作者生理状况,如视力不良、听觉有缺陷、嗅觉不灵、疲劳等都可以妨碍接收信号。

④操作者的精神状态,如精神涣散、分心或大脑皮层兴奋、过于集中于某事、过于专心,都会忽略环境中危险的征兆。

⑤简单、单调、重复节律的工作极易因厌烦导致注意力下降,如在高速公路长时间驾驶可因疲劳或厌烦而使注意力不集中,没有觉察到危险。

这些都说明了影响人注意危险征兆的因素是很多的,必须从人—机—环境三方面原因加以考察。

2. 认识过程

这是关键性的过程，只有认识到危险，才能谈得上采取避免危险的行动。这过程包括三个步骤：

（1）能否认识危险征兆。这主要取决于操作者对观察危险征兆是否有充分的思想准备，能否在信号显示异常的瞬间完成观察，并能正确理解信号的含义。这在很大程度上取决于安全训练，安全训练计划应包括各种危险征兆所引发的危险后果（造成的伤害和损失）及在没有明显的征兆情况下如何发现和识别可能出现的危险。

（2）是否知道如何避免危险。这主要取决于操作者的技术和训练水平及安全知识。

（3）是否决定采取避免危险的行动。这主要取决于操作者的判断和责任感。危险征兆和发生危险之间存在一种概率关系，即操作者明知有危险征兆，但有时并不意味着即将发生危险，因此需要操作者做出准确的判断。在判断中有时尚需考虑避免与危险行为有关的各种耗费和效益（例如停产时间、经济损失、安全等）。由于有这样一种概率关系，所以在出现危险征兆时，有些操作者认为发生危险的概率不大，心存侥幸，不积极采取相应行动，致使发生危险。责任感是决定是否采取行动的又一重要因素，有些人由于安全责任感不够，即使看出危险征兆并意识到必须采取行动，他们也可能不采取任何行动，因为他们认为这是别人的职责，与己无关。

3. 行为响应过程

这取决于行为的响应是否正确、及时，是否为操作者能力所及。行为响应是否正确，取决于操作者的运动技能（迅速、敏捷、准确、熟练技术）。有时，即使行为响应是正确的，也不能避免危险。这时因为危险发生有其随机变异性，同样的行为引起的效果受随机变异性的影响。例如，人的反应时间平均为 900 毫秒，1 秒或更短的反应时间可以避免的危险，在大多数情况下都可以避免，但由于人的运动响应系统本身固有的变异性，有时反应时间会超过临界时间（1 秒），这时危险就成为不可避免的了。又如某类事故出现危险征兆至发生危险的时间若为 2 秒，容许做出避免危险行动的时间为 1.5 秒，人行为响应时间为 900 毫秒，这样，只要行为反应正确，便可避免危险。但是如果出现危险征兆至发生危险的时间发生变异，若只有几百毫秒，少于人的反应时间，那么，即使人的行为正确也不能阻止危险发生。此外，操作者的能力有限，有些危险远非操作者的能力所能控制，行为响应若正确、及时，亦无济于事。

瑟利的模式比较完整地描述了人在控制事故中的心理过程及客观因素。瑟利还发现，客观存在的危险与操作者主观上对危险的估量常常不一致，这是危险的真正根源，主要表现为两种形式：

（1）认识落后于客观实际的危险。表现为低估了实际的危险而冒险作业。其根源可能有，一是缺乏经验，对事态的发展速度及强度认识不足，延误了响应的时间；二是存在侥幸心理，因而做出迟缓的响应。

（2）认识超前于客观实际的危险。表现为过高估计客观的危险，过早的在危险还无任何可能的情况下就做出反应，因而影响了生产的正常进行。其根源主要是经验不足、鲁莽胆怯。

因而在设计警报装置时，警告时间必须恰当，既不能过晚，使人来不及反应；亦不能过早，造成不必要的混乱。必须根据要求做出反应的时间和显示的适当超前时间而定。

（二）以人失误为主因的事故模式

维格里司渥斯（A. Wigglesworth）提出的以人失误为主因的事故模式是 20 世纪 50 年代流行较广、影响较大的一种模式。维格里司渥斯认为，人的失误是操作者"错误的或不恰当的响应刺激"引起的。维格里司渥斯提出的以人失误为主因的事故模式，如图 5-4 所示。

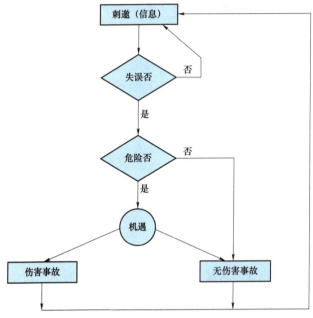

图 5-4　维格里司渥斯提出的以人失误为主因的事故模式

由图 5-4 可见，在人的操纵过程中，各种"刺激"（信息）不断出现，需要操作者接收、辨别、处理和响应，若操作者响应正确或恰当，事故就不会发生；反之，若操作者出现失误，并且客观上存在不安全因素或危险时，是否发生伤害事故则取决于机遇，即既可能造成伤害事故也可能发生无伤害事故。尽管这个模式在描述事故原因时突出了人的不安全行为，但却不能解释人为什么会有失误，忽略了使人造成失误的客观原因。在我国，以往受这种事故模式的影响很深，具体表现在对事故的分析、处理和对策上，过分强调事故都是人的失误（如工人操作失误、管理监督失误、计划设计失误、领导决策失误等）造成的，侧重追究人的责任（特别是操作者的责任），忽视创造本质安全的物质条件，没有确定人与物两大因素在事故中的辩证关系。实际上，若不能正确对待生产过程中物的因素（包括机器、设备、工具、原材料及作业环境），很难想象能够控制事故的发生，最低限度地减少伤亡事故。

（三）事故顺序模式

拉姆西（M. J. Ramsey）在 1978 年曾由消费生产的潜在危险导出在工作环境和其他环境中一种与行为有关的事故模式，称为"事故顺序模式"（Accident Sequence Model），如图 5-5 所示。

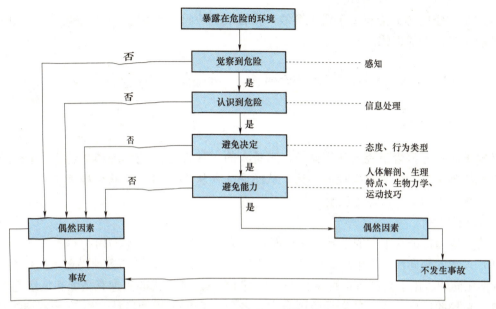

图 5-5 事故顺序模式

拉姆西认为个体在有潜在危险环境中活动时,能否发生事故,取决于一个顺序模式。第一步是对危险的感知,如果不能觉察到危险或没有意识到有发生事故的可能,事故发生率当然会增加。如果危险被个体感知,那么第二步就是决定采取什么对策的问题。能不能采取有效的对策,在很大程度上取决于个体的态度(如对工作有无责任感、对事故的态度)和先天性获得及后天条件形成的行为类型(主要指个性心理特征)的影响,如有些人喜欢冒险,有些人心存侥幸,有些人对事故满不在乎,甚至个别人想借小事故作为休息手段。如果个体决定采取对策避开这种危险,下一步则取决于个体有无这样做的能力。个体能力取决于:人体的解剖、生理特点(即人体测量学的特点),诸如人体高度、眼高、肩高、肘高、前臂长、手长、上肢展开宽、下肢长度、坐高等人体各部尺寸(参见 GB 5708《人体测量方法》);生物力学的特点,如重心、旋转角度和半径、转动惯量等;人的脑力、感觉系统的反应特性和运动技巧,以及与运动技巧有关的其他特性,如经验、练习、训练和反应时间等。即使个体具有避免危险的能力,包括经过严格的避免危险能力的训练和练习,有丰富的经验,甚至具有最好的安全意愿和最迫切的需要,也不能保证百分之百地避免事故,只能说在某种程度上可以减少出现事故的概率,因为这里存在着一个偶然性的问题,常言道,"人有失手,马有溜蹄",就是这个意思。偶尔性为什么会给人的工作带来事故?苏联心理学家德米特利耶娃等认为,这可能与个人心理、生理参数一时性的降低有关,当心理、生理参数降低到容易发生"危险"的程度,便会造成行为不当,因而发生事故。如某电子管厂一检验电子管的工程师,30 年来工作一直兢兢业业,一日不慎在工作中触电死亡,这不能不归因于个人心理、生理参数降低的偶然性。当然,由于偶然性的存在,即使没有认识到危险,没有采取措施或措施不力,有时亦不会发生事故。

拉姆西的模型明确指出,考虑事故中影响行为的因素,应把注意力集中于与人的因素有关的各个方面,如有关危险信息的显示应符合要求,机器与环境的设计(如控制器、保护装置、工作空间等）应有助于避免事故，报警装置应符合要求，并应加强对人员面对危险时采取正确行为的训练。

三、人行为失误的控制与预防对策

（一）建立与维持兴趣

兴趣是人积极探索事物的认识倾向，它是人的一种带有趋向性的心理特征。它可使人对某事物格外关注，并具有向往的心情。从而调动人从事某项活动的积极性和创造性，达到控制和减少人的失误，保障安全生产。

1. 兴趣的特征

人的兴趣的特征有很大的差异，这种差异可以从以下几个方面来加以分析：

（1）兴趣的倾向性。兴趣总是指向于一定的对象和现象。人们的各种兴趣指向什么，往往是各不相同的。由于兴趣指向的内容具有社会制约性，所以人的兴趣有高尚和低级之分。

（2）兴趣的广度。人们的兴趣范围有大小之分。有的人兴趣广泛，有的人兴趣狭窄。兴趣广泛者往往生气勃勃，广泛涉猎知识，视野开阔。兴趣贫乏者接受知识有限，生活易单调、平淡。人应该培养广泛的兴趣，但是必须有中心兴趣。否则兴趣博而不专，结果只能是庸庸碌碌，一无所长。中心兴趣对于人们能否在事业上做出成绩起着重要作用。

（3）兴趣的持久性。人对各种事物的兴趣，既可能是经久不变，也可能是变换无常。人在兴趣的持久性方面会有很大差异。有的人缺乏稳定的兴趣，容易见异思迁，喜新厌旧；有的人对事物有稳定的兴趣，凡事力求深入。稳定而持久的兴趣使人们在工作和学习过程中表现出耐心和恒心，对于人们的学习和工作有重要意义。

（4）兴趣的效能。兴趣能否对活动产生效果，往往因人而异。有些人的兴趣仅局限于对感兴趣的事物的感知上，浅尝辄止，不做进一步的探索和掌握。有的人则相反，把兴趣作为行动的动机，积极进行相应的活动，并产生实际的效果。这样的兴趣是有效能的兴趣。

2. 兴趣与其他心理现象的关系

首先，兴趣和需要有密切联系。兴趣的发生以一定需要为基础。人的兴趣是在需要的基础上，在生活、生产实践中形成和发展起来的。同时，已经形成的深刻而稳定的兴趣，不仅反映着已有的需要，还可滋生出新的需要。在现实生活中，人们并不是对每种事物都可能感兴趣的。如果没有一定的需要作为基础和动力，人们常常对某些事物漠不关心。相反，如果人们有某种需要，则会对相关信息和活动反应积极，久而久之，可以发生兴趣。如有的人对外语毫无兴趣，可是为了出国学习而努力学习外语，从而可能逐渐培养起对学习外语的兴趣。

兴趣和认知、情绪、意志有着密切的联系。人对某事物感兴趣，必然会对相关的信息特别敏感；兴趣可使人的感知更加灵敏清晰，记忆更加鲜明，思维更加敏捷，想象力更加丰富，注意力更加集中和持久。兴趣还可以使人产生愉快的情绪体验，使人容易对事物产生热情和责任感。稳定的兴趣还可以帮助人们增强意志力，克服工作中的困难，顺利完成工作任务。

兴趣和能力也有密切联系。能力往往是在人对一定的对象和现象有浓厚的兴趣中形成和发展起来的，能力也影响着兴趣的进一步发展。

3. 兴趣与安全

（1）兴趣在安全生产中的作用。在生产操作过程中，一个人对所从事的工作是否感兴趣，与他在生产中的安全问题密切相关。人若对所从事的工作感兴趣，首先会表现在对兴趣对象和现象的积极认知上，对兴趣对象和现象的积极认知，会促使人对所使用的机器设备的性能、结构、原理、操作规程等做全面细致的了解和熟悉，以及对与其操作相关的整个工艺流程的其他部分做一定的了解。在操作过程中，他会密切关注机器设备等是否处于正常状态。这样，如果机器设备、工艺流程或周围环境出现异常情况，他会及时察觉，及时做出正确判断，并迅速采取适当行动，因而往往能把一些事故消灭于萌芽状态。对所从事的工作感兴趣，还表现在对兴趣对象和现象的喜好上。对于本职工作的喜好，可以使人在平淡、枯燥中感受到乐趣，因而在工作时情绪积极，心情畅快、良好的情绪状态有助于保持精力旺盛，减少疲劳感，以及操作准确和及时察觉生产中的异常情况。

对所从事的工作感兴趣，也表现在对兴趣对象和现象的积极求知和积极探究上。有人说过，热爱是最好的老师。兴趣可促使人积极获取所需要的知识和技能，达到对于本职工作所需知识和技能的丰富和熟练，从而不断提高他的工作能力。这样，不但可以提高工作效率，而且有助于对操作过程中出现的各种异常情况都有能力采取相应措施，防止事故的发生。

这里所说的兴趣，指的是稳定持久的兴趣、有效能的兴趣，而且最好还是直接兴趣。那种因一时新奇而产生的短暂而不稳定的兴趣，不仅对生产与安全无益，而且有害。因为新奇感过后，人更容易产生厌倦感。同时，因对这项工作产生厌倦，他可能会把兴趣转移到别的事物上去，见异思迁，这对于做好本职工作往往会有消极影响。那种仅满足于对感兴趣的客体的感知，浅尝辄止，不求甚解的兴趣，也无益于做好工作。有时候，这种兴趣还可以混淆生产管理人员的视线。因为别人以为他对这项工作感兴趣，事实上他的这种兴趣对于做好生产是没有什么实际作用的。

直接兴趣，是对工作本身感兴趣。如果一个人是因为功利目的而希望干某项工作，他的工作动机不正确，就不能保证他在工作时的心理状态一定有益于安全生产。例如，有一位汽车驾驶员，只是觉得当司机挣钱多、门路广才从事这项工作。在这种功利思想的支配下，他没有认真钻研驾驶技术，也没有认真贯彻行车安全的有关规定，经常不顾疲劳，多要任务。有一次，他在夜间行车时过度疲劳，操作失常，撞倒了一个行人，造成人员死亡事故，他本人也因此受到法律制裁。

（2）兴趣的培养与安全。在生产实际中，在工矿企业从事一般的生产性劳动都是比较平淡和枯燥的，而且若以功利标准来衡量，这样的职业经济收入少，也不容易出名。许多人在一般情况下都很难自觉地对这样的工作产生兴趣。然而，对本职工作是否感兴趣又密切关系着生产中的安全问题，这就需要培养兴趣。

培养对本职工作的兴趣，首先要端正劳动态度。人可以根据自己的条件和能力选择适宜的职业。只要有理想，有抱负，肯付出辛勤劳动，从事平凡的职业一样可以做出好成绩。反之，即使谋取到了"热门""抢眼"的工作，也会庸庸碌碌，一事无成。我国近年来所评选出的"全国十大杰出青年"当中，既有为国家争光，做出突出贡献的优秀运动员和青年科学家，也有普通工人。这些普通人在平凡的岗位上取得了不平凡的业绩，他们应该成为人们学习的楷模。

培养普通劳动者的职业兴趣，还要有赖于各单位领导同志的努力。除采取一定的思想教育手段外，更主要的要做好企业的经营管理，提高企业效益，让职工更多地看到并得益于自己工作的成绩和意义，促使他们激起并保持高度的劳动积极性，产生对本职工作的兴趣。

（二）安全教育与培训

1. 安全教育与培训的心理学意义和应注意的心理效应

（1）安全教育与培训的心理学意义。

安全教育与培训是职工教育与培训的内容之一。是企业为适应生产的发展和培养人才的需要，对职工运用学习心理进行训练、进修、参观等各种形式，有计划地提高职工的素质，以期达到强化职工的优良心理和促进职工能力的发展，增进所需知识和技能的目的，使职工能胜任现职工作，并为将来担任更重要的工作创造条件。安全与职工的素质有密切的联系，很难想象，素质不高的职工队伍，对安全工作会予以重视。因此，安全教育与培训的目的就是提高职工的安全心理素质和安全技能。安全教育与培训的心理学意义在于：

①运用学习心理学增进培训效果。学习心理是从心理学的观点，研究怎样使参加培训的人员提高学习兴趣，增加他们的学习记忆能力和提高学习效果。因此在举办培训班时，应考虑采用何种教学方式，培训教材应如何安排，怎样制订学习进度，对学习成绩优良者如何给予奖励，如何将学习到的知识具体应用到工作中去等。在制订和执行培训计划时，都需要从学习心理的角度予以考虑，以期增进职工的学习效果。

②有计划地增进职工的知识和技能，减少职工的个体差异。职工的能力和技能是有个体差异的，通过培训，增进职工所需知识和技能，担任同性质和程度工作的职工可以获得具有同等程度所需的知识和技能，因而在一定程度上可以减少职工知识技能及工作效率上的个体差异。

③提高职工的心理素质和能力。职工优良的心理素质，如对安全的正确态度、心理上足够的承受能力、应变能力，都是保证安全生产必不可少的，因此安全教育与培训就是要培养职工优良的心理素质。能力也是一种心理因素，是完成某种活动（包括安全生产）的必要条件。心理学研究表明，在训练水平、知识水平、培训时间等相同条件下，人的能力的大小与工作效率、防止事故的效果有一定的联系。因此，安全教育与培训必须重视提高职工的优良心理素质，特别是重视职工能力的培训。

④应用心理学原理指导技能训练。从心理学角度来说，技能是通过反复练习而巩固下来的，已经自动化、完善了的动作方式，是一种通过复合条件反射逐渐形成的对该项作业的动力定型，使从事该作业时各器官系统相互配合得更为协调、反应更加迅速、能耗较少、作业更迅速准确。心理学的研究证明，人的每一个技能动作，都是根据对刺激物的感知所做出的反应，都是在大脑皮层中枢神经系统的控制和调节下完成的，技能动作的反应速度和准确性，对于任何工种的工作效率和安全来说，都是十分重要的。因此，用心理学原理

指导技能训练与安全教育与培训密切相关。

（2）安全教育与培训应注意的心理效应。

安全教育与培训要遵循心理学的原则，并注意下列心理效应：

①吸引参与。心理学研究表明，人对某项工作参与的程度越大，就越会承担更多的责任，并尽力去创造绩效。参与，还会改变人们的态度，因为参与可以使人对某项工作或事物增进认识，又能转变人们对某一事物的情感反应，从而导致积极行为。因此，在安全教育与培训中应注意如何吸引职工参与，如参与规章制度、工作方案、操作规程的制订，让职工畅所欲言，热烈讨论，使安全教育成为职工自己的事。

②引发兴趣。兴趣是人力求认识某种事物或爱好某种活动的倾向，若人对某种事物或某项活动产生兴趣，就会促使他去接触、关心、探索这件事物或热情地从事这种活动。因此，在安全教育与培训中必须运用各种生动活泼的形式引起职工的兴趣，使职工积极参与。如开展安全知识竞赛、安全操作比赛、电化教育等。

③首因效应。也称第一印象。根据美国心理学家阿希（S. E. Asch）的研究，首因效应作用很强，持续的时间也长，比以后得到的信息对于事物整体印象产生的作用更强。这是因为人对事物的整体印象，一般都是以第一印象为中心而形成的。因此，在安全教育中狠抓新入厂职工（包括外厂调入的职工，以及来本厂进行培训和实习的人员等）的入厂安全教育与培训有非常重要的意义，因为他们刚到一个新的工作环境，第一印象对他们有着深刻的影响，甚至可以影响以后很长一段时间的安全行为和态度。

④近因效应。是与首因效应相反的一种现象。指在印象形成或态度改变中，新近得到的信息比以前得到的信息对于事物的整体印象产生更强的作用。这就提示了安全教育必须持之以恒，常年不懈，不能过多指望首因效应和一些突击的活动。尤其是一些新入厂的职工，除受到首因效应影响外，车间、班组的气氛，老职工对安全的态度，对他们的安全态度和行为影响更大。

⑤逆反心理。所谓逆反心理是指在一定条件下，对方产生和当事人的意志、愿望背道而驰的心理和行动。按通俗的说法，就是"你要我这样做，我非要那样做；你不准我做的事，我非要去做不可"。因此，在安全教育与培训中要求对方做到的，应以商讨、鼓励、引导和建议的方式提出意见，除正面教育，还要尊重对方，不伤害对方的自尊心，态度不宜粗暴，以免对方产生逆反心理。

⑥反馈作用。反馈在安全教育与培训中有很重要的作用。英国心理学家柯翰（A. Cohen）曾研究了反馈在安全教育与培训中的效果。某车间生产环境中有一种有害物质（一种可疑致癌物），为减小其危害，对工人进行减少接触该物质的训练，经初步训练后，指导者对接受训练的每位人员，每日访问1~2次，并给予鼓励，还将观察到的在操作中存在的问题反馈给他们，同时让一些观察者站在远处，记录训练前后工人接触该物质的不安全行为的次数，发现通过反馈后，工人不安全行为从57%降至36%，从而说明了反馈在安全教育与培训中的作用。

2. 人的行为层次及安全教育与培训

拉氏姆逊（J. Rasmussen）把生产过程中人的行为划分为三个层次，即反射层次的行为、规则层次的行为和知识层次的行为。人的行为层次如图5-6所示。

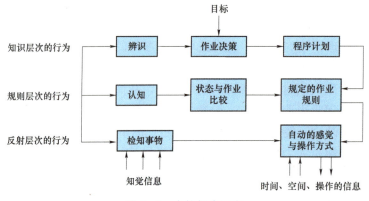

图 5-6 人的行为层次

（1）反射层次的行为发生在外界刺激与以前的经验一致时，这时的信息处理特征是，知觉的外界信息不经大脑处理，下意识的行为。熟练的操作就属于反射层次的行为。反射层次的行为一方面可以节省信息处理时间，准确而高效地工作，以及迅速地采取措施对付紧急情况；另一方面，操作者由于不注意而错误地接受刺激，或操作对象、程序变更、仪表、设备人机学设计不合理而发生失误。

（2）规则层次的行为发生在操作比较复杂时，操作者首先要判断该按怎样的操作步骤操作，然后再按选定的步骤进行操作。进行规则层次的行为时，操作者可能由于思路错误或按常规办事，或由于忘记了操作程序、省略了某些操作、选错了替代方案而失误，长期的规则层次行为形成习惯操作而不用大脑思考，在出现异常情况的场合容易发生失误。

（3）知识层次的行为是最高层次的行为。它发生在从事新工作、处理没有经历过的事情时，人们要观察情况，判断事物发展情况，思考如何采取行动，经过深思熟虑后才行动。进行知识层次的行为时，操作者受已有的知识、概念所左右，可能做出错误的假设、设想或推论，或对事故原因与对策的关系考虑不足而发生失误。设备的安装、调试和检修都属于知识层次的行为。

根据生产操作特征对人的行为层次的要求，安全教育与培训相应地有三个层次的教育与培训，即操作层次的教育与培训、规则层次的教育与培训和知识层次的教育与培训。

操作层次的教育与培训是通过反复进行操作训练，使手脚熟练地、正确地、条件反射式地操作。规则层次的教育与培训是教育操作者按一定的操作规则、步骤进行复杂的操作。经过这样的教育培训，操作者牢记操作程序，可以不漏任何步骤地完成规定的操作。知识层次的教育与培训使操作者不只学会生产操作，而且要学习掌握整个生产过程、生产系统的构造、工作原理、操作的依据及步骤等广泛的知识。生产过程自动化程度越高；知识层次的教育与培训显得越重要。在进行安全教育与培训时，要针对各层次行为存在的问题，采取恰当的弥补措施。

3. 安全教育的过程

安全教育可以划分为三个阶段，即安全知识教育、安全技能教育和安全态度教育。

安全教育的第一阶段应该进行安全知识教育，使人员掌握有关事故预防的基本知识。

对于潜藏的、人的感官不能直接感知其危险性的不安全因素的操作，对操作者进行安全知识教育尤其重要，通过安全知识教育，使操作者了解生产操作过程中潜在的危险因素及防范措施等。

安全教育的第二阶段应该进行所谓"会"的安全技能教育。安全教育不只是传授安全知识，传授安全知识确实是安全教育的一部分，但是它不是安全教育的全部。经过安全知识教育，尽管操作者已经充分掌握了安全知识，但是，如果不把这些知识付诸实践，仅仅停留在"知"的阶段，则不会收到较好的实际效果。安全技能是只有通过受教育者亲身实践才能掌握的东西。也就是说，只有通过反复地实际操作、不断地摸索而熟能生巧，才能逐渐掌握安全技能。

安全态度教育是安全教育的最后阶段，也是安全教育中最重要的阶段。经过前两个阶段的安全教育，操作人员掌握了安全知识和安全技能，但是在生产操作中是否实施安全技能，则完全由个人的思想意识所支配。安全态度教育的目的就是使操作者尽可能自觉地实行安全技能，做好安全生产。

安全知识教育、安全技能教育和安全态度教育三者之间是密不可分的，如果安全技能教育和安全态度教育进行得不好，安全知识教育也会落空。成功的安全教育不仅使职工懂得安全知识，而且能正确地、认真地进行安全行为。

4. 安全技能训练

安全技能是人为了安全地完成操作任务，经过训练而获得的完善化、自动化的行为方式。由于安全技能是经过训练获得的，所以通常把安全技能教育叫作安全技能训练。

技能是人的全部行为的一部分，是自动化了的那一部分。它受意识的控制较少，并且随时都可以转化为有意识的行为。技能达到一定的熟练程度后，具有了高度的自动化和精确性，便称为技巧。达到熟练技巧时，人员可以有条件反射式的行为。

在日常安全工作中经常会遇到所谓习惯动作的问题。技能与习惯动作是不相同的。

首先，技能根据需要可以发生或停止，随时都可以受意识的控制。而习惯动作是无目的地伴随一些行为发生的完全自动化了的动作，需要很大的意志努力和克服情绪上的不安才能控制它、停止它。

其次，技能是为达到一定目的，经过意志努力练习而成的。而习惯动作往往是无意中简单地重复同一动作而形成的。

再次，一般来说，技能都是有意义的、有益的行为。习惯动作则可能有益，也可能有害。职工中的许多习惯动作是不利于安全的，必须努力克服。

安全技能训练应该按照标准化作业要求来进行。

（1）技能的形成及其特征。技能的形成是阶段性的，技能的形成包括掌握局部动作阶段、初步掌握完整动作阶段、动作的协调及完善阶段。这三个阶段相互联系又相互区别。各阶段的变化主要表现在行为的结构、行为的速度和品质，以及行为的调节方面。

在行为结构的变化方面，动作技能的形成表现为许多局部动作联合为完整的动作，动作之间的互相干扰、多余动作逐渐减少。智力技能的形成表现为智力活动的各环节逐渐联系成一个整体，概念之间的混淆现象逐渐减少以至消失，解决问题时由开展性推理转化为简缩推理。

在行为的速度和品质方面，动作技能的形成表现为动作速度的加快、动作的准确性、协调性、稳定性和灵活性的提高。智力技能的形成表现为思维的敏捷性、灵活性、思维的广度和深度，以及思维的独立性等品质的提高。

在行为的调节方面，动作技能的形成表现为视觉控制的减弱和动觉控制的增强，以及动作紧张的消失。智力技能的形成表现为智力活动的熟练，大脑劳动消耗的减少。

（2）练习曲线。技能不是生下来就有的，而是通过练习逐步形成的。在练习过程中技能的提高可以用练习成绩的统计曲线来表示。这种曲线叫作练习曲线。利用练习曲线可以探讨在技能形成过程中，工作效率、行为速度和动作准确性等方面的共同趋势。

大量的研究表明，练习的共同趋势具有如下特征：

①练习成绩进步先快后慢。一般情况下，在练习初期技能提高较快，以后则逐渐慢下来。这是因为，在练习开始时，人们已经熟悉了他们的任务，利用已有的经验和方法可以进行训练。而在练习的后期，任何一点改进都是以前的经验所没有的，必须付出巨大的努力。另外，有些技能可以分解成一些局部动作进行练习，比较容易掌握，在练习后期需要把这些局部动作连接成协调统一的动作，比局部动作复杂、困难，成绩提高较慢。

②高原现象。在技能形成过程中，往往会出现成绩提高的暂时停顿现象，即高原现象。在练习曲线上，中间一段保持水平，甚至略有下降，但在高原期后，曲线又继续上升。产生高原现象的主要原因是技能的形成需要改变旧的行为结构和方式，代之以新的行为结构和方式，在没有完成这一改变前，练习成绩会暂时处于停顿状态。由于练习兴趣的降低，产生厌倦、灰心等消极情绪，也会导致高原现象。

③起伏现象。在技能形成过程中，一般会出现练习成绩时而上升时而下降，进步时快时慢的起伏现象。这是由于客观条件，如练习环境、练习工具、指导等方面的变化，以及主观状态，如自我感觉、有无强烈动机和兴趣、注意的集中和稳定、意志努力程度和身体状况等方面的变化，影响练习过程。

（3）训练计划。练习是掌握技能的基本途径。但是，练习不是简单的、机械的重复，它是有目的、有步骤、有指导的活动。在制订训练计划时，要注意以下问题：

①循序渐进。可以把一些较困难、较复杂的技能划分为若干简单、局部的部分，练习、掌握了它们之后，再过渡到统一、完整的行为。

②正确掌握对练习速度和质量的要求。在练习的开始阶段可以慢些，力求准确。随着进展，要适当加快速度，逐步提高练习效率。

③正确安排练习时间。在练习开始阶段，每次练习时间不宜过长，各次练习之间的时间间隔可以短些。随着技能的提高，可以适当延长每次练习时间，各次练习之间的间隔也可以长些。

④练习方式要多样化。多样化的练习方式可以提高人们的练习兴趣，增加练习积极性，保持高度注意力。但是，花样太多，变化过于频繁可能导致相反结果，影响技能形成。

第三节　人的可靠性研究简介

一、人的可靠性研究方法简介

在生产过程中，人在操作时会出现一些失误，但从控制论的角度来说，人在人—机—环系统中又是最可靠的环节，因为人的思维、预见性和处理异常事件的能力，是任何机器（包括计算机）都无法比拟的。因此，人的可靠性研究，是保证安全和避免事故的重要措施。人的可靠性是一个抽象的概念，常用可靠度作为衡量的尺度。

所谓人的可靠性是指人在规定条件下和规定时间内，完成规定功能的能力。可靠度是指人在规定条件下和规定时间内，完成规定功能的概率。可靠度是对人的可靠性的度量，阐明人的可靠度的研究，称为人的可靠性研究。为了说明人的可靠度，许多学者提出了一些人的可靠度计算方法，但由于人的可靠度往往受人自身生理和心理状态、工作性质及环境因素等影响，因此这些计算方法只能作为参考，尚待进一步完善。目前最常用的方法有：

1. 操作性数据表

操作性数据表最早由美国测量学会提出。他们认为，无论是连续性操作或间断性操作，都可分解为若干个操作成分（Task Elements，或称作业元素、操作单元），如果操作成分的差错因素是相互独立的，那么操作成分的可靠度就等于这些差错因素的乘积。学会组织了一批专家对电子设备行业进行了观察和评估，共观察和评估了 164 种主要部件操作的可靠度，将所获数据进行统计处理，列成"操作性数据表"，根据该表所列参数，即可算出电子设备行业某种作业的可靠度和操作该作业的平均需要时间。

2. 人的差错率预测法（Technique for Human Error，简称 THERP）

用于预测和评价与系统特性有关的人员差错所造成的系统故障。人体差错率预测法就是将作业人员的作业工序分解成基本作业因素，求出基本作业的作业因素可靠度，根据作业因素可靠度，求出作业工序的操作可靠度，即可求出人体差错率（操作不可靠度）。THERP 法包括五个阶段：

（1）赋予系统故障具体定义；

（2）确定人的操作与系统功能之间的关系；

（3）分别估计每种操作成分的可靠度；

（4）确定人的差错后果造成系统故障的概率；

（5）提出把系统故障率降低到最低允许范围的措施。

3. 行为主义心理学可靠度估量法

该法认为人的可靠度与输入的可靠度、判断决策的可靠度以及输出的可靠度有关。此外人的可靠度还受许多因素的影响，如作业紧张度、单调性、不安全感、生理和心理状况、训练和教育情况、社会影响及环境因素等。因此，对人的可靠度必须采用一个修正系数加以修正，这样才能更符合实际。

4. 操作人员动作树模型（OAT 法）

该法根据事件发生后，人员对异常事件的认知、判断、动作选择及实施等一系列事件序列的进程，来估计人员在事件序列中成功的概率。

5. 成功似然指数法（SLIM 法）

这是一种专家系统（Expert Systems），它是基于专家判断并用计算机程序合成的评估方法。其中，有关事件发生的绩效形成因子（PSF）的权重值有较大的主观性。

6. 成对比较法（PC 法）

成对比较法是借用心理物理学领域的一项技术，它与 SLIM 法有相似之处，如有两项任务，则要求专家判断哪项任务人员最易产生差错。若有 n 项任务，则要求专家做出 $2(n-1)/2$ 种比较，把这些比较综合起来，便可得出人员差错概率。

7. 其他

如人员差错评价和减少法（HEART）；混合矩阵法（CM）、绝对概率判断法（APJ）。

有关各种方法的详细情况请参阅可靠性工程相关专著。

二、危险事件判定技术简介

（一）危险事件判定技术

危险事件判定技术（Critical Incident Technique，简称 CIT）是国外研究航空安全时进行心理分析所创，是一种新的事故预测方法，20 世纪 80 年代曾风靡美国，对安全工作起了很大作用。这种方法是依据数理统计原理和工业心理学的行为抽样原理，从一个统计总体中，用分层随机抽样法，选出"在场人"和"当事人"的不安全行为的资料作为样本，判断总体的安全状况。因为这种方法属于行为抽样研究方法，因此必须遵循行为抽样研究方法所依据的基本原理，即概率理论、正态分布理论、随机原理。必须保证一个工作日的每段时间都有可能被选作观测时间，通过分层随机抽样所获的样本有足够的代表性。因此，研究时必须考虑置信度、精确度和需要的样本数及观测次数。

（二）危险事件判定技术在安全中的作用

（1）鉴别和确定事故危险源、事故隐患、预测事故；

（2）确定与事故关联最频繁的机器、设备、工具和材料，确定最有可能引起人身伤害和健康的工作与环境；

（3）发现各部门及工种中安全和健康问题的性质、严重程度以及影响范围；

（4）发现不安全行为和不安全状态，为制订事故预防对策和对工人进行安全教育提供依据；

（5）揭示人—机—环系统中薄弱环节，提出改进安全管理的建议；

（6）通过采取安全措施前后分析比较，能够比较客观地评价安全工作的效果；

（7）把大量非工伤事故和未遂事故资料包括在事故原因判断体系中，从而使统计资料更加精确可靠。

危险事件判定技术包括观察法和访谈法两部分。

三、世界卫生组织神经行为功能核心测试组合方法

世界卫生组织神经行为功能核心测试组合方法（Neurobehavioral Core Test Battery，简称 NCTB）是一种成套的测试行为的方法，最早用于研究职业危害因素对机体行为的影响，尤其是一些神经毒物，如重金属、有机溶剂及农药等的低剂量所引起的神经系统功能性改变。这套方法由于可以反映人类的基本行为功能，且测试手段规范、简单易行、不受文化程度、性别等因素影响，指标有一定敏感性、可信度和有效度，因此近年来，在安全上亦广泛用于人的行为的安全性评价。

NCTB 由七个分测验组成，每一个分测验各自测试一个方面的行为功能，各从不同侧面反映出机体的整体行为功能。

（一）心境状态的特征（Profile of Mood State，简称 POMS）

该测验采用问卷法，用以测定被试者一周来的心境和情绪。问卷列有 65 个形容词，分别描述紧张—焦虑（T）、忧郁—沮丧（D）、愤怒—敌意（A）、有力—好动（V）、疲惫—惰性（F）、困惑—迷茫（C）等六个方面的情感。每一方面程度又可分为五个等级：0 级一点也无，1 级略有一点，2 级有一些，3 级相当多，4 级非常多。通过 POMS 问卷了解被试者近一周来的心境。心境不佳常是导致不安全行为的原因之一。

（二）简单反应时

从外界刺激出现到操作者根据刺激信息做出反应完成之间的时间间隔称为反应时。反应时根据刺激—反应情境的不同可分为简单反应时和选择反应时。如果呈现的刺激只有一个，被试者只在刺激出现时做出特定的反应，这时获得的反应时为简单反应时。当有多种刺激信号，刺激与反应之间表现为一一对应的前提下，呈现不同刺激时，要求做出不同的反应，这时获得的反应时称为选择反应时。

用以测定被试者视觉感知到手部运动的反应时间，这是心理学经典的测验方法。

（三）数字广度

这是韦克斯勒成人智力量表（WAIS）和韦克斯勒记忆量表（WMS）中的一个语言分测验项目，用以测定被试者听觉记忆及注意力集中程度，这两项心理素质尤其是后者常与事故有一定关联。测试分两部分，即顺叙和倒叙。主试者用清晰的语调，以每秒读一个数字的速度，依次读出 2~9 位数字的序列，要求被试者立即按顺序或倒序加以复述。

（四）圣他·安娜手工敏捷度测验

该测验主要测试手的操作敏捷度及眼—手快速的协调能力。测试器材为一块木板，木板凿有 48 个孔，每孔嵌有下部是方形蒂、上部是圆形的栓，栓子表面漆成半红半白，要求被试者在 30 秒内，尽快地逐一将栓子提起，按水平方向转 180 度后，再嵌入原孔内，分别

测验利手及非利手的操作速度及眼手协调功能。有些不安全行为常与操作速度过慢及眼手协调功能不良有关。

（五）数字译码测验

该测验主要测试视觉感知、记忆、模拟学习及手部反应的能力。这亦是韦克斯勒成人智力量表的一个分测验项目。"试卷"上方列有 1~9 数字及其相应的符号，试卷下方为一串随机排列的 1~9 数字，测验时，要求被试者尽快在每个数字下面的空格里，逐个填上相应的符号，测试限时 90 秒。

（六）本顿视觉保留测验

该测验主要测试几何图形辨别能力及短时视觉记忆。该测验含 20 张（10 对）图片，每一对的第一张图片上画有一个几何图形，让被试者看 10 秒钟，然后再看第二张图片，也看 10 秒钟，让被试者指出第二张图片中四个几何图形，哪一个与第一张图片上的图形完全相同。

（七）目标瞄准追踪测试

该测验测试手部运动的速度及准确性。该测验源于 Fleischman 的心理运动测试组合。测验材料为一张印有许多圆圈的"试卷"和一支铅笔。测验时，让被试者按"试卷"标明的走向，用铅笔逐个在圆圈中心打个点，越快越好。

以上介绍的 NCTB 是世界卫生组织发起、由国际有关专家反复研制、联合编制的一种简单易行的行为测试方法，在行为的安全性评价方面有重要意义，但它在实际测验中还存在许多问题，尚待进一步探索。

四、神经行为评价系统

人的安全行为在一定程度上受到感知觉、心理运动能力、感知—运动协调能力、信息处理能力、判断能力、运动能力等心理、生理特征的影响，从而影响事故的概率。虽然上述特征对安全行为的影响在一定程度上取决于操作者所从事工作的性质、复杂程度以及现场情景，但是对上述特征进行测定，无疑有助于行为的安全性评价。

从芬兰心理学家翰尼仑（H. Hanninen）在 20 世纪 70 年代初期采用成套心理行为学方法观察工作场所化学毒物对工人健康影响以来，至今已有多种行为测试方法问世，由于各种测试组合结构不一，测试方法多为问卷测验或纸笔测验，测试过程没有统一规范，因此所获结果难以进行比较。世界卫生组织推荐的神经行为功能核心测验组合，虽然在测试的规范化和资料可比性方面迈进了一大步，但仍未能完全克服人工测试所存在的固有缺点，尤其是主试者的偏见所引起的系统误差。美国学者贝克（E. L. Baker）和列兹（R. LEts）为克服人工测试的缺点，经过长时间的研究和探索，创立和发展了一套较为完善的"计算机处理的神经行为评价系统"（Computer Administered Neurobehavioral Evaluation System，简称 NES），从而推动了行为测试向程序化、规范化和定量化方向发展。使用计算机测试的主要

优点是:

(1) 客观、规范和定量化。全部测试皆由计算机程序控制,从而消除了由于主试者偏移所带来的系统误差。

(2) 高效、精确。使操作、测试、结果、贮存和分析融为一体,每次测试所给的刺激更均匀、准确,还可立即提供被试者的测试结果。

(3) 信息及时反馈。若被试者对测验的指导语不理解,操作不当时,能通过人—机对话及时反馈,指导正确操作。

(4) 灵活。NES 包括多种神经行为功能测试项目,可根据不同工种、不同研究目的,加以选择和组合。

(5) 新颖。较之传统的纸笔测验,问卷测验令被试者有新鲜感,乐于尝试。

被试者对计算机使用的熟练程度对某些分测试会有一定影响,因此,必须严格选择观察组和对照组,并应在测试前加以培训。计算机处理的神经行为评价系统测试项目如表 5-2 所示。

表 5-2 计算机处理的神经行为评价系统测试项目

所反应的行为功能	测试项目
知觉—运动:运动速度 　　　　　视运动速度 　　　　　运动协调 　　　　　译码速度 　　　　　视知觉 记忆和学习:视记忆 　　　　　短时记忆 　　　　　学习/记忆 　　　　　联想记忆 认知:词汇能力 　　　计算 　　　精神适应性 情感 心境	指叩 简单反应时 连续操作测试 眼手协调 符号数字译码 图案比较 视觉保持测试 图案记忆 数字广度 记忆扫描 系列数字学习 联想学习 联想回忆 AFQT 词汇测试 横向加法 注意转移 心境量表(POMS)

下面以 NES 中的两个分测试为例进行说明。

1. 眼手协调测试

要求被试者用操纵杆跟踪视觉显示终端(VDT)上出现的一个大的正弦波图形。在屏幕上有一正弦曲线,左边有一光标从左向右水平移动,要求被试者用操纵杆使光标沿正弦曲线运动。根据光标移动轨迹,统计垂直距离误差(平均绝对值、均方根值),以评价眼手协调操作精确度。

2. 简单反应时

当屏幕出现一个大的"0"时,要求被试者立即按键。信号的出现间隔时间是随机的,分别为 2.5~7.5 秒不等。记录被试者反应时间和延误(超过一定时间未反应即作为延误)的次数。

NES 在安全工作中的应用,我国目前尚处于探索阶段,尚待今后进一步实践和研究。

知识链接

铁路车站行车作业人身安全标准

（一）行车作业人身安全通用要求

1. 班前禁止饮酒。班中按规定着装，佩带防护用品。
2. 顺线路行走时，应走两线路中间，并注意邻线的机车、车辆和货物装载状态，严禁在道心、枕木头上行走。不准脚踏钢轨面、道岔连结杆、尖轨等。
3. 横越线路时，应一站、二看、三通过，注意左右机车、车辆的动态及脚下有无障碍物。
4. 横越停有机车、车辆的线路时，先确认机车、车辆暂不移动，然后在该机车、车辆较远处通过。严禁在运行中的机车、车辆前面抢越。
5. 必须横越列车、车列时，应先确认列车、车列暂不移动，然后由通过台或两车车钩上越过，勿碰开钩销，要注意邻线有无机车、车辆运行，严禁钻车。
6. 不准在钢轨上、车底下、枕木头、道心里坐卧或站立。
7. 严禁扒乘运行中的机车、车辆，以车代步。

（二）具体作业人身安全要求

1. 接发列车作业人身安全。

（1）应熟知站内一切行车设备，并随时注意使用情况，如遇设备发生异状或变化时，应及时通知有关人员并采取安全措施。

（2）接发列车时，必须站在《铁路行车工作细则》（以下简称《站细》）规定的地点，随时注意邻线机车、车辆动态。

（3）向机车交递凭证时，须面向来车方向，交递后迅速回到安全位置。

2. 调车作业人身安全。

（1）必须熟知调车作业区的技术设备和作业方法，以及接近线路的一切建筑物的形态和距离。

（2）上、下车时，必须遵守以下规定：

①上车时，车速不得超过15千米/小时；下车时，车速不得超过20千米/小时。

②在站台上、下车时，车速不得超过10千米/小时。

③在路肩窄、路基高的线路上和高度超过1.1米的站台上作业时，必须停车上下。

④登乘内燃、电力机车作业时，必须在机车停稳时再上、下车（设有便于上、下车脚蹬的调车机除外）。

⑤上车前应注意脚蹬、车梯、扶手、砂石车的侧板和机车脚踏板的牢固状态。

⑥不准迎面上车。

⑦不准反面上、下车（牵出时最后一辆除外）。
⑧上、下车时要选好地点，注意地面障碍物。
（3）在车列、车辆走行中，禁止下列行为：
①在车钩上，在平车、砂石车的边端或端板支架上坐立。
②在棚车顶或装载超出车帮的货物上站立或走行。
③手抓篷布或捆绑货物的绳索，脚蹬轴箱或平车鱼腹形侧梁。
④在车梯上探身过远，或经站台时站在低于站台的车梯上。
⑤在装载易于窜动货物的车辆间和货物空隙间站立或坐卧。
⑥骑坐车帮。
⑦跨越车辆（使用对口闸除外）。
⑧两人站在同一闸台、车梯及机车一侧脚踏板上。
⑨进入线路提钩、摘管或调整钩位。
（4）手推调车时，必须在车辆两侧进行，并注意脚下有无障碍物。
（5）在电化区段，接触网未停电、未接地的情况下，禁止到车顶上调车作业。在带电的接触网线路上调车时，禁止登上棚车（在区间和中间站禁止登上敞车）使用手制动机。编组、区段站在接触高度为6.2米及其以上的线路上准许使用敞车手制动机，不能站在高于闸台的车梯或货物上。
（6）去专用线或货物线调车作业，须事先指派专人检查线路有无障碍物、大门开启状态及线路两侧货物堆放情况；事先派人检查有困难时，应在《站细》中规定检查确认办法。
（7）带风作业时，必须执行一关（关折角塞门）、二摘（摘风管）、三提钩的作业过程。
（8）摘结风管、调整钩位、处理钩销时，必须等列车、车列停妥，并得到调车长的回示，昼间由调车长防护，夜间必须向调车长显示停车信号。
（9）调整钩位、处理钩销时，不要探身到两钩之间。对平车、砂石车、罐车、客车及特种车辆，应特别注意端板支架、缓冲器、风挡及货物装载状态。
（10）溜放调车作业应站在车梯上，手抓牢车梯，一手提钩。不准用脚提钩或跟车边跑边提钩（驼峰调车作业除外），严禁在车列走行中抢越线路去反面提钩。
（11）使用手制动机时，必须使用安全带要做到"上车先挂钩""下车先摘钩"。不能使用安全带的车辆，如平车、砂石车、罐车、守车等，作业时必须选好站立地点。
（12）严禁使用折角塞门放风制动。
（13）使用铁鞋制动时，应背向来车方向，严禁徒手使用铁鞋，并注意车辆、货物状况和邻线机车、车辆的动态。严禁带铁鞋叉上车。
（14）单机或牵引运行时，禁止在机车前后端坐卧。
（15）使用折叠式手闸，须在停车时立起闸杆，确认方套落下，月牙板关好，插销插上后，方可使用。

（16）作业中严禁吸烟。

3. 扳道（清扫）作业人身安全。

（1）接发列车时，必须站在《站细》规定的地点，并随时注意邻线机车、车辆动态。

（2）在扳道作业时，应遵守扳道作业方法。除因作业必须进入道心外，均应站在安全地点。

（3）清扫道岔前应得到车站值班员或有关人员同意，清扫电气集中道岔或联动道岔，必要时应先将安全木楔置于尖轨与基本轨之间。清扫后及时将清扫工具撤除，并向车站值班员或有关人员报告。

（4）在臂板信号机上更换灯泡、摘挂油灯、调整灯光时，必须使用安全带。

4. 运转车长作业人身安全。

（1）必须熟悉担当乘务区段的沿线及各站设备情况和《站细》有关规定。

（2）检查车辆时应注意邻线机车、车辆动态，发现车辆下部有异状或货物装载需要整理时，必须与机车乘务员取得联系后，方可处理。

（3）在车站调车作业时，应依照"调车作业人员安全标准"执行。

（4）在守车通过台上站立时，要把紧栏杆，在车梯上瞭望时，勿探身过远，注意沿线信号机柱、道岔表示器及其他建筑物。

（5）在列车运行中，严禁跨越车辆。

（6）下雪时，应及时清扫守车车梯及通过台上的冰雪。

能力检测

1. 简述人的行为个体差异和共同特征。
2. 简述安全教育与培训。
3. 简述人的行为的退化。
4. 讨论与人的行为有关的事故模式。
5. 分析讨论人行为失误的控制与预防对策。
6. 分析人不安全行为的心理与生理因素。

第六章

心理健康与行车安全心理

> **学习目标**
>
> **掌握：** 心理健康的自我调节方法，及时消除心理安全隐患。
> **熟悉：** 心理健康与形成安全的关系，行车安全心理健康是如何监控与调节的。
> **了解：** 行车人员容易出现的心理问题与心理障碍。

第一节 心 理 健 康

1970 年，联合国世界卫生组织（WHO）给健康下了一个新的定义："健康不仅指没有疾病或躯体正常，还要有生理、心理和社会适应方面的完满状态。"躯体上的健康为我们提供了工作的资本，而心理上的健康则为我们提供了幸福安全工作的保障。随着职场上竞争压力的日益增大，职场人不得不每天都面临着紧张的生活和工作，"压力山大"已经成为一种普遍现象，对工作缺乏动力，对工作的抗拒情绪也时常出现，甚至对自己工作的意义表示怀疑。同时，抑郁、过劳、倦怠、猝死等现象也逐渐向他们逼近。职场人的身心健康和工作状态堪忧。因此，为了保证我们行车安全工作的顺利进行，需要重视自身的心理健康水平，并了解如何进行职工的心理维护。

一、心理健康的含义

（一）心理健康的概念

心理健康是指个体不仅没有心理疾病或者病态，而且能够持续对环境做出良好适应，并能保证旺盛生命力，充分发挥身体潜能的心理状态和适应状态。心理健康的定义对我们提出了较高的要求。

我们来想一想当我们描绘一个人时会用怎样的词语,例如一个大学女生,也许会用"李某,20岁,来自洛阳,漂亮、开朗、温柔、乐观……",如果将这些词语分类,你将不难看出我们的心理是基于哪些基础之上的:生理、人格、社会。

首先是生理,就像"20岁、漂亮"之类的描述。一个心理健康的人,其身体状况特别是中枢神经状况应当是没有疾病的,其功能应在正常范围之内没有不健康的特质遗传。健康的身体特别是健全的大脑乃是健康心理的基础,当我们的身体出现问题时一定程度上会影响到我们的心理健康水平。例如聋哑人心理一般较单纯幼稚,而盲人却心思缜密、复杂、易感,这就是生理会影响我们的内部语言进而影响心理状态;生理经受过巨变的人(整容、毁容、伤残等)相对生理变化较少的人自我形象心理压力更大。

其次是人格。如"开朗、温柔、乐观"之类的描述。心理健康的人不仅各种心理功能系统正常,而且对自我通常持有肯定的态度,能有自知之明,清楚自己的潜能、长处和缺点,并发展自我。现实中的自我既能顾及生理需求又能顾及社会道德的要求,能面对现实问题,积极调适,有良好的情绪感受和心理适应能力。一个人的人格一部分是由先天遗传所决定,一部分来自后天环境的影响,在成年之后改变很困难,因此总会有些人积极,而有些人消极;有些人敏感细腻,有些人神经大条,自我意识的发展也会因此进度不同。

最后是社会或者说是环境影响。如"李某、来自洛阳"之类的描述,姓名、社会关系等都是社会影响的一部分。人是社会化的动物,心理健康的人能有效地适应社会环境,妥善地处理人际关系。其行为符合生活环境中文化的常规模式而不离奇古怪,角色扮演符合社会要求,与社会保持良好的接触,且能对社会有所贡献。

 知识链接

2013年中国职场心理健康调研报告

智联测评研究院联合中科院心理研究所发布了《中国职场心理健康调研报告》,采用网络定量问卷的方式开展,共收集有效样本量11 032人。报告深入了解分析了职场人压力状况及来源,并进一步探究了此种压力状况对其身心健康、工作效率乃至行业发展的影响。从2011—2013年的三年间,职场人的心理健康经过2012年的低谷后,在2013年重新恢复过来,但工作压力感受并没有减少,依然受到个人发展受限、缺乏动力源和工作不确定性的困扰。同时,在工作中体验到的幸福感和个人生活幸福感也在逐年下降,这可能直接导致了2013年的离职意向明显升高。

在特定群体中,国企和事业单位的职场人工作状态值得引起特别关注。对于新入职的员工,其工作稳定性远不如其他员工。

数据说明:本报告所有图表数据均为百分制,以50分为界,在心理健康、工作绩效等方面高于50分表明情况良好。反之,在躯体症状、离职意愿、工作耗竭等方面低于50分说明情况良好。

(1)身心健康方面:2013年职场人的主要躯体症状,依然以视疲劳为主。2011—2013年,职场人主要表现出视疲劳、容易感到疲倦和记忆力下降等身体不适症状。总体来看,2013年人们在各方面的身体不适症状都低于2011年和2012年,是三年来最为舒适的一年。

(2)工作状态方面:2011—2013年,职场人工作投入逐年下降,离职意向逐年升高,特别是在2013年,职场人工作热情下降,跳槽意向增多。2011—2013年职场人主要躯体症状对比和工作状态对比分别如图6-1和图6-2所示。

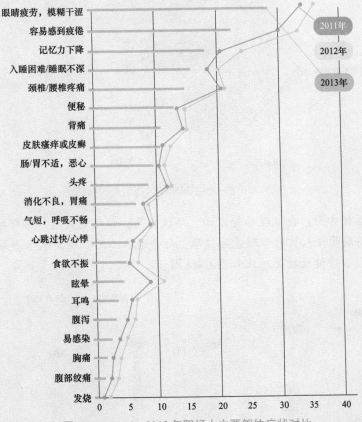

图6-1 2011—2013年职场人主要躯体症状对比

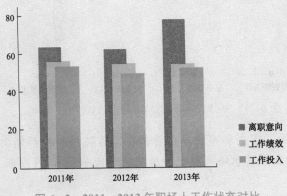

图6-2 2011—2013年职场人工作状态对比

（3）压力来源方面：工作不确定性、个人发展受限和动力源匮乏是职场人主要的压力来源。2011—2013年职场人压力来源分析如图6-3所示。

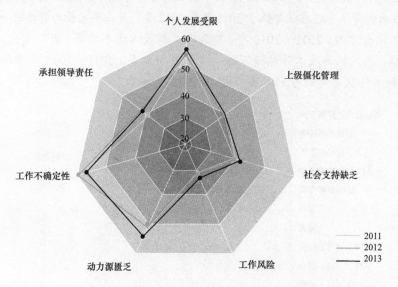

图6-3　2011—2013年职场人压力来源分析

（4）职场层级方面：在心理感受方面，层级越高，心理越健康、抑郁倾向越低、工作耗竭越低。高层管理人员的心理最为健康，而普通职工的心理健康水平最低。2013年不同层级职场人心理健康状况对比如图6-4所示。

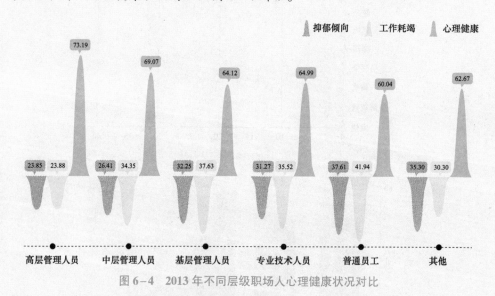

图6-4　2013年不同层级职场人心理健康状况对比

（5）企业性质方面：国企和事业单位员工在工作耗竭和抑郁倾向上，高于其他类型企业。2013年不同企业性质职场人身心健康状况对比如图6-5所示。

第六章 心理健康与行车安全心理

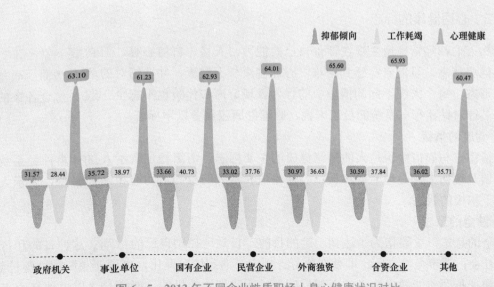

图 6-5 2013 年不同企业性质职场人身心健康状况对比

（6）行业方面：IT 互联网/通信/电子行业的员工和房产/建筑建设/物业员工在心理健康、工作耗竭和抑郁倾向三个方面综合的状态最好。交通物流行业状态一般。2011—2013 年不同行业员工工作耗竭状况对比如图 6-6 所示。

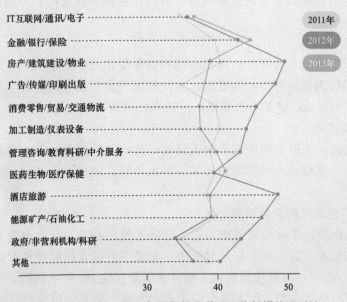

图 6-6 2011—2013 年不同行业员工工作耗竭状况对比

（7）地域方面：相比于北上广深这样的大城市，地市级城市职场人的心理健康状况更好，工作耗竭感更低，抑郁倾向更低。

195

（二）心理健康的标志

虽然人们都经常地用主观在评价自己的能力、人格、自信心等，但真要评估一下自己的心理健康状态，可能着实感到困难。心理健康与不健康，并非绝对的两个方面，而是一种相对形态，每个人在不同的情境中的行为表现、内心体验也不完全一致。综合各家的见解，本书针对铁路行车系统的员工来说，心理健康应具备以下标志：

1. 健康的情绪

情绪稳定与心情愉快是人的情绪健康的主要标志。情绪稳定表示人的中枢神经系统活动的协调，说明人的心理活动协调；心情愉快表示人的身心活动的和谐与满意，表示人的身心处于积极的状态。

2. 健全的意志

健全的意志，主要指为了达到一定的目的，自觉地控制自己的行动。这种目的和行动有利于社会；遇事当机立断，即使在执行计划中，遇到情况变化，也善于果断地调整计划；在困难和挫折面前能做出适当的心理反应，对所要到达的目的，能够持之以恒地努力直至成功；为了适应社会需要而控制自己的思想、情绪和言行。

3. 正常的智力

智力是指人处理问题、解决问题的能力。大多数人的智力属于一般常态水平，智力超常和智力落后都是少数。智力超常与智力一般且能充分发挥自己的潜在素质，是心理健康的表现。而智力落后则是心理不健康的表现，智力正常但不能发挥自身的潜在素质，也不算心理健康。

4. 适度的行为反应

行为是人在环境刺激下所产生的内在心理和心理变化的外在反应。适度的行为反应，首先是指一个人的行为内容符合社会规范，并以积极的态度正确对待社会生活的准则；其次是指一个人的行为反应，诸如喜怒哀乐、言谈举止等皆在情理之中。

5. 协调的人际关系

协调的人际关系，主要是指乐于和别人交往，有自己的友伴。在与人相处时，尊重、信任、关心、帮助、谅解他人等肯定态度多于对人怀疑、嫉妒、仇视、埋怨、指责等否定态度。

6. 心理行为符合本年龄阶段特点

按照心理成熟标准，个体心理健康与否，取决于他的心理与行为表现与其年龄阶段特征是否吻合，如果基本一致，就看作是健康的；如果滞后或者超前就是不健康的。一个人工作的年限大约有 40 年，根据埃里克森人格发展理论在这 40 年中我们会经历两个人格发展阶段：成年早期与成年中期。而在每个阶段都会面临一些需要解决的问题，人格发展的任务就是解决面临的问题，避免这些"问题"的发生。解决得好则有助于人格发展，解决不好则给人格发展带来消极影响，即出现危机。这样既不利于前一个阶段向后一个阶段的过渡，还会影响以后各个阶段的发展。

（1）成年早期（18～25 岁）：是形成亲密对孤独的时期。这一时期，青年人已走向社会，进入人与人之间的新关系中。他们需要与伴侣、朋友、同事等建立爱情、友谊、团结与亲密的关系。如果发现自己不能与别人建立起友爱、亲密的关系，就会感到孤独，产生不愿与人接近的孤独感。

（2）成年中期（25～65岁）：是形成繁衍感（创造感）或停滞感（自我专注）的时期。这一阶段正是成家立业之后，一方面自己承担着社会任务，有工作，有事业，要求为社会创造价值，发挥创造性；另一方面又有家庭，有孩子，需要照顾料理家务和孩子。如果能利用自己的能力，为社会、为事业而发挥创造力，就可获得创造感，进一步创造、再创造。如果只关心个人需要与舒适，饱食终日、碌碌无为，陷入自我专注状态，就会产生停滞感。

二、影响心理健康的因素

在生产和生活中有诸多因素影响着职工的心理健康，具体来说主要有以下几种：

（一）紧张的人际关系

我国著名医学心理学家丁瓒教授指出，人类的心理适应，最主要的就是对人际关系的适应。人一旦建立起良好的人际关系，就会增强做好工作的信心，而且会极大地满足社会安全感的基本需要，在工作的过程中感受到极大的组织支持感，相应地提高了工作动机与工作绩效，使心理得到健康的发展。相反，如果不能与其周围的人或组织建立起良好的人际关系，就会使其心理失调，心情压抑、苦闷，长期下去会直接影响人的心理健康，导致各种心理与生理疾病的产生。

（二）过重的心理负担

在工作中，人们总会面临各种各样的心理压力。适度的心理压力使人产生一种紧迫感，有助于人的智力因素和非智力因素的调动，提高工作效率。而持续过重的心理压力会使人的大脑神经长期处于高度紧张状态，容易导致高级神经活动功能性失调，进一步演变成为心理生理障碍或心身疾病。

（三）不良的个性特征

现代医学和心理学的研究表明，个性与心身健康有着密切的关系。如美国心理学家弗里德曼和罗森曼将患冠心病的个性特点称为"A型人格"，即好竞争，事业心强，有时间紧迫感，做事匆忙，过分勤勉，好急躁，易激动，忍耐性差等。而"B型人格"则悠闲自得，不爱紧张，一般无时间紧迫感，不喜欢争强好胜，有耐心，能容忍，但相对来说工作绩效较差。"C型人格"则是最不良的人格类型，这种类型的人很难公开表达自己的情绪，常常自责，极怕失败；对人很有戒心，没有密切的人际关系；认命，生活无意义、无价值，很容易患抑郁症等心理疾病。

（四）严重的失意和挫折

人在生活或工作中难免会遭受失意或挫折，这会给自己心理上带来过多的消极体验，如果这些消极的经验予以累积而没有得到化解，就很容易在日后的生活中产生负性自动思维，或者造成紧张和焦虑情绪，严重的能导致心理疾病。

（五）消极的情绪

消极情绪如愤怒、憎恨、忧愁、悲伤、恐惧、焦虑、痛苦等，既是人们适应环境变化的一种必要心理反应，又容易造成人们心理上的不平衡或生理机能失调，如果非常强烈或持续出现，将会引起人们心理机能或者生理机能发生病变。

（六）组织文化环境的长期影响

组织文化环境的氛围能够影响个体的心境反应，积极的组织环境中往往能够提高劳动者的绩效，而相反消极抑郁的组织环境往往导致个体长期的心境低落状态，甚至会导致心理疾病。例如，在一个积极向上、做什么事情都会有同事或领导支持的企业中，你会感到很愉悦，也愿意进行创新和发明；在一个组织氛围消极，所有的员工都是消极怠工的企业中，即使你有了新的想法也很难说出，因为即使说出了也会引来同事的嘲笑而非支持。而产生这种现象的原因就是组织支持感，这种正向的信念会使员工在自己的贡献与组织的支持之间比较容易找到平衡点，进而提高对组织的各种制度和政策的满意程度。并且作为对组织的回报，员工也会提升自己对组织的承诺和忠诚度，并且会提高自己工作的努力程度。相反，如果员工感到组织轻视自己的贡献和福利，员工对组织责任的认知会相应减少。因此，员工会减少对组织的情感承诺和降低工作表现，甚至产生离职的意愿和行为。

三、非健康心理状态

一个人的心理是健康的或是不健康的，是很难做出非此即彼、简单而明确的界定的，因为心理健康本身是一个动态的过程：它可能因个体自身的发展而变化，也可能因个体所处情境的不同而不同。这样就有大量的所谓"亚健康"状态存在。就一般人群而言，据学界一般的看法，真正称得上心理健康的人只占10%~15%，真正有心理异常的人只占5%~10%，而八成左右的人都处在心理亚健康状态。再从个体心理发展的角度来看，心理健康也是一个动态的过程，既存在由健康向不健康转化的可能，也存在由不健康向健康转化的可能。

如图6-7所示，纯白是完全心理健康状态，浅灰是心理亚健康以及心理问题阶段，深灰则涉及神经症或人格障碍，纯黑则是精神病区域。纯白色与浅灰色区域尚属于心理正常，而深灰至黑色区域属于心理异常。

（一）心理亚健康

随着社会经济的快速发展和社会竞争的不断加剧，很多人被动患有各种心理疾病，心理疾病的患病率不断攀升，但知晓率却仍旧较低，数据显示，72.3%的患者并不知晓自己处于抑郁、焦虑等各类精神障碍中。心理疾病严重威胁着人们的健康，特别是职场群体，往往成为心理亚健康的重灾人群。

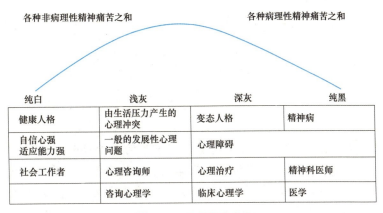

图 6-7 心理状态分布

1. 职业人群频现"焦郁碌"

据世界卫生组织的一份调查数据显示：我国有 2 亿～3 亿人存在心理健康问题，其中抑郁、焦虑和失眠位居前三位。这一特征在职业人群中尤为突出，一份针对 30 座城市 50 家全国 500 强企业的中青年员工的调查报告称，78.9%的员工有过"烦躁"情绪，59.4%的人感受过"焦虑"，38.6%的人觉得"抑郁"，仅有 5.8%的员工称自己没有压力。焦虑、抑郁、忙碌的劳动者成为职场"焦郁碌"。数据显示，年轻员工抑郁症状的发生率较年长员工略高，已婚员工抑郁症状的发生率显著降低，"剩男剩女"员工成为抑郁症状的高发人群。

据智联招聘发布的《2013 年中国职场心理健康调研报告》显示，工作不确定性、个人发展受限和动力源匮乏是职场人群主要的压力来源。其中，国企和事业单位员工在工作耗竭和抑郁倾向上，明显高于其他类型企业。

2. 职场压力不能承受之重

"比人生未知的历险更可怕的，是那种一眼就看到老死的时光。"当初正是因为在一本书上看到了这句话，学习计算机专业的陈义博在大学毕业时放弃了国企的工作机会，选择去外企工作。然而三年过去了，他并没有体会到"历险"的成就感，反而陷入了深度职业焦虑。"现在的职位和薪酬都不理想，可能会跳槽或者转行吧。"陈义博坦言，自己当初的职业预期有些脱离现实。

报告显示，除工作负荷、工作环境等客观因素外，理想与现实差距产生的挫败感是导致职业人群焦虑的重要因素。此外，社会竞争加剧、生活节奏加快、生存成本提升等因素成为职业人群频现"焦郁碌"的现实诱因。

多数被访者对职业心理亚健康的危害并没有清晰的认知，甚至采取回避态度。数据显示，面对压力，"自我减压和心理调节"仍是职场人群采取的主要方式，仅有不足 3%的人选择通过专业心理咨询机构得到帮助。

专家提醒，长期处于职业心理亚健康状态可能导致职业枯竭。职业枯竭也称心理枯竭，是在工作重压之下产生的身心俱疲、厌弃工作的主观感受，患者感觉身心能量被工作消耗殆尽，不仅表现为生理机能的减弱，还表现为自我效能的下降，成就感和自我评价随之降低。

 知识链接

职 业 倦 怠

职业倦怠（Burnout）指个体在工作重压下产生的身心疲劳与耗竭的状态。最早由Freudenberger于1974年提出，他认为职业倦怠是一种最容易在助人行业中出现的情绪性耗竭的症状。随后Maslach等人把对工作上长期的情绪及人际应激源做出反应而产生的心理综合征称为职业倦怠。

"职业倦怠症"又称"职业枯竭症"，它是一种由工作引发的心理枯竭现象，是上班族在工作的重压之下所体验到的身心俱疲、能量被耗尽的感觉，这和肉体的疲倦劳累是不一样的，而是缘自心理的疲乏。一个人长期从事某种职业，在日复一日重复机械的作业中，渐渐会产生一种疲惫、困乏，甚至厌倦的心理，在工作中难以提起兴致，打不起精神，只是依仗着一种惯性来工作。因此，加拿大著名心理大师克丽丝汀·马斯勒将职业倦怠症患者称为"企业睡人"。据调查，人们产生职业倦怠的时间越来越短，有的人甚至工作半年到八个月就开始厌倦工作。压力过低、缺乏挑战性的工作，由于个人能力得不到发挥，无法获取成就感的工作最易产生。

职业倦怠最常表现出来的症状有三种：

1. 对工作丧失热情，情绪烦躁、易怒，对前途感到无望，对周围的人、事物漠不关心。

2. 工作态度消极，对服务或接触的对象越发没耐心、不柔和，如教师厌倦教书，无故体罚学生，或医护人员对工作厌倦而对病人态度恶劣等。

3. 对自己工作的意义和价值评价下降，常常迟到早退，甚至开始打算跳槽甚至转行。

职业倦怠一般包括以下三方面：

1. 情感衰竭：指没有活力，没有工作热情，感到自己的感情处于极度疲劳的状态。它被发现为职业倦怠的核心纬度，并具有最明显的症状表现。

2. 去人格化：指刻意在自身和工作对象间保持距离，对工作对象和环境采取冷漠、忽视的态度，对工作敷衍了事，个人发展停滞，行为怪僻，提出调度申请等。

3. 无力感或低个人成就感：指倾向于消极地评价自己，并伴有工作能力体验和成就体验的下降，认为工作不但不能发挥自身才能，而且是枯燥无味的烦琐事物。

安全绩效与工作压力、职业倦怠关系研究
——以铁路机车司机为例

保证运营安全始终是铁路运输最高的目标。在铁路运输相关人员中，铁路机车司机是保证铁路运输安全最为重要的环节，国内外有关铁路安全事故的研究显示，司机引发的铁路安全事故所占比例接近80%。铁路机车司机工作的重要性及技术要求、作业方式、

管理模式等造成的工作难度加大导致其劳动强度和心理压力陡增，也客观导致其职业发展难度增加。欧洲已有的研究显示，铁路机车司机长时间值乘会导致工作压力，降低工作效率。长期处于过度的工作压力状态导致职业倦怠，职业倦怠会引发工作失误，形成安全隐患，造成事故的发生，对铁路机车司机来说，直接反映为铁路机车司机安全绩效水平降低。

我国铁路具有覆盖面积广，铁路线路复杂，机车种类繁多，行车速度不断提高，技术难度日益增大的特点，在研究我国铁路机车司机工作压力时应充分考虑。综合前人对于铁路机车司机工作压力的相关研究成果，结合对铁路机车司机的访谈调查，通过分类整合，笔者研究认为铁路机车司机的工作压力包含工作本身、人际关系、职业发展、组织因素以及工作家庭冲突五个维度。其中，工作本身包括工作时间、工作负荷、技术要求等；人际关系包括与同事的关系、团队精神等；职业发展是指司机的晋升通道与成长空间；组织因素是指组织的氛围、领导风格、组织制度等。工作本身可以认为来自环境的因素，工作家庭矛盾可以认为是来自个体的因素，人际关系、职业发展、组织因素可以认为是来自组织的因素。

大量研究证实工作压力对工作绩效具有影响，但工作压力与安全绩效的关系未有相关研究支持。工作压力直接影响个体认知，从而导致操作能力的低下，因此，可以推断工作压力对安全绩效有显著的影响。

研究对象为铁路机车司机，具体指取得机车驾驶证或副司机驾驶证可以上机车值乘的司机，包括驾驶内燃机车、电力机车、动车组各类机车的具有A，B，C各类驾驶证及相关增项的司机。学习司机、管理职能的指导司机以及铁路机务系统的各类管理人员等不能上机车值乘的人员不属于研究范畴。研究共计发放问卷450份，回收有效问卷北京铁路局回收问卷143份，呼和浩特铁路局回收问卷98份，哈尔滨铁路局回收问卷77份。

研究结论如下：

1. 得出铁路机车司机工作压力的五个研究维度，即工作本身、工作家庭矛盾、职业发展、人际关系以及组织因素。

2. 铁路机车司机职业倦怠是其工作压力与安全绩效间的中介变量。铁路机车司机工作压力对职业倦怠具有预测作用。铁路机车司机的职业倦怠对安全绩效有负向预测作用。

结果显示，铁路机车司机的工作压力与职业倦怠间有显著的正相关关系；铁路机车司机职业倦怠与安全绩效呈显著的负相关关系。铁路机车司机来自工作本身及工作家庭矛盾造成的压力与情绪耗竭、疏离及低职业效能感呈显著的正相关关系，即当铁路机车司机来自工作本身的压力、工作家庭矛盾造成的压力越大其职业倦怠程度越高。铁路机车司机的人际关系与情感耗竭、疏离呈显著的负相关关系，即铁路机车司机的人际关系不良会使铁路机车司机出现情感耗竭、疏离；与低职业效能感不存在相关关系表明人际关系对铁路机车司机的低职业效能感没有影响。铁路机车司机的职业发展与情感耗竭、疏离不存在负相关关系，表明职业发展不影响铁路机车司机的情感耗竭、疏离；与低职业效能感呈显著的负相关关系，表明铁路机车司机职业发展越好低职业效能感程度越低。铁路机车司机所在组织的组织因素与情感耗竭、疏离以及低职业效能感均呈显著的负相关关系，即组织因素水平越高其职业倦怠水平越低。铁路机车司机情感耗竭、疏离以及低职业效能感三个维度与安全绩效均呈显著的负相关关系，表明职业倦怠对安全绩效有负向预测作用，职业倦怠水平越高则安全绩效水平越低。

3. 铁路机车司机是铁路运输中最为关键的一环，铁路机车司机的工作压力与职业倦怠与其安全绩效存在密切的联系，是影响其安全值乘的重要因素。安全是铁路运输的根本，基于此，铁路管理部门应充分重视铁路机车司机的工作压力及职业倦怠，进行有效的压力管理，进一步提高铁路司机的安全绩效，保障铁路运输安全。

（二）心理问题

心理问题也称心理失衡，是正常心理活动中的局部异常状态，不存在心理状态的病理性变化，具有明显的偶发性和暂时性，常与一定的情境相联系，常由一定的情景诱发，脱离该情景，个体的心理活动则完全正常。对于心理的亚健康状态，个体可以持续地进行自我与环境方面的调节；而相对于一些事件所造成的心理问题，往往需要寻求心理咨询师的帮助。

心理问题可分为一般心理问题与严重心理问题，因其不良体验持续时间、反应强度和是否泛化而予以划分，如表 6-1 所示。

表 6-1　一般心理问题与严重心理问题的鉴别

分类	一般心理问题	严重心理问题
情绪反应强度	由现实生活、工作压力等因素而产生内心冲突，引起的不良情绪反应，有现实意义且带有明显的道德色彩	是较强烈的、对个体威胁较大的现实刺激引起心理障碍，体验着痛苦情绪
情绪体验持续时间	求助者的情绪体验时间不间断地持续 1 个月或者间断地持续 2 个月	情绪体验超过 2 个月，未超过半年，不能自行化解
行为受理智控制程度	不良情绪反应在理智控制下，不失常态，基本维持正常生活、社会交往，但效率下降，没有对社会功能造成影响	遭受的刺激越大，反应越强烈。多数情况下，会短暂失去理智控制，难以解脱，对生活、工作和社会交往有一定程度影响
泛化程度	情绪反应的内容对象没有泛化	情绪反应的内容对象被泛化

（三）心理异常

与正常的心理相对，是一些异常的心理或者称心理障碍。从实际情况看，一些人长期以来受到某种心理障碍或心理异常的折磨，十分痛苦，但遗憾的是他们不知道这是怎么回事，或苦于无处寻助。另一种情况是，一些人从报纸或书本上读到有关心理异常的知识，就硬与自己联系起来，以致整日忧心忡忡、惶恐不安，唯恐自己心里有毛病，由此也造成很大的心理困扰。还有一种情况，有些人心理方面一旦有一些异常表现，就十分紧张，总是担心会越来越严重，患上精神病。鉴于以上种种情况，这里将一些常见的心里异常分门别类地做简要的介绍，以便读者对此有一个比较客观恰当的判断，但心理病症往往是比较复杂的，不可简单地"对号入座"，必要时可以去找心理医生咨询与诊治。

1. 神经症

神经症也称神经官能症。这是一组没有明显的器质性原因的较为严重的精神障碍，是由个人的环境精神压力与人格因素交互作用所致。其病态比较复杂，且患者大多还能应对必须面对的现实问题，所以在日常生活中，除了部分有明显躯体症状的患者外，大部分患者是以痛苦的主观体验为主。尽管这种痛苦有时可以达到十分严重的程度，然而却难以为他人所察觉和理解。神经症可分为焦虑症、抑郁症、强迫症、恐怖症、疑病症和神经衰弱等。

（1）焦虑症是以发作性或持续性情绪焦虑、紧张为主要特征的一类神经症。虽然正常人也会有焦虑，当焦虑的程度适当，而不伴随其他的心理活动异常和相应的躯体症状，且足以引起焦虑事件过去之后，通常焦虑情绪也就自动解除了。焦虑症患者的焦虑情绪往往不是由现实情况所引起，且常伴有躯体症状。紧急焦虑症患者会突然感到心悸、喉部梗塞、呼吸困难、头昏、无力，常伴有紧张、恐惧或者濒死感；检查可见心跳加快、呼吸急促、震颤、多汗等躯体症状。慢性焦虑症患者长期处于焦虑状态，常为一些小事而烦恼、自责，对困难过分夸大，遇事常往坏处想，对躯体不适特别关注，注意力涣散，记忆不佳，兴趣缺乏，常失眠多梦。

（2）抑郁症是以持久性情绪低落为特征的神经症。虽然正常人也有情绪低落的时候，但持续时间一般不会太久。抑郁症患者的抑郁情绪可能持续数月乃至数年，常表现为心情压抑，态度悲观，怨天尤人，自我评价降低，对周围事物兴趣索然，对前途感到失望。此外，还常伴有植物性神经功能失调，如胸闷、乏力、疼痛等。由于觉得生存缺乏意义，对生活感到失望甚至绝望，抑郁症患者有时会放弃求治要求，严重的易导致自杀行为。

（3）强迫症是以强迫症状为中心的一类神经症。所谓强迫症状，是指患者主观上感到有某种不可抗拒的、不能自行克制的观念、意向、情绪和行为存在，它们或是单一地出现，或是夹杂在一起出现。虽然患者也认识到它们是不恰当的或毫无意义的，但是难以将其排除。正常人也或多或少有一些强迫性的观念或行为等，但强迫症患者为了排除这些令人不快的观念或者行为，有着严重的心理冲突并伴有强烈的焦虑和恐惧。

（4）恐怖症是指患者对于某些事情或特殊情境所产生的十分强烈的恐惧症状，而此种情绪与所引起的恐怖情境和事物通常是很不相称的，有时甚至让别人难以理解。患者虽然明知自己害怕不合理，但是难以自我控制而极力回避引起恐惧的事情或情境，从而导致严重的情绪和行为退缩。恐怖症名目繁多，可分为社交恐怖症、动物恐怖症、自然现象恐怖症、环境恐怖症、观念恐怖症等。

（5）疑病症也称臆想症，是一类表现为对自身健康状况过分关心，深信自己患了某种躯体或者精神疾病，经常叙述某些不适，但却与实际健康状况不符合的神经症。患者四处求医，迫切要求治疗；医生对疾病的解释往往不能消除其固有的成见。

（6）神经衰弱是以高级神经活动耐强性低、过度兴奋而又得不到保护性抑制为特征的一类神经症。神经衰弱的症状很复杂，往往是心理症状和躯体症状夹杂在一起，常见心理症状有心烦意乱、情绪过敏、忧郁、焦虑、头痛、睡眠障碍、记忆力衰退、疑病等，躯体症状有心悸、心慌、多汗、出气不畅、胸闷、腹胀、腹泻或便秘、月经失调等。

2. 人格障碍

人格障碍也称病态人格，是指不伴有精神症状的人格适应缺陷，这种患者对环境有相当严重的、根深蒂固的、不适应的反应，其人格结构与行为模式对自己、对社会都是不被允许的、不得体的。所谓不伴有精神症状的缺陷，是指在没有认知障碍或没有智力障碍的情况下出现的情绪反应、动机和行为活动的异常。人格障碍一般始于童年或青少年时期，而持续到成年乃至终生。常见的人格障碍有反社会型人格、偏执型人格、回避型人格、依赖型人格、表演型人格等。

反社会型人格，其特点是缺乏道德感和内疚感，没有怜悯心、同情心，行为受原始欲望支配，脾气暴躁，挫折容忍力低，情绪活动呈爆发性，行为冲动，对他人和社会冷酷无情，往往目无法纪，且不能从挫折和惩罚中吸取教训等。

偏执型人格障碍，其特点是思想、行为固执，敏感多疑，心胸狭窄，自我评价过高，不接受批评，情感不稳，易冲动，善诡辩，富有攻击性，服饰仪表常不顾习俗等。

回避型人格障碍，其特点是行为退缩、自卑，面对挑战常常感到无能力应付而采取逃避态度，受到批评指责后常觉得自尊心受创伤而十分痛苦、羞怯，害怕社会交往活动。

依赖型人格障碍，其特点是缺乏必要的日常生活自理能力，总是求助于他人，过分依赖他人，很幼稚地顺从，总是怀疑自己可能被别人拒绝，在任何方面都很少表现出积极性。

表演型人格障碍，其特点是以自我为中心，感情用事，情绪不稳定，爱自我表现，爱幻想，常以想象代替现实，生活在想象的情境中。

3. 行为偏离

行为偏离是指在没有智力迟滞和精神失常症状的情况下而与其所处社会情境和社会要求相违背，在行为上明显的异于常态。例如吸毒行为、酗酒行为、重度吸烟行为，拉帮结伙行为、敌视权威行为、施虐行为、盗窃行为、诈骗行为等。

4. 适应不良综合征

适应不良综合征是以环境适应困难为中心特征的一系列身心不适的症状，尤其是在转到一个新的环境之后。患适应不良综合征常常对工作消极并厌恶、退缩，并伴有紧张、退缩、恐惧、疼痛、强迫等多种神经症症状。

5. 心身疾病

心身疾病是指那些心理因素在疾病的发生和病程演变中起主导作用的躯体疾病。中医认为"喜伤心，怒伤肝，忧伤肺，思伤脾，恐伤肾"，从现代心理学理论来看，心身疾病或心身障碍是个体在压力状态下所出现的某种情绪和动机冲突，通过心理影响生理的途径，以身体各器官系统的病变而表现出来，如可能引发原发性高血压、心脏神经官能症、冠心病、心律失常、消化性溃疡、胃肠神经官能症、神经性厌食、支气管哮喘、肥胖症、糖尿病、甲状腺机能亢进症、紧张性头痛、偏头痛、风湿病、癌症等。

6. 精神病

这是一类最严重的心理异常。精神病患者的整体心理机能瓦解，不仅心理活动本身的各个方面的协调一致遭到破坏，而且机体与周围环境的关系也严重失调。精神分裂症是最常见的精神病，患病率为 0.3%～0.7%，起病多在青春期及成年初期，病程多迁延。其症状复杂多样，较常见的有思维障碍、联想散漫、知觉扭曲、情绪错乱，动作怪异、有被操纵感和洞悉感等，患者常常生活在自己幻想的世界当中，甚至以幻想代替现实，完全脱离现实。本病可分为急性和慢性两种：急性起病急，预后较好；慢性起病慢，预后较差。躁狂抑郁症是另一种常见的重度精神疾患，以原发性情感情绪障碍为主要临床表现，且伴有发作期和完全正常的间歇期反复交替现象。

第二节 心理健康的自我维护

没有一个人的人生是一帆风顺的，没有人的情绪会像白开水一样平淡无味，也没有一个人的心理状态一直都处于最佳，因此，作为普通的人我们掌握必要的自我心理维护方法可以在遇到不同的问题时采用恰当的方法予以解决，提升我们生活的幸福感与满意度。

一、情绪不良的调节

日常生活中许多事情都可能引发不良情绪：恐惧、焦虑、极度悲伤、愤怒等，而这些情绪时时刻刻影响着我们的生活和工作。处于这个高速发展时代的人们面对激烈的社会竞争、繁重的工作压力以及生活上的烦扰，不可避免产生负向情绪。有时这些情绪是短暂爆发，而有时却成为一种弥漫性的心境障碍，需要我们予以注意，并及时调节。

（一）转移宣泄不良情绪，体验积极情绪

当遭遇打击性事件时，总是使我们陷入悲伤、自责等情绪里，甚至经常哭泣不已，并通过脾气的爆发来宣泄。生活在眼里是一片灰色，没有什么值得开心的事情。我们开始拒绝任何尝试的机会，甚至以前感兴趣的事现在已不再有吸引力。常常是除了抑郁、悲伤甚至哭泣，再没有别的兴趣。当陷入这样的消极情绪时，我们可以通过转移情绪的方式来减轻自己对那些具有伤害性的消极情绪的体验。比如，可以强迫自己做一些有益于健康又简单易行的运动，如跑步，运动可以改变人的身心状况，因此可以很有效地转换自己悲伤的情绪。消极情绪还应当得到宣泄。在悲伤时，干脆找个地方大哭一场，很多时候哭泣也是一种很好的治疗方式。如果感到不满或者愤怒，以不会伤害到他人的方式表达出来比一味克制更有好处。还应当尽可能地去尝试体验愉快、平静等情绪。沉浸消极情绪中的人告诉自己和别人，我们对任何事情都不感兴趣。可是事实上，只有当一个人真正去从事那些活动，才可能体验到那种愉快的情绪。我们只是不再认为或者相信那些活动能带给自己乐趣。总之，尽管消极情绪使人丧失了对生活的一切兴趣和热情，但是想要走出抑郁，我们就必须告诉自己，不要拒绝那些可能带给自己快乐和愉快的人和事，对生活敞开自己的心灵。

（二）放松疗法

如果你的不良情绪是短暂的、爆发性的应激反应可以利用放松疗法予以缓解。

放松疗法又称松弛疗法、放松训练，它是一种通过训练有意识地控制自身的心理生理活动、降低唤醒水平、改善机体紊乱功能的心理治疗方法。放松疗法认为一个人的心情反应包含"情绪"与"躯体"两部分。假如能改变"躯体"的反应，"情绪"也会随着改变。

近年来，放松训练发展了五种类型：①渐进性肌肉放松；②自生训练；③自我催眠；④静默；⑤生物反馈辅助下的放松。虽然放松训练的原理及程序各不相同，但有着共同的目的，就是降低交感神经系统的活动水平、减低骨骼肌的紧张及减轻焦虑与紧张的主观状态。

放松训练较为简单的一种做法是：①安静舒适的姿势；②闭目养神；③尽量放松全身肌肉，从脚开始逐渐进行到面部，完全放松；④用鼻呼吸，使自己能意识到自己的呼吸，当呼气时默诵"1"，吸气时默诵"2"；⑤持续2分钟，可以睁开眼睛核对时间，但不能用报警器，结束时首先闭眼而后睁开眼睛，安静地坐几分钟；⑥不要担心是否能成功地达到深度的松弛，维持被动姿势，让松弛按自己的步调出现，当分心的思想出现时不要理睬它，并继续背诵"1"，随后松弛反应将不费力地来到。进行这种技术每天1～2次，不要在饭后2小时内进行，因消化过程可能干扰预期引起的变化。

放松训练可以广泛地应用于正常人的保健，消除运动员、学生的紧张情绪，提高成绩及治疗多种心身疾病（心理、生理疾病）与神经症。

当心理处于焦虑状态时，个体还可以采取行动，运用技术来调适自己的焦虑。例如英国一位心理学家曾设计一套将心理与身体练习相结合的独特方法，不妨试试：①准备：练习者坐在椅子上，脚掌着地，两臂自然下垂，闭上双眼，然后腹式呼吸3次。吸气时注意体会各部紧张感，呼气时注意放松、放松、再放松。②背部放松：身体移至椅边，闭眼，注意背部的感觉。吸气后仰，伸展脊背至不舒服为止。再呼气、拱背，向前蜷缩双肩，然后下垂双肩，肩胛骨靠拢，并肩。轻轻地呼气.垂肩。反复做3遍。③头部放松：呼气，下巴垂至胸前。吸气，头由重力自然支配右旋转，转到后背时开始呼气，向左经后背绕至胸前。先做3次右绕头运动，再做3次左绕头运动。注意右旋转时左侧脖颈舒展，向后转时，喉部肌肉舒展。④面部放松：先吸气，面部各部分肌肉向内收缩，将紧张压力集中在鼻尖上。然后呼气，口尽量张大，眉毛上挑，脸拉长，如同打哈欠状。这套心身训练，随时随地都可以做，用二三分钟即可。通过自身的调节和对外部环境的控制与预防，从而可以在一定程度上确保个体身心健康发展。

（三）认清自己的不良情绪

如果你的不良情绪持续的时间较长，而不是一时就能缓解的，那就需要我们自己找出不良情绪的来源。

个体可以给自己进行"心理自我治疗日记"（图6-8）。每天记录在什么时候自己感到特别担心、恐惧和焦虑，然后描述自己的身体感受和想法以及对问题是如何反应的，采取了什么行动等。这样把每个可能引起不良情绪的潜在因素全部记录下来，然后逐个进行审查、分析。这样不但可以预防不良情绪的产生，而且可以阻止其扩散。

知识链接

艾利斯的建议

为了有效地消除不良情绪，不妨听听著名心理学家、理性情绪疗法的创始人艾利斯的建议。

1. 建立自我观念。对人对事，但求尽力而为，莫过分苛求与自责，对自己的所作所为，由失望转变为感到满意，进而自我欣赏。
2. 培养社会兴趣。参与社会团体活动，与人合作，欣赏别人的帮助，也愿意帮助别人。
3. 生活独立自主。在利人也利己的情形下与人合作，欣赏别人的帮助，也愿意帮助别人。
4. 容忍别人缺点。人非圣贤，孰能无过，对别人无心的疏失，不宜过分求全责备。
5. 养成开阔胸襟。对人无偏见，对事不固执；为人有原则，但须识时务。
6. 接纳未定世界。世事变动不居，事理之安定有序者，固属可喜，事理之紊乱失序时，亦无须过分担忧。
7. 愿为义务奉献。对他人或对社会，有责任心，有义务感，能尽一己之所能，做有意义之奉献。
8. 培养科学思想。遇事能做合乎科学的思考，能按逻辑推理；而不为主观情绪冲动所蒙蔽。
9. 有个人的主见。遇到是非不肯定或善恶不分明的情境时，相信自己，尊重自己良知的判断；不必为取悦于人而屈从其未必高明的意见。
10. 敢于适度冒险。在答案不确定情况下不得不有所抉择时，理性的适度冒险是必须的。唯冒险不宜情绪化，情绪化的冒险是有勇无谋的行为。
11. 不做虚无论者。人生在世，必须承认，任何人都不可能得到他所希望的一切，任何人也不可能逃避他所厌恶的一切。个人所能掌握者，只能以真实的自我去面对人生。

二、应对生活中的挫折

人生在世，不如意事十之八九。挫折无处不在，人人都遭受过或大或小的挫折。挫折由挫折情境、挫折认知和挫折反应三个因素构成。挫折情境是指阻碍需要获得满足的内外障碍等情境状态或情境条件，如无法减轻的家庭责任、生活中的意外事件、工作压力、更年期的生理变化、现实与理想的矛盾等；挫折认知是指个体对挫折情境的认知和评价；挫折反应是指伴随着挫折认知，对挫折情境产生的情绪和行为反应，如愤怒、焦虑、紧张或攻击等。在这三个因素中，挫折认知是最重要的，挫折认知是主观上对挫折情境的一种评价，它直接决定着个体对挫折情境的反应。如果客观上有障碍存在，但主观上并无知觉（认知），就不会构成挫折情境，或个体将别人认为严重的挫折情境认知评价为不严重，他的挫折反应会很微弱。反之，如果将别人认为不严重或根本不存在的挫折情境评价为严重的，则会引起强烈的情绪反应。因而在多数情况下即使面对同一挫折情境，不同的人会产生不同的挫折反应。

挫折对人们来说是一种危机，也是一种挑战。马斯洛曾说："一个人面临危机的时候，如果你把握住这个机会，你就成长。如果你放过了这个机会，你就退化。"实际上，"危机"一词有"危险"加"机会"的意思。因此，积极应对挫折，把握机会，才有可能变挫折为机遇。应对挫折，需要对挫折有理性认知，并合理运用应对压力的自我调节方法。

（一）正确归因

面对挫折时，正确归因是成功应对挫折情境的必要基础。正确归因也就是对挫折原因进行实事求是的分析，弄清楚问题的真正原因。造成挫折的原因不外乎两类：外在客观因素和内在主观因素。根据心理学的归因理论，人对原因的归结可分为两类：外归因和内归因。倾向于外归因的人，惯常认为自己的行为结果是受外部力量如运气、机会、他人权利等无法预料和支配的因素控制的。倾向于内归因的人，则认为行为结果是受本身的能力、自己的努力程度等内部力量控制的。两种归因方式各有利弊。外归因的人，面对挫折时常感到无能为力、束手无策，从而不能尽自身的最大努力克服困难；内归因的人，把成败结果统统归结于自身，过多自责，同样影响问题解决。正确的归因方式应该是以冷静的态度分析遭受挫折的主客观原因，及时找出失败的真正原因，从而从现实出发，以切实行动改变挫折情境。

（二）调节抱负水平

抱负水平是人在从事某种实际活动之前，对自己所要达到的目标规定的标准。标准高则抱负水平高；反之，则抱负水平低。心理学研究表明，对于活动中的成功与失败，个人的抱负水平具有十分重要的作用。成功会使人产生成就感，而失败则使人产生挫败感，引起焦虑、沮丧等不良情绪，丧失信心，甚至放弃做进一步努力的尝试。所以确定适当的抱负水平是避免挫折、获得成功与自信的重要问题。确定适当的抱负水平也就是确定恰当的奋斗目标。国外的研究发现，恰当的奋斗目标，一定是符合自己的智力程度、知识积累厚度、所从事领域的人才密度和兴趣浓度的。恰当的抱负水平能使人长久地保持旺盛的进取的热情。国外有人做过一个投环实验：投掷距离由被试者自己决定，距离越远，投中的得分越高。实验结果表明，凡是抱负水平高的人，多选择在中等距离投掷；而抱负水平较低的人，则多选择很近或很远的距离投掷。可见，真正具有较高抱负水平的人，他自己定的目标总是很适度的，既要做到有足够的把握，又要经过一定努力能够达到目标。毫无把握的冒险，或不经过努力轻易达到目标的事，他是不干的。

（三）遇事往好处想

世界上的一切事物都具有两重性。"塞翁失马，焉知非福"，逆境可以向顺境转化，顺境同样可以转化为逆境。关键在于受到挫折时能否从失败中吸取经验。能否发现挫折情境的好的一面，从而振作精神，重新站起来。这一思想在中国的传统文化中早有体现，如民间流传的《三字经》《菜根谭》中对人在遭遇逆境时如何使心理平衡提出了独特的见解："人情反复，世路崎岖，行不去处，须知退一步之法；行得去处，务加让三分之功。""天地尚无停息，日月且有盈亏，况区区人世能事事圆满而时时暇逸乎？只是向忙里偷闲，遇缺处知足，则操纵在我，作息自如，即造物不得与之论劳逸，较亏盈矣。"心理学的实证研究也证明，遇逆境往好处想有助于缓解消极情绪，增进健康。

（四）合理运用心理防御机制

心理防御机制是人在面对挫折时自发产生的反应，能帮助人们暂时缓解消极情绪。每个人都会有自我防御反应，但多数时候是意识不到的。心理防御机制并不改变原先的事实，只是简单地改变人们对事实的看法和观点，但认识的不同会使事件沿着不同的轨迹继续发展而得到不同的结果。因此，心理防御机制有两重作用。有意识地运用心理防御机制，进行积极的自我心理调节，方能发挥其积极作用。以下是一些常见的心理防御机制：①转移。转移注意力，暂时摆脱烦恼。如"做另一件有意义的事来忘掉它""想些高兴的事自我安慰"等。②宣泄。如果心中积压了许多抑郁之情，最好以合理的方式发泄出来，如找个好朋友倾诉一下或进行心理咨询。③退化。对于自己不能解决的问题用小孩子哭闹的方式不能根本解决，但可以暂时缓解。意识到自己的退化行为，采取成人的方式予以解决。④幽默。幽默是一种成熟的心理防御机制。人格发展较成熟的人，常懂得在适当的场合，使用合适的幽默，可以将一些原来较为困难的情况转变一下，渡过难关，免除尴尬。⑤认同。让自己以有成就的人自居，认定自己同他们一样，都立志追求真、善、美，并确信自己对社会也是有价值的，借此提高个人的自我价值，提高自己的地位和信心。⑥想象。结合自身在人生旅程的位置，不断憧憬未来，提出更高的动机需求。但又不醉心于幻想，而要立足现实，珍惜生命的分分秒秒，追求自己生命的价值。⑦反向。从相反的立场来看自己，与其自卑，不如自负，与其否定自我，不如夸奖自我，这样可以发现自己过去没有认识到的长处、优点，重新认识自我。⑧否认。常常自怜自卑的同学，对于自身的不幸，最好采取视而不见、听而不闻的态度，绝不承认自己是弱者或不幸的人。希望借此保护自己免受情感上的伤害，稳定心境，提高自信心。⑨压抑。对自己萌生的某些不良动机、欲望和情感，如嫉妒、报复等，趁意识还未清醒的时候，将它压下去。⑩升华。把原始的不良动机、需要、欲望，投射到文学、艺术、体育、科学文化领域之中，抛开杂念与烦恼，执着地追求高尚的目标，使精神升华。

三、不能排解的心理问题，寻求心理咨询帮助

心理咨询（Counseling）是指运用心理学的方法，对心理适应方面出现问题并企求解决问题的求询者提供心理援助的过程。需要解决问题并前来寻求帮助者称为来访者或者咨客，提供帮助的咨询专家称为咨询者。来访者就自身存在的心理不适或心理障碍，通过语言文字等交流媒介，向咨询者进行述说、询问与商讨，在其支持和帮助下，通过共同的讨论找出引起心理问题的原因，分析问题的症结，进而寻求摆脱困境解决问题的条件和对策，以便恢复心理平衡、提高对环境的适应能力、增进身心健康。

每一天你都要检查自己的应激水平,记录你在什么时候感到特别的忧虑、恐惧或焦虑。出现这些心理变化后,要及时记录,以免忘记问题的细节。日记中要求记录在感到这些不良情绪反应时,发生了什么具体事件,评定此时所产生的情绪反应的严重等级程度(1~10)。若可能的话还要记录是什么激发了你的应激反应,例如,可能是你的想法、情绪或具体的事件等。最后,记录你是如何应付的。并再次评定在应付后的情绪反应的严重等级程度。

按照下列的等级层次评定情绪反应的严重程度:

```
       1    2    3    4    5    6    7    8    9    10
        心情十分平静        中度焦虑或恐惧           极度惊慌
```

时间 日期	发生了什么 具体事件	评定分数	什么激发了你的 应激反应	你是如何应付的	再次评定

图 6-8　心理自我治疗日记

(四)系统脱敏疗法

如果你的不良情绪主要是由某种特定事物、情境引发的神经症性焦虑或恐惧,则可以通过专业的心理咨询进行系统脱敏疗法。系统脱敏疗法是由美国学者沃尔帕创立和发展的,又称交互抑制法,利用这种方法主要是诱导求治者缓慢地暴露出导致神经症焦虑的情境,并通过心理的放松状态来对抗这种焦虑情绪,从而达到消除神经症焦虑习惯的目的。具体实施步骤如下:

(1)建立恐惧(焦虑)等级层次:找出来访者感到恐惧或焦虑的所有事件,让来访者报告出对每一件事情的主观感受程度,并进行打分,100表示极度焦虑,0表示心情平静。

(2)放松训练(如前述)。

(3)脱敏步骤:从焦虑低的事件开始,直到来访者对该事件不再感到焦虑为止,接着对下一等级事件进行脱敏。

以考试焦虑为例:想象自己正处在复习迎考前一周→想象明天就要考试了→想象自己进了考场→想象主考官发卷子了→想象自己拿到了卷子。

以恐惧蛇为例:看蛇的图片→看蛇的模型→玩蛇玩具→看真蛇→用手摸真蛇

(五)改变不良的价值观

受到威胁或危险刺激、内心冲突是产生不良情绪的基本原因,而受威胁或危险的感觉与个体的价值观是密切相关的。一个自私自利的人,当其个人利益要受到损失时,一定会感到焦虑万分;而一个豁达的人,能把生命置之度外,又怎会患得患失、斤斤计较呢?所以,改变一个人的价值观念是克服不良情绪的基本策略。一个人的基本价值观改变了,各项事物在他心目中的重要性也随之改变。以前使他焦虑万分的"大事",在新的生活目标中可能变成一件不足挂齿的小事,不良情绪当然随之烟消云散了。

 知识链接

缓解压力处方 ABC

1. 处方 A：减少紧张的呼吸技巧。

当你紧张、焦虑时，一定有喘不过来气的感觉。做几次深呼吸，会让自己感觉轻松许多。

（1）端正坐好或站直，把所有的烦恼和琐事丢在一边。
（2）开始缓慢地、深深地吸气。
（3）吸住气默数到 3。
（4）慢慢地把气呼出。
（5）暂停呼吸，默数到 3。

注意：上述步骤重复三次。把手放在胃上，呼吸时跟着胃一起起伏，你会觉得吸气很轻松不费力气。呼气也是平缓轻松的：放松胸腔，自然而然地把胃里的空气推出去。慢慢呼吸几分钟，让自己熟悉这种感觉。

2. 处方 B：压力应对思考。

面对压力时，个人的思考与压力的缓解有密切关系。积极的思考可以缓解紧张、安定情绪帮助你从焦虑的生理反应中解脱出来，使身体放松。

（1）准备可以随身携带的卡片或记事本。
（2）列出用来应对压力的自言自语，把它背下来。面临压力时，可以用它来帮助自己克服焦虑。
（3）下面是帮助你积极思考的一些例子：

面对压力前：一切都会很顺利的。
　　　　　　没有什么好担心的。
　　　　　　我相信我可以面对它。
感到紧张害怕时：没什么大不了的。
　　　　　　　　以前遇到过更糟糕的情况，还不是度过了。
　　　　　　　　这件事没那么可怕。
面对压力情境时：一步一步慢慢来，不要慌。
　　　　　　　　只要尽力就好，问心无愧。
　　　　　　　　深呼吸可以帮助我放松。

注意：最有效的自我言语是你自己写的。当句子失去效力时就应该更换，随时使它对你具有意义。当成功地克服压力时，别忘了给自己一些鼓励的言语。

3. 处方 C：对自己好一点。

你知道做什么事会让自己放松吗？别忘了好好呵护自己，给压力找个出口。

（1）洗个热水澡。
（2）喝杯自己喜欢的饮料。
（3）买一束鲜花插在瓶子里。
（4）看看喜欢的电影，听听喜欢的音乐。
（5）参加运动。
（6）大声唱歌。
（7）找个安静的地方发发呆。

随着现代化的工作和生活节奏越来越快，人们所面临的压力和困境越来越多，而心理咨询，可以帮助人们挖掘心理潜力，提高自我认识、走出心理阴霾。

（一）发展心理咨询

（1）青年心理咨询：独立性与依赖性的矛盾；友谊与恋爱；情绪障碍及困扰；成就动机与自我实现；性问题；择偶与新婚；人际关系等。
（2）中年及更年期心理咨询：人际冲突；情绪失调；工作及家庭的适应；更年期综合征等。

（二）社会心理咨询

（1）婚恋心理：择偶社会冲突，失恋、嫉妒；夫妻角色适应；离婚心理；再婚心理等。
（2）家庭心理：夫妻关系；子女教育；子女就业；家庭生活安排；上下辈关系等。
（3）不良方式与不良行为的心理咨询：不良处事方式的调整；睡眠障碍；成瘾性物质的戒断；成瘾性精神活动的调整等。

（三）安全心理咨询

（1）注意、品质、情绪、疲劳、气质、能力与安全。
（2）人际关系与安全。
（3）事故发生前后的心理状态。
（4）挫折心理教育。

四、心理障碍患者及时到专科医院进行诊疗

依据新精神卫生法的规定，心理咨询师没有对心理障碍以及精神问题的诊断权与治疗权，当初步判断为心理障碍时需要及时到专科医院进行诊疗。心理治疗的及时介入能够帮助患者尽快回归正常的精神状态。

第三节　心理健康与行车安全心理教育

一、安全心理教育的意义

（一）安全心理教育对提高行车安全是非常必要的

1906年，有一位美国企业家首次提出"安全第一"的口号，从此许多企业为减少伤亡事故，降低灾害损失，而开展了各种形式的安全生产活动、安全教育和安全宣传活动。这种活动不仅使经营者减少了损失，获得更大利润，也使广大职工在工作中增强了安全感。通过安全生产活动，一方面解决一些机械设备上的缺陷，加设安全防护设施；另一方面解决职工由心理因素造成的不安全行为习惯，提高安全生产意识，主动防止事故的发生。

从统计资料来看，由人的不安全行为引发的事故占总量的88%。铁路行车也是如此，行车事故发生大多数是人的因素所致。因此，加强安全心理教育，对于提高铁路员工的安全行车意识、消除不安全行为习惯、防止行车事故发生是非常必要的。

（二）安全心理教育对提高行车安全是非常有效的

日本的正田亘等人对日本的大手运输公司的汽车驾驶员进行调查分析。他们把过去三年里没有发生过交通事故、无违反交通规则的人称为安全驾驶员；而把在过去三年里发生三次以上事故和违章者称为事故多发驾驶员；把二者之间的驾驶员称为一般驾驶员。教育前驾驶员的安全水平如图6-9所示。但是，经过2~3年的安全心理教育后，它们之间比例关系发生了变化，驾驶员安全水平的变化如图6-10所示。

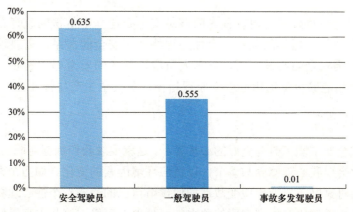

图6-9　教育前驾驶员的安全水平

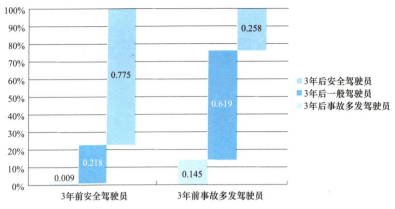

图 6-10 驾驶员安全水平的变化

从驾驶员安全水平的变化的结果我们发现，安全驾驶员不会永远是安全驾驶员，事故多发驾驶员也可以转变成为安全驾驶员。从安全驾驶员变为事故多发驾驶员，尽管所占比例很低，但它说明对安全驾驶员的安全心理教育也不能忽视。从事故多发驾驶员转变为安全驾驶或一般驾驶员，所占比例达 85.7%这一结果来看，只要我们加强安全心理教育，那些事故多发的驾驶员也能重视安全行车，减少或消除事故。这些研究表明安全教育虽不是万能的，但却是非常有效的。

上述研究尽管是针对汽车驾驶行为的，但由于铁路运输与汽车运输在安全管理中的共性，决定了安全心理教育同样对铁路行车安全是非常有效的。因此，在铁路行车安全管理中我们也同样需要加强对每一位员工的安全心理教育。

二、铁路行车安全心理教育的主要内容

（一）安全心理基本常识的教育

铁路行车安全心理教育的内容首先应该是安全心理基本常识的教育。例如，心理健康的标准、安全生产与心理学的关系、个性心理特征与安全的关系、需要动机和行为规律与安全的关系、影响安全的心理因素、行车人员应该具备的安全心理素质、心理保健与调节的常识等，使他们能够自觉运用心理学原理指导行车安全生产与管理。

（二）心理素养教育

铁路行车安全要求职工具有良好的心理素养，这就要求我们加强对职工的心理素质教育。铁路职工必须学会自我心理修养与调节，以适应环境因素的变化。如当个人的利益与组织的利益冲突时，面对家庭矛盾或出现变故后如何调节自己的心态？个性心理特征方面的缺陷如何弥补或改善？心理健康与生理健康的关系如何处理？等等。这些内容最好能够贴近家庭、贴近职工自身的内在需要，用换位思考的办法教育职工树立正确的价值观和人生观，以平常心面对生活、工作中的挫折或压力，加强安全责任感，这也是保证运输安全的重要方面。

（三）结合岗位情况进行应对性策略的教育

安全心理教育不能脱离工作需要，如果能够结合行车的各种岗位实际工作中可能出现的问题有针对性地进行教育，将会增加职工学习的积极性和学习效果。如将工作中可能遇到的心理问题分成若干个小问题进行研究分析，比如不同气质类型的人应如何保安全？事故为什么会较多地发生在星期一工作开始和周末工作将要结束的时候？什么样的注意品质对安全有消极影响？侥幸心理对安全的危害如何？怎样调节和控制不良情绪？容易出事故的人的性格特征？家庭关系出了问题怎样保证安全作业？干群关系紧张时要怎么办？班组人际关系状况对安全的影响？并分类列出应对措施，当职工遇到该类问题时就知道应怎么做；也可请那些曾经运用心理调节解决了工作中不稳定心理因素的职工现身说法，或者是请那些因为心理调节出了问题的职工谈谈是什么原因导致了安全事故，或者在重大事故发生后请安全心理专家分析事故责任人的心态及后果，从正反两方面让职工比较：工作时能不能走神？该不该有侥幸心理？遵守规章制度与否带来的结果等，能够使职工从现实中接受教育，从而强化安全心理，严格遵章守纪。

三、铁路行车安全心理教育的方法

由于铁路各基层各站段的具体情况不同，加之心理活动本质上就具有极强的活跃性和变动性，因此，我们不可能找到一套安全心理教育的万全之策。这里介绍几种常见的工作方法。

（一）职业适应性检查

在前面的章节里，我们已经阐述了人的能力、兴趣、气质、性格与职业活动的性质是密切相关的。如果它们相适应，就能够在自身素质上形成防堵事故的屏障，大大降低事故的发生率。否则，就如同预埋下了一颗诱发事故的定时炸弹，随时都有可能引发事故。为了做到"预防为主"，我们就应该做到事前就需要从心理因素上对从业者进行职业适应性检查，选择那些心理素质与铁路行车性质相适应的人到行车岗位任职。

从铁路运输企业的性质来看，处在行车一线的员工，如机务、车辆、电务、车务、工务等部门的职工，其职业适应性检查的内容主要包括作业能力检查、识别能力检查、判断能力检查、注意力分配检查、机敏性检查、高速适应性检查，以及性格、兴趣、意志和生活目标调查。

鉴于各种各样的原因，我国铁路人员的进路与工作安排很多时候是指令性的，例如复返军人的安置、职工子女顶职、伤亡家属的安排等，使职业适应性检查往往形同虚设。因此，我们很有必要加强职业适应性检查这项工作，一方面将那些现有不适合从事主要行车工作的"高危"人员调整到非主要工作岗位上去，另一方面在安置新员工时尽可能通过职业适应性检查把他们都安排到适宜的工作岗位上。

（二）建立铁路安全心理教育档案

建立铁路安全心理教育档案的目的在于准确了解和把握职工和班组的安全动向，实行动态控制，确保运输安全。

铁路安全心理教育档案的内容与形式，可参考表6-2。

表6-2 铁路安全心理教育档案

基本情况	姓名： 　　　　　　　　　　　　　　　　出生： 　年　月　日 工龄：　　　　　　本岗位工龄：　　　　　文化程度：
健康状况	视力：　　　　　　　视野：　　　　　　　视适应： 听力：　　　　　　　色盲：　　　　　　　明适应： 病史：　　　　　　　血压：　　　　　　　暗适应： 血型： 饮酒习惯：　　　　　　克/周 吸烟量：　　　　　　　支/日
心理状况	性格类型： 爱好： 气质：　　　　　　　　　　　　反应能力：
应激能力	
操作熟练技能	
安全记载	安全知识考试成绩： 违章情况： 发生事故或防止事故情况： 安全奖惩情况：
工作时间	每班平均作业量：　　　　　　每周平均作业量： 每月平均作业量：　　　　　　劳动定额： 工时定额：
工作环境	高温气温：　　　　　　　　　低温气温： 气压：　　　　　　　　　　　污染： 噪声：　　　　　　　　　　　湿度： 照明：　　　　　　　　　　　人际关系：
生物节律分析	危险期预告：　　　　　　　　临界期预告： 低潮期预告：
生活变化分析统计	突发性重大生活事件： 1. 爱人状况　　　　　　　　2. 子女状况 3. 亲属状况　　　　　　　　4. 经济状况 5. 疾病　　　　　　　　　　6. 居住情况 7. 婚姻　　　　　　　　　　8. 休假 9. 休息
累计分值	
特殊情况分析	
综合评价	

第六章 心理健康与行车安全心理

（三）满足合理需要，解除后顾之忧

铁路职工在生活或工作中会有许多实际需要，如收入、升迁、住房、医疗和子女入托、求学、就业等。这些需要得不到满足或提高将引发职工的心理不平衡，成为事故的隐患和违章违纪的诱发源，因此，在行车安全管理中，要尽可能满足职工的合理需求，帮助职工解决生活或工作中的后顾之忧，即使暂时没有条件不能满足也要做好说服工作，争取职工谅解。这也是安全心理教育的实际内容之一。

（四）加强全方位、全过程教育

在满足职工各种基本需要的同时，还应注意全方位、全过程的安全心理教育。安全心理教育，不能只是在事故发生后才进行，而是重在平时，要利用多种方式，抓住各种契机、各个环节，强化安全意识，提高职工的安全责任感。如，利用系列讲座及感情诱导、激发，进行行车安全心理教育，使职工产生安全的情感体验；除了奖罚外，还可用行车事安全谚语和标语警示牌不断地给职工强化安全意识，如使用"安全第一，预防为主""安全行车几十年，事故发生一瞬间""规章一松，事故就攻""汽笛一响，集中思想""旅客靠你安全正点，亲人盼你平安回家"等标语进行安全警钟教育；利用从众心理抓好班组建设，潜移默化地规范职工行为；班前班后、节前节后多多提醒按章操作，事故发生后多做疏导工作，重在查找原因，划清心理原因与责任感不强的界限，避免逆反心理和消极情绪，帮助职工提高心理素质。

（五）开设心理辅导站，进行心理咨询

在现代这个发展迅速、竞争激烈、环境复杂、诱惑多变的社会里，人们的心理负担往往过重，导致形成不健康的心理，如侥幸、冒险、惰性、畏险、逆反、抵触、麻痹心理等，而这些不健康的心理常常成为诱发事故发生的根源。因此，我们应该开设一些心理辅导站，让员工有一个可以倾诉的、发泄的场所，在他们需要的时候给他们进行心理咨询和安全心理辅导，帮助他们解决心理问题，增强他们适应环境、适应社会的能力，以保证行车安全。

四、铁路行车安全心理品质

（一）安全心理品质

铁路运输生产是工作性质十分特殊的行业，铁路职工的心理品质要求也不同一般。满足这种特殊心理品质要求的需要，是铁路运输安全生产的现实基础和必备的主观条件，也是每一位铁路职工进行安全心理品质修养、提高心理素质水平，为铁路运输生产安全提供切实的主观保障的重要环节。为此，就必须首先明确，什么样的心理品质才是铁路行车安全应具备的心理品质。我们认为，铁路行车安全心理品质应具备如下的要求：

1. 良好的职业动机

职业活动的效果主要取决于职业活动者的两个方面，一是能力的强弱，二是职业动机

的优劣。所谓职业动机，就是激起和维持人的职业活动的一种需求意识，它是我们从事职业活动的直接动力。职业动机的优劣，直接关系到这一动力的量能大小和动力维持时间的长短，因此，只有良好的职业动机才是干好工作的恒动力。判断职业动机优劣的标准较多，最基本的就是你所产生的需求意识是否与社会利益相符合。

2. 高尚的职业道德品质

具有高尚职业道德的人，其心理品质一般来说都是健康优良的。因为职业道德品质是靠人们的内心信念来维系的，是各种关系如社会关系、人际关系、利益关系等的调节器。高尚的职业道德品质给人们一个全新的视野和独特的视角。例如，当我们遇到不太好的工作环境时，会拥有正确的苦乐观，以苦为乐，做好工作；工作中遇到困难的时候，能以坚定的信念迎难而上。因此，高尚的职业道德品质是构成铁路职工安全心理品质的重要内容。

3. 坚强的意志品质

人们自觉的决定活动目的，并为实现预定目标，有意识的支配、调节其行为的心理现象，我们称之为意志。遇到困难和曲折时的坚定与动摇、恒毅与退缩，在紧急关头或处理重大问题时的果断和犹豫，在受外界某种因素作用时的自律与放纵，都是意志品质的表现。

4. 多方面的能力品质

铁路运输生产过程主要体现在运动中，运动中遇到的情况是千变万化的，铁路行车系统中的职工要具备多方面的能力品质，如注意能力、反应能力、判断能力、分析能力、表达能力、管理能力、社交能力等。

（二）安全心理品质的培养

安全心理品质不是一朝一夕就能养成的，它需要我们在生活和工作中长期坚持修炼与培养。具体培养途径有以下几种：

1. 建立自我心理防卫体系

自我防卫体系，是指个人能够明确地认识到心理健康的意义、标准，产生心理障碍的原因及防止产生的方法，自觉地运用心理防御机制来调节自身的心理活动。要做到自卫，最重要的是自己必须建立科学的世界观、价值观，具有坚强的意志与信念。只有这样，才能有正确的思想意识和思想方法，减少内因性挫折和正确对待外因性挫折；才能克服困难、战胜困难；才能具有乐观的生活态度、健康的情绪。

2. 培养高度的责任心

责任心是做好一切工作的保障，培养自己的责任感，要做到以下几点：

（1）学会爱生命、爱自己、爱家人，一个既热爱生命又热爱家人和自己的人才会热爱自己的工作，才会时时处处把安全摆在第一位。因为他知道，安全对自己和家人意味着什么。

（2）树立一定的理想和信念。有了理想和信念，我们的生活和工作就会有方向、有目标，我们的工作就会有动力、有信心、有责任感。即使我们遭遇各种挫折和失败，理想和信念也会驱使我们努力克服困难、战胜挫折。否则，我们可能就会丧失信心、混天度日，就会跌入心理暗区。

（3）学会自我调适，善于驾驭个人情感，不让消极、颓废等不良心态控制自己。

3. 培养良好的自我意识

自我意识就是了解自己和接受自己。了解自己就是正确认识自己的优点、缺点、能力、兴趣等。这样就会在任职、择友、成家的过程中做出正确的选择，并且增加成功的机会，保持自己的身心健康；如果不能正确地认识自己，就会在现实生活中感到怀才不遇，因愤世嫉俗、狂妄自大给自己带来烦恼和悲伤，结果不仅得不到应有的业绩，还使自己的身心健康遭到损害。接受自己，就是承认自己现实的不利情况。即使自己在某些方面有些缺陷，甚至这种缺陷可能是无法改变的，但也不要自卑，因为除了有缺陷外，还有自己的长处和优势，发挥自己的长处和优势同样会取得成功。这样，就可以做到首先接受现实自我，然后去创造一个理想自我，而又能维护自己的心理健康。我们可以从以下几个方面认识自己：

（1）通过同别人的比较来认识自己。只有参照别人的能力品质，才能对自己做出客观评价，如想了解自己的工作能力，就可以把自己的技能、业绩与同班组的师傅们进行比较，这样就能更好地扬长避短、不断提高自己。如要了解自己的敬业精神和安全意识，可以与那些百万公里无事故的乘务员们比比，以便更好地自律。

（2）根据他人对自己的态度来认识自己。因为人的种种思想品质、心理特质常常会在其言行中自然而然地真实表露出来，从别人对自己的印象和评价中，可以得到某些客观资料。领导不愿把重要工作安排给自己做，说明自己的工作能力还有待提高；同事不愿和自己交往，说明自己应增进社交能力。

（3）通过分析自己活动的成果来认识自己。比如说段里的技术比武自己敢不敢报名？有没有获得名次？提高安全标兵，人们会不会提到自己的名字？等等。

（4）通过学习来认识自己。安全做得好不好，有时是一个综合素质问题，只有不断学习和进取才能发现自己的潜能，了解自己。面对铁路技术不断创新、发展越来越快、竞争越来越激烈的环境，自己能否适应，唯有不断学习才能了解。

当然，这些方法都各有其局限性，我们必须从不同的角度进行综合分析，以获得对自己比较正确的认识，在认识自我的基础上，还要采取正确的态度对待自己。对于优点、长处和成绩应该肯定，但不可居功自傲，盛气凌人；也要勇于面对自己的缺点、不足和挫折，分析原因找出克服和弥补的方法，切不可消极悲观。

4. 培养良好的职业适应性

职业适应性前面已经讲过了，有了它就能使自己的潜能得到充分发挥，又能保障工作的安全。培养职业适应性就要做到以下几个方面：

（1）立足本职工作，发掘工作新意。一般来说，任何工作干久了就会觉得乏味、厌倦，尤其铁路行车工作更是如此。但这对铁路行车安全无疑是一种潜在的危险。因此，我们应该善于在平凡的工作中找出兴趣、发掘新意。例如，当你将来自四面八方的旅客安全送到目的地时，想象着他们与亲人团聚的喜悦，想象着他们又开始了新的一天丰富多彩的生活，你就会觉得自己工作是那么的有意义、有价值了。

（2）升华工作动机。单一动机往往会使兴趣变得狭窄，是造成工作餍足心理的重要原因。如职工到铁路工作仅仅是为了养家糊口，那么他很快就会对工作失去动力和兴趣，不求上进，混天度日。可见，不断升华工作动机，就会不断增强职工的工作动力，使其不断向新的目标迈进。

5. 培养提高人际交往能力

人际交往是认识自我、形成健全人格、适应社会生活和工作的基本途径，保持和谐的人际关系，对我们的工作、学习和生活意义重大，同时和谐的人际关系本身也是调节心理的重要方法。人际关系的处理，应该注意的问题很多，这里强调与安全心理品质有关的几个方面。

（1）处理好与懒散同事的工作关系。遇到了比较懒散的同事，决不可迁就，更不能与其同流合污，该讲的要讲，当然，讲的时候要注意策略，争取让同事接受意见，改掉毛病，不要怕得罪人。另外，自己要多负责，多操心，不能因为你懒我也懒，大家都不干，从而造成事故。

（2）注意正确面对受挫折的同事。当遇到挫折时人会有一种紧张状态和情绪反应，一般有两类：一类表现为侵犯性行为，如对人怒目而视，无理取闹甚至拳脚相加，也有的表现为迁怒于物，乱扔东西。这种类型的人在气质上大多属于胆汁质，易冲动，遇挫折通过情绪爆发来平衡心理。与这类受挫者相处，应提供机会让他们把郁结于心的痛苦、烦恼宣泄出来，若用压抑的办法，会引起强烈的反抗。另一类表现为情绪萎缩，如茫然无措、抑郁、冷漠、呆滞等。此类人气质多倾向于抑郁质，遇到挫折时，他们往往是通过情绪的进一步压抑来达到心理平衡。与此类受挫者相处，切不可触及痛处，这样会刺激他更深的压抑感，宜采取补偿法，即从各方面关心、帮助和鼓励他，让他们感受到生活的温暖，增强战胜挫折的信心。

（3）避免固执己见。这是一种偏执情绪，有这种性格的人对批评特别敏感，好胜心强，有强烈的自尊心，看问题主观片面，往往会言过其实。另外又自卑，好嫉妒，遇挫折时常迁怒于人而宽恕自己。对于安全来说，其危害也是显而易见的，因为在一个需要合作的环境里，个人的偏执会带来很多麻烦，如人际关系不协调，也可能会明知其错而为之。这对安全是非常危险的。

（4）克服嫉妒心理。嫉妒是一种狭窄自私心理。它的存在使人产生对立、分裂的人格，会使人对优胜者的失败幸灾乐祸，会使人中伤、告密以致攻击优胜者，这于人于己都不利，对安全就更不利。要克服嫉妒心理，应以积极、乐观、自信的态度来对待人生，如把嫉妒心理转化为进取、向上的动力。当客观因素影响我们进步时，也要以宽广的胸襟接纳一切。对别人的成功不是想办法诋毁，而是学会欣赏，学会学习。

6. 培养提高组织管理能力

如果自己是一名管理人员，那么就要努力成为一名合格的管理者。要成为一名合格的管理者，需具备许多能力和素质，这里只强调几个方面：

（1）要加强管理理论学习。管理是一种比较复杂的工作，要求管理者必须具有一定的组织管理能力，凭经验或感觉去管理难以实现管理的高效化。因此，作为一名管理者必须要学习相关理论与技术。

（2）要以身作则，身先士卒，提高自己的影响力。

（3）要认识下属、关爱下属。作为管理者，要善于与下属进行有效的沟通，拉近与下属的距离，了解下属的喜怒哀乐，多给予关怀或关爱，做到"喜事必贺，丧事必慰，有病必探，有难必帮"；同时，也要善于观察下属的言行举止、情绪变化，对异常举动，要及时妥善处理，防患于未然。

（4）要善于推功揽过，勇于负责，赢得同事的信任和尊重。

7. 适度休息和积极工作

休息娱乐可以缓解紧张的情绪，保持工作精力，因此，必须很好地休息。但是休息要适度，如果天天无所事事，好逸恶劳，贪图玩乐，就会招致某些欲望过度而使身心疲惫，且会消耗许多时间，耽误自己的业绩，结果只能徒劳伤悲。因此，在适度休息的同时，要积极地工作，做到劳逸结合。积极工作不仅对社会有益，而且对个人心理健康的维护也有极大好处。通过工作可以实现个人的价值，又可以使人在团体中表现自己，既能使人尝到成功的滋味与乐趣，又能使人提高自己的社会地位，从而获得心理上的满足。

总之，我们要加强对职工行车安全心理品质的培养，尽量避免职工出现心理疾病，对心理疾病做到早发现、早调理、早医治、早处理，确保行车职工心理健康、岗位适应，使职工在身心方面和能力方面都能达到行车安全的要求。

案例分析

案例一 火车司机个性筛选至关重要

2005年4月25日发生在日本兵库县尼崎市的火车出轨事故，造成至少57人死亡。事故还造成440人受伤。这是日本近年来最严重的一起火车事故。警方初步调查发现，23岁的司机高见龙二郎驾龄还不到一年，且之前已经有三次攸关行车安全的警告记录，其中一次是在执勤时打瞌睡。此外，出事前，铁道公司工作人员和中央操控室多次呼叫司机，均未得到回音。高见龙二郎于2004年5月拿到列车驾照。在拿到驾照后一个月，他就因驶过站台被处以警告。在驾驶见习期间，高见龙二郎也遭到两次惩戒，包括2002年5月，列车停车过头时，没有拉下紧急刹车阀；另一次是在2003年，经乘客检举在执勤时打瞌睡。对此，西日本铁道公司辩驳说，"虽然惩戒次数多，但是高见龙二郎接受过公司严格的训练，完全可以担任列车驾驶员。"

高见龙二郎还涉嫌谎报列车在伊丹站超出停车预定线的距离。据悉，电车其实超越停车预定线40米，大约是两节车厢的长度，但他却只向总公司汇报8米。当时，列车工作人员松下正俊正在最后一节车厢。据称，他曾透过车内联机电话向高见龙二郎探询伊丹站超出停车预定线的事情，但未得到回音，随即又以手机向中央操控室报告。公司中央操控室两次呼叫高见，也未得到回音。松下正俊承认，当时列车在倒车重新启动后，可能为了弥补延误的90秒加速前进。列车在驶入事故弯道时，应该减速至时速70公里，但是这位20几岁的司机却没有按照规定减速，仍以110公里时速前行，最终导致了脱轨。

兵库县尼崎市的火车出轨事故伤亡惨重，不仅粉碎了日本火车的安全神话，也使人们对火车司机的印象"大打折扣"。尽管事故最终的原因还没有定论，但很多人都认为，司机缺乏经验、超速行驶与事故的发生有很大关系。因此，自从事故发生后，日本火车司机似乎成了"众矢之的"，人们把心中的悲痛和愤怒全部发泄到他们身上，进行了各种"报复"。写诅咒纸条、进行身体与言语的袭击，为了防止更多的暴力事件发生，司机们不得不结伴上班；另外，铁路部门特意开通了求助热线电话，让遭到乘客"攻击"的司机们及时报警。日本政府表示，相关部门正在考虑制定一个新的火车司机认证和培训体系，以避免类似的悲剧再次发生。

原因分析：这是一起典型的责任事故，主观方面是由火车司机粗心鲁莽、易冲动个性造成的。该案例的火车司机在驾驶期间有过两次开过界的情况，并且其中一次并没有及时采取措施补救，在执勤时睡觉，可见司机本人的个性是鲁莽冲动、责任心差。因此在事故发生前，司机再次开过站，即使同事一再提出质疑，司机仍不予理睬，酿成惨祸。司机的种种表现说明他的个性不适应在责任重大的岗位上工作，但正是由于火车司机培养单位对个性的忽视，为事故埋下了一颗定时炸弹。事故发生后，经营这一条铁路的西日本铁道公司社长山崎正夫等 9 名经营班子成员以"业务过失致死伤罪"遭到法院的起诉。同时，已经离退的前三任公司社长也因为在任期间没有很好的考虑安全问题而被受害者家属起诉，追究其经营责任，并被收缴了一部分年薪。

由此可见，不适宜的个性也是导致事故的潜在危险因素，这也说明了进行职业适应性和安全心理品质培养的重要性。

案例二　心理安全品质教育与监督需加强

2013 年 7 月 24 日，西班牙一列火车途经圣地亚哥–德孔波斯特拉附近时发生脱轨事故，造成 79 人丧生，170 多人受伤。该列车在出事地点时速达 180 公里，而该段高速铁路由于有弯道，速度上限仅为时速 80 公里。列车的司机也受困于列车中，受到轻伤。列车"黑匣子"记录的行驶信息显示，当时列车司机与铁路工作人员通电话，似乎还在翻看一份文件，而后突然发现事故弯道。

事故发生后，司机被扣留问话，他有逾三十年的驾驶经验，曾经在社交网站（facetime）上炫耀超速驾驶火车的照片。2013 年 7 月 28 日，西班牙火车出轨事故的列车司机弗朗西斯科·加尔松·阿莫被以 79 项过失杀人罪名起诉。

原因分析：如果说上一案例中驾驶员太过年轻缺乏经验，在本案例中驾驶员有良好的职业适应性，但却在长久的工作中逐渐淡薄了对于安全的意识。对于职业的倦怠在各种行业中广泛存在，长期重复性工作让原本较高的安全意识慢慢松懈，甚至不以为然，暴露在网上的"炫超速"照片没有被及时发现并处罚，同时也说明了客运管理部门管理监督不严，安全教育不够等问题。这些问题不解决，迟早会导致事故发生。这次事故再一次告诫我们，职工安全心理品质培养是多么的重要，安全教育要常抓不懈，安全管理要一丝不苟。

第七章

心 理 测 验

学习目标

掌握：心理测验的概念及各种心理测验的方法和内容。
熟悉：心理测验的作用。
了解：国内外关于铁路运行适应性测验的研究状况和中国铁路机车乘务员的行车适应性检查范围。

第一节 心理测验概述

心理测验也称心理测量，是心理学研究和应用较广泛的一种方法。它是现代社会中我们每个人都会遇到或必须面对的一个既比较时髦，也比较实用的一个问题。也许，在你不久之后的职业选择中就会遇到。所以，我们大家应了解和熟悉这种方法，以便到时从容应对可能面对的问题。

一、心理测验的产生与应用

首次成功的心理测验，是由法国的比内和西蒙在一战前受法国政府的委托而编制的，用以研究学习困难儿童的教育措施。他们主要是进行智力水平的测验，是能力测验的先驱。然而，测验的广泛应用始于一战时期美国军队对大量新兵的能力测验，测验后按能力的不同进行兵种分配，从而明显地提高了部队的战斗力。这种能力测验的成功，促使测验运动得到蓬勃的发展。在西方发达国家，自 20 世纪 20 年代以后，各种测验工具不断涌现并完善，使得各种心理测验被广泛应用于教育、医疗、法律、军事、经济管理、工业乃至国家的公务管理等各种领域。特别是随着应用心理学和计算机技术的发展，心理测验的技术和水平有了质的飞跃，应用也更加广泛。正如一位英国心理学家所说的那样,"心理测验数量增多的一个重要结果是在工业社会几乎人人在生活中的某个时候都做过心理测验"。

我国心理测验的发展主要在改革开放之后。随着改革开放的深入和经济的不断发展,需求所带来的心理测验的研究和应用,使得我国心理测验得以快速发展,虽然与发达国家相比仍有一定的差距,但已广泛应用于教育、体育、医疗、法律、军事、经济管理乃至国家的公务管理等各个领域,并以快速蓬勃的势头向前发展。

从心理测验的发展史我们可以看出,心理测验是现代社会发展的产物。

二、心理测验的概念

美国权威心理学家对心理测验的定义有以下两个例子：

其一,测验是借助数量等级或固定类别来观察和描述行为的一个系列化程序。

其二,心理测验本质上是对行为样品的客观和标准化的测量。

从这两种定义来看,心理测验是对心理特点的取样,而且测量尽可能在标准化和系列化的基础上进行。通俗来讲,心理测验就是通过观察人的少数有代表性的行为,对贯穿于人的全部行为活动中的心理特点做出推论和数量化分析的一种科学手段。

要使心理测验达到标准化和系列化的要求,对于所有的被试者测量成绩的质量评估必须要一视同仁。这就意味着测验的记分和评分也必须以标准化和系列化的方式进行,应有明确的规定来确定正确答案或令人满意的成绩。在许多测验中,正确答案是明确的,如从一组数据中选择一个数字,只有一个正确答案；在其他的情形中,要判断正确的程度,如问一个乘务员遇到同事抢过股道时怎么办？可能有几个答案,分值分别为0、1、2、3不等；在其他测验中,诸如人格测验或兴趣问卷,回答没有对错之分,决定不在于答案是否正确,而是其回答能否很一致地划到某一反应的类别中。

对安全来说,心理测验对某些工种特别重要。如飞行员、火车司机、机动车驾驶员等。美国心理学家闻斯伯格对司机的心理测验表明,工作20年来从未出过事故的人测验成绩最好,常出事故的司机最差,"平平常常"的司机测验的结果也平常；发达国家普遍对铁路行车工种有关人员实施了行车安全适宜性测验。

心理测验应考虑两个基本要素,即信度和效度。信度是指测验本身的可靠性和稳定性,测验结果反映所测对象特性的真实程度。如多次测验,结果都不变,则其信度高；如相距甚远,则表示该测验不可靠或不稳定,亦即信度很低。如测验的信度很低,则无法达到测验的目的。效度是指测量的真实性、准确性,即测验的有效性,测验结果能否真实反映测量之目的。一种测验若效度不高,其他条件都是无意义的。所以首先要鉴定效度。

当然,要达到标准化并非易事,有许多因素会影响个人的测验成绩,而且在被试者之间有许多因素不能标准化,很难控制一个人的精神状态,如头天晚上是否睡好了或是否吵过架等。所以标准化只是一个理想的概念。

三、为什么要运用心理测验

人与人之间不但在生理上（如容貌、身高、肤色等）有所差别，而且在其他方面也是如此，我们的能力、优缺点、行为方式、好恶也都是不同的。这就是人们的独特性和多样性。但这也不妨碍人们之间有共性和相似性，如直立行走、相同的眼睛颜色、身高、鞋号，还有对不同活动的偏好、相同的技能等。所以，使用测验的目的就是用于研究人与人之间的差异。心理测量的发明及其随后的发展，其作用相当于天文学中的望远镜和生物学中的显微镜。

然而，我们大多数人对心理测验感兴趣的不仅仅是对自身神秘性和差异性的了解，更重要的是使用测验可以帮助我们决策。心理测验在决策中的具体作用如下：

（一）选人与安置

通过检测，了解人的性格与能力，再根据不同行业或岗位的特点与要求选拔或安置合适的人员。这样，使行业或岗位能选聘适宜的人，使每个人都能安置到合适的工作岗位上以保障效率和安全。

（二）项目评估

通常是运用心理测验对教育干预和社会措施进行评价。如对某类作业者进行紧张性检查，其结果可用于鉴别该项作业是否需要重新设计以减轻压力，或评估是否需要实施一个紧张性作业培训项目。

（三）促进自我了解

被试者通过掌握测试结果，会更加客观准确地了解自己，以便适宜地选择工作或通过一定的方法、途径提高自己的能力。

（四）科学研究

一些专家学者通过自己编制的测验程序，通过实验，发现一些新的规律，或印证有争议性的科学理论和假设之间选择性答案。

（五）工作作业分析

人们不太了解的一种应用是使用测验进行工作或作业分析。分析在某一工作中所包括的那些活动对组织极为重要，而且与组织从事的很大范围的活动有关。心理学家和安全工作者等有关人员开发了各种各样分析工作的方法，这些包括从观察人们的工作表现到与人们面谈其工作表现。面谈者常使用称为"关键事件"的方法收集特别有效或无效的行为的报告。心理学家也编制了结构性问卷以收集在不同工作中所要求的工作行为的资料。使用这类工具进行工作分析而得到的资料能用于确定工作所要求的任务和技能，提供详细的工作描述，以及评定在职者的工作成绩，提供对设计培训项目有用的信息。

第二节 铁路行车适应性测试

一、国外研究应用情况

西方发达国家十分重视铁路行车人员这类特殊职业人员的职业适应性的研究和应用。一方面,各国都非常重视人的因素研究,他们普遍认为,在行车安全中,认识是起决定性作用的因素;另一方面,根据行车的职业要求,通过职业适应性的科学测验评价,使铁路行车的各种岗位能够选聘到合适的人员,以增强行车安全的可靠性。下面简要介绍几个国家的研究应用概况:

(一)日本国铁(JR)研究应用情况

日本铁路一直把人的生命安全放在首位,在协调"人—机—环境"安全管理系统三者关系的综合治理中,将人的因素列为重要因素。1963 年,日本成立劳动科学研究所,集中了一大批专家学者,开始心理学、生理学、人类工效学等的研究。在各种安全设备不断发展的今天,为防止人们"一切靠机器"的思潮,提出了"铁路安全最终靠人"的口号。为了保证铁路职工的素质,防止事故的发生,铁路部门在选拔、录用、提职时,采用各种适应性的检测,从多方面测定待选人员的各种特性。同时,还通过对在职员工的检测结果找出不同因素与事故发生的关系,制定预防各种事故的对策。

日本铁路高度重视机车乘务员在保证行车安全中的特殊作用,要求他们具备良好的职业生理和心理条件,因为职业责任心、劳动纪律、技术业务素质都与生理和心理素质密切相关,这些生理和心理素质很少是训练出来的,大多数情况下是由先天素质决定的,因此是比较稳定的。他们通过 JR 行车适应性检查,淘汰不合格者或者不良者,选拔职业生理和心理条件较好的人担任机车司机,提高了机车乘务人员的安全可靠性,实践证明是非常有效的。日本在国际铁路医务联盟第 7 次大会上介绍了采用此职业适应性检查后事故率下降了 45% 的经验。

日本铁路部门从 1935 年开始进行适应性检查工作。1945 年以后,原日本国铁整体的适应性检查正式走上轨道。1949 年,在《关于运行工作人员的考查及办理手续》中,提出了运行适应性的检查标准。目前,在《运行方面业务适应性能考核基准规程》和《有关新干线运行方面业务适应性考核基准规程》中,对各种适应性能检查做了明确说明。日本的职业适应性检查项目是根据工作性质、职责范围而选用的,表 7-1 列出了主要检查项目。

表 7-1 日本职业适应性检查主要项目

序号	检查项目	检查目的
1	作业能力检查	从作业状况特征(作业速度正确程度、疲劳等)审查感情和意态的趋向
2	A-8	从不同状况的并列判别、图形比较、构成、关系判断等,审查并列判别能力、推测解能力、应用判断能力等

续表

序号	检查项目		检查目的
3	识别能力检查 B-6		从不同状况的并列判别、图形比较、构成、关系判断等，审查并列判别能力、推测解能力、应用判断能力等
4	C-36		从不同状况的并列判别、图形比较、构成、关系判断等，审查并列判别能力、推测解能力、应用判断能力等
5	C-32		从不同状况的并列判别、图形比较、构成、关系判断等，审查并列判别能力、推测解能力、应用判断能力等
6	C-2（B）		测定注意力的集中能力、记忆力、社会性事物理解力等
7	判别能力检查 1-55D		从数字和文字的关系判断、计算等，审查推理、判断、理解、记忆等机能
8	判别能力检查 1-50A		从数字和文字的关系判断、计算等，审查推理、判断、理解、记忆等机能
9	注意力分配状况检查		测定作业时注意力分配、持续等状况
10	新注意力分配状况检查		测定作业时注意力分配、持续等状况
11	机敏性检查		测定对刺激性事物的反应速度、选择及其持久性
12	B-101（数点检查）		测定认识环境的速度和正确性
13	B-102		测定作业的速度、正确性和情况变化应变的灵活性
14	高速适应性检查	适应性检查	审查对速度反应状态及有无急躁反应的趋向
15		作业能力检查	审查注意力分散和动作的灵活性、沉着性
16	B-103（YG检查）		审查情绪的稳定性、社会适应力、有无毅力等性格特征
17	TPI		审查外向性、内向性、活动性、社交性、情绪稳定等性格特征
18	KSPI		把性格特征划分为神经质、精神质、外倾性等几种类型进行审查
19	STT		测定注意力的稳定性、持续性等
20	L-T		调查对职业范围内的事务、营业、技术等方面的兴趣
21	GOLDS		测定达到企业的目标及完成任务的意志和维持其他企业统一的意志
22	NKR 工作场地意见调查		调查工作积极性、职务满足程度、人际关系等及其障碍原因
23	当面会诊		全面掌握检查的特性

　　对于作业能力、识别性能、注意力分配以及机敏性检查结果表明，检查成绩优秀的职工比成绩低劣的职工引起人为事故的概率明显要低。另外，结合这些检查的判定结果与事故发生率的关系，如从第一次检查合格与否来看事故，不合格者的事故发生率约为合格者的1.8倍。从项目表中我们可以看出，检查内容包括了智力检查、特殊能力检查及问卷测验、标准化设备检测，覆盖了人的心理过程与行车安全有关的各个方面。对于不同工种的人员，其检查项目是不同的。

　　进入20世纪90年代，随着计算机技术的普及和应用，日本铁道综合技术研究所开发了微机化适应性检查。由于检查的微机化，在充实测定内容、提高测定精度的同时，提高了实施检查和采样、判定的效率。机车司机用的检查程序包括常速铁路司机用的4种和新干线高速司机用的5种，共9种，如表7-2所示。根据日本运输部门规范规定，铁路部门中与行车有关的职工必须进行适应性检查，除就职时检查外，以后每两年进行一次定期检查。发生事故者进行临时检查。

表 7-2 机车司机微机化行车适应性检查一览

类别	检查项目名称		主要测定内容
常速铁路	识别性检查	J-1002	知觉、辨别力、逻辑、判断
	作业性检查	J-2001	作业的速度、正确性、疲劳
	注意力分配检查	J-3001	注意力分配能力、持续能力
	机敏性检查	J-4001	知觉—反映的速度和正确性
新干线	图形计数检查	K-101	知觉的速度和正确性
	图形判断检查	K-202	作业的速度、正确性、注意力、转换的圆滑性
	预测判断检查	K-301	速度感觉、焦躁反应
	处置判断检查	K-401	注意分配能力、动作的机敏性
	铁道综研式性格检查（JRPI） K-502		情绪的安定性、社会适应性、外向性、内向性

（二）俄罗斯铁路研究应用情况

俄罗斯等国家也认识到从生理、心理角度挑选机车乘务员的重要性和必要性。苏联铁路医学科学研究院劳动心理学和选择研究室的学者，对该问题进行了多年的研究，确认保证机车乘务员具有职业适应性的心理素质包括：紧急动作的能力、不怕工作单调、反应速度快、情绪稳定、遇事不慌。其中，最主要的是紧急动作的能力。

哈尔科夫铁路运输工程学院心理诊断实验室会同有关单位研制了自动心理生理测试电子仪，测试心脏收缩频率及其易变性、皮肤电阻及其灵敏性、闪光融和频率、选择反应时间、时间间隔会计等，然后确定在单调工作条件下紧急动作的准备程度。根据对紧急动作的准备程度和消除疲劳能力的指标评价中央神经系统功能状态，生理、心理状况和职业适应性的任务，挑选具有更好生理、心理素质的人担任司机，保证行车安全关键岗位上人的可靠性。用这种方法测试，在招收司机学校学生时，职业适应性不良者达 7.5%；而对造成了恶性事故的机车乘务员的专门调查，其职业适应性不良者达 45%。因而推断，即使不会出现像日本铁路采用适宜性检查后事故率下降 45%的确切数字，但可以淘汰容易造成恶性事故的机车乘务员的一半。因此可以看出，尽管因职业适宜性检查标准有所不同，但是用此方法淘汰生理、心理不合格者，保证机车乘务员有较高的素质，是降低行车事故率，帮助行车安全的有效途径。

（三）法国铁路（SNCF）研究应用情况

法国国营铁路公司对所有求职者都要进行生理、心理检查，并以此作为录用职工的参考因素。其中的机车乘务员或与安全相关的人员，要接受专门的适宜性检查。此外，当被怀疑有可能引发失误或事故，或在驾驶作业行为及其他行为方面出现异常时，机车乘务员也要接受临时检查，检查中被判定有心理状态有可能诱发（导致）人为失误时，有关部门就要采取相应的措施，如限定乘务范围、暂时停岗、改职等。

录用司机的适宜性检查的测验项目主要包括：心理运动机能及其持续、注意力分配和转移、反应速度、注意力、观察力、计算能力、空间图形的认知能力和语言能力等。此外，还要由心理学家进行面试。多项测试是通过计算机完成的。

（四）德国和其他欧洲国家研究状况

德国铁路集团公司（DB）录用机车乘务员的适宜性检查包括：对理论及技术问题的理解力、记忆力、反应速度和正确性，以及视觉及听觉认知能力、工作能力，其生理与心理的测试与日本、荷兰等国家大体一致。瑞士联邦铁路局（SSB）在招收员工时都要进行生理、心理测验。但进行机车乘务员的适宜性检查要严格得多，由心理学专家进行一天半的纸笔和仪器检查及面试，内容包括智力测验、知觉正确度、注意力、视野开阔度、反应速度及正确度、人格等。荷兰铁路局（NS）、奥地利联邦铁路局（OBB）等机车乘务员也都进行类似的适宜性检查。波兰也有相应的生理心理素质标准，进行上岗前的评定。

二、中国铁路行车安全适宜性研究状况

（一）人为因素是造成行车事故的主要因素，而机务部门是主要的薄弱环节

在20世纪的80—90年代，在西方发达国家铁路的行车事故中，人为因素造成的事故为40%左右，而中国却达到了75%以上；而在1991—2000年的10年间，机务行车责任危险性及其以上事故已超过93%，不但比国外铁路高出许多，比国内铁路的车、工、电、辆等部门也高出不少，就是与自己的历史相比，人为因素造成事故率也有明显的上升。1994年，北方交通大学（现北京交通大学）的一些专家学者曾对中国铁路的安全管理系统做过一次安全评价，结论认为"从事故分析来看，目前影响铁路行车安全的主要制约因素是人的因素"，在进一步的分析中确定"在人为事故指标中，机务部门责任事故指标评价值最差而权重最高，说明在人的因素中，机务部门是主要的薄弱环节"。

从表面上看，形成作业失误、不安全行为的主要原因是作业者的违章违纪（如打盹睡觉、间断瞭望、臆测行车等），但深层次却是由人的心理、生理特点造成的。这些个体的个性、气质、能力、体力等特征具有先天性和相对的稳定性，训练和教育并不一定都能使每个人达到特定能力的要求。笔者曾对一个机务段40年的行车事故进行统计，8.11%的人却发生了45.3%的行车事故，最多者为1人17件。笔者也曾对3个机务段进行调查，发现乘务员队伍中不乏严重的精神病患者或严重的人格缺陷者。"关键的少数"（不适宜乘务工作的人员）重复发生事故，是安全行车的重大隐患。

（二）中国有关机车乘务员行车适宜性的研究

自20世纪90年代起，中国有关的院校、科研机构及相关人员从不同角度进行了机车乘务员行车适宜性的研究。

（1）北京交通大学研究小组对6个铁路局的42个机务段1 278名机车乘务员按事故组和非事故组1:2的比例抽样实验，分别对7项心理指标（瞬间记忆力、学习能力、精神症状、SCL-90自评量表、注意力分配与转移、反应时、作业稳定性、卡特尔人格）和2项生理指标的88个因子进行了全面综合的统计分析，提出了一套机车乘务员行车适宜性检查参考值。

（2）铁道部劳动卫生研究所（于1999年并入铁道部科学研究院）应用检验空军驾驶能力的心理情绪——五项纸笔方法（四数和计算检验、注意广度检验、知觉鉴别检验、数字译成符号检验、曲线轨迹跟踪检验），对4个客运机务段的213名男性司机驾驶能力进行心理检验，检验项目有注意品质、思维、记忆、操作、情绪和态度等6项，并用9分制进行校对。结果表明除曲线轨迹相关较差不宜应用外，其余4项均可应用。

（3）南京铁道医学院（于2000年与东南大学合并，现为东南大学医学部）"安全型火车司机生理—心理模式"。该课题组自1985年至1993年先后对11个机务段2 060名司机和8 061例行车事故的规律、成因及危险因素，采用配对调查和社会、心理、行为、生理（包括体力、耐力、智力、注意力、反应力、个性、情绪、学习能力、精神类型、视力、融合闪烁频率、生物反馈和精神卫生状况等13个指标）测试方法，并对数据做一元分析和多元分析，认为合格司机的生理—心理模式是：身体心理卫生健康而无心理异常行为，智力中等以上，视力良好，社会适应性强，注意力的稳定性和注意分配及转移功能较好，反应较快而柔和，动作稳定、协调、准确，自制力与责任心强，情绪稳定，有在紧急状态下冷静处理问题的能力。

除了以上三项较大规模的研究外，一些相关部门或人员也就有关内容进行了较为详细的研究。如郑州铁路局《机车乘务员安全行车心理素质微机化应用》，北方交通大学、铁道部劳动卫生研究所、上海铁道大学（于2000年与同济大学合并，现为同济大学沪西校区）等单位的有关机车乘务员性格、个性和可靠性的研究，分别从不同角度对机车乘务员安全行车心理素质进行了研究，取得了较为明显的成果。

从以上国内外的研究表明，合格的机车乘务员起码在生理、心理素质应达到以下基本要求：

（1）认知能力。智力中等以上，视觉功能良好，反应较快、柔和，注意力集中、转移和分配较好，动作稳定、协调、准确。

（2）身体健康。身体无疾病，心理卫生健康，社会适应环境良好。

（3）人格特点。责任心强，情绪稳定，具有紧急状态下处理事故的能力，适宜单调作业和在长期疲劳状态下作业。

三、中国铁路机车乘务员的行车适应性检查规范

中国铁路机车乘务员的行车适应性检查几经波折，最终作为《铁路机车乘务员职业健康检查规范》中的一部分由成都铁路局中心卫生防疫站、安徽事故研究所、铁道部劳动卫生研究所、四川大学华西公共卫生学院等单位于2003年共同研究完成，2003年8月由铁道部科技司、铁道部科学研究院共同组织进行了内容审定，由铁道部于2004年1月30日发布，2004年8月1日实施。《铁路机车乘务员职业健康检查规范》（TB/T 091–2004）内容主要包括以下三大方面：

（一）基本概念

驾驶适性是从事铁路机车驾驶工作应该具备的基本心理素质，其测评指标是指复杂反应判断、夜视力、动视力、速度估计及深视力。

（二）适用范围

适用于铁路机车乘务员的就业和定期健康检查，也适用于机车司机学校体检，不适用于高原及高速列车乘务员体检。定期健康检查为每两年一次。

（三）测试内容和测试方法

1. 复杂反应判断

复杂反应判断是指机体对外界刺激在一定时间内做出正确反应的判断能力，以反应次数表示。该项检测采用复杂反应判断仪。该项测试的主要内容为，作业的协调性和准确性，注意力的分配和转移能力。反应时间分为简单反应时间和复杂反应时间。而机车司机运行中反应基本是复杂反应，所以测验就采用了复杂反应。

测试方法：首先由测评人员对被试者做指导性说明，被试者坐姿端正，距离测试屏 1 米，测试时被试者按下手和脚三个反应键，当被指定的颜色显示灯亮时，松开相应的手（脚）键，如果两者动作不符即为错误。记录规定时间内的误反应次数。预测进行 8 次，正式测试进行 16 次。

2. 速度估计测试

速度估计测试是指被试者对物体运动速度判断的准确性，即对速度的估计能力。估计偏高或偏低均影响判断的准确性。主要测试被试者的速度感觉、焦躁反应、反应时。

测试方法：首先由测评人员对被试者做指导性说明，被试者坐姿端正，使其眼睛位置与仪器的刺激光亮点明区高度相一致，且距离不小于 1 米。被试者观察在横槽中（明区）匀速运动的光点，当光点进入挡板（盲区）后，被试者假设灯光仍以同样的速度运动，推测其通过固定挡板盲区的时间，并迅速按下应答键，读取反应时间。共测 5 次，取平均值。

3. 夜视力

夜视力即暗适应视觉，指人眼在明亮环境下突然进入黑暗环境中逐渐恢复辨别物体的能力。例如，列车进入隧道后能准确辨别物体的时间，虽然此时也采取开放前照灯和侧灯的措施，但司机仍需一定的时间才能恢复辨别物体的能力。在无法辨别物的时间内的列车运行过高，"盲区运行"距离就越大，运行的危险性也就越大。所以，司机的夜视力不应低于正常人的水平，而高速公路则采取加大隧道亮度如同白昼的措施避免司机的"盲区运行"。

4. 深视力

深视力即深度知觉，指被试者对物体深度运动的相对距离和空间位置的感知能力。深视力对于机车司机是十分重要的，因为一切物体包括人自身都处于相对运动状态之中，机车乘务作业，如观察和瞭望也大都是在动态下进行的，司机凭借视力来快速准确地判断运动物体的距离和空间位置，当深度知觉较差或不佳时，司机常因对距离和速度的判断错误而发生事故隐患，特别是调车作业。研究表明，事故倾向性司机的深度知觉明显低下。

5. 动视力

动视力是指人与视觉对象存在相对运动时，人眼辨别物体的能力，即在运动状态下的能力。机车司机在行车过程中，近 95%的视觉信息是动态信息。行车时，司机的注视点较远，随车速增加注视距离也相应增大，若动视力差，就无法看清注视点的信息，也就无法发现在注视点上的危险信息，易发生事故。

该标准有关心理状态的内容还有一项，就是将神经系统疾病列入职业禁忌症的范围。

中国《铁路机车乘务员职业健康检查规范》这次修订主要增加了身体健康、驾驶适宜性和职业禁忌症要求，这对于铁路机车乘务员实施科学的人力资源管理、提高其安全作业素质具有跨时代的意义。

但出于种种原因，这次有关职业适应性的标准还有一些地方值得商榷，如大部分采用了汽车司机的测验指标，缺少人格测试内容和方法，未结合中国铁路机车乘务员的职业特性进行深入、系统的研究，也未吸收国内外相关的研究成果等，这些方面都降低了其适应性，有待以后改进。

四、城市轨道交通运营职业适应性测评

城市轨道交通运营安全一直都是社会关注的重点：2009 年发生的上海轨道交通 1 号线的"12·22"事故、2011 年上海轨道交通 10 号线的列车错开方向运行事故以及 2011 年上海轨道交通 10 号线的"9·27"事故都曾引起社会强烈反响。影响事故发生的因素有多种，近年来国内外城市轨道交通事故的统计分析结果表明：人、车辆、轨道、供电、信号及社会灾害等是造成城市轨道交通事故的主要因素；工作人员的心理素质、应急能力、事故处理能力决定了事故处理效果。对列车驾驶员、运营调度员、车站值班员等运营关键岗位人员进行岗位职业适应性研究，能够帮助管理者和员工本人了解岗位人员的基本心理状况，了解各岗位人员应具备的心理品质和个性特征，同时有助于遴选出心理特质更适合相应岗位的候选人，有助于维持员工在长期同岗位工作中的积极健康心态，防止或者尽可能减少事故的发生。

2013 年上海工业技术大学上海轨道交通培训中心朱海燕等结合城市轨道交通运营关键岗位的工作任务，构建了城市轨道交通运营关键岗位职业适应性的通用指标体系，并据此设计了测试题库，建立了一套较完整的测试体系。这里构建的城市轨道交通运营关键岗位职业适应性的通用指标体系及测试题库，结合速算、图形识别、16PF 心理测试、轨道交通常识、实操技能、安全知识等设计多种题型，建立了一套较完整的测试体系，有助于遴选出心理特质更适合相应岗位的候选人，防止或者尽可能减少事故的发生。

（一）城市轨道交通关键岗位的职业特征及职业适应性

在城市轨道交通的运营岗位中，行车调度员、列车驾驶员和车站值班员这 3 个岗位是列车安全运行的核心岗位。行车调度员是运输组织的中枢，担负着组织行车、提高运营服务质量、确保运输安全、完成乘客运输计划、实现列车运行图的重要责任。列车驾驶员负责完成电动列车驾驶，完成当日的运行任务、突发事件的处理（包括临时列车加开任务、正线列车的故障排除任务以及正线救援任务等）、列车调试工作以及其他需要配合的工作。车站值班员是车站行车工作中的组织者和指挥者，负责本站区行车安全、设备运行管理和

维护保养等工作。

在我国，航空航天、公路交通领域都有比较成熟的关键岗位从业人员职业适应性测评体系和测评工具。由于城市轨道交通在我国尚属新兴行业，因此针对该领域关键岗位从业人员的相关心理品质及测评选拔研究相对比较薄弱。

中国铁道科学院王四德等对于高速铁路机车司机心理选拔的指标进行了相关研究，提出的测试评价方法包含四数和计算、注意广度、知觉鉴别、数字译码、曲线轨迹等 5 项纸笔测试，48 数字查找法、黑白数字仪器法等 2 项注意品质测试，心理运动能力检查仪等 3 项运动心理检查。郑天恩等通过对铁路驾驶员的心理测试，验证了运用空军 5 项心理学纸笔检验方法对铁路司机筛选的适用性。

职业适应性是一个人从事某项工作时必须具备的生理、心理素质特征，这些特征是在先天因素和后天环境相互作用的基础上形成和发展起来的。职业适应性测评（Occupation aptitude test）是通过一系列科学的测评手段，对人的身心素质水平进行评价，使人与职业匹配合理、科学，以提高工作效率、减少事故发生。

对城市轨道交通关键岗位职业适应性的研究，能够帮助城市轨道交通运营行业科学地选择与合理地使用合格的作业者，以期达到"能岗匹配"的目的。根据不同岗位的职业特点，科学确定评价标准及指标，对求职者进行测定，可以评价其职业适应性等级。此外对已上岗的作业人员，定期地进行测试和评价，建立职业适应性的动态数据库，可以进行人员的动态管理，为制订合理有效的职业培训计划提供科学依据。

（二）城轨职业测评通用指标体系

除专业相关基础知识可作为选拔参考维度外，与城市轨道交通关键岗位的生产运营安全联系紧密，且可作为选拔依据的特质主要集中在与从业者相关的心理品质维度中。而在心理品质中，又以认知加工品质与个性特征两个方面最为重要。

1. 认知加工品质

认知加工是与个体信息处理过程有关的一些心理过程，通常以处理信息的速度、质量（准确性）作为衡量指标。对城市轨道交通关键岗位从业人员的认知加工品质的考察应从分析判断能力、形象思维能力、注意的集中性与周密性、空间定向能力等角度进行。

（1）分析判断能力是人对事物进行剖析、分辨，单独进行观察和研究的能力，通常采用图形测验等形式来测查。

（2）形象思维能力是用直观形象和表象解决问题的能力，其特点是具体形象性。通常通过与心理旋转实验相类似的图形推测题来测查。

（3）注意力是指人的心理活动指向和集中于某种事物的能力。以列车驾驶员的岗位为例，在驾驶列车运行期间，驾驶员能否将自身当前的心理活动长时间维持在与工作过程有关的方面中对安全起着决定性作用。通常可通过错别字核查等形式测查。

（4）空间定向能力反映个体对自身与外部客体间空间关系的把握程度，通常通过方向判断等形式来测查。

2. 个性特征

个性反映个体对客观现实的稳定态度以及与之相应的习惯化的行为方式。不同个性的个体对相同的刺激在反应速度、反应强度等方面会存在一定差异。依据能岗匹配的原则，从自身职业特征出发，在围绕性格发展健全的基础上，不同的职业、岗位对胜任者的某些性格品质会有一定侧重。在对当前的经典性格测试量表以及当前对航空、航海等领域的驾驶员个性结构特征的研究综合归纳的基础上，认为城市轨道交通关键岗位有关的个性特征可概括为果断性、敏感性、乐群性、智慧性、稳定性、有恒性、独立性、自律性、紧张性等方面，并以此为依据进行考察。

3. 城市轨道交通运营关键岗位的测评通用指标体系

城市轨道交通运营关键岗位职业适应性的测评通用指标体系如图7-1所示。

图7-1所示的指标体系包含了注意力品质、思维、记忆、态度、情绪、性格品质等单项能力，体现了城市轨道交通运营岗位所需要的工作能力。比如，列车驾驶员需要对列车运行状态、机车仪表刻度、周围环境以及各种信号信息能否适时注意，及时发现；车站值班员能否长时间保持注意力；行车调度员是否能保持较大的注意力广度。

（三）城市轨道交通测试样题

依据测评指标模型体系，结合城市轨道交通行业背景设计测试题题库，结合速算、图形识别、16 PF 心理测试、轨道交通常识、实操技能、安全知识等设计多种题型。城市轨道交通测试架构如图7-2所示。本书重点以注意品质和专业测试为例详述测试题题目设计。

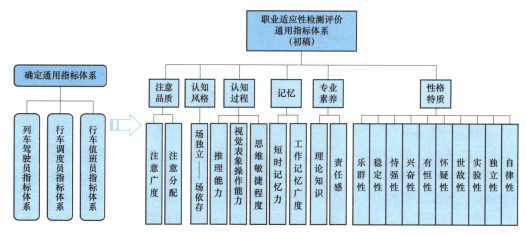

图7-1 城市轨道交通运营关键岗位职业适应性的测评通用指标体系

题号	第一部分						第二部分		
	1	2	3	4	5	6	1	2	3
预计测试题量/道	10~20	12~24	20~40	9~18	4~8	10~20	40	30	110
预计时间/分钟	5	5	5	5	5	5	8	8	14
测试点	注意力	注意力	思维	认知过程	记忆力	记忆力	专业测试	责任心	人格测试

图7-2 城市轨道交通测试架构

1. 注意品质测试题题目

目前对交通行业操作人员的注意品质的衡量主要从注意广度和注意分配能力两方面进行考察，如图 7-3 所示。研究表明事故倾向性操作人员的注意广度和注意分配能力明显低于安全驾驶员。

注意广度	注意分配能力
该测试题测试目标：注意力的广度 测试题题目的数量：20 道题目 测试时间：5 分钟 测试对象：城市轨道交通在岗人员 测试计分：1 题 1 分	该测试题测试目标：注意力的分配能力 测试题题目的数量：24 道题目 测试时间：5 分钟 测试对象：城市轨道交通在岗人员 测试计分：1 题 1 分
示例： 　　采用自设的注意广度表格进行测试。每页有 18 个大方格，每个大方格内有 16 个数字。在每个大方格右边虚线之后有 3 个数字，测验一开始，根据大方格右边虚线旁的数字（如第 1 条虚线旁为 4）找出大方格中共有几个和它相同的数（如有 5 个 4，把 5 写在第 1 条虚线上的括号中），依次做下去，直至听到"停止"口令后立刻停止，本测验检测时间为 5min，每对 1 个数字记 1 分，	示例： 根据 stroop 效应原理考察被试者的注意分配与转换能力。向被试者呈现表示某种颜色的汉字，呈现的汉字字面颜色与本身的字义相同或不同，要求被试者在一定的时间内判断每个汉字的字义与字面颜色是否一致，一致的在旁边的括号中打"√"，不一致在该字旁的括号中打"×"，每正确 1 个记 1 分。 红（　）　黄（　）　蓝（　） 绿（　）　黑（　）　黄（　） 蓝（　）　球（　）　黑（　）

图 7-3　注意力品质的测试项目示例

2. 专业素养测试题题目

结合城市轨道交通行业背景，行车调度员、列车驾驶员和车站值班员 3 个岗位的工作环境及操作要求，环绕仪表显示、操作面板、轨道交通基础知识设计题目，如图 7-4 所示。

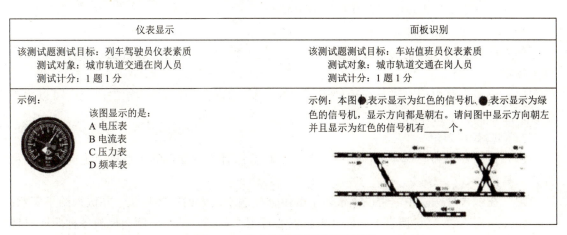

图 7-4　专业素养的测试项目示例

第三节　行车人员心理状态的相关测试

行车人员的心理健康应对行车安全具有重大意义，这些问题的发现以及即时干预解决可以有效排除所存在的潜在安全隐患。在本节将列举出几种常见自评量表，方便行车人员对于自身心理状态予以监控。

一、症状自评量表（SCL-90）

症状自评量表（Self-Reporting Inventory），又名90项症状清单（SCL-90），同时也叫作 hopkin's 症状清单（HSCL，编制年代早于 SCL-90，作者为同一人，HCSL 最早版编于1954年）。于1975年编制，其作者是德若伽提斯（L. R. Derogatis）。该量表共有90个项目，包含有较广泛的精神病症状学内容，从感觉、情感、思维、意识、行为直至生活习惯、人际关系、饮食睡眠等，均有涉及，并采用10个因子分别反映10个方面的心理症状情况。

（一）量表基本情况

1. 量表特点

（1）心理健康症状自评量表具有容量大、反映症状丰富、更能准确刻画被试者的自觉症状等特点。它包含较广泛的精神病症状学内容，从感觉、情绪、思维、行为到生活习惯、人际关系、饮食睡眠等均有所涉及。

（2）它的每一个项目均采取5级评分，具体说明如下：

没有：自觉并无该项问题（症状）；

很轻：自觉有该问题，但发生得并不频繁、严重；

中等：自觉有该项症状，其严重程度为轻到中度；

偏重：自觉常有该项症状，其程度为中到严重；

严重：自觉该症状的频度和强度都十分严重。

作为自评量表，这里的"轻、中、重"的具体含义应该由自评者自己去体会，不必做硬性规定。

（3）该量表可以用来进行心理健康状况的诊断，也可以做精神病学的研究。可以用于他评，也可以用于自评。

2. 测验效用评价

（1）在精神科和心理咨询门诊中，作为了解就诊者或者受咨询者心理卫生问题的一种评定工具；

（2）在综合性医院中，常以该量表了解躯体疾病求助者的精神症状，并认为结果满意；

（3）应用 SCL-90 调查不同职业群体的心理卫生问题，从不同侧面反映各种职业群体的心理卫生问题。

3. 适用范围

本测验适用对象包括初中生至成人（16岁以上）。本测验的目的是从感觉、情感、思维、意识、行为到生活习惯、人际关系、饮食睡眠等多种角度，评定一个人是否有某种心理症状及其严重程度如何。它对有心理症状（即有可能处于心理障碍或心理障碍边缘）的人有良好的区分能力。适用于测查某人群中哪些人可能有心理障碍，可能有何种心理障碍及其严重程度如何，不适合于躁狂症和精神分裂症。本测验不仅可以自我测查，也可以对他人（如其行为异常，有患精神或心理疾病的可能）进行核查，假如发现得分较高，则应进一步筛查。

（二）具体测试内容

指导语：

表7-3中是一些关于人可能会有的问题的陈述。请你仔细地阅读每个条目，然后根据最近一星期之内这些情况对你影响的实际感觉，将最符合实际情况的数字填写在后面的答题框中。答案没有对、错之分。不要对每个陈述花太多的时间去考虑，但所给的回答应该最恰当地体现你现在的感觉。

本问卷共90题，作答时间约15分钟。

表7-3 症状自评量表

选项	1——完全没有　　2——轻度　　3——中度　　4——偏重　　5——严重				
序号	问题	选项	序号	问题	选项
1	头痛		25	怕单独出门	
2	神经过敏，心中不踏实		26	经常责怪自己	
3	头脑中有不必要的想法或字句		27	腰痛	
4	头晕或晕倒		28	感到难以完成任务	
5	对异性的兴趣减退		29	感到孤独	
6	对旁人责备求全		30	感到苦闷	
7	感到别人能控制你的思想		31	过分担忧	
8	责怪别人制造麻烦		32	对事物不感兴趣	
9	忘性大		33	感到害怕	
10	担心自己的衣饰整齐及仪态的端正		34	你的感情容易受到伤害	
11	容易烦恼和激动		35	旁人能知道你的私下想法	
12	胸痛		36	感到别人不理解你，不同情你	
13	害怕空旷的场所或街道		37	感到人们对你不友好，不喜欢你	
14	感到自己的精力下降，活动减慢		38	做事必须做得很慢以保证做得正确	
15	想结束自己的生命		39	心跳得很厉害	
16	听到旁人听不到的声音		40	恶心或胃里不舒服	
17	发抖		41	感到比不上他人	
18	感到大多数人都不可信任		42	肌肉酸痛	
19	胃口不好		43	感到有人在监视你、谈论你	
20	容易哭泣		44	难以入眠	
21	同异性相处时感到害羞不自在		45	做事必须反复检查	
22	感到受骗，中了圈套或有人想抓住你		46	难以做出决定	
23	无缘无故地突然感到害怕		47	怕乘电车、公共汽车、地铁或火车	
24	自己不能控制的大发脾气		48	呼吸有困难	

续表

选项	1——完全没有	2——轻度	3——中度	4——偏重	5——严重		
序号	问题		选项	序号	问题		选项
49	一阵阵发冷或发热			70	在商店或电影院等人多的地方感到不自在		
50	因为感到害怕而避开某些东西、场合或活动			71	感到任何事情都很困难		
51	脑子变空了			72	一阵阵恐惧或惊恐		
52	身体发麻或刺痛			73	感到公共场合吃东西很不舒服		
53	喉咙有梗塞感			74	经常与人争论		
54	感到前途没有希望			75	单独一人时神经很紧张		
55	不能集中注意力			76	别人对你的成绩没有做出恰当的评价		
56	感到身体的某一部分软弱无力			77	即使和别人在一起也感到孤单		
57	感到紧张或者容易紧张			78	感到坐立不安、心神不宁		
58	感到手或脚发重			79	感到自己没有什么价值		
59	想到死亡的事			80	感到熟悉的东西变成陌生或不像是真的		
60	吃得太多			81	大叫或者摔东西		
61	当别人看着你或者谈论你时感到不自在			82	害怕会在公共场合晕倒		
62	有一些不属于你的想法			83	感到别人想占你的便宜		
63	有想打人或者伤害人的冲动			84	为一些有关性的想法感到苦难		
64	醒得太早			85	你认为应该因为自己的过错而受到惩罚		
65	必须反复洗手、点数			86	感到要很快把事情做完		
66	睡得不稳不深			87	感到自己的身体有严重问题		
67	有想摔坏或者破坏东西的想法			88	从未感到和其他人很亲近		
68	有一些别人没有的想法			89	感到自己有罪		
69	感到对别人神经过敏			90	感到自己的脑子有毛病		

（三）统计指标

SCL-90的统计指标主要为两项，即总分和因子分。

1. 总分

总分：90个项目单项分相加之和，能反映其病情严重程度。

总均分：总分/90，表示从总体情况看，该受检者的自我感觉位于1～5级的哪一个分值程度上。

阳性项目数：单项分≥2的项目数，表示受检者在多少项目上呈现了"症状"。

阴性项目数：单项分=1的项目数，表示受检者"无症状"的项目有多少。

阳性症状均分：（总分-阴性项目数）/阳性项目数，表示受检者在"有症状"项目中的平均得分。反映该受检者自我感觉不佳的项目，其严重程度究竟介于哪个范围。

2. 因子分

共包括10个因子，即将90个项目分为10大类。

（1）躯体化（Somatization）：包括1、4、12、27、40、42、48、49、52、53、56和58，共12项。该因子主要反映主观的躯体不适感，包括心血管、胃肠道、呼吸等系统的主述不适，以及头疼、背痛、肌肉酸痛和焦虑的其他躯体表现。

（2）强迫症状（Obsessive-Compulsive）：包括3、9、10、28、38、45、46、51、55和

65，共 10 项。它与临床强迫症表现的症状、定义基本相同。主要指那种明知没有必要，但又无法摆脱的无意义的思想、冲动、行为等表现；还有一些比较一般的感知障碍，如脑子"变空"了，"记忆力不好"等，也在这一因子中反映出来。

（3）人际关系敏感（Interpersonal Sensitivity）：包括 6、21、34、36、37、41、61、69 和 73，共 9 项。它主要指某些个人不自在感和自卑感，尤其是在与他人相比较时更突出。自卑、懊丧以及在人际关系中明显相处不好的人，往往是这一因子获高分的对象。

（4）抑郁（Depression）：包括 5、14、15、20、22、26、29、30、31、32、54、71 和 79，共 13 项。它反映的是与临床上抑郁症状群相联系的广泛的概念。抑郁苦闷的感情和心境是代表性症状，还以对生活的兴趣减退、缺乏活动愿望、丧失活动力等为特征，并包括失望、悲观、与抑郁相联系的其他感知及躯体方面的问题。该因子中有几个项目包括了死亡、自杀等概念。

（5）焦虑（Anxiety）：包括 2、17、23、33、39、57、72、78、80 和 86，共 10 个项目。它包括一些通常在临床上明显与焦虑症状相联系的精神症状及体验，一般指那些无法静息、神经过敏、紧张以及由此而产生的躯体征象，那种游离不定的焦虑及惊恐发作是本因子的主要内容，还包括一个反映"解体"的项目。

（6）敌对（Hostility）：包括 11、24、63、67、74 和 81，共 6 项。主要从思维、情感及行为三方面来反映受检者的敌对表现。其项目包括从厌烦、争论、摔物到争斗和不可抑制的冲动爆发等各个方面。

（7）恐怖（Phobia Anxiety）：包括 13、25、47、50、70、75 和 82，共 7 项。它与传统的恐怖状态或广场恐怖所反映的内容基本一致。引起恐怖的因素包括出门旅行、空旷场地、人群、公共场合及交通工具等。此外，还有反映社交恐怖的项目。

（8）偏执（Paranoid Ideation）：包括 8、18、43、68、76 和 83，共 6 项。偏执是一个十分复杂的概念。本因子只是包括了一些基本内容，主要指思维方面，如投射性思维、敌对、猜疑、关系妄想、被动体验与夸大等。

（9）精神病性（Psychoticism）：包括 7、16、35、62、77、84、85、87、88 和 90，共 10 项。其中有幻听、思维播散、被控制感、思维被插入等反映精神分裂样症状的项目。

（10）其他：包括 19、44、59、60、64、66 及 89 共 7 个项目，主要反映睡眠及饮食情况。

（四）建议

心理健康症状自评量表包含了广泛的精神病症状学内容，如思维、情感、人际关系和生活习惯等。

该量表从 9 个方面，以身心症状表现的角度考查了个体的心理健康水平，如果在某些症状上的得分越高，感觉到某些症状的频度和强度都比较严重，就应该注意学生在这个方面的问题。

由于自评量表是测量个体在一段时间内感觉到的症状的严重与否，所以在量表分数的解释上应该慎重，并不是得分高就一定说明个体出现了很严重的心理问题，某些分量表上的得分较高有可能只是由于个体当时遇到了一些难题如失恋、面临考试、生病等，因此还应该对学生得分高的原因作进一步的了解。

如果个体在多个维度上自觉这些症状较为严重时,应该加强心理健康的教育,严重时应该到比较权威的心理咨询和治疗机构进行进一步的检查和诊断。

(五)注意事项

1. 在躁狂症或精神分裂症患者组中的应用受到了一定限制,量表项目全面性不够,缺乏"情绪高涨"、"思维飘忽"等项目。

2. 只能可能,并不能说一定有心理疾病。要做出诊断,必须进行面谈并参照相应疾病的诊断标准。

二、抑郁自评量表(SDS)

抑郁自评量表(Self-rating Depression Scale,简称SDS),是含有20个项目,分为4级评分的自评量表,原型是 Zung 抑郁量表(1965)。其特点是使用简便,并能相当直观地反映抑郁患者的主观感受。主要适用于具有抑郁症状的成年人,包括门诊及住院患者。只是对严重迟缓症状的抑郁,评定有困难。同时,SDS 对于文化程度较低或智力水平稍差的人使用效果不佳。

(一)量表基本情况

1. 量表特点

(1)时间范围:过去一周。

(2)适用对象:具有抑郁症状的成年人。

(3)评分标准:量表采用4级评分,包括没有或很少时间、少部分时间、相当多时间、绝大部分时间或全部时间。

(4)注意:有反向记分10题。评定时应让自评者理解反向评分的各题,如不能理解则会影响统计结果。例如,心情忧郁的病人常常感到生活没有意思,但题目之中的问题是感觉生活很有意思,那么评分时应注意得分是相反的。这类题目之前加上*号,提醒各位检查及被检查者注意。

(5)对文化水平低的被试者,可以念给他听。

2. 作用

SDS 反映抑郁状态的4组特异性症状。

(1)精神性—情感症状,包含抑郁心境和哭泣2个条目;

(2)躯体性障碍,包含情绪的日夜差异、睡眠障碍、食欲减退、性欲减退、体重减轻、便秘、心动过速、易疲劳共8个条目;

(3)精神运动性障碍,包含精神运动性抑制和激越2个条目;

(4)抑郁的心理障碍包含思维混乱、无望感、易激惹、犹豫不决、自我贬值、空虚感、反复思考自杀和不满足共8个条目。

（二）具体测试内容

指导语：

表 7-4 中是一些关于人可能会有的问题的陈述。请你仔细地阅读每个条目，然后根据最近一星期之内这些情况对你影响的实际感觉，将最符合实际情况的数字上打"√"。答案没有对、错之分。不要对每个陈述花太多的时间去考虑，但所给的回答应该最恰当地体现你现在的感觉。

表 7-4 抑郁自评量表

序号	问题	选项			
		从无	有时	经常	持续
1	我感到情绪沮丧，郁闷	1	2	3	4
*2	我感到早晨心情最好	4	3	2	1
3	我要哭或想哭	1	2	3	4
4	我夜间睡眠不好	1	2	3	4
*5	我吃饭像平时一样多	4	3	2	1
*6	我的性功能正常	4	3	2	1
7	我感到体重减轻	1	2	3	4
8	我为便秘烦恼	1	2	3	4
9	我的心跳比平时快	1	2	3	4
10	我无故感到疲劳	1	2	3	4
*11	我的头脑像往常一样清楚	4	3	2	1
*12	我做事情像平时一样不感到困难	4	3	2	1
13	我坐卧不安，难以保持平静	1	2	3	4
*14	我对未来感到有希望	4	3	2	1
15	我比平时更容易激怒	1	2	3	4
*16	我觉得做出决定是很容易的	4	3	2	1
*17	我感到自己是有用的和不可缺少的人	4	3	2	1
*18	我的生活很有意义	4	3	2	1
19	假若我死了别人会过得更好	1	2	3	4
*20	我仍然喜爱自己平时喜爱的东西	4	3	2	1

（三）结果分析

1. 评分

指标为总分。将 20 个项目的各个得分相加，即得粗分。标准分等于粗分乘以 1.25 后的整数部分（$Y=$总粗分$\times 1.25$ 后取整）。

2. 结果解释

标准分（中国常模）：

（1）轻度抑郁：53～62 分。

（2）中度抑郁：63～72 分。

（3）重度抑郁：＞72 分。

（4）分界值为 53 分。

SDS 总粗分的正常上限为 41 分，分值越低状态越好。我国以 SDS 标准分≥50 为有抑郁症状。

（四）注意事项

（1）SDS 主要适用于具有抑郁症状的成年人，它对心理咨询门诊及精神科门诊或住院精神病人均可使用。对严重阻滞症状的抑郁病人，评定有困难。

（2）关于抑郁症状的分级，除参考量表分值外，主要应根据临床症状，特别是根据要害症状的程度来划分，量表分值仅能作为一项参考指标而非绝对标准。

三、焦虑自评量表（SAS）

焦虑自评量表（self-rating anxiety scale，简称 SAS）从量表构造的形式到具体评定的方法，都与抑郁自评量表十分相似，是一种分析病人主观症状的相当简便的临床工具。适用于具有焦虑症状的成年人，具有广泛的应用性。国外研究认为，SAS 能够较好地反映有焦虑倾向的精神病求助者的主观感受。而焦虑是心理咨询门诊中较常见的一种情绪障碍，所以近年来 SAS 是咨询门诊中了解焦虑症状的自评工具。

（一）量表基本情况

1. 量表特点

（1）时间范围：过去一周。

（2）适用对象：具有抑郁症状的成年人。

（3）评分标准：量表采用 4 级评分，包括没有或很少时间、少部分时间、相当多时间、绝大部分时间或全部时间。

（4）注意：有反向记分 5 题。评定时应让自评者理解反向评分的各题，如不能理解则会影响统计结果。这类题目之前加上*号，提醒各位检查及被检查者注意。

（5）对文化水平低的被试者，可以念给他听。

2. 适应症

（1）反复因头痛、颈部、背部、腰部和四肢疼痛在综合医院有关科室就诊，临床查体和实验室检查结果未提示器质性病变者。

（2）因焦虑、恐怖、疑病、抑郁等精神因素所致的慢性疼痛。

（3）各种原因引起的慢性全身疼痛。

（4）紧张型头痛。

（5）偏头痛。

（二）具体测试内容

指导语：

表 7-5 中是一些关于人可能会有的问题的陈述。请你仔细地阅读每个条目，然后根据最近一星期之内这些情况对你影响的实际感觉，将最符合实际情况的数字上打"√"。答案没有对、错之分。不要对每个陈述花太多的时间去考虑，但所给的回答应该最恰当地体现你现在的感觉。

表 7-5 焦虑自评量表

序号	问题	选项			
		从无	有时	经常	持续
1	我觉得比平常容易紧张和着急	1	2	3	4
2	我无缘无故地感到害怕	1	2	3	4
3	我容易心里烦乱或觉得惊恐	1	2	3	4
4	我觉得我可能将要发疯	1	2	3	4
*5	我觉得一切都很好，也不会发生什么不幸	4	3	2	1
6	我手脚发抖打战	1	2	3	4
7	我因为头痛、颈痛和背痛而苦恼	1	2	3	4
8	我感觉容易衰弱和疲乏	1	2	3	4
*9	我觉得心平气和，并且容易安静坐着	4	3	2	1
10	我觉得心跳很快	1	2	3	4
11	我因为一阵阵头晕而苦恼	1	2	3	4
12	我有晕倒发作或觉得要晕倒似的	1	2	3	4
*13	我呼气吸气都感到很容易	4	3	2	1
14	我手脚麻木和刺痛	1	2	3	4
15	我因为胃痛和消化不良而苦恼	1	2	3	4
16	我常常要小便（尿意频数）	1	2	3	4
*17	我的手常常是干燥温暖的	4	3	2	1
18	我脸红发热	1	2	3	4
*19	我容易入睡并且一夜睡得很好	4	3	2	1
20	我做噩梦	1	2	3	4

（三）结果分析

1. 评分

指标为总分。将 20 个项目的各个得分相加，即得粗分。标准分等于粗分乘以 1.25 后的整数部分（Y = 总粗分 × 1.25 后取整）。

2. 结果解释

按照中国常模结果，SAS 标准分的分界值为 50 分，其中 50~59 分为轻度焦虑，60~69 分为中度焦虑，70 分以上为重度焦虑。

（四）注意事项

（1）由于焦虑是神经症的共同症状，故 SAS 在各类神经症鉴别中作用不大；

（2）关于焦虑症状的临床分级，除参考量表分值外，主要还应根据临床症状，特别是要害症状的程度来划分，量表总分值仅能作为一项参考指标而非绝对标准。

四、生活事件量表（LES）

生活事件量表（life event scale，简称 LES），是由杨德森、张亚林在 1986 年编制的，用于对精神刺激进行定性和定量。生活事件对人的心身健康的影响日益受到人们的重视，它通过影响人的身心进而影响人们在日后工作生活中的状态，因此我们需要了解人们是否经历一些重大的生活事件，在事件中受到了怎样的心理影响。

同一生活事件在不同的性别、年龄、文化背景及至同一个体的不同时期可能具有不同的意义。生活事件即便是一种客观存在，但要成为精神压力尚必须经过个体的主观感受。精神刺激的强度一方面受到生活事件本身的性质、特点的影响，另一方面更受到个体的需要、动机、个性、以往经历以及神经生物学特性的制约。比如，一般而言中年丧妻乃人生之一大不幸，然而对于夫妻感情很好或早已另有新欢的两个男子来说，这一精神刺激的性质和强度会迥然不同。可以说，不管人们对某一事件的看法与客观实际是否一致，也不管是什么因素影响了他们对事件的认识、判断和评价，唯有个体实际感受到的精神紧张才对健康构成真正的威胁。并且人们发现，消极性质的生活事件与疾病最为相关，而中性或积极性质的生活事件的致病作用却并不明显。因此，个体的精神刺激评定不宜使用常模的标准化计分，而应分层化或个体化，并应包括定性和定量评估，以分别观察正性（积极性质的）、负性（消极性质的）生活事件的影响作用。按照这种新的构想，生活事件量表应运而生。

（一）量表基本情况

1. 量表特点

（1）适用范围：LES 适用于 16 岁以上的正常人、神经症、心身疾病、各种躯体疾病患者以及自知力恢复的重性精神病患者。

（2）基本内容：家庭生活方面（28 条）、工作学习方面（13 条）、社交及其他方面（7 条），另设有 2 条空白项目，供填写当事者已经经历而表中未出现的某些事件。根据调查者的要求，将某一时间范围内（通常为一年内）的事件记录下来。有的事件虽然发生在该时间范围之前，如果影响深远并延续至今，可作为长期性事件记录。对于表上已列出但并未经历的事件应一一注明"未经历"，不留空白，以防遗漏。然后，由填写者根据自身的实际感受而不是按常理或伦理道德观念去判断那些经历过的事件对本人来说是好事或是坏事，影响程度如何，影响持续的时间有多久，一次性的事件如流产、失窃要记录发生次数，长期性事件如住房拥挤、夫妻分居等，不到半年记为1次，超过半年记为2次。

2. 应用价值

（1）甄别高危人群，预防精神障碍和心身疾病，对 LES 分值较高者加强预防工作。

（2）指导正常人了解自己的精神负荷、维护心身健康，提高生活质量。

（3）用于指导心理治疗、危机干预，使心理治疗和医疗干预更具针对性。

（4）用于神经症、心身疾病、各种躯体疾病及重性精神疾病的病因学研究，可确定心理因素在这些疾病发生、发展和转归中的作用分量。

（二）具体测试内容

指导语：

表7-6中是每个人都有可能遇到的一些日常生活事件，究竟是好事还是坏事，可根据个人情况自行判断。这些事件可能对个人有精神上的影响（体验为紧张、压力、兴奋或苦恼等），影响的轻重程度是各不相同的。影响持续的时间也不一样。请你根据自己的情况，实事求是地回答下列问题，填表不记姓名，完全保密，请在最适合的答案上打"√"。另设有2条空白项目，可以写下自己已经经历而表中未出现的自觉对自己有影响的某些事件。在备注中表明，一次性的事件如流产、失窃要记录发生次数，长期性事件如住房拥挤、夫妻分居等，不到半年记为1次，超过半年记为2次。

表7-6 生活事件量表

事件类别	序号	生活事件名称	事件发生时			性质		精神影响程度				影响持续时间				备注
			未发生	一年前	一年内	长期性	好事	坏事	无影响	轻度	中度	重度	极重	三月内	半年内	一年内	一年以上
举例		房屋拆迁			√			√		√					√		
家庭有关问题	1	恋爱或订婚															
	2	恋爱失败、破裂															
	3	结婚															
	4	自己（爱人）怀孕															
	5	自己（爱人）流产															
	6	家庭增添新成员															
	7	与爱人父母不和															
	8	夫妻感情不好															
	9	夫妻分居（因不和）															
	10	夫妻两地分居（工作需要）															
	11	性生活不满意或独身															
	12	配偶一方有外遇															

续表

事件类别	序号	生活事件名称	事件发生时				性质		精神影响程度					影响持续时间				备注
			未发生	一年前	一年内	长期性	好事	坏事	无影响	轻度	中度	重度	极重	三月内	半年内	一年内	一年以上	
家庭有关问题	13	夫妻重归于好																
	14	超指标生育																
	15	本人（爱人）做绝育手术																
	16	配偶死亡																
	17	离婚																
	18	子女升学（就业）失败																
	19	子女管教困难																
	20	子女长期离家																
	21	父母不和																
	22	家庭经济困难																
	23	欠债 500 元以上（原题目为 1986 年，合现在 15 000 元左右）																
	24	经济情况显著改善																
	25	家庭成员重病、重伤																
	26	家庭成员死亡																
	27	本人重病或重伤																
	28	住房紧张																
工作学习中的问题	29	待业、无业																
	30	开始就业																
	31	高考失败																
	32	扣发奖金或罚款																
	33	突出个人成就																
	34	晋升、提级																
	35	对现职工作不满意																
	36	工作学习中压力大（如成绩不好）																
	37	与上级关系紧张																
	38	与同事邻居不和																
	39	第一次远走他乡异国																
	40	生活规律重大变动（饮食睡眠规律改变）																
	41	本人退休、离休或未安排具体工作																

续表

事件类别	序号	生活事件名称	事件发生时				性质		精神影响程度				影响持续时间				备注
			未发生	一年前	一年内	长期性	好事	坏事	无影响	轻度	中度	重度	极重	三月内	半年内	一年内	一年以上	
社交与其他问题	42	好友病重或重伤																
	43	好友死亡																
	44	被人误会、错怪、诬告、议论																
	45	介入民事法律纠纷																
	46	被拘留、受审																
	47	失窃、财产损失																
	48	意外惊吓、发生事故、自然灾害																
添加	49																	
	50																	
正性事件值:																		
负性事件值:																		
总值:																		

(三) 结果分析

1. 评分

一过性的事件如流产、失窃要记录发生次数,长期性事件如住房拥挤、夫妻分居等不到半年记为1次,超过半年记为2次。影响程度分为5级,从毫无影响到影响极重分别记0、1、2、3、4分。影响持续时间分三月内、半年内、一年内、一年以上共4个等级,分别记1、2、3、4分。

生活事件刺激量的计算方法如下:

(1) 某事件刺激量=该事件影响程度分×该事件持续时间分×该事件发生次数;

(2) 正性事件刺激量=全部好事刺激量之和;

(3) 负性事件刺激量=全部坏事刺激量之和;

(4) 生活事件总刺激量=正性事件刺激量+负性事件刺激量。

另外,还可以根据研究需要,按家庭问题、工作学习问题和社交问题进行分类统计。

2. 结果解释

LES总分越高反映个体承受的精神压力越大。95%的正常人一年内的LES总分不超过20分,99%的不超过32分。负性事件的分值越高对心身健康的影响越大;正性事件分值的意义尚待进一步研究。

五、工作倦怠问卷（CMBI）

工作倦怠的概念最初由 Freudenberger（1974）提出，目前已经成为组织行为学和健康心理学的热点研究领域之一。依据 Maslach 等（1986，1996）的定义，认为工作倦怠就是"在以人为服务对象的职业领域中，个体的一种情感耗竭、人格解体和个人成就感降低的症状"。具体来说，倦怠就是"一种发生于正常人身上的持续的、负性的、与工作相关的心理状态，其主要特征是耗竭，并伴随着工作中的烦恼、有效性降低、动机下降、不良态度与行为的形成与发展等特征。对于陷入倦怠泥潭的个体而言，个体工作意愿与工作现实的不匹配是倦怠产生的主要因素。通常情况下，由于与倦怠相关的应对策略的匮乏，倦怠是能使自身长久存在的。

国内心理学界从 2003 年开始对工作倦怠问题加以关注，李永鑫博士是较早进入这个领域的学者之一，他在文献综述和个案访谈的基础上，参考国外的知名问卷，编制了工作倦怠问卷（chinese maslach burnout inventory，简称 CMBI）。目前该问卷已经为国内 10 余所高校和科研单位的研究者所采用，广泛运用于教师、医护人员、警察、企业管理者和员工、营销员、图书管理员等职业领域。

（一）具体问卷内容

指导语：

请你根据表 7-7 中描述的与你个人工作中实际情况的符合程度，在相应的数字上打"√"，"1"为"完全不符合"，"7"为完全符合。由"1"到"7"代表符合程度由低到高。

表 7-7 工作倦怠问卷

序号	问题	选项						
1	我非常疲倦	1	2	3	4	5	6	7
2	我不关心工作对象的内心感受	1	2	3	4	5	6	7
3	我能有效地解决工作对象的问题	1	2	3	4	5	6	7
4	我担心工作会影响我的情绪	1	2	3	4	5	6	7
5	我的工作对象经常抱怨我	1	2	3	4	5	6	7
6	我可以通过自己的工作有效地影响他人	1	2	3	4	5	6	7
7	我常常感到筋疲力尽	1	2	3	4	5	6	7
8	我抱着玩世不恭的态度进行工作	1	2	3	4	5	6	7
9	我能创造轻松活泼的工作氛围	1	2	3	4	5	6	7
10	一天的工作结束，我感觉到疲劳至极	1	2	3	4	5	6	7
11	我经常责备我的工作对象	1	2	3	4	5	6	7
12	解决了工作对象的问题后，我非常兴奋	1	2	3	4	5	6	7
13	最近一段时间，我有点抑郁	1	2	3	4	5	6	7
14	我经常拒绝工作对象的要求	1	2	3	4	5	6	7
15	我完成了很多有意义的工作任务	1	2	3	4	5	6	7

（二）结果分析

1. 计分

问卷攻击 5 个项目，每个维度为 5 个项目，具体分布为耗竭维度（1、4、7、10、13）、人格解体维度（2、5、8、11、14）、成就感降低维度（3、6、9、12、15）。问卷采用 7 级计分，其中"1"为"完全不符合"，"7"为完全符合。由"1"到"7"代表符合程度由低到高。其中成就感降低维度全部反向计分。因此从理论上看，每个维度都在 5~35 分。

2. 结果解释

本问卷将个体的倦怠分为 4 个水平：零倦怠、轻度倦怠、中度倦怠和高度倦怠，各种水平的诊断标准如下：

零倦怠：耗竭分数＜25 分，人格解体分数＜11 分，成就感降低分数＜16 分。此时被试者人职匹配较为理想，工作顺心，精力充沛，工作与服务态度好，工作价值感强，是一种较为理想的工作状态，组织和个体应当采取各种措施，努力保证被试者持续地体验到这种愉悦的工作状态。

轻度倦怠（1）：耗竭分数≥25 分，人格解体分数＜11 分，成就感降低分数＜16 分。此时被试者处于轻微的倦怠水平之中，主要问题出现在耗竭维度上，具体表现为个体的情感资源过度消耗，疲乏不堪，经历丧失，容易疲劳，并且这种疲劳可能会伴随着由于不能像过去一样提供良好的服务而导致的挫败感和紧张状态。个体的积极情绪匮乏，消极情绪占据主导地位，易激惹。

轻度倦怠（2）：耗竭分数＜25 分，人格解体分数≥11 分，成就感降低分数＜16 分。此时被试者处于轻微的倦怠水平之中，主要问题出现在人格解体维度上，具体表现为在工作中特别是与工作对象打交道是采取一种负性的、冷淡的、过度的、疏远的态度，觉得工作对象的要求是给自己找麻烦，尽量减少与工作对象的交往，在必须与工作对象的交流中，经常使用一些贬损的语言，表现得极为退缩。一个形象的比喻就是小官僚主义者，严格地按照教条来与工作对象打交道，而不是去努力解决问题，满足工作对象的需要。

轻度倦怠（3）：耗竭分数＜25 分，人格解体分数＜11 分，成就感降低分数≥16 分。此时被试者处于轻微的倦怠水平之中，主要问题出现在成就感降低维度上，具体表现为个体对自己的工作及其绩效进行负性的评价，工作胜任感和工作中获得的成就感降低，经常感觉到自己的工作缺乏进步，甚至是在原有水平上有所降低。

中度倦怠（1）：耗竭分数≥25 分，人格解体分数≥11 分，成就感降低分数＜16 分。此时被试者处于中度倦怠水平之中，主要问题出现在情感耗竭和人格解体维度上。具体症状描述为轻度倦怠（1）+轻度倦怠（2）。

中度倦怠（2）：耗竭分数≥25 分，人格解体分数＜11 分，成就感降低分数≥16 分。此时被试者处于中度倦怠水平之中，主要问题出现在情感耗竭和成就感降低维度上。具体症状描述为轻度倦怠（1）+轻度倦怠（3）。

中度倦怠（3）：耗竭分数＜25 分，人格解体分数≥11 分，成就感降低分数≥16 分。此时被试者处于中度倦怠之中，主要问题出现在人格解体和成就感降低维度上。具体症状描述为轻度倦怠（2）+轻度倦怠（3）。

高度倦怠：耗竭分数≥25分，人格解体分数≥11分，成就感降低分数≥16分。此时被试者处于高度倦怠水平之中，在倦怠的三个维度上都出现了问题。具体描述为轻度倦怠（1）+轻度倦怠（2）+轻度倦怠（3）。此时的个体由于工作压力太大，往往产生辞职的意念，即使由于各种原因，暂不能离职，工作质量也很差，服务态度恶劣，自觉工作绩效低下。组织应当暂停这类人的工作，安排休假，采取各种措施帮助其从倦怠的泥潭中走出来。

 知识链接

对 策 详 解

职业倦怠作为客观存在，已经成为许多人积极行为的障碍。如何让他们告别倦怠，我觉得可从以下两方面进行有效的尝试：

首先，改变产生倦怠的应激源。宁波企业管理者痛苦指数调查结果显示，"上级总是不信任我，授权不充分"和"公司预定的工作目标过高"是最痛苦的应激源。因此作为上司和管理部门的管理者应尽可能突出情感化的管理特色，真正体现"以人为本"的管理理念，而不是一味地施压；尽可能营造宽松和谐的工作氛围，为员工提供人际交往的机会，使他们的郁闷和疑惑得到及时的排解；同时建立新的评价体系、调整竞争机制满足大多数员工的成就需要。这在一定程度上可以缓冲员工的心理压力，减少职业倦怠的产生。这需要全社会的关怀。但这是不以员工的意志为转移的。

其次，提高自身对心理健康的认识能力和运用心理策略的最基本的能力，而不仅仅是寄希望于应激源的改变。这是告别倦怠的根本，非常有效。

（一）认识自我

就是要认清自我价值，掌握自己的优势与不足，预测自己倦怠的征兆，了解自己的主观情绪是否影响了自己的生理和心理变化，有无做好应激的积极准备。有了积极的自我认识，才能正视应激情境的客观存在；才能勇于面对各种现象，准确地对待周围环境中的一切人和事，有针对性地对自己进行心理控制并尽量与周围环境保持积极的平衡，成为自身行动的主人，从而避免遭受应激给自己带来的生理和心理上的损伤；才能对可预见的应激，进行自我调整，主动设置缓冲区，提高自己的心理应付水平。因此，只有从自我的阴影中摆脱出来，正确地认识自己及周围环境，才能把变化视为正常的事，不断接受变化的刺激，积极、愉快、主动地迎接生活的挑战，走出倦怠。

（二）应付方式

应付是指成功地对付环境挑战或处理问题的能力。通常，积极的应付方式可以使自己有效地面对心理应激、重新恢复生理与心理的平衡水平状态；消极的应付则往往会使人继续停留在充满压力的应激状态，继续消耗自身潜在的能量，产生倦怠，甚至导致心理疾病。

1. 运用心理暗示的策略。

暗示，指的是在无对抗态度的条件下，用含蓄间接的方法对人的心理和行为施加影响，这种心理影响表现为使人按一定的方式行动，或接受一定的意见、信念。暗示对人的心理和行为产生着很大的影响。积极的暗示可帮助被暗示者稳定情绪、树立信心及战胜困难和挫折的勇气。每个人可把自我暗示作为提高自己应付应激能力的策略。当千头万绪、不知所措时，绝不要抱怨、退缩、自怨自艾，否则人就很容易陷入倦怠，不可自拔。这时要用言语反复提醒自己："一次一件事，我一定能做完所有的事""走过去就是个天""工作着就是快乐的""与其痛苦地做，不如快乐地做""有人帮你是你的幸运，无人帮你是公正的命运，没有会为你做些什么，你只有靠自己"，坚信"苦乐全在主观的心，不在客观的事""因为我觉得快乐，所以我快乐"……学会随时对自己说："太阳每天都是新的，即使是阴天也是别样的美好""积极的生活态度比生活本身更重要"。当面对孤独、寂寞的、缺乏成就感的工作环境时，要学会奖励自己、为自己喝彩，哪怕是自己的一丁点进步，都不要忘记对自己说一声："哦，我做得真不错，明天继续努力哦！"

经常在这样的言语的自我暗示下，个体就会由急躁、泄气、灰心变为情绪稳定、有条不紊、信心十足，自信有能力控制各种应激。他们的心理状态得到调节，心理活动水平得到提高，从而无论在顺境还是在逆境中，都能始终保持乐观向上的心态，不断在苦难中寻找新的乐趣，成为一个热爱生活、善待生命、对生活充满激情的人。

2. 学会适应的策略。

听过NBC/（美国全国广播公司）电视节目主持人、"职业足球名人堂"最佳播音员之一查理·琼斯故事的人往往会有一个很深的感触，那就是：因为害怕而拒绝变化，往往会使事情变得更糟；如果面对生活中的各种变化和挑战带来的应激，能积极应付、迅捷灵活地做出反应，必然会在迷宫中找到属于自己的路，也许它会让你付出很多的艰辛和代价，但它会帮助你在变化的时代获得成功。所以在各种应激事件和压力面前，自己一定不要一味地抱怨，要及时调整心态、学会适应，换一种角度看压力。学会对让我们曾经头疼不已的压力心存感激，因为没有压力，我们的生活也许会是另外一个模样。并积极地投入变化中，这样才不至于感觉受到极大的伤害。应激研究泰斗塞里曾说："很多人停滞在一个阶段感到失败，很大一个原因就是不愿改变现状"。随着应激而改变，这是适应的最关键的问题，只有自己才能帮助自己。要改变，那就行动吧！

管子《心术》下篇中记载："心术者，无为而制窍者也。"运用心理策略来影响心理状态，可以不断地提高自己的心理水平，告别倦怠。而对已经出现的，通过医院排查病理上找不到任何异常的身体不适，应该主动考虑寻求心理医生的帮助，尽早防范、尽早治疗。

六、应对方式问卷（CSQ）

在社会生活中，每个人都会面对不可避免的各种压力情境，对个体的心理产生一定的影响。但相同的压力水平对不同的人影响是有很大差别的，这种影响差别主要取决于个体用什么样的方式来应对。

一般认为应对是一种包含多种策略的、复杂的、多维的态度和行为过程。首先是对压力情境的认识，也就是态度，不同的态度足以引起压力情境对个体所产生的影响的程度和时间的差异。个体对所面临的压力的态度，是"知难而进"，把压力看作是一种挑战去解决；还是感到难事临头，把压力看作是一种负担。然后，在此基础上，个体对压力情境做出具体的行为，是积极地去解决问题，还是消极地去逃避，也会影响压力情境的后果。这些认知、态度以及行为上的差异就构成了个体面对压力情境时的应对方式的差异。应对方式研究根据心理学"应对"理论，力求从各种应对行为中提炼出比较成熟的应对方式。

我国现行通用的应对方式问卷（Copying Style Questionnaire，简称CSQ）由肖计划等人参照国内外应对研究的问卷内容以及有关应对理论，根据我国文化背景编制而成。该问卷可以解释个体或群体的应对方式类型和应对行为特点，比较不同的个体或群体的应对行为差异，并且根据不同类型的应对方式还可以反映人的心理发展成熟的程度。

（一）量表基本情况

1. 量表特点

（1）测验材料。

这里选用的应对方式问卷由肖计划等参照国内外应对研究的问卷内容以及有关"应对"的理论，根据我国文化背景编制而成。该量表包括62个条目，共分为6个分量表，分别为解决问题、自责、求助、幻想、退避、合理化。

（2）适用范围。

文化程度在初中和初中以上；年龄在14岁以上的青少年、成年人和老年人；除痴呆和重性精神病之外的各类心理障碍求助者。

它可解释个体或群体的应对方式类型和应对行为特点，比较不同个体或群体的应对行为差异，并且不同类型的应对方式还可以反映人的心理发展成熟的程度。

（3）施测步骤。

"应对方式问卷"为自陈式个体应对行为评定量表。检查者将该问卷发给受检者后，要求受检者首先认真阅读指导语，然后根据自己的实际情况，逐条回答问卷每个项目提及的问题。答完问题后，当场收回。

每个条目有两个答案，"是""否"，如果选择"是"，则请继续对后面的"有效""比较有效""无效"做出评估；如果选择"否"，则请继续下一个条目。

2. 条目解释

个体应对方式的使用一般都在一种以上，有些人甚至在同一应激事件上所使用的应对方式也是多种多样的。但每个人的应对行为类型仍具有一定的倾向性，这种倾向性构成了六种应对方式在个体身上的不同组合形式。这些不同形式的组合与解释如下：

（1）解决问题——求助，成熟型：这类受试者在面对应激事件或环境时，常能采取"解决问题"和"求助"等成熟的应对方式，而较少使用"退避""自责"和"幻想"等不成熟的应对方式，在生活中表现出一种成熟稳定的人格特征和行为方式。

（2）退避——自责，不成熟型：这类受试者在生活中常以"退避""自责"和"幻想"等应对方式应对困难和挫折，而较少使用"解决问题"这类积极的应对方式，表现出一种退责症性的人格特点，其情绪和行为均缺乏稳定性。

（3）合理化，混合型："合理化"应对因子既与"解决问题""求助"等成熟应对因子呈正相关，也与"退避""幻想"等不成熟应对因子呈正相关，反映出这类受试者的应对行为集成熟与不成熟的应对方式于一体，在应对行为上表现出一种矛盾的心态和两面性的人格特点。

3. 应用价值

（1）作为不同群体的应对行为研究的标准化工具之一；为提高和改善人的应对水平提供帮助。

（2）运用良好的应对方式有助于缓解精神紧张，帮助个体最终成功地解决问题，从而调整良好的心理状态，保护心理健康。

（3）用于不同群体应对行为类型和特点研究，为不同专业领域培养和选拔人才提供帮助。

（4）用于各种心理障碍的行为研究，为心理治疗和康复治疗提供指导。

（二）具体问卷内容

指导语：

表7-8中的每个条目有两个答案"是""否"。请你根据自己的情况在每一条目后选择一个答案，如果选择"是"，则继续对"有效""比较有效""无效"做出评估，在每一行的方框中打"√"。

表7-8 应对方式问卷

序号	问题	是	否	有效	比较有效	无效
1	能理智地应付困难					
2	善于从失败中吸取经验					
3	制订一些克服困难的计划并按计划去做					
4	希望自己已经解决了面临的困难					
5	对自己取得成功的能力充满信心					
6	认为"人生经历就是磨难"					
7	常感叹生活的艰难					
8	专心于工作或学习忘却不快					

续表

序号	问题	是	否	有效	比较有效	无效
9	常认为"生死有命,富贵在天"					
10	常常喜欢找人聊天以减轻烦恼					
11	请求别人帮助自己克服困难					
12	常只按自己的想法做,且不考虑后果					
13	不愿过多思考影响自己情绪的问题					
14	投身其他社会活动,寻找新寄托					
15	常自暴自弃					
16	常以无所谓的态度来掩饰内心的感受					
17	常想"这不是真的就好了"					
18	认为自己的失败多系外因所致					
19	对困难采取等待观望任其发展的态度					
20	与人冲突,多是对方性格怪异引起					
21	常向引起问题的人和事发脾气					
22	常幻想自己有克服困难的超人本领					
23	常自我责备					
24	常用睡觉的方式逃避痛苦					
25	常借娱乐活动来消除烦恼					
26	常爱想些高兴的事自我安慰					
27	避开困难以求心中宁静					
28	为不能回避苦难而懊恼					
29	常用两种以上的办法解决困难					
30	常认为没有必要那么费力去争取成败					
31	努力去改变现状,使情况向好的一面转化					
32	借烟或酒消愁					
33	常责怪他人					
34	对困难常采用回避的态度					
35	认为"退后一步自然宽"					
36	把不愉快的事埋在心里					
37	常自卑自怜					
38	常认为这是生活对自己不公平的表现					
39	常压抑内心的愤怒与不满					
40	吸取自己或他人的经验去应付困难					
41	常不相信那些对自己不利的事					

续表

序号	问题	是	否	有效	比较有效	无效
42	为了自尊，常不愿让人知道自己的遭遇					
43	常与同事、朋友一起讨论解决问题的办法					
44	常告诫自己"能忍者自安"					
45	常祈祷神灵保佑					
46	常用幽默或玩笑的方式缓解冲突或不快					
47	自己能力有限，只有忍耐					
48	常怪自己没出息					
49	常爱幻想一些不现实的事来消除烦恼					
50	常抱怨自己无能					
51	常能看到坏事中有好的一面					
52	自感挫折是对自己的考验					
53	向有经验的亲友、师长求教解决问题的方法					
54	平心静气淡化烦恼					
55	努力寻找解决问题的办法					
56	选择职业不当，是自己常遇挫折的主要原因					
57	总怪自己不好					
58	经常看破红尘，不在乎自己的不幸遭遇					
59	常自感运气不好					
60	向他人诉说心中的烦恼					
61	常自感无所作为而顺其自然					
62	寻求别人的理解和同情					

（三）结果分析

1. 量表分计分方法

"应对方式问卷"有六个分量表，每个分量表由若干个条目组成，每个条目只有两个答案，"是'"和"否"。计分分两种情况：

（1）除下面（2）中所列举的情况外，各个分量表的计分均为选择"是"，得"1"分，选择"否"，得"0"分。将每个项目得分相加，即得该分量表的量表分；

（2）在"解决问题"分量表中，条目19，在"求助"分量表中，条目36、39和42，选择"否"得"1"分，选择"是"得"0"分。

2. 计算各分量表的因子分

应对方式问卷的记分主要采用因子分，因子分的计算方法是：分量表因子分＝分量表单项条目之和/分量表条目数。

知识链接

测试一 "紧张症"测试

随着社会生活节奏加快，人们心理压力会加大。若工作繁忙，身心过分紧张、压力过大，就容易患上紧张症。患有紧张症的人，一般受到社会生活方式、风俗习惯、个人修养以及各种公害和环境污染的影响。各种有害因素会给人体带来不同程度的外界刺激，使人患"紧张症"。现代医学科学研究证明，紧张会降低人体免疫抗病能力，使吞噬细胞作用减弱，抗体及干扰素生成减少，免疫功能发生障碍，以致引起各种疾病，如脱发症、多汗症、肌肉痛、紧张性头痛、神经性呕吐、神经性厌食症、植物神经功能紊乱、假性缺氧症、原发性高血压等。为此，有人根据紧张的程度，设计了一套自我测查的方法，共有29道题目，用"有"或"无"作答，然后进行评判。

1. 平时不知为什么总觉得心慌意乱，坐立不安。
2. 晚上思虑各种问题，不能安寝，即使睡着，也容易惊醒。
3. 肠胃功能紊乱，经常腹泻。
4. 经常做噩梦、惊恐不安，一到晚上就倦怠无力，焦急烦躁。
5. 遇到不称心的事情，便大量吸烟，郁郁寡欢、沉默少言。
6. 早晨起床后，就觉得头晕脑胀，浑身无劲，爱静怕动，情绪消沉。
7. 食欲不振，吃东西没有味道，宁可忍受饥饿。
8. 轻微活动后，就出现心跳加快、胸闷气急的情况。
9. 一回到家，就感到许多事情不称心，暗暗烦躁。
10. 想要看到的东西，一时不能看到就感到心中不舒服，闷闷不乐。
11. 平时只要做一点轻便工作，就容易感到疲劳、周身乏力。
12. 离开家门去上班的时候，总觉得精神不佳，有气无力。
13. 当着家属的面，稍有不如意，就要任性发怒，失去理智。
14. 任何一件小事，始终萦绕在脑里，整天思索。
15. 处理问题主观性强，情绪急躁，态度粗暴。
16. 一喝酒，就要过量，一醉方休。
17. 对他人的疾病，非常关心；到处打听，唯恐自己也身患同病。
18. 对别人的成功和荣誉，常会嫉妒，甚至怀恨在心。
19. 身处环境拥挤时，容易思维杂乱、行为失序。
20. 听到左邻右舍家中的噪声，感到焦躁发慌，心悸出汗。
21. 明明知道是愚蠢的事情，但是非做不可，事后懊悔。
22. 即使是读书看报也不能专心一意，往往中心思想也弄不清楚。
23. 休息日整天玩纸牌，消遣度日。

24. 经常和同事或家人发生争吵。
25. 经常感到喉头阻塞，胸部重压，气不够用。
26. 经常追悔往事，有内疚感。
27. 做事讲话，操之过急，言辞激烈。
28. 突然发生意外，失去信心，显得焦虑紧张。
29. 性格倔强，脾气急躁，不易合群。

测评与解释：

答完29道题后，如果有10题答"有"者为轻度紧张症，有20道题答"有"者为中度紧张症，有29道题答"有"者为重度紧张症。轻度紧张症者可用保护性措施，如用阅读、写字、绘画、养花、钓鱼等进行自我调节，松弛紧张状态，积极参加体育活动，增强体质，工作之后的文娱活动也可消除疲劳，以及养成有规律的生活习惯，适当增加营养，提高自制力，对于中度以上的紧张症者，还必须进行健康检查及在医生指导下的心理治疗。

测试二 自信心测试

自信是成功的必备条件，是战胜困难的动力。你有自信心吗？

1. 会议中正进行某项主题的讨论，你会（　　），
   A. 尽快地给出意见
   B. 保持静默，除非被问到问题
   C. 有几个人说过之后才发言
2. 如果受到上司不正确的指责，你将如何处理？（　　）
   A. 以激动的情绪表达自己的无辜与不满
   B. 平和而有理地说明来龙去脉
   C. 保持平静，但内心存有抱怨及牢骚
3. 如果你受邀去对一个有名的公司做非对内性的演讲，你会如何处理？（　　）
   A. 拒绝——以工作紧张为理由
   B. 有条件地接受——你会要求对方先做简报
   C. 要求一两天的考虑时间
4. 某个朋友事先请你支持他打算在会议上提出的建议，但你认为他的构想不佳，你会（　　）。
   A. 同意支持他，但随后找个不能参加会议的理由
   B. 尝试去说服他放弃计划
   C. 告诉他你要在会议讨论后才决定是否支持
5. 当你参加公司所举办的社交活动时，你会（　　）。
   A. 四处寻找朋友，然后立即加入他们
   B. 已开始与邻近的人交谈，尽管与他并非认识
   C. 直接走近柜台拿饮料

6. 你被提拔去管理某部门,此部门在前任管理下良好并具有效率,你会如何处理?(　　)
   A. 立刻研究所有现在的关键政策
   B. 让别人知道至少在六个月内你不会做太多的改变
   C. 询问幕僚以提出改进的建议
7. 上司指派你从事一件极其重要的特别的工作,如果失败会严重危及你的声望,你会(　　)。
   A. 要求他说明你的目标与权限
   B. 你所要的资源分类并陈述为何需要它们
   C. 要求在完成工作后仍可回到原有工作岗位的保证
8. 在部门会议资料展示时,你的上司引用某些不大精确的统计数字,你会(　　)。
   A. 打断他的展示并指出其错误之处
   B. 当他征询问题时,对他的数字提出质疑
   C. 保持沉默,或故作视而不见
9. 当新管理技巧的研究讨论会热烈结束后,回到办公室你会(　　)。
   A. 凡在可能的申请范围内,指派一部属去索取更多的资料
   B. 尝试说服最高决策者将它施于整个公司
   C. 在自己的部门推行
10. 如果你需要一个新部属,你会选择(　　)。
    A. 具有创见与创造力,但较神经质的一位
    B. 可靠、细心但缺乏新构想的一位
    C. 具有高度聪明才智,但有懒散之名的一位

评分标准如下:

1. A—10分　B—0分　　C—5分　　2. A—5分　　B—10分　C—0分
3. A—0分　　B—10分　C—5分　　4. A—0分　　B—10分　C—5分
5. A—5分　　B—10分　C—0分　　6. A—10分　B—0分　　C—5分
7. A—5分　　B—5分　　C—0分　　8. A—10分　B—0分　　C—0分
9. A—0分　　B—10分　C—5分　　10. A—10分　B—0分　　C—5分

评价结果:

分数80~100分:你是一位具有自信的行政主管,能够主动进取,但仍需留意,以免被人认为太跋扈。

分数55~75分:你很有自信并能克服许多逆境,你会发现有时候谨慎反而可以让你更英勇。

分数25~50分:你太在意犯错,会被人认为太过小心或胆小,尝试更有判断力一点——没有冒险的生活是单调而贫乏的。

分数0~20分:你给大家"隐形人"的强烈印象,如果单位决定裁减行政人员时,你极有可能是其中之一。

能力检测

1. 为什么要运用心理测验?
2. 中国铁路机车乘务员的行车适应性的评价指标有哪些?
3. SCL-90 的适用范围是什么?其分别从哪些因子进行评测?
4. 心理测验应考虑的两个基本要素是什么?

第八章

安全心理与安全伦理

学习目标

掌握：安全伦理的基本观点，明确为什么我国需要大力弘扬安全伦理，促进安全生产。

熟悉：安全伦理存在的问题及对策。

了解：安全伦理与安全心理的关系，安全伦理与工作满意感之间的关系。

第一节 安全伦理概述

由于社会的发展，人民生活水平的提高，人们需要工作环境更安全、更卫生、更舒适，安全与卫生成了当代人择职的重要条件。人们对于安全健康的需求在日益增长。人们的自我保护能力、安全与防护意识在提高。如果用人单位只顾眼前或小集团的利益，不为公众的安全与健康承担义务，置那些不文明、不健康，甚至野蛮、非人道的行为于不顾，势必损害公众，特别是劳动者的身心安全与健康，这样不仅是不道德的，也必然会自食其果。更严重的后果是破坏生产力，造成社会功能失调，甚至阻碍社会的发展。

一、安全伦理的基本观点

早在170多年前，德国哲学家黑格尔在《法哲学原理》一书中讲到，"一个人做了这样或那样一件合乎伦理的事，还不能说他是有德的；只有当这种行为方式成为他性格中的固定要求时，他才可以说是有德的"。他这里讲的"成为他性格中的固定要求"，显然是指完成相应的心理建构，打下稳定的心理基础。这句话说明了伦理是如何影响着人心理建构的。所谓伦理，就是指在处理人与人、人与社会相互关系时应遵循的道理和准则，是指一系列指导行为的观念，它不仅包含着对人与人、人与社会和人与自然之间关系处理中的行为规范，而且也深刻地蕴含着依照一定原则来规范行为的深刻道理。伦理是社会化过程中人类文化所结晶的相对统一的内在价值理想或者外在行为规范，因此在不同的文化环境、现实环境之下就会有不同的伦理环境。而人是具有社会属性的，心理也受到社会环境的不断影响。人格当中的性格成分就是人对现实环境稳定的态度与习惯化的行为方式，因此伦理学和心理学的亲缘关系在个性心理学上表现得特别鲜明。

在一个强调安全伦理的文化环境中，个体的心理建构必然受到直接或间接的影响，更易形成安全心理品质。与此同时，将安全伦理观点至于个体的范畴内，它又是一种认知内容，属于心理过程的范畴之内。因此，对安全的伦理研究与心理研究是相互交织的。

（一）安全伦理的含义

安全是指劳动者在生产过程中，生命健康权得以享有，免受死神的眷顾，免受健康权的侵犯，免受职业病的痛苦的状态，我们称为安全。安全是每个人首先要追求的东西，也是历来我国工作的重点。

安全伦理是指将一般伦理原则中的生存、平等、自由等的正义原则在安全活动中的应用。它以人们在生存、生产和生活等安全活动领域中的安全道德现象为对象，并对生存、生产和生活等的安全保障制度进行伦理批判，由此得出从事安全活动的主体都应为社会成员提供更安全的保障和必须遵循的安全制度和道德规范。安全伦理的研究对象是安全道德现象。

（二）安全伦理的现象

虽然安全伦理寓于安全活动与安全行为之中，但是，作为一种道德活动，安全道德活动又是人类道德活动的重要组成部分。我们所说的安全伦理现象就是人类安全道德活动的种种表现形式。将其简单地归类如下：

1. 安全道德意识

安全道德意识就是对安全善恶的主观意识，包括群体意识和个体意识。"安利者就之，危害者去之，此人之情也。"中国古代就有安全为善，危害为恶的安全道德意识。孔子"仁"的思想，含义虽然宽泛，但基本的含义就是"爱人"。"生死莫大焉"，爱人首先应该就安全而避风险。因此，安全道德意识是人类最基本的，也是萌芽的道德意识。安全道德意识由安全道德认识、安全道德情感、安全道德意志、安全道德信念、安全道德习惯组成。安全道德认识是一切安全道德活动的基础；而安全道德情感能驱使人们乐意履行安全的职责和义务；而一旦有安全道德意志就会形成一种自我控制能力，克服外界的困难和主观能力的限制，积极履行安全的职责；安全道德信念是履行安全义务的精神支柱；而养成良好的安全道德习惯则可以使人们从"他律状态"进入"道德自律状态"。作为一种意识现象，安全道德意识是无形的，往往通过道德活动表现出来。

2. 安全道德活动

它是指在安全活动中，由道德意识调节人们思想和行为的过程。该过程表现为两个方面：一是安全道德原则和规范转化为个人意识；一是个人良好的安全道德意识转化为群体、社会道德意识，为群体和社会所接受。这两种转化，是通过个人和群体的道德选择、评价、实施和接受道德教育与道德修养来实现的,且在各种安全行为中表征出来。

3. 安全道德规范

在安全活动中,什么样的行为才是道德行为?往往反映或体现在一个组织的安全道德规范中。安全道德规范与安全法规不是一码事。后者是为了保护职工的安全健康,保护人民的财产不受损坏,由国家制订并由国家强制实施的行为规范,它建构在安全道德的基础上;而前者的内容要宽泛得多,不仅包括体现道德原则的安全制度、守则和规章等,而且包括安全活动中道德格言与风俗。如我国现在施行的"百年大计,质量第一""安全第一,预防为主"已成为安全生产的道德格言;又如我国民间师徒制中师傅对徒弟技术的传授所包含的"防身术"及安全知识,已成为一种传统风尚。道德规范的遵守,不是靠某种强制手段实现的,而是依靠社会舆论、传统习惯和人们的内心信念。

如果说安全道德意识具有内隐性,那么,安全道德活动则具有外显性,而安全道德规范则是道德活动的制度安排,是道德行为的准则。上述种种客观存在的安全伦理现象,不仅是道德科学研究的对象,也是安全科学研究的对象。

(三)安全伦理关系

安全道德之所以起作用,其原因有二:一是它能内化为个人的行为,使人成为一个具有高尚品格的"道德人";二是在安全活动中能调节人与人之间的关系。我们把安全道德规范来调节的人与人的关系称为安全伦理关系。安全伦理关系有两种:企业内部的关系和企业外部的关系。

1. 企业内部的关系

现代安全管理已经从"物本主义"(以机为中心)管理走向了"人本主义"(以人为中心)管理,即为了人和人的管理。所谓为了人,就是把保障职工的生命安全当作安全工作的首要任务。人的管理,就是充分调动每个职工的主观能动性和创造性,让职工人人主动参与安全管理。同时,现代安全管理也是系统安全管理,强调系统规划、研究、制造、试验和使用诸环节都要进行安全管理,以实现系统的最佳安全状态。这样,就把与某种产品(或服务)生产有关的人(含法人)全部"卷入"这种关系中。具体来说,有以下几种关系:

(1)生产流通消费关系。现在的安全管理以企业为边界,很少将管理的"触角"深入企业外部。实际上,相当多的事故发生于产品的流通或消费(使用)过程。这种隐患"外部化"至少是不道德的。安全道德行为应该是隐患"内部化",揭露隐患,消除隐患,把隐患给自己,把安全给别人。确保消费者的权益是企业对社会个人的伦理责任。企业要自觉树立顾客至上的经营理念,提供合格的安全产品,以博大的人道胸怀热爱、尊重、关心每一位消费者。当然消费者也应当尊重企业经营者和从业者的劳动,给他们力所能及的支持。

(2)企业内部管理关系。确保企业内部从业者对薪金、劳保、福利、工作条件和环境的需要。以公正的分配来保障从业者的正当个人利益,为促进从业者个人的全面发展创造条件;从业者则应该爱岗敬业,爱厂如家。为企业的兴旺多做贡献,反对将个人利益凌驾于企业整体利益之上。

(3)人机环境关系。现在的安全系统工程更多的是研究人、机、环境的"技术链接",

这当然是很必要的。其中，对人的假定是建构在"生物人"基础（以人的各种物理参量为基石）上，这也是必要的。但是，人不仅是生物人，同时也是社会人。从社会人角度看，也只有从社会人角度看，人才是人机环境系统的中心。在人机环境系统中，环境，我们假定为人工环境；机，是人造的机，人控的机。不管该环境是何人所为，机是何人所造，均是人工"产物"或人工"改变物"。因此，人—机、人—环境关系本质上还是一种人与人的关系，"机""环境"只是这种关系的"担负物"。如果说安全系统工程更关注人机环境之间的技术联系以确保安全，那么安全伦理科学则更关注人、机、环境背后的人与人之间的道德关系。

2. 企业外部的关系

（1）企业与环境的伦理关系。一个企业，尤其是生产企业，在发展生产的同时努力治理废物污染，搞好企业内外环境保护，这种行为对于整个社会乃至整个人类都具有很高的伦理价值。如果企业只顾自己的利益，对自然和社会环境造成短期或长期的破坏，自然也就对社会、企业自身和个人带来损害。所以企业应该讲究对环境的伦理认识，顾全社会利益。这就要求企业的生存和发展有利于自然界的生态平衡，有利于环境的优化，从而造福子孙后代。

（2）企业与社会的伦理关系。这里的"社会"，既包括政府，也包括其他企业。政府对企业的要求是依法纳税，而企业积极接受政府的宏观调控，为政府分忧。依法纳税是每个企业对国家必须履行的神圣职责，这不仅反映企业的法律品格，也体现出企业的伦理品格。而政府也应当为企业的发展创造好的环境和条件，做到不推诿、不刁难、不乱摊派、不乱干涉。而企业与企业相互间的伦理关系应该是恪守公平竞争的原则，共求发展。反对企业之间随意毁约、相互欺诈或凭借本企业资金雄厚把产品价格压到价值以下抛售，借以挤垮竞争对手的不道德行为的发生。企业之间应该建立互信双赢的理念，依靠良性竞争，确保企业健康发展。

（3）企业与行业之间的伦理关系。在市场经济和经济全球化的背景下，网络、信息技术和发达的交通运输把全球经济连为一体，任何一个企业都难以独霸市场，企业"安全发展"必须要始终把安全特别是从业者和其他人员的人身安全放在一个和谐的行业环境。因为每个企业都属于一定的行业，开展和本行业相关联的各种业务，但同时也必须承担和本行业紧密相联的各项道德义务，反对行业之间恶性竞争和垄断竞争。行业不同，道德责任的重点也不同。食品加工企业，必须保证食品清洁、无毒无菌、无异物、无尘埃。准确标明出厂日期和保质期等。矿山采掘企业，应以珍惜自然资源、爱护绿化为美德，滥伐森林，乱开矿藏，是"毁灭子孙幸福"的极不道德的行为。总之，为了社会和企业自身的长远利益，每个企业都需要严格遵守特殊的行业道德规范。

安全道德关系是主观的社会关系，也是客观的特殊的社会关系。这种客观性表现在它要受到社会制度的影响，受到不同利益集团、阶层、个人安全经济利益的制约。

二、强化和践行安全伦理的意义与作用

安全生产工作，意义非同寻常。关乎从业者的身体安全与健康，关乎从业者家庭的稳

定、和谐与安康；关乎企业的可持续发展，关乎企业生产经营得到保障；关乎国家的经济发展、社会稳定和政治声望。保障安全生产，体现一个人的品位、企业的品质、政府的诚信乃至国家的富强；体现领导者和各级负责人的道德情操和职业操守；体现员工个体的悟性和智慧。

（1）强化和践行安全伦理能够加强人们对生命的敬畏。只有对生命充满敬畏，才能从根本上对安全生产工作重视，才能更好地遵守安全生产法律法规和标准规程，才能真正愿意加大安全生产投入，才能切实履行好安全生产主体责任。例如，1911年3月25日美国华盛顿一家三角内衣工厂发生特大火灾，他们道德情操的体现，是安全伦理的要求，就不至于导致146人死亡。这场大火成为改变美国的一场火灾，"任何财富都没有生命的价值更可贵"。这是早在100年前美国公众就树立的安全理念，并于1912年专门出台了《劳动法》专门强化了对工人的劳动权益和职业安全健康的防护。

（2）强化和践行安全生产伦理能够促使政府及各级安全监管部门做好安全监管执法。安全生产法律法规及标准规程，是企业确保安全生产的最低要求，而根据当前我国安全生产发展状况，企业尚属于"被动安全"阶段，如果政府安全监管部门不能从"以人为本"执政理念出发，一味追求所谓地方经济效益而不顾从业者的职业安全与健康；没有从执政者的道义和道德层面出发，就相当于放纵了企业无视安全生产的行为，就谈不上真正安全发展和科学发展，更谈不上构建和谐社会的成功。

（3）强化和践行安全生产伦理能够促使企业主从道义和道德的层面考虑确保安全生产工作的重要性。根据现行法规及政策要求，安全培训、隐患整改、风险评估、劳动防护、安全检测等方面的投入都属于生产成本的范畴，而企业减少上述方面的投资，意味着成本的减少，继而带来了"利润"增加。但企业减少上述投入正是导致伤亡事故发生的直接或间接原因，而伤亡事故的发生将会导致无数人及其背后家庭幸福和谐生活的终结。从"以人为本"的角度讲，这就是企业主丧失道义及道德缺失的表现。

（4）强化和践行安全生产伦理能够促使从业者更加重视对严格遵章守纪的道德感。因为对从业者而言，确保安全就是一种"孝道"。确保安全，最大的受益者是从业者本人及其父母亲人。如果因事故受到伤害甚至死亡，就很可能导致父母无人赡养和家破人亡的结局。这一层面的认知对从业者本人来讲尤为重要。

三、企业安全伦理的基本原则

企业安全伦理道德原则是企业安全伦理关系的最集中表现。从企业安全生产实践活动中所涉及的各种伦理关系来看，一种有效的企业安全伦理实践必须在一个总的基本原则的指导下才能有机地展开。

（一）集体主义是企业安全伦理道德的导向原则

近年来，企业频频发生安全事故，表面原因是有令不行，深层原因则是利益驱动。那些事故制造者受自身利益驱动，而冒天下之大不韪。忽视生产的安全保障，不顾个人的生命安危，否定个人的安全权利，用生产义务、功利主义代替个人安全权利；一些地方政府为了本地区的经济利益、小团体利益以及少数干部的政绩等，实行地方保护主义，睁一只眼闭一只眼，助长了一些非法企业，要产量不要命，用少量的金钱衡量生命，把人的生命价值贬值为"劳动力价格"，以"缺德"行为换取 GDP 的增长。

社会主义市场经济的建立，并不否认利益主体对利润的追求。利益驱动是市场经济发展的重要机制。但是，由于利益主体的多元化、分散化以及市场经济的负面影响，市场法规尚不健全等因素，就必然产生个人利益与集体利益、企业利益与地方利益、地方利益与国家利益之间的矛盾。由于市场经济具有自发性的缺陷，如果不同的利益主体一味地追求自身利益，忽视集体利益，就会不择手段，损害他人、集体与国家的利益，扰乱市场经济秩序，导致市场经济无法顺利进行。

安全生产的正常运行需要秩序，而企业主体需要利益。利益应该在秩序中实现，建立秩序必须坚持集体主义，这是一种提倡性的原则。长期以来，安全生产秩序的建立和维护主要依靠经济和法律手段，不过经济、法律与行政手段是依靠外在的强制，相当一部分是事后处理，但危害已经发生，而不能从源头上解决问题。我们必须寻求另外一种可以内在约束企业主体的方式坚持集体主义道德标准。

我国企业安全生产过程中所存在的各种矛盾，是个人利益与集体利益根本一致基础上的矛盾。集体主义在调解这些矛盾时所发挥的导向作用主要体现在以下几个方面：第一，企业等利益主体必须从国家大局、从人民根本利益和企业长远利益出发去处理企业与政府之间、企业与企业之间、企业与个人之间、企业与行业之间的矛盾，既实现各自的利益，又实现安全发展；第二，企业等利益主体要真正落实国家安全生产法、安全卫生法和劳动合同法等各种法律法规，克服地方本位主义、小团体主义和个人主义等，以实现国家利益、集体利益和个人利益的有机结合；第三，企业等利益主体要以公正的分配原则来保障从业者的正当个人利益，从业者也应该以自己的诚实劳动为企业安全发展做出贡献，反对将个人利益凌驾于企业整体利益之上。

（二）"安全第一"是企业安全伦理道德建设的首要原则

"安全第一"是我国企业安全生产的基本方针和一贯的指导思想。从伦理的角度看，所谓"安全第一"，就是在生产经营活动中，在处理保证安全与实现生产经营活动各项目标的关系上，要始终把安全特别是从业者和其他人员的人身安全放在首要的位置，实行"安全优先"的原则。这是对安全生产客观规律的一种科学认知和把握，进而内化成为必然性的道德原则。这既是"以人为本、安全发展"的基本出发点，也是企业安全伦理建设的一种命令性原则。

"安全第一"的道德体系中体现了生命至上的道德法则。尊重人的生命是最基础的道德，也是道德体系的核心。这是由人的生命价值及特性决定的。生命价值对于个人来说不仅只有一次，而且是实现其他一切价值的物质基础和前提，没有任何一种价值能与人的生命等价。所以，维护人的生命安全和身体健康，在道德法则中拥有绝对优先权。"安全生产的地位和作用不能仅注重经济意义和生产力功能"，"政治、经济、社会发展不能逾越生存原则去满足其他的什么要求，安全生产的行动者有理由遵守生命权利神圣不可剥夺的第一性伦理原则"。

坚持"安全第一"的伦理原则，主要体现在解决具体矛盾时，必须将安全始终作为权重最大的砝码。当前企业在生产经营活动中经常面临这样的矛盾：当生产与安全对立时，如果把生产当成目的，那么安全就是实现目的的手段；如果安全投入增加一些，那么，设备等方面的投入势必就会减少；如果严格按安全生产的操作规程办事，生产效率或许会受到一些影响。如何处理这些矛盾，答案就是要坚持安全第一。当前要特别处理好安全与生产、安全与效益的关系，避免在经济效益的重压下出现宁愿花大钱赔事故善后，也不愿花小钱买事前安全投入的现象。当安全与效益发生矛盾而又没有更好的兼顾途径时，必须坚持安全第一。牢固树立"安全高于一切、重于一切、先于一切、影响一切"的观念。摒弃那种物质利益第一，经济效益优先的以"利"为本、以"物"为本、以"GDP"为本的错误观念。牢固树立"以人为本"的安全价值观，牢记发展的前提是首先看安全，只有安全第一，才能更好地发展，不安全就不要发展，不安全就不能盲目发展，发展因不安全导致事故，就不如不发展的新观念。

（三）"三不伤害"是企业安全伦理道德的底线原则

"不伤害别人，不伤害自己，不被别人伤害"，就是安全生产中的"不伤害"，即是企业安全伦理的底线原则，也是禁止性原则。关于安全生产，许多人认为是企业领导者的事，也有些人认为是企业劳动者的事，或是企业安全管理者的事，他们都片面认为只是部分人的事，而实际上是人人有关，个个有责，是领导者—管理者—劳动者三者建立在伦理道德上的相互信赖、互相关怀、相互制约的关系。"三不伤害"原则是安全行为主体处理自身与其他利益相关者的安全利益关系时最起码的行为准则。人必须充分尊重他人的生存权，珍惜和爱护他人的生命，这是人性的必然要求。因为人的社会关系的形成和发展，是道德产生的客观前提和直接基础。任何人、任何条件下，不能以任何借口逾越这道安全伦理底线。

"不伤害别人"，就是要求在生产工作中，从业者自己的行为不要给他人的工作留下任何安全隐患，更不能给他人造成伤害。这就要求从业者在生产中要认真、细心地按安全操作规程进行每一项操作，在工作中多为他人着想，保证自己的作为不会对他人造成伤害或者造成安全隐患，发现安全生产漏洞要采取力所能及的措施或立即报告管理者，时刻保持对工友安全生产的监督和提醒义务，构建一个负责、和谐的工人群体和群体伦理价值。

"不伤害自己"，就是要求自己的工作行为不要对自己的身体产生伤害。其实，每一个从业者的主观愿望都不愿意自己伤害自己，但是许多从业者在生产中形成的一些不安全心理和习惯性违章行为却是伤害自己的重要原因。例如重大轻小心理，一些重大安全事故往往是由细节引发，从局部开始，由小疏忽酿成大悲剧。例如，在侥幸心理支配下的习惯性违章作业，久而久之就会酿成事故，使自己受到伤害，遭遇不幸。唯物辩证法认为，必然性与偶然性相互联系。世界上没有纯粹的偶然性，任何看似偶然的事件都有其内在的必然性。要做到不伤害自己，就要自觉遵守劳动纪律和工作纪律，自觉严格执行操作规程，自觉严格规范劳保穿戴，自觉严格执行巡回检查制度，这样才能保证整个生产过程中自身的安全。

"不被别人伤害"，最根本的是要有强烈的安全意识和自我防范意识。人对客观世界的认识总是滞后于事物发展进程，安全意识也是如此。人们只有具备了一定的安全意识后，相应的防范意识才会显现出来,安全意识越浓,防范能力越强。

这就要求员工生产操作要谨慎小心,时刻保持高度的安全生产意识,力所能及地提高安全生产技能,对自己的工作环境的危险程度和可能出现的不安全因素能及时做出判断,并运用自己获得的安全知识、技术、正确的操作方法与必要的手段及时化解危险,保证整个生产过程中不被别人伤害自身的安全。对安全工作而言:能发现问题就是问题,意识不到危险就很危险,察觉不到隐患就是隐患。

四、保护从业者的身心健康是社会文明与进步的标志

人类为了生存、繁衍和发展总是不断地追求、创造良好的安全生产和舒适的生活环境,保障人类能安全健康地生存,满足人的生理方面和心理方面的安全需求,逐渐形成社会进步所要求的伦理道德观念。近年来,我国安全生产,特别是矿山安全生产形势严峻,受到了前所未有的关注。我们必须在经济利益与人的安全和健康相互矛盾的怪圈中摆脱出来,让安全生产服务于人的身心健康。

随着人们的生活水平、文化素养的不断提高,人的价值观伦理道德发生了很大的变化。人们更加渴望健康生活、安全生产。那种要钱不要命、活着就为了挣钱等狭隘的人生观,已被人鄙视和唾弃。国家保护人身的安全与健康是社会文明与进步的标志。

目前,已经发生的各种意外或事故,最主要的首先是人为的因素,与人的心理和行为问题有关。解决这些问题,需要靠我们自身的安全素质,包括每个人的安全知识、技能、意识,以及安全的观念、态度、伦理、情感、认知、品行等。

以煤矿相关的生产经营活动为例,在经济社会快速发展,量大质优的煤炭资源作为地区经济发展的基础,是许多地方可望而不可即的好机遇,应该给生活在其中的人们带来幸福和富足。关键就在于如何把握机遇,变资源优势为产业经济优势,通过合理合法开发利用,使之成为财富,造福于百姓,否则将造成灾难。

随着现代科学技术的发展,人们已认识危害安全生产的不仅限于与外界环境有关的机器、设备等因素。从事故分析可以看出,心理因素对安全健康的影响越来越大,同时达不到基本伦理准则的生产经营活动,也是引发事故的原因。确保安全生产,改善安全管理,必须做到综合治理。

第二节 安全伦理缺失问题、原因及对策

一、安全伦理缺失导致的问题

不断发生的安全事故,使企业不能从根本上实现安全本质化,无法消解企业给人与社会带来的安全困惑甚至安全恐慌。安全事故问题不仅威胁着人的生命健康权利,影响着企业本身的生存和发展,甚至也影响着市场秩序和社会的和谐稳定。

(一)对员工安全工作环境的忽视,导致员工的集体罢工

2015年1月6日,澳大利亚墨尔本火车司机威胁要罢工,如果罢工成真会导致墨尔本早间通勤出现大混乱。幸而轻轨、有轨电车和巴士公会与Metro公司在6日晚达成协议,让火车司机取消了此次罢工,也让墨尔本的通勤者们松了口气。

《先驱太阳报》报道,Siemens列车此前不久曾出现爆炸事故,出于对安全问题的质疑,火车司机决定拒绝驾驶此类列车,此外也有部分司机提出Comeng列车的公共广播系统出现了问题,可能会影响司机工作,因此拒绝驾驶。若所有Siemens和Comeng列车都无人驾驶,墨尔本将有半数火车路线停运。

而在6日晚,公会和Metro公司在经过1小时的谈判后达成了共识,Metro公司同意对列车进行安全改进,同时在列车内部加装灭火毯,公会的助理部长Jim Chrysostomou对谈判结果表示满意,但公会仍认为Metro公司早应在纠纷发生前就解决这一问题。

(二)行业伦理的缺失导致印度火车事故频发

印度铁路堪称"铁路博物馆"。铁路是印度最大的国营部门,亦为主要运输手段。自1853年第一条34公里长的铁路建成、第一列火车从孟买开出以来,印度铁路现已形成了总长度达6.31万公里的网络,每年运送乘客44亿人次,运送货物约4.3亿吨。然而对于印度来说,铁路交通安全一直是一个迫在眉睫的严峻挑战。据统计2008—2012年,印度频繁发生重大火车事故,导致至少1 220人死亡。

印度人出行最主要的交通工具就是铁路,而印度铁路恐怕是世界上最不安全的。旁遮普邦曾发生的火车相撞事故就造成上百人伤亡。究竟什么原因让死神如此"眷顾"印度铁路呢?

首先,印度从建成第一条铁路至今,从未对铁路系统进行过全面彻底的改造,也没有实行统一的标准,标准轨铁路、宽轨铁路与窄轨铁路并存,这也加大了更新改造的难度。显然,铁轨用钢不符合标准是事故频发的重要原因之一。

其次,信号系统是维系行车安全的关键因素之一,但目前的印度铁路信号系统落后到了令人吃惊的程度,许多地方"通信基本靠喊"。而印度铁路由于弯路较多,无人看守路口也多,这都增加了事故发生的频率。

最后一个重要因素,就是人为因素。许多印度公务员都已习惯迟到早退,铁路工作人员也是如此。仅2003年上半年发生的上百起事故中,70%就是人为因素造成的,其中53起是铁路员工失职。印度媒体早就呼吁,减少和避免恶性铁路事故关键在于加强铁路员工的责任心。2004年8月上旬,印度铁道部长亚达夫亲自坐镇铁道部办公大楼,把519名上班迟到的公务员赶回了家,这在印度全国引起了不小的轰动。然而,能否从根本上杜绝渎职现象的发生,仅仅于此似乎还不够。

据印度官方数字统计,印度每年死于交通事故的人数约为8.6万人,另有40多万人因车祸受伤或致残。国际道路交通联合会称,印度的交通事故数量在世界上排名第四,看来印度铁路安全工作还任重道远。

(三)管理调度混乱导致重大运营事故

2008年4月28日4:41,北京开往青岛的T195次旅客列车运行至山东境内胶济铁路周村至王村间脱线,第9节至17节车厢在铁路弯道处脱轨,冲向上行线路基外侧。此时,正常运行的烟台至徐州的5034次旅客列车刹车不及,最终以每小时70公里的速度与脱轨车辆发生撞击,机车(内燃机车编号DF11-0400)的第1至第5节车厢脱轨。胶济铁路列车相撞事故造成72人死亡,416人受伤,已经认定是一起人为责任事故。

国务院"4·28"胶济铁路特大交通安全事故调查组,2008年4月29日上午在山东淄博成立,国家安监总局局长王君任调查组组长。事故调查组认为,胶济铁路特大交通事故是一起典型的责任事故,济南铁路局在这次事故中暴露出两点突出问题:一是用文件代替限速调度指令,二是漏发临时限速指令,从而造成事发列车(北京开往青岛的T195次旅客列车)在限速80公里的路段上实际时速居然达到了131公里,超速60%,这充分暴露了一些铁路运营企业安全生产认识不到位、领导不到位、责任不到位、隐患排查治理不到位和监督管理不到位的严重问题;反映了基层安全意识薄弱,现场管理存在严重漏洞。

济南铁路局2008年4月23日印发了《关于实行胶济线施工调整列车运行图的通知》,其中含对该路段限速80公里的内容。这一重要文件距离实施时间4月28日零时仅有4天,却在局网上发布。对外局及相关单位以普通信件的方式传递,而且把北京机务段作为了抄送单位。

这一文件发布后,在没有确认有关单位是否收到的情况下,2008年4月26日济南局又发布了一个调度命令,取消了多处限速命令,其中包括事故发生段。

济南局列车调度员在接到有关列车司机反映现场临时限速与运行监控器数据不符时,2008年4月28日4:02济南局补发了该段限速每小时80公里的调度命令,但该命令没有发给T195次机车乘务员,漏发了调度命令。而王村站值班员对最新临时限速命令未与T195次司机进行确认,也未认真执行车机联控。与此同时,机车乘务员没有认真瞭望,失去了防止事故的最后时机。

事故处理:原济南铁路局领导班子主要成员免职;铁道部2008年4月29日早晨5:00召开全路运输安全紧急电视电话会议,铁道部党组决定,免去陈功的济南铁路局局长、党委副书记职务,免去柴铁民的济南铁路局党委书记职务,免去郭吉光济南铁路局党委常委、常务副局长职务,接受组织审查,听候处理;任命铁道部副总工程师耿志修为济南铁路局局长、副书记,任命铁道部总工会副主席徐长安为济南铁路局党委书记,任命铁道部运输局调度处处长庄河为济南铁路局党委常委、副局长。

(四)不合理的劳动管理规定

2011年8月2日下午约2:00,"7·23"甬温线动车追尾一周后,100多名身着蓝色制服的一线火车司机,突然出现在熙攘吵闹的长沙火车站候车大厅,集体坐在台阶上,关于工作时间与强度要找领导讨个说法。

理由之一:超人预料的工作强度。工作人员反映上十天班没回家是正常事。一个月铁道集团公司给司机定的是工时8.6趟车完成,段里规定要10.5趟,超过差不多2趟,可实际可以跑出 13 趟，完全超出工时。回家休息时间也极短，经常回家只休息半天。超出体能的工作强度会带来更高的工作倦怠感。

理由之二：高标准的安全监控惩罚措施带来的高心理压力。严厉的安全考核制度是司机们头上的一柄利剑，一方面司机们能够理解安全监控的重要性，但另一方面大量的量化标准与各种考核巡查监控给司机的工作中带来了巨大的心理压力，"有段时间，我们都不知道出一趟车是赚钱还是亏钱。从视频中分析出来的违规现象用 A4 纸贴满了整整两黑板。"在进行安全教育时除了用加压手段，需要相应的心理减压措施满足一线员工的满足需求。

理由之三：人才培养空缺的现状。2008 年的世界金融危机成为中国铁路"大跃进"的起跑线。大量的铁路网络建设扩张，新里程的大幅增加对火车司机的需求随之增加，新增路线和高铁的司机只能从原有司机中抽调，但火车司机的培养和供给在"大跃进"中并未跟上。以长沙车间为例，火车司机的培养是一个封闭的体系，拿到机车驾驶证需要十年左右的时间，这种传统的师傅带徒弟的传帮带模式，已经被中国高企的铁路建设速度远远甩在后面。

这一事件最终在铁道集团领导与火车司机们平等的对话中予以消解，但同时也暴露出在传统铁路运营管理中，企业作为管理者，在追求效率的过程中缺乏了对人的关怀，管理理念上存在漏洞。

二、安全伦理缺失的主要原因

导致目前安全问题的主要原因往往不是缺少安全生产法律法规，而是不论从政府还是到企业，不论从企业主要负责人还是到员工，都缺少正确的安全认知和现代安全管理理念，这是导致安全伦理意识淡漠的基本原因，以及对既有规定的不严格执行。

（一）缺乏现代安全管理理念

安全理念是指人们在长期的安全生产实践活动中，根据直接或间接经验体会所形成的、相对稳定而持久的、对安全生产工作起着重要影响的观点、看法和信念。安全理念，就是对待安全生产工作的信仰，信仰危机导致做事情敷衍了事。对企业而言，确保安全生产是法律法规的最基本要求，是企业履行安全生产主体责任的最基本体现。对从业者本人，确保安全生产是创造幸福人生、构建和谐幸福家庭的必要条件，不论企业安全管理状况的好与坏，最大的受益者和受害者都是从业者本人。这些基本安全理念未形成，就谈不上企业能够严格遵守安全生产法规和标准，谈不上从业者本人从根本上认识安全生产的重要性。

1. "见物不见人"的企业管理理念

传统企业管理以物为中心，把人当成盈利的工具，大工业机器上的一个零部件。导致只见物不见人，只见经济利益不见人文社会利益和人的精神利益。只重视人的金钱的刺激作用，而忽视人的社会需求、情感需求、自我实现的需求。企业管理应一手抓经济利益，一手抓人才管理，两手都硬才能应对残酷的市场竞争。

2. "规范至上、技术至上"的安全管理模式

企业的安全管理长期被认为是一种纯理性的技术工作，为传统纯技术管理模式所束缚。安全管理偏重于安全科学技术与安全工程技术，通过法律法规、制度、规程等约束不安全行为，同时配之以安全灌输教育，仅以此来保证安全目标的实现。对于安全科技来说，一方面，由于人的认识局限性导致安全事故发生的不可避免性，这些往往成为一些企业和个人在解决安全事故时逃避和推卸责任的借口；另一方面，事故发生后的惩戒总是"禁于已然之后"，而在实际工作中，不安全行为也并不一定立即完全导致安全事故的发生，容易使主体产生侥幸心理。相反，由于不安全行为的"省时""省力""高效"等方面会给主体带来短期而实在的经济利益，这又进一步刺激其他同类行为的发生，从而会产生大量的不安全行为。

3. 严重缺位的企业道德人格

伦理道德法则是关于秩序的法则，秩序的失范又和企业道德人格的缺位密切相关。在市场秩序不健全和失范的条件下，企业道德人格缺位。一些企业对待企业职工独断专制，随意解雇，轻视员工人格情感，忽视企业的安全投入和安全培训，漠视员工的生命健康安全；对待社会奉行经济利益至上，利欲熏心，让不安全的产品心安理得地进入市场，从而导致危害人的生命健康，安全事故频频发生。

（二）安全认知不到位

如果以为生产安全事故的频发是工业发展粗放或初级阶段不可逾越的代价，甚至还有专家学者用发达国家的事故规律和GDP之间的关系来诠释安全生产面临问题的"合理性"。这是安全认知的不到位。

不会从失败中寻找教训的人，他们的成功之路是遥远的。对待安全生产的态度更是如此。通过重大事故告诫世人引以为戒，是不能忽视的重要环节。

1. 从业者从事岗位的危险性

我国有相当数量从业者在从事危险性大、有毒有害的工作。有的企业经营者不配备必需的安全防护设施，致使从业者尤其是农民工发生职业病和工伤事故。2006年8月24日，江苏某水泥有限公司在建的"原料磨"生产大楼楼顶在水泥浇铸过程中，模板支撑系统突然发生坍塌，现场死亡的4名从业者都是农民工。

2006年6月10日，南京某职业技术学院01号宿舍楼施工现场，在顶升塔吊时，塔吊倾覆，致3人死亡2人重伤，5人都是农民工。2006年1月11日，无锡市某商住公寓楼工地塔吊整机倒塌，造成1名塔吊司机和3名钢筋工死亡，4人都是农民工。

2. 相当一部分从业者在安全健康没有充分保障的劳动条件下工作

部分企业，尤其是相当数量的小型企业设备陈旧，条件落后，环境恶劣，安全生产基础薄弱。致使从业者在拥挤、昏暗、潮湿的车间里生产，在噪声、高温、粉尘污染的环境中劳动。部分从业者所从事的作业场所不符合国家劳动安全卫生标准，有的甚至连起码的生产条件都不具备。因此，不仅员工在一种不正常的心理状态下工作，实际上也是在一种不符合基本道德准则的恶劣条件下工作。

据无锡市疾控中心2005年监测，无锡有近50%的乡镇企业和私营中小企业作业环境有

害因素浓度（强度）不符合国家职业卫生标准。2002 年，来自河南省商城县的从业者在无锡宜兴市砂矿当轧砂工，恶劣的条件和简单的加工设备让这些人纷纷感染上致命的肺尘埃沉着病。据无锡肺科医院诊断，宜兴袱东共有 159 名民工患不同程度的肺尘埃沉着病，其中来自河南省商城县朱裴店村的共 80 多人。职业病专家们诊断后指出，10 年内，他们中的很多人将不在人世。事实正是如此，朱裴店村的 60 多岁的刘心祥老汉已在几年时间里失去了 3 个儿子，他们去世时没有一个超过 40 岁。

3. 从业者缺乏自我保护的意识和能力

由于一些企业刻意隐瞒恶劣的劳动条件，一部分从业者不知道所从事的工作有什么危险因素和严重后果，经常违章操作，冒险蛮干。可以说是不道德的管理引发了安全事故。因此，绝不是可以仅仅通过督促员工提高安全意识就可以解决安全问题，还应当从深层次上寻求解决根本问题的方法。

2006 年 9 月 3 口，江苏东海县连云港某纸业公司 2 名工人在清理纸浆池时中毒，另外 3 名工人发现后冒险下池施救时也发生中毒，5 人送医院后不治身亡。

2006 年 5 月 21 日，江苏某地污水井施工过程中发生硫化氢中毒事故，当时有 2 名施工人员下井昏倒，又有 3 名施工人员盲目下井抢救也中毒致死，共造成 5 人死亡。

4. 普通从业者权益保障乏力

普通从业者缺乏社会保障，人的生命安全保护措施严重滞后，职业危害和工伤事故频频出现。

（1）劳动合同签订率低。尤其是规模小，人数少的企业，许多没有与从业者签订劳动合同。据南京市就业部门 2006 年的统计，100 多万在南京市就业的农民工，绝大部分在建筑、市政建设、道路施工、矿山、建材、化工、造船等企业工作，基本上未签订劳动合同，也没有参加工伤保险。不是员工不愿意，而是他们不敢有这种"奢望"。

（2）用工合同中有关职业病防治要求的条款是空白。在劳动合同的约定上，由于从业者处于弱势地位，对用人单位不敢提出过多的要求，特别是在职业病的防治方面，一是不了解劳动保护方面的内容；二是无法提出合理要求。

（3）从业者安全意识薄弱。一些从业者既是安全生产的违法者，又是生产事故的受害者。2004 年重庆某县"9·25"翻车死亡 50 人事故中有学生（33 人）、农民、电信职工、工商所副所长、小学教导主任等社会各阶层人员，在车辆严重超载和经过的漫水桥洪水陡涨的情况下，竟无人阻止。人的生命在无知与经济利益的驱使下受到漠视。

（4）教育培训机制不健全。目前，我国城镇化率已达 40%，已有 1.3 亿农村劳动力转移，还有 1 亿农民等待转移，这是社会进步的表现。但这些农民工多数从事于苦、脏、累、险的矿山、建筑施工等劳动密集型高危行业，安全技术培训没跟上，一些企业甚至没进行任何培训就督促他们上岗，完全不顾工人的生命安全。

（5）突发事故应对能力不足。2003 年，发生在重庆某县的"12·23"井喷事故，由于应急救援措施没有及时跟上，致使附近 243 名村民死亡。2005 年中石化某公司双苯厂发生"11·13"爆炸事故，应急响应迟缓，造成了严重的生态污染。重庆市 2002 年以来发生的多次特别重大沉船事故，一个重要原因，就是群众严重缺乏自救知识和能力，船上的救生衣形同摆设，无一人穿戴。

（三）现行安全法规执行不到位

我国当前的安全生产局面是事故促法制、事故促管理，典型的以事后型监管为主。执法不到位是安全监管主体责任的落实不到位的体现。企业往往是在发生事故后，方才认识到安全管理的重要性。在安全生产法规执行方面存在以下缺陷：

1. 安全执法滞后

安全执法检查往往在重大以上事故发生后，属于典型的"亡羊补牢"式的重视。但对安全生产工作"重视"不等于"重实"，政府需要加大资源投入，强化安全监管部门的地位、权威、人员和装备等，构建安全生产监管的长效机制，这样才能从根本上提升安全监管水平。

2. 安全监管方式往往以"活动"或"战役"的方式开展，而不是过程监管

安全执法监管不系统，工作方式往往被事故牵着鼻子走，忽冷忽热、断断续续。发生重特大事故后，往往发生"层层批示、层层问责、层层发文、层层检查"的现象，但从已发生的多起重特大事故来看，往往会发生"事故总在检查后"的局面。

3. 安全监管执法人员专业能力严重不足

安全管理与安全技术是科学，要求确保安全生产必须遵循客观规律和自然科学，监管执法人员的专业知识和能力不足就很难发现企业存在的专业、深层次隐患和不足，就点不住企业安全生产的"死穴"，继而得不到企业重视和认可，最终淡化了企业的安全法制观念。

因安全伦理缺失而一味重视生产，追逐经济利益而导致无数人伤残乃至丧失了宝贵的生命，给社会和经济发展带来了无法估量的损失，给国家政治声誉也带来严重的负面影响。

三、安全伦理的构建

随着我国安全生产的深入开展，人们认识到：在安全生产中，机器设备对保障人们的安全和健康固然重要，但与社会环境、心理环境有直接关系的因素对保障安全生产也同样重要，且缺一不可。我国政府非常关心人民生命健康，重视生产，不断改善生产条件。但仍存在着安全管理水平较差，预防事故能力较低，还有相当数量的人员不愿干安全工作，且有的从业者未经过专门训练和培养，素质较差等问题。在生产经营单位日常的安全管理工作中，安全事故的发生、发展，不仅与机器设备因素有关，还与心理、社会因素有着重要关系，许多事故的防治都涉及复杂的心理、社会问题，就是在管理上也不能单纯依靠规章制度因素，同时还需要心理、伦理、社会因素的制约。所以，采取科学手段，加强安全伦理观念，提高安全管理水平，就成为我们的基本责任。

（一）确立"安全为天"珍惜生命的企业安全伦理理念

人是社会的人，人与人相互依赖，互不可分。个人只有在与他人的关系中才能获得自己特有的规定性，获得自己存在的意义和价值。人必须要充分地尊重他人的生存欲、生存权，珍惜和爱护他人的生命，这也是人性的必然要求。

人作为生命个体，追求个体自身生命的生存并使之不受威胁的安全需要，应当成为人的第一需要。"安全为天""安全第一"，从根本上说，生产经营单位对安全伦理对象的伦理

道德关怀，体现出安全利益至上的主体思想。

在企业安全生产中，生产经营单位只有自觉把"安全为天""安全第一"的安全伦理理念化为伦理主体道德意识，才能自觉尊重和爱护人的生命价值。

（二）树立企业安全伦理共同体意识

在市场经济中，每个企业及其员工都应当将心比心，由己及人，管理者为被管理者安全利益负责，被管理者为企业整体安全利益负责。企业不仅为自己的产品、服务负责，更要为产品服务的安全性负责，为整个市场和消费者的安全利益负责，为企业所影响的周边生态环境安全利益负责。管理者、被管理者、企业、消费者、市场、社会以及环境的安全利益都是密切相关的。在企业内部，安全管理者与被管理者的关系不应当是"管卡压"的关系，而应当是建立在企业共同安全利益前提基础上的伦理道德关系。形成一个包括管理者、被管理者、企业、消费者、市场、社会、环境在内的大安全伦理共同体意识，共同提高企业的安全质量和实现企业的安全利益，构建以人的安全利益为前提的竞争、效率机制以及人性与社会性和谐协调、共同发展的利益机制。

（三）建立"他律"与"自律"相结合的安全伦理制度模式

市场机制规定每个企业及其企业内部的每个员工都必须承担不同的角色和身份，同时又受特定的法律、道德、市场规则的有形或无形的、强制或非强制的约束。否则，企业便会遭受挫折和失败，甚至遭到市场的淘汰。企业安全规范、安全制度必须以尊重人性为前提，使被管理者得到真正、完整意义上的人的对待，必须符合人性和社会性的道德性要求。安全是经济发展的前提条件之一，安全法规和安全伦理规范是人们对安全科学的客观规律的理性体悟和认知，是企业和社会经济发展所应遵循的。只有这样，才能标本兼治，企业才能够处于长久的、稳定的安全和谐状态。这就要求安全规范和制度的设计应充分体现伦理化和人性化。

（四）提升企业安全的道德境界

安全生产要以尊重每一个生命个体为最高原则，以实现人和社会的健康安全、和谐有序的发展为宗旨。企业安全生产自我奉献和自我牺牲的伦理精神则应充分肯定和大力弘扬。在处理个人与企业、企业与社会、局部利益与整体利益、眼前利益与长远利益、经济利益与安全利益等关系时，生产经营单位应自觉顾全整体、大局利益，承担社会责任。

（五）强化政府层面的安全伦理意识

为汲取我国重特大事故多发的教训，借鉴国际经验，政府层面应采取多种措施来表达对安全生产工作的重视，尤其是重特大事故发生后，更应通过开展具有深刻教育意义的活动来表达对公民至高无上生命权的敬畏。借鉴国外已有做法，笔者建议政府层面采取以下措施，来引导和强化安全伦理的重要性，以此唤起不同经济类型企业主要负责人对安全生产工作的深刻认识。

（1）每当特别重大事故发生后，根据事故后果严重程度进行全民哀悼，以此表达对因事故灾难而失去生命者的尊重。

（2）从国家层面出台相应法规，在哀悼日期间，公共媒体不得播放与哀悼气氛不相符的各类娱乐节目，尤其是国家媒体更应做出表率。

（3）社会公共媒体广泛宣传有关安全生产的法律法规、基本常识以及事故警示教育内容，以此提高社会大众的安全文化素质。

（4）从国家层面制订措施，根据事故的严重程度不同，在事故发生的第一时间，相关领导人应赶赴现场参与事故应急救援和善后处置。

（5）各级地方政府按照事故严重程度，采取针对性措施。

知识链接

国际安全管理体系的安全伦理观

（一）职业安全健康管理体系（OSHMS）

职业安全健康管理体系对组织的活动、设施和过程的职业健康安全风险有影响的从事管理、执行和验证的工作人员，应确定其作用、职责和权限，形成文件，并予以沟通，以便于职业健康安全管理。职业健康安全的最终责任由最高管理者承担特定职责，以确保职业健康安全管理体系正确实施，并在组织内所有岗位和运行范围执行各项要求。

管理者应为实施、控制和改进职业健康安全管理体系提供必要的资源，确保按本指导性技术文件建立、实施和保持职业健康安全管理体系要求，并为改进职业安全健康管理体系提供依据。所有承担管理职责的人员，都应表明其对职业健康安全绩效持续改进的承诺。这些承诺在某种程度上也是一种道德责任，可以说，不履行这些承诺就是不道德的表现。

（二）健康、安全与环境管理体系（HSE）

HSE管理体系是三位一体的管理模式。H（健康）是指人身体上没有疾病，在心理上保持一种完好的状态；S（安全）是指在劳动生产过程中，努力改善劳动条件、克服不安全因素，使劳动生产在保证劳动者健康、企业财产不受损失、人民生命安全的前提下顺利进行；E（环境）是指与人类密切相关的、影响人类生活和生产活动的各种自然力量或作用的总和，它不仅包括各种自然因素的组合，还包括人类与自然因素间相互形成的生态关系的组合。由于健康安全、环境的管理在实际工作过程中有着密不可分的联系，因此把健康（health）、安全（safety）和环境（environment）形成一个整体的管理体系。生产经营单位对健康、安全与环境的承诺，也是一种道德承诺，通过HSE管理体系实际上表明企业的主动承诺。

（三）社会责任认证体系（SA8000）

社会责任标准体系（简称SA8000），是一种以保护劳动环境和条件、劳工权利等为主要内容的新兴管理标准体系。它与ISO9000质量管理体系、ISO14000环境管理体系一样，是一套可以由第三方机构认证审核的标准，是世界上第一个关于社会责任的国际标准。它通过确保供应商所供应的产品符合社会责任标准的要求，保护劳动者的基本权益。它规定了企业应承担的社会责任，对员工工作环境、健康与安全、培训、薪酬、工会权利等具体问题规定了最低标准。

根据 SA8000 标准 2001 版本的主要内容，SA8000 规定：不得将其儿童或青少年工作置于危险、不安全或不健康的环境和条件下；也不得要求员工缴纳"押金"或存放身份证件于公司；提供安全健康的工作环境，采取适当的措施，降低工作中的危险因素，尽量防止意外或健康伤害的发生，并为员工提供安全卫生的生活环境，包含干净的浴室、洁净安全的宿舍，卫生的食品存储设备；尊重所有员工自由成立和参加工会，以及集体谈判的权利，并保证工会代表不受歧视等。

社会责任体系 SA8000 通过一套适用全球的规范，使各个行业生产经营符合劳动者权益保护和工作安全等最低要求，消除不同国家和地区处理劳工权益问题时所出现的不协调现象，保护人类的基本权益。通过实施社会责任体系 SA8000，劳动者可以获得工作条件和工作环境的改善，进一步改善公司的形象和声誉，在公众中树立良好的社会形象，扩大销路获取更大的利益。社会责任体系 SA8000 的实施还可以促进改善工作环境和条件，可以促进消费，提升购买力，推动社会生产和生活水平的提高。

总体而言，SA8000 是对劳工权益的保护，是企业承担社会责任的体现，也是人类社会发展的进步。

第三节　工作满意感与安全伦理

一、安全管理的伦理价值观

影响安全管理环节的因素有很多，从大的结构上分析，安全管理的目标及其价值观，其本身具有的技术系统、结构系统，由其人员活动产生的社会心理系统以及维持其正常运转功能的管理系统，都对最终管理目标的实现发挥巨大作用。

企业具有一个非常重要的社会心理系统，在这个复杂的系统中，从业者处于中心位置，而他的行为又涉及这些系统之间的相互作用。如果我们仅从心理方面加以分析，心理因素在这里指人的个性特点，主要表现在智力、情绪的紧张和忧虑、对压力的感受。这个因素首先对安全问题的产生、体验有一定的作用，其次对事故的处理也有影响，并影响到人们对安全技术、方法的接受程度，对安全管理的接受程度。

同时，安全管理的目的和方法还不断受到系统中各成员内在化了的、着眼于个人利益的职业准则和价值观的强烈影响。这种价值观还随着时间的推移，技术的改进，而不断发生着变化。

二、安全生产要重视人的心理需求

心理学家马斯洛的"人类需要层次论"认为,要尽可能在客观条件许可的情况下,针对不同的人对不同层次的需要的追求使其得到相对的满足,只有这样才能解决现实社会的矛盾和冲突,提高生产率。美国的赫茨伯格又对满足职工需要的效果提出了"激励因素—保健因素理论",认为仅仅满足职工的需要还不能排除消极因素,应当注重"激励因素"对人的作用,这样才能够满足人的各层次需要。就如卫生保健不能直接提高健康状况,但有预防作用,"激励因素"可以认为是消除职工不满和抵触情绪的一种"保健因素"。如何提高这种"激励因素",弗罗姆又提出了"期望概率模式理论",他认为,选择性行动成果的强度,即某一行动成果的绩效,以及期望概率,即职工认为某一行动成功可能性的程度,这两者直接决定了激励因素的作用大小。

在人性管理理论方面,国外有学者研究了同企业管理有关的所谓"人性"问题。在这方面比较有影响的学派有麦格雷戈(D. McGregor)的"X理论—Y理论"和阿吉里斯的"不成熟—成熟理论"。麦格雷戈从对那种以约束和强制为主的传统管理观点X理论的否定和批驳为出发点,提出人不是被动的,只要给予一定的外界条件就能激励和诱发人的能动性,在目标和动机的支配下努力工作,取得成就。主张出现问题时要多从管理本身去找妨碍劳动者发挥积极性的因素,这就是所谓的"Y理论"。麦格雷戈认为只有"Y理论"才能在管理上有效而获得成功。阿吉里斯提出,在人的个性发展方面,有一个从不成熟到成熟的连续发展过程,它意味着人的自我表现程度的加强。他告诫人们,现在的企业结构和劳动组织把职工束缚在"不成熟"阶段,人为地抑制职工的"自我表现",这就必然会伤害人的积极因素,造成管理者和员工双方的对立。解决的方法是:建立以职工为中心的参与式的领导方式;扩大职工的工作范围;加强职工的责任;依靠工人的自我控制和自觉行动。这种理论的出现在一定程度上调和了雇主和职工的矛盾冲突,为西方一些后起的企业所采用。

由此而知,现代的企业安全管理也必须体现出以人的因素为中心的特点,其中人的因素包括员工以及管理者本人,应了解他们特殊的需求,按照他们的特点安排到安全管理活动的运转中来。而这些目标的实现,离不开伦理学研究的观点和方法。

三、工作满意感

工作满意感指在工作环境中一个人工作价值的实现产生的愉快的感情状态,工作满意感强调一种与工作相关的愉快的感情状态,但是关于产生这种愉快的感情状态的原因却略有不同。

员工满意度的研究受到普遍重视,员工满意度的重要意义,归纳起来主要有以下几个方面:

(一)员工满意度可以诊断企业人力资源管理现状,是企业发展的基石

企业是由若干员工构成的,员工满意度直接决定他们的工作积极性水平,从而影响企业的人力资源基本状况。员工满意度可以使公司管理层能够倾听员工的心声,是公司检查

目标的实现情况，了解员工需求，发现管理问题的有效方法。

知识经济的发展使得人力资本在经济发展中的地位日益提高，员工已成为企业的中心，在企业竞争日益激烈的情况下，吸引和激励员工，让他们保持高昂的士气是提高企业竞争力的重要手段。员工满意度对企业运营管理问题的产生可以起到有效的预防作用。员工满意度可以监控企业绩效的成效，可以及时预知企业人员的流动意向，如果改进及时，措施得法，就能够预防一些"人才流失"的情况发生。

（二）提高员工满意度是企业发展的重要目标

企业发展的最终目标主要是提高人们的物质生活和精神生活水平，因而在企业发展过程中，强调人本精神、实现人本管理，以增强员工满意度十分必要。对经理来说，员工保持高绩效水平和确保员工满意度同样重要。对员工满意度的调查和评价有利于企业制订科学的人力资源政策，从而提高企业竞争力。

现代企业已经从"以利益为中心"的激励机制扩展到了形成"以人为本、高满意度"的双重管理目的。工作满意度评价的作用主要反映在四个方面：帮助企业进行组织诊断、影响企业的未来绩效、保障员工的心理健康和提高员工的工作质量。重视并科学有效地监测员工的工作满意度，已经成为现代企业管理的重要内容和手段。

可见，员工满意度测量已经成为组织早期警戒的指针，为企业人力资源管理决策提供了重要的依据。

四、员工满意度的调查方法

员工满意度测量已经成为许多跨国大企业管理诊断的评价标准，目前国际上为企业普遍接受和采纳的"员工满意度调查"的调查方法主要有两种：

（一）单一整体评估法

这种方法只要求被调查者回答对工作的总体感受，如"就各方面而言，我满意自己从事的工作"。许多研究表明，这种方法比较简单明了，因为满意度的内涵太广，单一整体评估法成了一种包容性更广的测量方法。不过，这种方法因只有总体得分，虽然可以知道企业的相对满意度水平，但无法对企业存在的具体问题进行诊断，不利于管理者改进工作。

（二）工作要素总和评分法

这种方法将员工满意度划分为多个维度进行调查，通常是通过员工对薪酬、晋升、管理、工作本身和公司群体的满意度等级评定，得出企业员工满意度的结果。

其一般程序是：首先，需要确定工作中的关键维度，然后设置调查问题，再根据标准量表来评价这些维度。调查表既对各具体要素进行深入调查，又通过统计方法计算出整体的满意度状况。相比而言，它比单一整体评估法操作起来复杂一些，但能获得更精确的评价和诊断结果，有利于企业管理者根据存在的问题，制定相应的对策，提高员工的满意度。

（三）员工满意度的测试工具

当前研究员工满意度一般采用量表法，较为权威的量表主要是 1957 年明尼苏达大学工业关系中心的研究者编制的明尼苏达满意度量表（Minnesota Satisfaction Questionnaire，简称 MSQ）。MSQ 分为长式量表（21 个分量表）和短式量表（3 个分量表）。短式 MSQ 包括内在满意度、外在满意度和一般满意度三个分量表。其主要维度是：能力使用、成就、活动、提升、权威、公司政策和实施、报酬、同事、创造性、独立性、道德价值、赏识、责任、稳定性、社会服务、社会地位、监督—人际关系、监督—技术、变化性和工作条件。长式 MSQ 包括 100 个题目，可测量工作人员对 20 个工作方面的满意度及一般满意度。

在国内，员工满意度通常通过员工满意度调查表进行，并辅之以进一步的访谈。其测量一般是在定性分析的基础上结合定量分析。各类专家学者根据各地实际情况设计出了各种测量评估模型。

近年来，我国员工满意度研究得到了重视，如徐联仓等对于 MSQ 的修订和使用。冯伯麟认为教师工作满意度的构成包括五个维度：自我实现、工作强度、工资收入、领导关系和同事关系。香港城市大学梁觉对于合资企业员工的满意感研究和杨化冬、时勘对于教师生活质量的研究，等等。

五、工作满意度的影响因素

工作满意度是指个人对他所从事的工作的一般态度。一个人的工作满意度水平高，对工作就可能持积极的态度；反之，则可能产生消极态度。当人们谈论员工的态度时，更多的是指工作满意度。决定工作满意度主要有五大因素：

（一）挑战性的工作

员工更喜欢能够为他们提供机会使用自己的技术和能力，能够为他们提供各种各样的任务，有一定的自由度，并能对他们工作的好坏提供反馈的工作。这些特点使得工作更富有挑战性。在中度挑战性的条件下，大多数员工会感到愉快和满足。

（二）公平的报酬

员工希望分配制度和晋升政策能让他们觉得公平、明确，并与他们的期望一致。当报酬公正地建立在工作要求、个人技能水平、社区工资标准的基础之上时，就会导致对工作的满意。显然，不是每一个人都只为了钱而工作。但是报酬与满意之间的联系关键不是一个人的绝对所得，而是对公平的感觉。同样，员工追求公平的晋升政策与实践。晋升为员工提供的是个人成长的机会，更多的责任和社会地位的提高。因此，如果员工觉得晋升决策是以公平和公正为基础做出来的，他们更容易从工作中体验到满意感。

（三）支持性的工作环境

员工对工作环境的关心既是为了个人的舒适，也是为了更好地完成工作。调查和研究证明，员工希望工作的物理环境是安全舒适的，温度、灯光、噪声和其他环境因素不应太强或太弱。除此之外，大多数的员工希望工作场所离家比较近，设备比较现代化，有充足的工具和机械装备。

（四）融洽的同事关系

人们从事工作不仅仅为了挣钱和获得看得见的成就，对于大多数员工来说，工作还满足了他们社交的需要。所以，友好的和支持性的同事会提高对工作的满意度。上司的行为也是一个决定满意度的主要因素。当员工的直接主管是善解人意、友好的，对好的绩效提供表扬，倾听员工的意见，对员工表现出个人兴趣时，员工的满意度会提高。

（五）人格与工作的高度匹配

员工的人格与职业的高度匹配将给个体带来更多的满意度。因为当人们的人格特性与所选择的职业相一致时，他们会发现自己有合适的才能和能力来适应工作的要求，并且在这些工作中会有可能获得成功；同时，由于这些成功，他们更有可能从工作中获得较高的满意度。

六、安全伦理对安全生产的影响

安全伦理要求在组织生产经营活动时，不能忽视绝大多数人的安全利益。作为具备这一高尚的道德人格特征的个人，在安全工作中体现为真诚善良、勤勤恳恳、任劳任怨地为安全事业鞠躬尽瘁，无私忘我；作为具备这一道德人格特征的企业，能自觉遵守相关的安全法规和伦理规范，保证企业内人—机—环境的安全有序的状态，确保企业员工的人身健康安全、产品安全、生产场所安全及环境安全。人与物、企业与个人、企业与社会、企业与环境等方面发生利益冲突时，应当以人的生命健康安全利益为重，自觉履行安全义务、承担安全责任，勇于自我牺牲，自觉服从整体、大局和社会的安全利益，从而形成企业良好的安全伦理道德形象。

总之，在市场经济条件下，对企业安全伦理提出一些要求，构建企业安全伦理文化，不仅有利于企业安全形象的塑造以及企业安全文化的建设，而且对构建安全有序的市场经济秩序，建设安全稳定的和谐社会有着十分重要的意义。

能力检测

1. 为什么我国社会需要大力弘扬安全伦理，促进安全生产？
2. 安全伦理存在的问题及对策是什么？
3. 安全伦理与工作满意感之间的关系如何？
4. 企业安全伦理的基本原则有哪些？
5. 请论述马斯洛需要层次理论的主要观点。
6. 工作满意度的影响因素有哪些？

第九章

事故创伤的心理干预

> **学习目标**
>
> **掌握**：我国灾后心理干预机制；常用干预技术。
> **熟悉**：灾难创伤后应激障碍心理干预意义；创伤后应激障碍症候群的反应特征及分类。
> **了解**：创伤后应激障碍（PTSD）；亚健康状态（sub-health）。

第一节 灾害创伤后应激障碍

灾难中劫后余生的人在心理上承受着超乎想象的沉重压力，极易造成灾害创伤后应激障碍（Post-Traumatic Stress Disorder，简称 PTSD），针对创伤后应激障碍症候群的反应特征，开展心理干预工作对于受难者的心理重建，圆满处理善后事宜，乃至灾害后的社会整合具有重要意义。也是城市灾害应急管理能力的重要体现。

灾害创伤后应激障碍是指受灾人由于经历紧急的、威胁生命的或对身心健康有危险的，导致受灾人在创伤之后出现长期的焦虑与激动情绪。PTSD 是一个新概念，但世界上第一篇有关这类障碍的文章是 17 世纪英国著名记者 Samuel Pepys 对 1666 年伦敦大火以及大火幸存者的描述，其内容完全符合现代 PTSD 的诊断标准。19 世纪末 20 世纪初，"铁路病"和"炸弹休克症"的出现开始使人们对 PTSD 投入了极大的关注。PTSD 不论是实际应用还是理论探索在我国都处于起步阶段，由于从事此项专业工作的人员数量有限，目前能够从事灾害心理干预的人员尚不足 200 人，远远无法适应灾害事件发生后的心理干预辅导和专业化干预治疗需求，因此，创伤后应激障碍的心理干预意识和干预工作亟待加强。

一、灾难创伤后应激障碍心理干预意义

人类的历史是多灾多难的历史，我国是世界上自然灾害损失最严重的少数国家之一，

一般年份全国受灾害影响的人口约 2 亿人，死亡数千人，需转移安置约 300 万人。研究表明：灾害能引起明显的心理痛苦，有相当比例的受灾者发生精神疾病。其症状包括：焦虑、抑郁、物质滥用、高度警觉、反复侵入性痛苦回忆、反复做类似事件的噩梦、闪现各种幻觉或使人脱离现实的幻想，好像事件再次发生，强烈的精神痛苦，类似创伤事件出现时有生理反应，糟糕的人际关系、自杀意念、对创伤事件的否认和麻木以及其他症状等。据《唐山地震灾区社会恢复与社会问题研究》的调查，大约有 10%的严重受灾者会发生创伤后应激障碍。这种心理伤害在国外也有许多例证。例如，美国的一个大坝被冲垮后，有些受灾者，事隔 20 多年还存在着一些失常反应。更重要的是这种心理灾难不仅影响一个人的生活，甚至波及与他相关的人，最终影响社会关系和社会功能。

　　灾害创伤后应激障碍心理干预的意义就在于指导受灾者进行充分的心理重建。灾后心理社会干预已成为许多国家灾害救援中必不可少的工作内容。比如中国台湾南投地震、美国 "9·11" 恐怖袭击事件以及国外许多灾害现场都配备了相应的救援力量。

　　国内首先应用这项技术的是 "5·7" 大连空难事故的处理，出现了为罹难者家属服务的志愿者。是否得到专业人员心理干预，遇难者家属有着截然不同的表现：未接受心理干预的遇难者家属在与善后服务人员交谈时，泣不成声，很难进行语言沟通，甚至有的呆坐在房间里，一语不发；与之相反，西安杨森制药公司有三位员工不幸遇难，公司领导立刻邀请北京大学精神卫生研究所三位从事过灾后心理干预的教授来到大连，对家属及员工进行心理危机干预。专家们与 30 余位公司员工进行了集体晤谈，让他们宣泄空难引起的抑郁、焦虑等恶性情绪，通过在集体中充分表达自己的感受，使他们意识到自己的某些痛苦体验别人也曾经或正在遭受，自己并非孤独地面对这些不幸。从访谈后的第二天开始，很多员工的精神状态有明显改善。遇难者家属的变化更大。由于专家鼓励家属表达出自己的悲痛之情，他们的情绪得到充分的宣泄。在与家属谈及遇难者时，专家多从令他们赞叹的长处说起，使家属能得到一些安慰，避免出现激烈反应。干预后的第三天，正赶上公司为第四届亚太地区精神科大会举行"放飞希望"活动。此时，家属们已不再以泪洗面，而是分别在三个风筝上写下了对遇难亲人的寄语，和中外专家一起放飞了寄托他们无限哀思的风筝。第四天，在与大家告别时，一位父亲露出了发自内心的笑容。几位家属回到北京整理遇难者的遗物时，也显得较为平静。

　　由此可见，灾难发生后立即进行有效的灾后心理干预，可帮助幸存者和遇难者家属积极应对灾难和经历的痛苦，防止或减轻灾害后的不良心理社会反应和精神疾病发生，促进灾后的适应和心理康复，尽快完成善后事宜，提高善后工作的效率。卫生部疾病控制司提出，受灾人群的心理应急工作，是我国下一步精神卫生工作的重点之一。为了更好地帮助受难者重建家园，各种社会机构应加大力量研究灾后人们的心理康复过程，加强心理干预工作，将心理危机专业人员纳入灾害事件救援善后工作队伍。

二、创伤后应激障碍症候群的反应特征及分类

　　创伤后应激障碍症候群是指经历过灾害的对威胁自身生命或安全事件具有深层的、持续性的、相当哀愁的心理反应的特定人群，早在 1980 年，即被世界心理卫生组织列为患有

精神科疾病的特定人群之一。在症状上要表现为：

（1）内心紧张、焦虑、无助、惊恐、烦躁、忧郁、幻觉、偏执、行为紊乱等，同时对困扰的情绪采取否认或逃避态度并且可能改变他们的生活状态、人格特征与社交关系。

（2）在思考或梦境中不断经历恐怖与无助感的心理反应。例如，据唐山市精神病院对资料完整的 100 例地震应激障碍患者的统计结果表明，睡眠障碍处于各类反应性精神症状的首位，高达 66%。

（3）为了终止这种精神上的痛苦，患者多半会避免接触任何与创伤事件有关的活动。

创伤后应激障碍症候群可大致分为三类：

（一）灾害幸存者

在美国"9·11"事件中，"网络通信公司"行销部的 30 名员工冒着烈火与浓烟，逃过一劫，但他们的伤痛至今犹存。已有 2 名员工主动离职，吸烟的员工香烟越抽越多，另一名职员工作心不在焉，他啃面包啃个不停，坐地铁去开会大家都害怕。许多员工考虑寻求心理咨询，促销产品及服务对他们不再是最重要的事。一名职员说，"前几天一架飞机在办公楼附近飞过，我们之中至少有 5 人迅速趴在地上"。可见，即使灾难已经结束，但他们距离恢复正常还有很长一段路。同样，在 1995 年俄克拉荷马城联邦大楼大爆炸事件的幸存者中，45% 的人在这次灾难后患上了灾后神经错乱症。主要特征是：精神难以集中，对事件总有过分夸大的反应，容易受惊吓。

1. 突发事件后当事者的反应

遭遇突发事件后，人们一般会有不同程度的情绪反应，包括压力、内疚、否定、愤怒、哀伤，以及比较严重的创伤压力反应和创伤后的适应障碍。一般的压力有以下几方面：

（1）身体方面的症状：疼痛（头痛、胃痛），睡眠困难，进食困难，过度换氧，心跳和呼吸加速，失去胃口等。当情况较为严重时则表现为：抽搐，晕厥并失去知觉，心跳持续并没有规律，持续呕吐或腹泻，长期病患恶化等。

（2）情感方面的症状：震惊、易怒、不相信、担心、焦虑、恐惧、悲伤、愤怒、绝望、冷漠、无助等。情况较为严重时表现为：情绪反应会危及自己或他人的安全，歇斯底里，由于抑郁和无助引发的自杀的念头，创伤后压力症等。

（3）思想方面的症状：轻度定向迷失，思维混乱，记忆力弱、分析力差，难以做出决定，反复想着灾难事件，侵扰的回忆。较为严重的情况则表现为：自杀或伤害他人的想法，精神混乱（妄想、幻觉），严重定向迷失等。

（4）行为方面的症状：孤僻离群，易哭易怒，避免触及灾难相关的地点和人物，时时警惕、神经质。较为严重的情况则表现为：暴力行为，自我伤害或反社会行为，过度活跃或完全缄默，忽视个人卫生。

（5）宗教方面的症状为：产生信仰危机，或者开始信仰另一种宗教。较为严重的情况则表现为：完全停止或参加原有的宗教活动，强迫性的宗教行为、思想，与宗教相关的妄想或幻觉。

2. 创伤后压力反应

创伤后压力反应是经历重大事件后的正常求生反应，而创伤后适应障碍是指过度强烈或者持续的创伤后压力反应。以下是创伤压力症的诊断准则：

（1）个人曾经历创伤事件，即个人亲身经历、目睹、面对某些牵连受伤、死亡的事件，出现惊慌、无助的反应。

（2）创伤事件的持续体验，症状表现为：反复地出现对创伤事件的痛苦回忆；面对类似创伤事件的情景，出现强烈的心理困扰、生理反应。

（3）持续逃避那些与创伤有关的刺激，及一般的反应也变得麻木，症状表现为：刻意接触与创伤有关的思想感受或谈话，刻意避免提起与创伤活动有关的，地点和人物，对前途感到悲观等。

（4）持续出现提高警觉的症状，表现为：难以入睡或易醒，易被激怒等。

（二）灾害遇难者家属

心理学家得出结论：当亲人突然死亡时，当事人在心理上承受着超乎想象的沉重压力。灾难之后，对很多遇难者家属而言，灾难才刚刚开始。2002年在北京香山饭店举行 3 名"5·7"空难罹难者的追悼会，该公司一位员工家属低声告诉记者："我们都是普通人，我们都有无法承受的灾难，尤其在心理上……""5·7"空难后，遇难者家属也表现出较大的失常：注意力不集中、感觉无望而麻木、大多数人做不到不去想灾难，生理上也因为受了太大的刺激而开始头痛、疲乏、过敏……这些都是创伤后应激障碍症候群的典型反应。

（三）灾害救援人员

因各种不同原因卷入灾难的人都或多或少存在着心理灾难，最不可忽视的一个群体就是救援人员。在河南洛阳东都商厦的火灾中，那些参加尸体消毒的人员有这样的失常反应：每当看见女士抹口红（特别是抹得稍微浓些的），就想起尸体——当时大厦四层的死者都在歌舞厅中娱乐，那天很多女士都抹了很浓的口红。有这样反应的都是小伙子，他们每天要给尸体打两遍药水，为了不损伤死者面容，每天都要先把尸体的脸部蒙上、手部套起来，洒完药水后再拿下来，第二遍时再给他们戴上。"每天死者的头要摸好几遍"。他们对灾难及恐怖景象长时间、持续的接触极易造成创伤后应激障碍。

第二节　建立和完善我国灾后心理干预机制

2008 年 5 月 12 日四川汶川发生大地震，死亡人数超过 6 万，还有几万人下落不明。突如其来的大灾难，对人们的身体和心灵都是一场浩劫。他们亲历了生死一线的巨大恐惧，目睹了同伴的逝去，看到城市的疮痍，人们的流离，到处是悲痛的景象，这对他们来说是多么巨大的心理创伤！

我国是世界上自然灾害损失最严重的少数国家之一，灾害所留下的心理创伤影响久远，甚至终身不愈。灾难中的遇难者、他们的家属、救援人员、卫生工作者、社会工作者和受大众传媒影响的普通公民都会因为蒙受灾难的阴影，造成心理应激反应。这种反应，与受灾群众的心身健康密切相关，是一个重要的公共卫生问题。研究表明，重大灾害后精神障碍的发生率为10%～20%，一般性急性心理反应，如紧张、恐惧等更为普遍。巨大的刺激会引起生理病变，导致呈现亚健康状态，甚至健康状况明显恶化，长时间如此，严重者会企图自杀。现有的临床资料和流行病学研究证明：相当比例的受灾者受到的心理痛苦符合精神与行为障碍的诊断标准。心理障碍严重影响正常社交、工作和家庭生活，因而需要及早（一般在灾后一周）开展心理救援和临床干预。

目前，我国政府已建立了一个初具规模的精神卫生服务医疗保健体系，但由于灾后心理干预处于起步阶段，且现有的心理干预服务系统、医疗保健服务体系与承担的精神疾病及各种心理障碍的防治水平很不适应，尤其是灾后心理救援和临床干预机制还不完善，尚存在以下几个问题：

1. 缺乏救灾心理干预方面的立法、运作机制和心理援助的内容

西方发达国家，心理危机干预已成为抢险救灾的一个当然组成部分。美国有关救灾的立法，其中一项就是在灾害以后精神卫生救援有关的规定和条款。我国在《中国精神卫生工作2002—2010年工作规划》中强调：要逐步将精神卫生救援工作纳入救灾防病和灾后重建工作中，各省要制订《灾后精神卫生救援预案》。但据了解，目前已出台的较为完善的《灾后精神卫生救援预案》凤毛麟角，救灾心理干预方面较为全面的机制尚未形成。

2. 心理救援干预对象不完整

《中国精神卫生工作2002—2010年工作规划》中将受灾人群列为精神卫生干预重点人群，但实际上心理干预人群包括几个层次：受害者、幸存者、目击者；死难者的家属、同事、朋友；救援人员、消防人员、警察、医护人员、应急服务者、志愿者；易感人群；老人和儿童以及受大众传媒影响的普通公民。经历一场大灾难刺激后，无论心理素质多强的人，都会留下心理创伤。面对灾难，人人都需要得到心灵上的抚慰。心理干预就是要对灾害相关人员，包括经历灾难者、受难者家属，甚至救援人员和目击者，进行一系列心理疏导活动，帮助他们稳定情绪、化解悲伤、分担忧愁，走出绝望、无助的心态，预防或减轻灾后长久的心灵创伤。

3. 心理干预人员紧缺

目前我国参与灾后心理干预的是精神科医生和心理治疗、心理咨询这两方面的队伍，人数在2万人左右，相对需要接受心理干预的人来说明显不足。心理干预不是做思想工作，也不是一般的同情安慰，需要有专业背景的人对其心理和生理状况进行评估，根据反应类型，进行针对性的心理治疗。参与救助和救援的人，应该是受过训练的专业人员。没有专业的心理辅导技术和足够的心理准备的人，前往第一线去后可能会无法承受巨大灾害带来的压力，成了"二次创伤"的受害者。参与救助的人，一定要防止因为救人而造成救人者的心理伤害。

4. 老百姓对心理干预认知匮乏

心理救援关系到当事人的未来生活，效果不能立竿见影，需长时间才能显现，因此其深远意义并不被很多人熟知。以往从老百姓到各级政府，灾后救援工作内容主要是捐款捐物，忽视了对灾难群众心理的安慰和辅导。过去发生重大灾难，少有心理援助机构到现场。然而，缺少心理援助的灾后援助是不完整的援助。许多老百姓认为自己没有精神和心理疾病，心理医生、精神科医生不能帮助自己，很少有人会主动寻求帮助，接受心理治疗。俗

话说:"哀莫大于心死。"当一个人面对巨大悲痛而心理麻木时,捐款捐物不能化解其心理的障碍,只有从心理上进行干预,才能打通内心的梗塞,面对现实,树立起生活的信心。为受难者和失去亲人的家属及目击者进行心理救灾,为伤痛的心灵点亮明灯,已成为灾后精神重建的一个重要内容。心理救援和物质救助在重大灾难后的同时到位,是公共救援体系的进一步完善,它有利于将灾后的长期损失降到最低。对灾难的心理救助工作,不仅指灾后的现场干预,还包括广泛的培训、媒体宣传与研究等项工作。为此,建议完善心理救援机制,改变重大灾害事故救援只重"身伤"忽视"心伤"的传统模式。

(1)确立灾难心理危机干预的理念并构建相应的机制,重视心理干预方面的立法和运作机制,在救助保障体系当中,应该把心理救助整合其中。进行心理干预方面的立法,从法律上确定心理干预的必要性。加快完善和落实灾后精神卫生救援预案,建立符合中国国情的"心理干预的中国城市版本"和"开展心理干预的农村版本"这两种不同的"心理干预"救灾方式,建立地方性的"灾后心理干预行动"的救灾体系,从组织、人员、经费和措施上提供保证,并提供积极治疗,降低灾后精神疾病患病率。

(2)提高群众对心理干预的认识和接受度。建立长效机制,对公民加强宣传,告诉他们,在遇到灾难、遭受痛苦时,有法律保障他们的权利,可以获得心理学的支持与帮助。

(3)建立一支适合我国的心理干预救援队伍。培养建立一批既掌握一定理论知识,又有制订计划、现场干预能力的骨干,最终建立一支国家级心理危机干预队伍。心理干预工作服务形式相对个体化,做心理干预的人,应该至少具备以下条件:接受过专业的心理危机干预培训、有较强的心理承受能力(能够面对真实的灾难场景、血腥环境)、此刻自我心理健康(没有类似的心理创伤经验)。灾后心理干预队伍应由心理学、教育学、医学、社会学和其他人员组成,可以招募参加心理咨询培训并取得资格证的志愿者帮助处理语言交流等具体事务。

(4)加强培训。专业心理干预人士较少,心理干预队伍可以扩大到各级党政工团和医务人员。培训工作既包括专业人员也包括以上人员,要为他们进行灾后心理创伤辅导的系列培训,交给他们怎样在这种情况下开展工作和相关的理论和技术,培养其较强的心理承受能力。在培训者当中可以筛选出部分培训效果比较好的进行重点培训。培训要平时进行,不能等灾难来临后才进行。

(5)注重宣传工作。平时可将灾后心理干预知识制作成一些节目,编印各种小册子(针对不同的群体需要制作),相关教材,包括视频、幻灯片和文本材料,结合科普宣传行动进行普及以加强群众对其的认识和接受度,培养群众进行心理干预的主动意识。在灾害发生后,媒体报道和社会宣传时要谨慎,不要过于放大,不要让普通群众因受到不良心理刺激引起恐慌;其次在宣传报道中应充分体现出政府和其他群众的人文关怀,这是大面积地对灾后干预对象进行心理支持,帮助他们尽快从麻木的状态中走出来的物质基础,人与人间的关心帮助,邻里间的守望相助,党和政府的关怀体恤,会极大增强受灾人群战胜灾难的勇气和力量,有信心,不灰心,有希望,不绝望;此外,灾害发生后,及时通过各种方式(包括电视、广播和手册)进行大面积的心理干预和提供电话咨询、门诊治疗等一对一危机干预服务。

(6)加强研究工作。收集和评估受灾人群精神卫生需求,制订针对不同人群和不同阶段的心理干预方案，积累我国灾害后干预对象反应程度和严重程度等基本材料，研究不同程度灾害后有多少人会出现问题，应相应配备什么样的人力，在物质上提供什么样的保证等，灾害发生后要注意对心理干预工作信息的监测和汇总，从而为制订政策打好基础。

（7）注重后期干预工作。心理危机干预需要时间和过程，心理治愈绝对不是一蹴而就的，需要在日常生活中给予受灾者具体的指导和关心，给他们鼓励，接纳并处理他们出现的一些烦躁和反社会的行为，这些都是需要救援者事先做好准备的对危机的心理干预，不是一天两天、一次两次能完成的。除半个月后的心理服务外，心理专家们还要对受灾者进行长期心理追踪和电话干预，包括1个月、3个月、6个月甚至一两年的回访，最大限度地减少创伤，避免心理危机后遗症。

第三节　突发事件的危机干预

一、心理危机干预概述

心理危机是指由于突然遭受严重灾难（如地震、水灾、空难、交通事故、疾病暴发、恐怖袭击、战争等）、重大生活事件或精神压力，使生活状况发生明显的变化，尤其是出现了用现有的生活条件和经验难以克服的困难，致使当事人陷入痛苦、不安状态，常伴有绝望、麻木不仁、焦虑，以及植物神经症状和行为障碍。在心理学领域中，危机干预指对处在心理危机状态下的个人采取明确有效的措施，使之最终战胜危机，重新适应生活。心理危机干预的主要目的有二，一是避免自伤或伤及他人，二是恢复心理平衡与动力。危机的成功解决有三重意义，个体可从中得到对现状的把握，对经历的危机事件重新认识，以及学到对未来可能遇到的危机有更好的应付策略与手段。

铁路、公路交通事故的特点一般是突然发生的，造成或者可能造成重大人员伤亡、财产损失和严重社会危害的，危及公共安全的事故。它与自然灾害等其他灾难性事件的最大区别就是大部分事故由人为因素产生，所以事故当事人及其家属会产生极大的愤怒、抱怨等极端消极情绪。

（一）危机干预的目的

直接而言：帮助当事人解决危机，提高当事人的心理平衡水平。具体而言：帮助情感受害者减轻情感压力，预防另外的应激发生；帮助危机受害者组织、调动系统应付需要，解决引起危机的特殊因素，希望这种帮助能减少出现慢性适应障碍的危险；帮助危机受害者恢复身心平衡，或者使其更加成熟；避免自伤或伤及他人。

（二）心理危机干预的对象

创伤性交通事故的幸存者、事故目击者、事故当事人的亲人和救援人员。

（三）心理危机干预的目的

（1）积极预防、及时控制和减缓事故造成的心理社会影响；
（2）促进交通事故后心理健康重建；
（3）维护社会稳定，促进公众心理健康。

（四）心理危机干预的工作内容

（1）综合应用基本心理干预技术，并与宣传教育相结合，提供心理救援服务。
（2）了解事故影响人群的社会心理状况，根据所掌握的信息，发现可能出现的紧急群体心理事件苗头，及时向事故救援指挥部报告并提供解决方法。
（3）通过实施干预，促进形成事故后社区心理社会互助网络。

（五）心理危机干预的方法

评估、干预、教育、宣传相结合，提供事故心理救援服务；尽量进行事故后社会心理监测和预报，为救援组织者提供处理紧急群体心理事件的预警及解决方法；促进形成社区心理社会干预支持网络。

（六）确定目标人群及数量

交通事故的心理危害人群大致分为四级。重点干预目标从第一级人群开始，一般性干预宣传广泛覆盖四级人群。

第一级人群：亲历事故的幸存者、死难者家属及伤员。

第二级人群：事故现场的目击者（包括救援人员），如目击事故发生的受害者、现场指挥人员、救护人员（消防、武警官兵，医疗救护人员，其他救护人员）。该人群为高危人群，是干预工作的重点，如不进行心理干预，其中部分人员可能发生长期、严重的心理障碍。

第三级人群：与第一级、第二级人群有关的人，如事故幸存者和目击者的亲人等。

第四级人群：在铁路、公路交通事故中，对事故的发生可能负有一定责任的组织者；易感性高，在临近事故场景时心理失控，可能表现出心理病态征象的其他个体。

（七）目标人群评估、制订分类干预计划

评估目标人群的心理健康状况，将目标人群分为普通人群、重点人群。

对普通人群开展心理危机管理；对重点人群进行心理危机援助。

（八）心理危机干预的时限

紧急心理危机干预的时限为事故发生后的 4 周以内，主要开展心理危机管理和心理危机援助。

（九）制定工作时间表

根据目标人群范围、数量以及心理危机干预人数，安排工作，制定工作时间表。

二、心理救援队伍的组建

（一）心理救援医疗队

人员以精神科医生为主，可有临床心理治疗师、心理咨询师、精神科护士加入。由 2 人以上组成，尽量避免单人行动。有灾难、事故心理危机干预经验的人员优先入选。配队长 1 名，指派 1 名联络员，负责团队后勤保障和与各方面联系。

心理危机干预人员也可以作为其他医疗队的组成人员。

（二）事故地点心理危机干预队伍

以精神科医生为主，心理治疗师、心理咨询师、精神科护士和社会工作者为辅。适当纳入有相应背景的志愿者。在开始工作以前对所有人员进行短期紧急培训。

三、出发前准备

（1）了解事故基本情况，包括事故类型、伤亡人数、道路、天气、通信和物资供应等；了解当地政府救援计划和实施情况等。

（2）复习事故引起的主要躯体损伤的基本医疗救护知识和技术，例如骨折伤员的搬运、创伤止血等。

（3）明确即将开展干预的地点，准备好交通地图。

（4）初步估计干预对象及其分布和数量。

（5）制订初步的干预方案和实施计划。

（6）对没有事故心理危机干预经验的队员，进行紧急心理危机干预培训。

（7）准备宣传手册及简易评估工具，熟悉主要干预技术。

（8）做好团队食宿的计划和准备，包括队员自用物品、常用药品的配备等。

（9）尽量保留全部发生的财务票据。

外援心理救助医疗队在到达事故地点之前，尽量与当地联络人进行沟通，了解事故地点情况，做到心中有数。

四、事故心理救援的工作流程

（1）接到任务后按时间到达指定地点，接受当地救援指挥部指挥，熟悉事故情况，确定工作目标人群和场所。

（2）在已有心理危机干预方案的地方，继续按照方案开展干预；还没有制订心理危机干预方案的地方，迅速制订干预方案。

（3）根据需要分小组到需要干预的场所开展干预活动。

在医院，建议采用线索调查和跟随各科医生查房的方法发现心理创伤较重者；在事故人员转移集中安置点，建议采用线索调查和现场巡查的方式发现需要干预的对象，同时发放心理救援宣传资料；在事故发生的现场，在抢救生命的过程中发现心理创伤较重者并随时干预。

（4）使用简易评估工具，对需要干预的对象进行筛查，确定重点人群。

（5）根据评估结果，对心理应激反应较重的人员及时进行初步心理干预。

（6）对筛选出有急性心理应激反应的人员进行治疗及随访。

（7）对事故救援工作的组织者、社区干部、救援人员采取集体讲座、个体辅导、集体心理干预等措施，教会他们简单的沟通技巧、自身心理保健方法等。

（8）及时总结当天工作。每天晚上召开碰头会，对工作方案进行调整，计划次日的工作，同时进行团队内的相互支持，最好有督导。

（9）将干预结果及时向当地事故处理指挥部负责人进行汇报，提出对重点人群的干预指导性意见，特别是对重点人群开展危机干预工作时的注意事项。

（10）心理救援医疗队在工作结束后，要及时总结并汇报给有关部门，全队接受一次督导。

五、常用干预技术

（一）普通人群

普通人群是指目标人群中经过评估没有严重应激症状的人群。

对普通人群采用心理危机管理技术开展心理危机管理。从事故当时的救援，到整个事件的善后安置处理，都需要有心理危机管理的意识与措施，以便为整个事故救援工作提供心理保障。具体包括以下几方面：

（1）对事故中的普通人群进行妥善安置，避免过于集中。

在集中安置的情况下实施分组管理，最好由相互熟悉的人员组成小组，并在每个小组中选派小组长，作为与心理救援协调组的联络人。对各小组长进行必要的危机管理培训，负责本小组的心理危机管理，以建立起新的社区心理社会互助网络，及时发现可能出现严重应激症状的人员。

（2）依靠各方力量参与。与当地民政部门、学校、社区工作者或志愿者组织等负责事故损伤者的安置与服务的部门或组织建立联系，并对他们开展必要的培训，让他们协助参与、支持心理危机干预工作。

（3）利用大众媒体向事故经历者宣传心理应激和心理健康知识，宣传应对事故的有效方法。

（4）心理救援协调组应该积极与救援指挥部保持密切联系与沟通，协调好与各个救援部门的关系，保证心理危机干预工作顺利进行。对在心理危机干预中发现的问题，应及时向救援指挥部汇报并提出对策，以使问题得到及时化解。

（二）重点人群

重点人群是指目标人群中经过评估有严重应激症状的人群。

对重点人群采用"稳定情绪""放松训练""心理辅导"技术开展心理危机救助。

1. 稳定情绪技术要点

（1）倾听与理解。目标：以理解的心态接触重点人群，给予倾听和理解，并做适度回应，不要将自身的想法强加给对方。

（2）增强安全感。目标：减少重点人群对当前和今后的不确定感，使其情绪稳定。

（3）适度的情绪释放。目标：运用语言及行为上的支持，帮助重点人群适当释放情绪，恢复心理平静。

（4）释疑解惑。目标：对于重点人群提出的问题给予关注、解释及确认，减轻疑惑。

（5）实际协助。目标：给重点人群提供实际的帮助，协助重点人群调整和接受因事故改变了的生活环境及状态，尽可能地协助重点人群解决面临的困难。

（6）重建支持系统。目标：帮助重点人群与主要的支持者或其他的支持来源（包括家庭成员、朋友、社区的帮助资源等）建立联系，获得帮助。

（7）提供心理健康教育。目标：提供事故后常见心理问题的识别与应对知识，帮助重点人群积极应对，恢复正常生活。

（8）联系其他服务部门。目标：帮助重点人群联系可能得到的其他部门的服务。

2. 放松训练要点

包括：呼吸放松、肌肉放松、想象放松。分离反应明显者不适合学习放松技术。（分离反应表现为：对过去的记忆、对身份的觉察、即刻的感觉乃至身体运动控制之间的正常的整合出现部分或完全丧失）。

3. 心理辅导要点

心理辅导是通过交谈来减轻事故对重点人群造成精神伤害的方法，个别或集体进行，自愿参加。开展集体心理辅导时，应按不同的人群分组进行，如住院轻伤员、医护人员、救援人员等。

（1）目标。

在铁路、公路交通事故发生后，为重点人群提供心理社会支持。同时，鉴别重点人群中因事故受到严重心理创伤的人员，并提供到精神卫生专业机构进行治疗的建议和信息。

（2）过程。

第一，了解事故后的心理反应。了解事故给人带来的应激反应表现和事故对自己的影响程度，也可以通过问卷的形式进行评估。引导重点人群说出在事故中的感受、恐惧或经验，帮助重点人群明白这些感受都是正常的。

第二，寻求社会支持网络。让重点人群确认自己的社会支持网络，明确自己能够从哪里得到相应的帮助，包括家人、朋友及社区内的相关资源等。画出能为自己提供支持和帮助的网络图，尽量具体化，可以写出他们的名字，并注明每个人能给自己提供哪些具体的帮助，如情感支持、建议或信息、物质方面等。强调让重点人群确认自己可以从外界得到帮助，有人关心他/她，可以提高重点人群的安全感。给儿童做心理辅导时，目的和活动内容相同，但形式可以更灵活，让儿童多画画、捏橡皮泥、讲故事或写字。要注意儿童的年龄特点，小学三年级以下的儿童可以只画出自己的网络，不用具体画在哪里得到相应的帮助。

第三，应对方式。帮助重点人群思考选择积极的应对方式；强化个人的应对能力；思考采用消极的应对方式会带来的不良后果；鼓励重点人群有目的地选择有效的应对策略；提高个人的控制感和适应能力。

讨论在事故发生后，你都采取了哪些方法来应对事故带给自己的反应？如多跟亲友或熟悉的人待在一起、积极参加各种活动、尽量保持以往的作息时间、做一些可行且对改善现状有帮助的事等，避免不好的应对（如冲动、酗酒、自伤、自杀、自责）。注意儿童的年龄差异，形式可以更灵活，让儿童以说、画、捏橡皮泥等多种方式展示自己的应对方式。鼓励儿童生活规律，多跟同伴、家人等在一起。要善于用儿童使用的语言来传递有效的信息。

危机干预流程如图 9-1 所示。

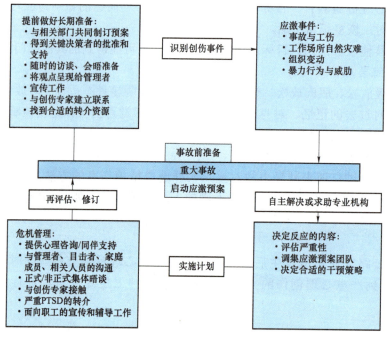

图 9-1 危机干预流程

4. 危机干预过程中的注意事项

首先，要树立正确的沟通态度（平静、耐心、尊重）。第二，注意个别差异。根据个体的差异选择恰当的说话方式、速度，正确用语，正确利用沟通媒介。第三，正确运用沟通技巧：在引发对话，倾听对方及哀痛沉默的时候保持沉默；通过眼神和肢体语言表达关心或探究更多的内容；在对方沉默及压抑情绪时，观察对方的语言和非语言来判断其情绪，鼓励对方探讨自己的感受，以清除阻碍沟通的情绪；在必要的时候进行开放式的或封闭式的发问，以获取更多有用的信息。

第四节　创伤后应激障碍的危机干预

创伤后应激障碍作为心因性精神障碍的一种，是指遭遇异乎寻常的威胁性、灾难性心理创伤，导致延迟出现和长期持续的精神障碍。创伤后应激障碍是一种创伤后心理失衡状态。PTSD 在中国是以灾难后最常见的精神疾病的身份跃入人们视野的。此病曾在参加战争的美国士兵身上出现，并被赋予极具战争意义的词如"炮弹休克"等。后来随着研究的深入，发现此病不仅发生于战争，所有的灾难事件都会引发类似的症状，名字也更为创伤后应激障碍，说明其与创伤、灾难的紧密关联。突发灾难事故不仅严重威胁人们的生命安全，而且往往会给人们造成极大的心理创伤。在死亡、损伤、失去面前，抚平人们心灵伤口的最好的办法就是心理救治。如果不能及时适当地干预，甚至可能会造成永久的心理创伤。

一般性应激反应可以分为躯体性、心理性和行为性三类，这是为了便于说明而从各个侧面去探讨的。实际上在强烈的应激源（突发灾难事故）的作用下，三者是共同发生的，而这三种反应又是相互影响的。在我们实际生活中遇到的应激反应，是一种综合反应。近年研究的综合性应激反应有以下几种：

一、亚健康状态（Sub-Health）

亚健康又称第三健康状态（The Third Health Situation）。是指人处于完全健康与疾病之间的状态。突发灾难事故给人们的生命财产造成极大的损失，也对人们的心理造成很大的冲击，之后，人们常感到"生活得很累"。这种慢性疲劳和精力低下的表现就是一种亚健康状态。亚健康状态精神状况的进一步恶化可导致崩溃的发生。这个过程是渐进性的，虽然每人的时程不同，但形式基本相似，大致分为三个时期：①激唤醒阶段（Stress Arousal Stage），主要是失眠、不安和焦虑；②能量储备阶段（Energy Conservation Stage），有慢性的疏懒，持久的疲劳，烟、酒消耗增多，淡漠；③耗竭阶段（Exhaustion Stage），慢性的有抑郁、心身疲惫、社会孤独，极端的可产生自杀念头等。

二、崩溃（Burnout）

崩溃是指一种心身耗竭状态，指由于突发灾难事故强烈的心理应激而带来的一种无助、绝望的情感体验。崩溃的出现通常是长期超负荷的运转导致的体力与精神的极度耗损，在此基础上再遭遇一些重大的生活事件而造成的。崩溃具有的特点：①表现为体力耗竭，常有频繁头痛、恶心、疲劳、睡眠不良；②体验情绪耗竭，有抑郁、绝望情感；③呈现精神衰竭或变态，对人、对己、对周围的一切都持消极态度；④自暴自弃的情感。在突发灾难事故的压力下会有此体验。不过，对多数患者来说，崩溃是可逆的，也是可以预防的，应激前的有氧运动、注意营养、劳逸结合，有助于预防崩溃的进展。

三、创伤后应激障碍

有时人们处于高度应激情境时并不表现应激现象，只是在事件过去后一段时间才体验到应激反应。突发灾难事故除了对健康造成即时损害以外，还会产生"余波"效应，也就是突发灾难事故所引起的后续影响。这种在创伤经历一段时间后再发生的应激综合征称为延缓应激障碍，《中国精神障碍分类与诊断标准（第3版）》（CCMD-3）用创伤后应激障碍代替之。创伤后应激障碍是一种焦虑障碍，常常发生于强烈应激和长期处在下列情境时：①个体的基本需求受到威胁；②基本是无法控制的事件；③由于其他应对方法不能利用或无效而被迫使用防御机制。创伤后应激障碍常见于自然灾害，如洪水、台风、地震，或者是突发的灾难性事故，如火灾、飞机失事及爆炸、恐怖活动等。对灾难的研究表明，只有少数人在事件发生时立即体验应激，而多数人均呈现延缓应激反应，出现在威胁过去后数天或数月之后，埃里克森对西维琴尼亚州水灾的两年后随访调查发现，每一个受灾者都在事件后有焦虑、激惹、夜惊、记忆损害及内脏不适的复合症状。

创作后应激障碍的发生与很多因素有关，这些因素包括年龄、性别、社会支持、应对方式等。

（一）年龄

年龄是创作后应激障碍发生的一个重要相关因素：一些研究结果表明，年龄越小，发生创作后应激障碍的概率越高，所以儿童是高危人群；但是也有研究发现，年龄越大，发生创作后应激障碍的可能性越大。对洪灾区 7~15 岁儿童的研究结果显示，创作后应激障碍的发病率与年龄是正相关关系，7 岁组发病率为 14.1%，15 岁组为 23.5%；对成人的研究也有类似规律，16~20 岁组创作后应激障碍的发病率为 26.7%，而 70 岁以上组高达 40.3%；同时还有一些专家认为，各种创伤暴露率在青春晚期最为多见，所以，青少年是最需要关注的对象；但也有研究证明，不同年龄间创作后应激障碍的发病率没有显著性差异。虽然年龄与创作后应激障碍二者关系的研究结果不一，但是在创作后应激障碍的研究中，年龄是一个需要密切关注的变量。

（二）性别

男性比女性更多地暴露于创伤事件中，但女性创伤后应激障碍的发病率约为男性的 2 倍。赵承智等对 181 名张北地震后灾民的研究表明，3 个月内创作后应激障碍的患病率男性为 13.5%，女性 24.7%。

（三）社会支持

几乎所有的研究结果都表明，社会支持能减少创伤后应激障碍的发生。刘爱忠等对洪灾群体创伤后应激障碍的调查发现支持的满意度越高，创伤后应激障碍发生的危险性越小，社会支持是创伤后应激障碍发生的保护因素。赵丞智等对相隔 10 千米、人口学资料可比性良好，震前各方面情况相当而受灾程度和得到救灾援助存在差异的两个村进行的随机抽样调查显示,受灾程度重但灾后得到救援和支持较好的村创伤后应激障碍发病率低,以 DSM-IV 为标准进行诊断,震后 9 个月时两村创伤后应激障碍发病率分别为 19.8%和 30.3%;张春艳等对地震灾区的大学新生进行调查发现,领悟社会支持及其各维度与创伤后应激障碍呈显著负相关,领悟到的来自朋友和他人等家庭外的支持要比领悟到来自家庭内的支持对创伤后应激障碍症状的影响更大。

(四)应对方式

应对方式是人们用来应付内外环境的要求及其有关情绪困扰所采用的方法手段或策略。先前有关应对方式与创伤后应激障碍关系的研究表明,经历创伤后采取的应对方式在很大程度上影响创伤后应激障碍的发生。国外研究表明,在受到精神创伤后,如受害者能采用适当的应对方式,则可避免创伤后应激障碍的发生,对创伤后应激障碍的发生有重要影响的因素还有很多,如父母教养方式,个人的创伤史,心理痛苦水平,创伤事件的性质与持续时间,暴露程度等因素,这些因素有时是单独在起作用,但大部分情况下是这些因素的交互作用在影响创伤后应激障碍的发生。对创伤后应激障碍的护理也是近年来研究的重点,概括来说,包括以下几方面:

1. 躯体功能的方面

(1)自理缺陷的护理,帮助患者满足基本需要,做好晨晚间护理:如沐浴、洗漱、如厕等;同时进行皮肤及口腔的护理,定时翻身,预防褥疮和口腔溃疡;利用患者易受暗示的特点,以暗示语言鼓励其循序渐进地加强自主功能训练。

(2)饮食护理,鼓励进食,促进食欲。注意食物的色、香、味,必要时可鼻饲,保证营养的需要;同时通过调整饮食,促进睡眠,如指导患者多进食牛奶、大枣、莲子、蜂蜜、苹果有利于睡眠的食物,少食辛辣、油腻、含咖啡因的食物,禁酒。

2. 心理功能方面

(1)心理支持。心理支持是心理护理最常用的方式。创伤后应激障碍的心理治疗的关键是要为患者提供有力的心理支持。心理支持的必要条件是护士借言语和行为与患者建立良好的人际关系,这种关系是一种可以互相信任的治疗关系。稳定的治疗关系在创伤后应激障碍的治疗中格外重要。同时心理支持是建立在良好护患沟通基础上的,护士要主动倾听患者的感受,态度要温和诚恳;促进和接受患者正性与负性情绪的表达,了解接纳患者的焦虑、抑郁情绪;充分运用心理护理技巧,给予患者热心的关怀和体谅;经过护士提供的关怀照护可保护及促进健康;用情感的阳光照射他们由恐惧转换到欢乐之路。良好的专业关怀给予人希望,增进人的快乐感受,促进疾病恢复。

(2)帮助释放情感。增加与患者的接触,鼓励患者倾诉自己的创伤体验,帮助分析创伤后应激障碍的症状和恶劣心境的原因及危害。帮助宣泄痛苦情绪,不制止、不批评地正确引导,使之将心中的痛苦叙述出来。用支持性语言帮助患者度过困境,并且辅导患者有效地应付困难。帮助患者制订解决问题的各种方案,协助且分析优缺点,当初步获效时给予及时的表扬。利用积极的暗示性语言,共情技术帮助患者缓解孤独感;同时鼓励患者参加集体活动,多与他人交往,分散其对创伤性体验的注意力,从而减轻回避行为及对创伤事件的回忆。

（3）指导患者进行适应性训练如呼吸训练（学习缓慢的腹式呼吸）、放松技术（系统的肌肉放松）、正性思维（用积极的想法替代消极的想法）、自信训练（学会表达感受、意见和愿望）、思维停止（默念"停"来消除令人痛苦的想法）等；配合医生进行暗示治疗、行为治疗；帮助患者正确认识和对待致病因素和疾病的发生；帮助患者通过改变不合理假设、信念来改善情绪和功能，如部分创伤性事件的幸存者有强烈自责；灾难的幸存者可能感到自己未尽力，对亲友的伤亡负有责任；同时训练有效的心理应对方法，克服个性中的不足，提高自我康复能力。

3. 社会功能方面

（1）创造安静舒适的环境。以人性化的服务为患者提供以人为本的休养环境，减少外界的刺激，减少相似的刺激来减轻痛苦回忆的再次发生，逐渐消除无助感和恐惧感。对病情严重者必要时由专人护理。严格安排作息，使其按时起床、就寝及用药，改变不良的生活习惯，督促其进行体育锻炼。帮助患者树立战胜疾病的信心和勇气，为患者营造一个维护、改善与支持其健康的环境。实施人性化护理，给予患者人文关怀。

（2）鼓励患者表达不愉快的感受，如自伤、自杀信息，给予及时的支持和帮助，对有自杀倾向的患者要连续评估自杀、自伤及冲动伤人的危险，直至危险消除，存在严重的应激后兴奋，行为紊乱，冲动行为时要给予适当的安全护理，以保证患者的安全。

（3）恢复期进行康复训练，如工娱治疗。创伤后应激障碍的患者受恐惧、紧张等负性情绪的影响，对生活、工作兴趣降低。工娱治疗可减轻病态体验，改善认知功能，使患者更好地配合治疗。根据患者的兴趣爱好组织活动，如集体舞、联欢会等，促进患者社会功能的恢复，为患者回归社会做好准备。

4. 健康教育

（1）健康教育可影响个体和群体的行为，消除危险因素，预防疾病，促进健康。向患者及其家属提供健康教育的知识是改变生活的第一步。护士应有计划地帮助患者及家属正确学习创伤后应激障碍的相关知识，强化疾病可以治愈的观念，指导患者学习有效的心理应对机制来减少应激，消除模糊观念引起的焦虑和抑郁；教会患者正确应对创伤性体验和困难，帮助协调人际关系。人际关系的协调是人文关怀的本质；动员家属和其他社会关系的力量，强化社会支持。主动利用社会支持。获得的社会支持程度越高，积极的心理水平越高。社会支持作为一个可以利用的外部资源越来越受到身心医学领域的重视。

（2）指导患者及其家属药物知识。协助患者及其家属明确药物治疗的重要性及必要性，帮助患者及其家属注意观察药物的作用及不良反应；让患者自己学会观察药物的作用及不良反应。

随着心理卫生知识的普及，创伤后应激障碍的危害已逐渐被人们广泛认识，及时干预对创伤后应激障碍的必要性也越来越得到重视。

第九章 事故创伤的心理干预

 知识链接

"痛""通"理论在灾害后应激障碍心理干预中的应用

迅速沟通灾区与外界的联系,是抚慰灾民精神创伤的首要任务。灾区人民最迫切、最普遍的愿望就是尽快沟通与外界的联系,以消除内心的"孤独感""遗弃感"。唐山大地震一专题调查表明,对于"震后心情开始平静的事件",有59.2%的人回答是"解放军开赴救灾第一线";有29.1%的人回答是"听到中央慰问电"。对于"灾后得到最大安慰的事件"的回答,也依次是"解放军的到来"(占50.6%)和"听到党中央慰问电"(占28.9%)。可见处于灾后极度痛苦中的受害者,信息、感情、心理的沟通是多么重要。

在灾害后应激障碍心理干预中,要坚持"痛""通"原则。医学上说"痛则不通,通则不痛",意指人体气血淤积不畅,阻碍了正常活动因而致痛;这里的"痛"表现为由于在灾害中受到创伤造成精神烦恼与心理紊乱,以及由情绪障碍与人格变态导致的神经症,它给人的正常情绪及工作生活带来干扰,甚至使人产生心理危机与精神崩溃;"通"则是指通过心理干预,促使人精神烦恼的缓解及变态行为的矫正。

心理干预的实施者要做到"三通":一是要通晓应激障碍者的痛苦所在。全面、深刻地认识其心理不适与情绪障碍的过程,这是克服心理不适与障碍的关键;二是使障碍者通晓灾难与现实;三是打通应激障碍者的症结。这是一个循序渐进、环环相扣的过程。国外有一个理论是debriefing,就是在受创72小时做好分享传递工作,让他们谈"受创经验"。用更通俗的话说,就是不加评论地倾听。"华航"空难中实施的"一对一"干预中的倾听,就做到了"通"的原则。第一步通过倾听通晓应激障碍者的痛苦所在,给予其适当的方式进行宣泄。以此给受灾者极大的精神解脱,使他们感到由衷的舒畅,进而强化人们战胜困难的信心和勇气。宣泄还是心理干预者了解患者心理不适与精神障碍的重要条件,它可以增进干预双方的理解,使二者建立起有效的感情沟通。第二步就是在通晓症结的基础上冷静分析痛苦的主客观原因,运用思考停止、眼动脱敏、格式塔技术等方法帮助应激障碍者分清灾难与现实,最终使其回归现实。第三步,逐渐减少高强度干预的次数,拉长间隔的时间,从而打通患者创伤后应激障碍的症结,使患者从封闭的充满悲愤的内心世界的生活中更加理智地接受事实,在一定程度上解脱压抑心情。

当然,患者自身的心理通畅是精神整合的关键,因此在进行心理干预的同时,要注意激发患者自身的调节能力。患者自身应不断运用清除思绪、"白日梦"法、肌肉放松、自我暗示等自我心理疗法重建健康心理。创伤后应激障碍患者一般病症并不严重,只要及时进行心理干预和治疗,是很好恢复的。针对整个受灾群体和参加救灾人群的心理社会干预,提供及时有效的心理卫生服务,能够防止或减轻灾害后的不良心理社会反应和精神疾病发生,对于受难者的心理重建,圆满处理善后事宜,乃至灾害后的社会整合具有重要意义。

能力检测

1. 简述常用心理干预技术。
2. 简述创伤后应激障碍。
3. 简述创伤后应激障碍症候群的反应特征及分类。
4. 讨论灾难创伤后应激障碍心理干预的意义。
5. 讨论分析我国灾后心理干预机制。

参考文献

[1] 李红杰,傅志峰,戴真印. 安全心理学初探 [J]. 工业安全与环保,2002,28(7):43.
[2] 栗继祖,安全心理 [M]. 北京:中国劳动社会保障出版社,2007.
[3] 张长元,伍卓. 安全伦理初探 [J]. 工业安全与环保,2004(12):15.
[4] 张景钢,齐洁. 安全心理学在煤矿安全生产管理中应用的研究 [C]. 第一届全国安全科学理论研讨会论文集. 北京:中国商务出版社,2007:192.
[5] 中国航海学会海洋船舶驾驶专业委员会. 心理学与安全心理学定义、研究的任务和对象 [J]. 海浪海啸与实用航海技术,2006:166-167.
[6] 邓子香. 安全心理学讲座——第五讲:个性心理特征对劳动安全的影响 [J]. 工业安全与防尘,1995(5):40.
[7] 邓子香. 安全心理学讲座——第一讲:安全心理学的任务和研究方法 [J]. 铁道劳动安全卫生与环保,1989(4):66.
[8] 郭晓波,郭海林. 影响作业疲劳的因素及对策研究 [J]. 中国安全生产科学技术,2009,5(6):189.
[9] 李森,宋守信,陈玉婷. 安全职业适应性评价研究 [J]. 企业管理——生产力研究,2009(15):135-136.
[10] 林金本,黄俊才. 运用安全心理学原理控制人的不安全行为 [J]. 安全与健康,2003(17)20:33-34.
[11] 刘云岗. 安全心理学在煤矿管理中的应用 [J]. 实用技术,2009,18(10):46-47.
[12] 符文琛. 安全心理学 [J]. 铁道劳动安全卫生与环保,1989(4):65-67.
[13] 廖元文. 安全管理不可忽视职工心理因素 [J]. 电力安全技术,2007,9(10):3-6.
[14] 华光平. 关注员工安全心理,提升企业安全层次 [J]. 安全,2008(9):34-36.
[15] 武淑平. 论恐惧心理在安全管理中的应用 [J]. 安全生产与监督,2008(1):39-41.
[16] 林泽炎,徐德蜀. 安全心理学研究的最近状况及趋势 [J]. 中国安全科学学报,1995,5(12):271-275.
[17] 高佳,黄祥瑞. 人的失误心理学分析 [J]. 中南工学院学报,1996,13(2):40-48.
[18] 梁丽. 关于安全行为科学的探讨 [J]. 中国安全科学学报,1997,7(2):10-14.
[19] 廖元文. 安全管理与心理疏导 [J]. 中国电力企业管理,2007(2):59-61.
[20] 高佳,黄祥瑞,沈祖培. 人的可靠性分析:需要、状况和进展 [J]. 中南工学院学报,1996,13(2):19-24.
[21] 隋鹏程. 人失误主因论 [J]. 现代职业安全,2004(7):50-51.

[22] Kyung S. Park. Human Reliability: Analysis, Prediction, and Prevention of Human Errors [J]. Elsevier Science Ltd., 1997: 13-16.

[23] 廖可兵,张力,黄祥瑞. 人的失误理论研究进展 [J]. 中国安全科学学报,2006,16(7): 45-50.

[24] 于淼. 灾后危机心理干预的问题 [J]. 中共郑州市委党校学报,2008 (3): 94-95.

[25] 科尔斯基. 危机干预与创伤治疗方案 [M]. 北京:中国轻工业出版社,2004.

[26] 吴玉婷,薛海国. 灾难救援中的心理干预 [J]. 中华文化论坛,2008 (8): 127-129.

[27] 邱慧萍. 灾难性危机事件的心理干预 [J]. 江西农工业大学学报,2004,3 (1): 134-135.

[28] 游志斌. 公共安全危机的恢复管理研究 [J]. 中国公共安全(学术版),2008 (12): 79-85.

[29] 刘利敏,吴明霞. 创伤后应激障碍 (PTSD) 及其心理干预 [J]. 濮阳职业技术学院学报,2009,2 (1): 63-64.

[30] 郑日昌. 灾难的心理应对与心理援助 [J]. 北京师范大学学报(社科版),2003 (5): 28-31.

[31] 专家对胶济铁路事故救援民警实施心理危机干预 [N]. 法制日报,2008-05-09.

[32] 潘国军. 安全伦理对安全生产领域的深层次影响 [J]. 中国安全生产科学技术,2014 (10): 175-180.

[33] 罗财喜. 论安全伦理的含义及构成要素 [J]. 价值工程,2010 (36): 116.

[34] 何玉芳. 安全发展视域下的企业安全伦理基本原则 [J]. 生产力研究,2009 (10): 160-165.

[35] 唐凡淑. 伦理与心理、品德与性格关系辨析 [J]. 重庆科技学院学报,2006 (1): 36-37.

[36] 徐本磊. 关于企业安全伦理研究的综述 [J]. 科技创新导报,2010 (23): 174-176.

[37] 贾子若. 杨书宏. 安全绩效与工作压力、职业倦怠关系:以铁路机车司机为例 [J]. 中国安全科学学报,2013 (6): 145-150.

[38] 李凤玲. 美国铁路安全管理法律法规体系及启示 [J]. 中国铁路,2013 (11): 99-101.

[39] 张鹏. 刘敬辉. 欧美铁路安全管理模式的分析及启示 [J]. 铁路运输与经济,2014 (11): 40-44.

[40] 赵国祥,许波. 职业健康心理学研究的新成果:评李永鑫的《工作倦怠的心理学研究》[J]. 心理科学,2009 (1): 254.

[41] 朱海燕. 叶华平. 城市轨道交通运营关键岗位的职业适应性检测评价体系 [J]. 城市轨道交通研究,2013 (11): 53-57.

[42] 陈锡腾. 叶晓婷. 基于职业教育的能力倾向测评分析 [J]. 闽西职业技术学院学报,2012 (4): 7-10.

[43] 姜宇国. 论高职毕业生就业后职业适应性问题和就业能力培养 [J]. 黑龙江高教研究,2010 (3): 102-104.

[44] 郑书娴. 一般能力倾向成套测验(GATB)在大学生中的应用研究 [D]. 苏州:苏州大学,2010.

[45] 毕重增. 职业能力倾向量表EAS的修订 [D]. 重庆:西南师范大学,2003.